미국소설과 서술기법

한국근대영미소설학회

고영란, 김옥례, 민경택, 박인찬, 성경준, 손정희
송은주, 이강숙, 조철원, 함연진, 황치복 공저

신아사

『미국소설과 서술기법』을 발간하며

이 책은 근대영미소설 학회가 영미문학의 대중과 소통을 하기 위한 기획의 하나로 추진되었다. 창립된 지 20여년 동안 근대영미소설 학회는 학교나 학계에서 많이 논의되어 왔으나 대중들에게는 생소하다고 느껴질 수 있는 영미소설을 보다 쉽게 대중에게 소개하고자 이와 관련된 많은 책들을 출간하여 왔고 그 결과 영문학도들을 포함해 일반 대중들의 영미소설에 대한 이해에 공헌하여 왔다. 특히 이번 기획물은 몇 년 전 본 학회가 기획 출판한 영국소설과 서술기법에 관한 책의 후속으로서 이루어진 산물이다.

소설에는 다양한 기법이 사용된다. 일인칭 시점뿐만 아니라 삼인칭 시점, 더 나아가 전지적 작가 시점 등이 바로 그것이다. 그뿐만 아니라 소설에는 그 소설이 쓰여진 시대에 유행하였던 기법도 많이 나타난다. 20세기 모더니즘 소설에서 흔히 접할 수 있는 "의식의 흐름 기법"이라든지 여러 명의 화자가 등장하여 같은 사건을 어떻게 다른 시각으로 보고 있는지를 보여주는 소설기법 등도 그 중 한 예일 것이다. 하지만 이런 다양한 기법들은 단순히 서술 방식에 그치는 것이 아니라, 그 작품을 해석하는 방향을 제시하고 있어, 작품의 주제와도 불가분의 관계에 있다. 즉 소설에 나타난 서술 기법에 대한 이해는 그 소설에 대한 이해로 이어지는 중요한 요인인 것이다. 바로 이런 점에서 이번 책은 기존에 알고 있던 소설에 대한 이해에 근원적인 방향을 제시할 것이며, 소설 작품 이해를 위해 영문학도들은 물론이요 일반 대중들도 읽어볼 필요가 있는 것이다.

이처럼 중요 쟁점을 다룬 이 책을 출판하게 되기까지에는 여러분의 헌신적인 참여와 수고가 있었다. 우선 옥고를 주신 필진 선생님들과, 이 책의 필진을 선정하고 편집에 이르기까지 많은 수고스런 일들을 묵묵히 도맡아 해주신 수원대학교의 고영란 교수님에게 감사의 말씀을 드리고 싶다. 또한 본 학회에서 기획하는 책들의 가치를 알아주시고 흔쾌히 출판을 허락해 주신 신아사 정현걸 사장님과, 이 책의 편집에 수고를 아끼지 않으신 신아사 편집부장님께도 감사의 마음을 전한다.

2014년 10월
한국근대영미소설학회 제 11대 회장
김일영 (성균관대학교)

머리말

이 책은 18세기부터 20세기 후반에 걸쳐서 출판된 미국소설 중에서 12편을 골라 해당 소설에서 구사된 서술기법을 집중적으로 살펴본 글의 모음집이다. 다양한 서술기법 및 그 창조적인 조합이 미국소설의 주제를 효과적으로 드러내는데 어떻게 활용되고 있는지 또는 당대의 사회적· 문화적· 인식론적 맥락에서 어떤 의미를 갖는지를 시대별 작품별로 일별해 볼 수 있도록 하나로 묶었다. 2008년 함께 기획되었던『영국소설과 서술기법』이 2010년 출판된 후 무려 4년 만에 결실을 보게 되었다.

이 책에서는 정전에 속하는 주요 미국작가의 작품을 비롯하여 이제까지 거의 알려지지 않았으나 문학적 가치가 높은 초기 작품 및 최근 1990년도에 쓰인 원주민 문학도 분석 대상으로 삼았다. 물론 수많은 미국소설 중에서 극히 일부에 불과할 따름이고 몇몇 중요 작가들의 작품 또한 다루지 못했다. 특히 여러 차례의 시도에도 불구하고 필진 섭외가 여의치 않아 흑인문학이 한 편도 포함되지 못한 점이 못내 아쉽다.

하지만 세기별로 미국소설과 그 서술기법을 개관한 책이 그간 발간된 적이 없었다는 사실에서 출간의 의의를 찾고 싶다. 미국소설 나름의 주제, 서술기법, 그리고 둘 사이의 밀접한 연관관계 상의 독특한 면모를 파악하는 데 이 책이 유익한 디딤돌이 될 수 있지 않을까도 조심스레 기대해 본다.

독자가 이 책을 활용하는 방법으로 다음을 추천한다. 먼저 미국 소설의 서술기법이 시대별로 어떻게 변모해 왔는지를 살펴볼 수 있겠다. 나아가 이 책과 『영국소설과 서술기법』을 나란히 놓고 읽으면서 영국과 미국 소설에서 각기 구사된 서술기법의 시대별 발전 및 변화 양상을 미시적으로 때로는 거시적으로 비교, 대조해 볼 수 있다. 두 국가 작가들의 작품 세계와 주제 및 서술기법 면에서의 특징과 그 차이점 또한 한 눈에 조망해 볼 수도 있다. 이와 함께 그러한 차이가 영국문화와 미국문화의 어떠한 차별적인 면모에서 기인하고 있는지를 가늠할 수도 있겠다.

세기별로 미국소설에서 구사된 특징적인 서술기법을 주제와 관련지어 구체적으로 분석하고 있는 이 책을 통해 영미문학을 전공하는 대학생이나 대학원생들은 심화된 소설 분석의 묘미를 느낄 수 있기를 기대한다. 영미소설에 관심이 있는 일반 독자들 또한 소설의 주제 및 의미가 서술기법을 통해 서서히 드러나는 양상을 살펴가면서 작품을 감상하는 색다른 경험을 맛볼 수 있기를 바란다. 아무쪼록 어려운 서술이론을 적용하지 않으면서도 각 소설 속의 서술기법을 소박하게 찬찬히 꼼꼼하게 살펴보는 가운데 그 의미를 밝혀나가는 이 책이 독자로 하여금 작품을 풍요롭고 알차게 감상하도록 이끄는 친근한 길잡이가 될 수 있다면 더 바랄 바가 없겠다.

2014년 10월

고영란

차례

『미국소설과 서술기법』을 발간하며 ······ 3

머리말 ······ 5

Introduction
서술기법과 미국소설 읽기 ······ 9

WILLIAM HILL BROWN • *The Power of Sympathy*
『공감의 위력』과 서간체 소설 ······ 39

NATHANIEL HAWTHORNE • *The Scarlet Letter*
모호한 서술과 열린 해석 ······ 63

EDGAR ALLAN POE • *The Narrative of Arthur Gordon Pym of Nantucket*
정체성 탐색여행의 서술전략 ······ 89

HERMAN MELVILLE • *Benito Cereno*
허먼 멜빌의「베니토 세레노」 ······ 115

MARK TWAIN • *Adventures of Huckleberry Finn*
마크 트웨인의 『허클베리 핀의 모험』 ························ 137

HENRY JAMES • *The Portrait of a Lady*
이사벨의 '의식'과 인식의 성장과정 형상화 ························ 161

F. SCOTT FITZGERALD • *The Great Gatsby*
'위대한' 개츠비로의 자리매김 ························ 189

WILLIAM FAULKNER • *The Sound and the Fury*
반복으로서의 내러티브 ························ 219

JOHN STEINBECK • *The Grapes of Wrath*
언어의 상징화와 서술기법 ························ 247

KURT VONNEGUT • *Slaughterhouse-Five: The Children's Crusade*
커트 보네것의 포스트모더니즘적 서술기법 ························ 277

LESLIE M. SILKO • *Almanac of the Dead*
시간의 서사 ························ 301

INTRODUCTION

서술기법과 미국소설 읽기

함 연 진 호서대학교

문학의 여타 장르와는 달리 소설은 작품 속에 복잡하게 재현되는 인물과 사건이 어떠한 기법과 관점을 통해 서술되는가에 따라 작품의 예술적 완성도는 물론이고 독자의 관심과 흥미도 달라지게 마련이다. 이는 작가가 정교한 작품 구성을 위해 어떠한 서술기법을 구사하고 또 작중 화자를 어떻게 운용할 것인지를 고민하게 만드는 대목이기도 하거니와, 결국은 그것이 곧 실제 작품의 성패와도 깊이 관련되어 있음을 암시해 준다. 그러므로 소설에 있어서 서술기법의 중요성은 아무리 강조해도 지나치지 않다. 따라서 모든 소설가는 작중 인물들이 지니고 있는 내적 갈등과 고뇌, 분노와 죄의식 등의 감정을 입체적으로 텍스트 속에 녹여내는 과정에서 작가 특유의 다양하고도 적실한 서술기법을 동원하는데 심혈을 기울일 수밖에 없다.

어떤 의미에서 보면, 소설적 글쓰기는 작가의 서술전략에 따라 텍스트 안에 살아 숨쉬는 다양한 주체들이 벌이는 일련의 언어적 게임이자 재현의 예술이라 할 수 있다. 따라서 작품의 내면적 가치가 견고한 작품의 경우, 여지없이 그 이면에는 작가 특유의 서술전략이 강점으로 작동하고 있음을 보게 된다. 소설의 서술기법은 일련의 사건을 작가의 기호에 따라 기술하는 문학적 기법을 포괄하는 개념이라 할 때(Prince 35), 탄탄한 서술기법에 기초한 작품일수록 독자로 하여금 작품에 대한 보다 깊은 이해와 성찰에 다가갈 수 있게 해준다. 그러므로 소설 연구에 있어서 작품의 견고한 서술방식들을 들춰내는 서술학(narratology)이나 서술이론(narrative theory)의 탐구는 작품을 온전히 음미하는데 필수불가결한 요소라 할 수 있다.

서술이론은 1969년 토도로프(Tzvetan Todorov)가 이야기의 과학으로서의 이야기학, 서술학, 또는 서술이론이란 말을 처음으로 사용한 이래 많은 논의가 진전되어 왔다. 그 가운데 일찍이 프랑스의 문학 이론가이자 구조주의 비평가인 제라르 쥬네트(Gérard Genette)는 시학, 서술학, 서술적 담론 등에 관해 독창적인 서술이론을 확립한 바 있다. 그는 서술을 가리켜 작품의 구조, 행위와 표상, 그리고 나레이션과 인물묘사를 포괄하는 개념인 동시에 모든 사건의 언어적 등가물이라 규정하고 있다. 그에 따르면, 서술의 순서와 시간을 분석적으로 다룰 수 있도록 도와주는 것이 바로 구조이며, 대부분의 서사구조는 사건을 재창조하는 과정에서 텍스트와 해석의 기호학적 순환 과정을 거치게 된다(35).

일반적으로 소설에 있어서의 작가의 서술전략을 이해하는 작업은 그리 간단하지 않다. 그것은 작가의 서술기법이 세대를 거듭할수록 더욱 더 난해해지는 경향을 띠고 있기 때문이기도 하지만, 기본적으로 작가의 서술행위 자체가 이미 개인은 물론 특정 집단의 사유체계, 당대적 이데올로기, 사회 문화 전반에 걸친 인식과 그와 관련한 인간의 의미 활동 전반을 아우르고 있기 때문일 것이다. 따라서 서술이론은 문학텍스트에 대한 총체적 분석의 준거가 되는 동시에, 내면적으로는 인물을 비롯하여, 사건, 플롯, 주제 등의 내용을 전반적으로 포괄하게 된다.

서술이론과 관련하여 한 가지 염두해 두어야 할 사실은 텍스트의 구조나 의미는 언제나 가변적일 수 있다는 점이다. 왜냐하면 기호의 집합체인 텍스트는 텍스트 소비의 주체인 독자의 독서행위에 의해서 언제라도 주관적으로 해석될 수 있는 여지가 충분하며, 그렇지 않을 경우 아예 의미나 구조의 발견은 물론이고, 그러한 개념마저 거론할 수조차 없는 경우 또한 많은 것이 사실이기 때문이다. 따라서 구조주의자들이 언급하는 서사구조는 이미 완성된 구조라기보다는 독자와 텍스트의 상호작용에 가깝다고 할 수 있다. 이는 또한 플롯의 경우에도 마찬가지이다. 독자의 다양한 욕망과 동기에 의해 플롯은 제각각 다양한 모습으로 변이될 수 있기 때문이다. 나아가 작가의 서사행위나 독자의 독서행위는 공히 당대적 역사와 이데올로기의 지배로부터 자유롭지 못한 것 또한 사실이며, 이는 역사학, 정치학, 정신분석학 등의 주변학문들이 침윤되면서 서사연구가 자연스럽게 다분히 학제적 성격을 띠는 배경이 되는 셈이다(Currie 6).

이와 같은 서술행위와 독자와의 상호작용은 이미 충분히 역사화된 서술전략들을 살펴보더라도 분명히 드러난다. 즉 18세기에서 19세기에 이르는 소설의 서술자는 현실재현의 중심축으로 등장하여 지나칠 정도로 자기의 존재감을 드러내는 경우가 많았던 반면에, 20세기 모더니즘 계열의 작품 속에 들어서게 되면 서술자는 더 이상 중심의 위치에 있지 않고 심지어는 부재하거나 과거의 권위적인 모습을 완전히 감추기도 한다. 다시 말해서, 작가가 설정해 놓은 서술자는 등장인물들과의 복잡한 상호작용에 더하여 독자와 공동으로 작품의 의미망을 구현하게 되는 것이다.

특히 현대소설에 있어서 작가의 서술기법에 반응하는 독자의 역할은 작가 못지않게 중요한 위치를 점하고 있다. 명민한 독자일수록 역동적으로 살아 움직이는 작가의 서술기법의 구조를 파헤치면서 작품의 예술적 완성도에 깊이 천착하게 마련이다. 그리하여 독자는 작가가 텍스트를 통해 펼쳐 놓은 정제되고 균형잡힌 수사학과 형식미, 그리고 섬세한 문체 속에 동화되어 작품의 예술적 완성미에 감동하게 된다. 이처럼 독자는 작가의 서술기법에 힘입어 작품 속에 몰입함으로써, 작가와 마찬가지로 사회의 어두운 단면들에 분노하고 불의에 절망하며 때로는 심판하고 정죄하기도 한다. 기실 독자는 텍스트와 상호작용하는 과정에서 의식적이든 무의식적이든 우리 자신을 문학작품의 일부로 만들어간다고 하는 점을 부인하기 어렵다. 즉 많은 경우에 있어서 독자는 텍스트를 재구성하기도 한다. 물론, 비평의 궁극적인 핵심이 텍스트라는 사실을 부정할 수는 없지만, 좀 더 다른 시각에서 보면 독자의 활동 자체가 텍스트와 대등한 동일선상에서 움직이는 경우가 많고, 텍스트에 대한 독자의 경험치가 실제로 작품의 미부여의 중요한 단계라는 점을 부인할 수 없기 때문이다(Holland 816). 이런 점에서 볼 때, 텍스트 수용과 해석간의 미묘한 역학관계는 작가와 독자가 소설 속의 사건을 전장으로 하여 벌이는 교묘한 한판 승부인 셈이며, 따라서 서술기법은 그것이 노출되어 있든 숨겨져 있든 간에 작가의 총체적 전술행위로 간주할 수 있다(Abell 18).

작가의 서술기법과 관련하여 중요한 문학적 장치를 거론할 때, 우선 문체와 어조(tone)와, 어법(diction) 및 이미저리와 상징, 그리고 아이러니 등을 빼놓을 수 없을 것이다. 소설에서의 문체란 텍스트의 언어적 구성, 나아가 작가가 언어를 사용하는 방식 또는 태도 등을 지칭한다. 헨리 제임스(Henry James)의 문체와 헤밍웨이(Ernest Hemingway)의 문체가 다를 수밖에 없는 것은 위와 같은 문체를 형성하거나 결정하는 요인들이 다르기 때문이다. 문체는 한마디로 특정한 작가의 총체적인 반영일 수 있기 때문에 작가마다 고유한 문체를 지니게 마련이다. 어조는 텍스트에 묘사되는 경험에 대한 작가의 태도와 관련이 깊고, 어법은 작가의 어휘 선택과 맥을 같이 한다. 이미저리와 문학적 상징은 그 어떤 기법보다도 실은 복잡하고 난해한 것이 사실이다. 이 책에서 다루고 있는 작가들 가운데 호손(Nathaniel Hawthorne)의 『주홍글자』(*The Scarlet Letter*, 1850)를 비롯하여 멜빌(Herman Melville)의 『모비딕』(*Moby Dick*, 1851), 포크너(William Faulkner)의 『소리와 분노』(*The Sound and the Fury*, 1931) 등 거의 모든 작품에서 작품의 결정적 해석과 관련되는 이미저리와 상징이 작품의 의미구조를 구축하고 있음을 보게 된다. 아울러 신비평을 통해 더욱 확장되어 해석되는 아이러니 역시 외양과 실재 사이, 등장인물의 의도와 실제적인 결과 사이의 대조 등에 근거하여 텍스트의 결을 더욱 섬세하게 구조화시킨다.

뿐만 아니라, 통상적인 소설의 서술전략 가운데에는 작가의 시각(perspective)과 관점(point of view)은 매우 중요한 부분을 차지한다. 작가는 시점의 확보를 통해 이야기 서술의 방식, 즉 소설을 구성하고 있는 등장인물과 행위, 배경 및 사건 등을 독자에게 제시하게 되고, 따라서 시점의 문제는 모든 작가들에게 있어서 매우 중요한 서술전략 가운데 하나로 작동한다. 굳이 미국문학에 한정하지 않는다 하더라도, 현대소설에 있어서 서술기법으로서의 시점은 더욱 복잡하고도 중요한 요소로 부각되었다. 시점의 문제는 의외로 그리 간단하지 않다. 가령, 흔히 자기지시적 성향의 1인칭 서술은 주체로서의 현존이 그대로 드러나게 하는 서사로 알려져 있다. 하지만 대명사로서의 1인칭 '나'는 수많은 기표들의 연결고리 속에 이미 내포되어 있기 때문에, 엄격한 의미에서 주체적 현존의 정체성이 온전히 담보되지 못할 수도 있다. 왜냐하면 주체의 현존이란 종종 반복되는 기표의 자취가 빚어낸 일종의 환영에 불과할 수 있기 때문이다.

미국소설의 서술기법 중에는 서술자가 일인칭 화자이면서도 관련된 주요사건의 목격자 내지 주변인으로 한정되는 경우가 왕왕 있다. 예컨대, 『모비딕』(*Moby Dick*, 1851)의 이쉬마엘(Ishmael), 또는 『위대한 개츠비』(*The Great Gatsby*, 1925)의 닉(Nick)이 그러하다. 또한 작가에 따라서는 굳이 하나의 주어진 시점에만 집착하지 않는 경우도 있다. 가령, 윌리엄 포크너의 『임종의 자리에 누워』(*As I lay Dying*, 1930)에서처럼 여러 개의 일인칭 시점이 동시에 출현하는가 하면, 『소리와 분노』에서는 전지적 시점이 합해진 일인칭 시점이 여럿 등장하기도 한다.

또한 삼인칭 제한적 시점의 경우에 있어서도 마찬가지의 문제점이 도출되기도 한다. 화자는 줄곧 삼인칭으로 이야기를 이끌어 나가지만, 정작 자기 자신은 수많은 등장인물들 가운데 한 사람 내지는, 제한된 일부 인물들에게만 한정적으로 경험되고 지각되는 경우이다. 예컨대, 헨리 제임스(Henry James)의 『대사들』(*The Ambassadors*, 1903)의 스트레더(Strether)나 『메이지가 알았던 것』(*What Masie Knew*, 1897)에서의 메이지가 그러하다. 이른바 제임스의 '의식의 중심' 기법은 후에 의식의 흐름 기법으로 발전해 나가는데, 이러한 기법의 장점은 독자로 하여금 자신도 눈앞에 전개되어가는 사건들을 경험하는데 참여하고 있다는 환상을 갖게 해 주는 데 있다.

나아가 가끔은 작가가 의도하는 것이 무엇인지 짐작할 수 있는 단서가 충분치 못하여 독자를 당혹하게 만드는 교묘한 아이러니가 생성되기도 한다. 가령, 제임스의 「애스펀의 서류」("The Aspern Papers")나 『나사의 회전』(*The Turn of the Screw*, 1898)에서처럼, 오류를 범하기 쉬운 화자를 내세우고, 결국은 그 화자의 오류를 바로잡을 수 있는 단

서마저 애매모호해짐에 따라 작가의 의도가 애매해지는 상황을 연출하기도 한다.[1]

주지하는 바, 20세기 현대소설에 이르게 되면 소설이 스스로 이야기하도록 하는 서술기법이 보편화된다. 종래의 많은 근대 소설에서처럼 작가가 더 이상 자신의 인물에 대해 자세히 기술하거나 대변하지 않는다. 작가는 작중인물에 대해 굳이 나서서 판단하거나 재단하지 않는 대신에, 작중 인물들이 마음속으로 생각하고 느끼고 의식하는 매 순간의 인상들을 독자에게 직접 스스로 이야기해 준다. 현대소설의 길목에 서 있는 헨리 제임스의 경우만 보더라도 그의 유명한 '시점' 이론과 '극적인 서사기법,' 그리고 인간의 내면 의식에 대한 지대한 관심 등이 의미심장하게 해석되는 이유도 여기에 있다. 제임스는 이론과 실제 양면에서 괄목할만한 서사전략을 구사한 바 있다. 소설은 진지하게 쓰여져야 하지만, 그 어떤 제약으로부터도 자유로워야 한다는 점을 제임스는 강조한다. 일찍이 제임스는 『대사들』 서문에서 소설이야말로 가장 독립적이며 풍성한 서사양식이라고 밝힌 바 있으며, 『소설의 기법』에서 인간의 경험을 가리켜 무한한 의식의 방에 걸린 거미줄에 비유하고 3인칭 시점을 즐겨 사용하였다. 3인칭 서술자의 제한된 시점을 통해 다른 인물의 심리와 의식의 상태를 사실적으로 보여주는 것이다.

하지만 이러한 다양한 서술기법에도 불구하고, 대부분의 경우에 있어서 소설의 서술전략은 텍스트 안에 담기는 내용물과 상호 밀접한 관련을 맺을 수밖에 없음을 간과해서는 안 된다. 내용이 형식을 규정하기도 하는 때문이다. 그렇다면 이러한 다양한 서술기법을 통해 매개되는 미국소설 특유의 콘텐츠는 어떻게 정리할 수 있을 것인가? 미국소설의 역사를 일별할 때, 초기 이주정착민들의 애환과 고뇌, 그리고 문명의 혼종이 우선 먼저 눈에 들어온다. 한마디로 말해서 다인종 다문화로 점철된 미국사회를 촘촘히 그려내야 했던 미국소설은 미국을 희망과 약속의 땅으로 인식하는 국민적 자부심의 서사와 더불어, 후에 그 꿈이 왜곡되고 굴절되며 또 극복되어 가는 서사와 간단없이 교차한다.

그렇다면, 혼종의 문화 속에 내재하는 다양한 목소리와 그것을 담아내는 다중적인 상징체계의 서사 속에는 무엇이 용해되어 있을까? 제일 먼저 떠오르는 서사 가운데 하나로 미국인의 꿈(American Dream)이란 모티프를 빼놓을 수 없을 것이다. 미국에 역사 속에서 숱한 영욕의 역사를 거듭해 온 아메리칸 드림은 그야말로 우리민족 고유의 정서인 한의 정서만큼이나 미국인들의 의식과 핏줄 속에 녹아 흐르는 지울 수 없는 대서사라 아니할 수 없다. 이는 종종 자유를 바탕으로 구가되는 출세, 그리고 성공에 대한 기회의 꿈으로 치환되기도 하지만, 일견 단순해 보이면서도 좀 더 자세히 들여다보면 실상은 매우 복잡한 의미망을 구축하고 있는 미국인의 심리기제이다. 일찍이 식민지 초기 개인의 종교적 자유에 목말라 했던 퓨리턴들의 욕망은 미국인들의 의식 저변에 자리하는 미국적 상상력의 요체이기도 하다. 실제로 이러한 퓨리터니즘이 미국문학의 설화 속에서 차지하고 있는 비중은 결코 과소평가할 수 없으며, 이미 그것은 오늘날 미국문화의 저변에 자리하고 있는 공동체 의식과도 맞닿아 있다고 할 수 있다.

이러한 청교도주의 문화를 배경으로 미국인의 가정과 사회 속에서 죄의식이 인간의 심리 내면에 끼치는 영향과 흔적, 나아가 이상적인 사회개혁의 가능성까지를 동시에 탐문했던 서술기법 중의 하나가 바로 로맨스이다. 특히 19세기 중엽, 가정을 포함한 사회 전반의 이데올로기에 대해 비판적 시각을 유지하면서 미국 특유의 유토피아적 비전을 로맨스 양식에 담아내려 했던 일군의 작가들에게 있어 로맨스 서사양식은 매우 주효했다. 그 가운데에 나다니엘 호손의 경우가 단연 돋보인다. 사실과 허구의 경계를 넘나들며 특유의 신비주의적 모호함을 자아내는 서술기법으로서 호손이 즐겨 사용한 로맨스는 19세기 미국문학의 주요한 소설양식으로 통한다. 예컨대, 호손의 『주홍글자』는 퓨리턴사회의 질서에 헤스터(Hester)로 대변되는 도전과 저항의 서사가 맞물리면서 미국의 독특한 로맨스문학을 축조해 내고 있다고 할 수 있다.

이 책에서 호손의 필자가 언급하고 있는 바대로, 로맨스의 특성상 다양한 해석을 낳게 하는 상징과 함께 모호한 서술 및 화자의 일관성 결여 등은 아이러니하게도 『주홍글자』가 이루어낸 가장 큰 예술적 성취인 셈이다. 그는 현실과 환상의 경계를 교묘하게 넘나드는 모호한 서술들이 독자들에게 풍부한 선택거리를 주고, 더 나아가서 독자의 상상력을 끊임없이 유도하면서 17세기 청교도 식민시대의 역사와 사람들의 내면심리를 받아들이는 독자들의 인식의 폭을 넓혀주고 있다고 강조한다. 나아가 『일곱 박공의 집』(*The House of the Seven Gables*, 1851)을 거쳐 『블라이드데일 로맨스』(*The Blithedale Romance,* 1852)에 이르게 되면 호손의 문학서사는 퓨리터니즘의 담론을 넘어 사회개혁적인 비전까지 확보하게 된다.[2]

이처럼 미국역사의 정치적 사회적 배경 저변에 깊이 침윤되어 끊임없이 문학적 영감의 근원이 되어 왔던 퓨리터니즘은 그 후 다양한 양태로 굴절되는 양상을 띠게 된다. 퓨리턴들의 이주 이후 끊임없이 이어지는 수많은 이주민들의 역사 속에는 미국인의 꿈이 신대륙에 대한 신비감과 더불어 드넓은 땅에 대한 소유욕, 그리고 가끔은 일순간의 행운을 통한 출세욕에 사로잡히는 등 다양한 변주로 이어진다. 이러한 거시적 욕망체계는 여지없이 미국문학의 텍스트 속에서 각기 다른 모습으로 미분화되어 재현되고 있다. 즉 순수했던 미국인의 꿈은 개인적 노력에 바탕을 둔 미국사회의 상류층 진입에 대한 지난한 열망과 기대, 그리고 급격한 산업화 과정에서 파생하는 중산층 계급의 배금주의와 개인 및 집단 이기주의의 코드로 변질되어 작가들 특유의 다양한 서술기법을 통해 변주되는 양상을 띠게 된다. 즉 미국인의 꿈 모티프는 후에 미국 국민들의 심리저변에 잠재되어 있는 이른바, 신세계에서 지상의 낙원을 건설할 수 있다는 그들의 집단 무의식으로 침전되어 급기야는 아메리칸 아담(American Adam)을 근간으로 하는 미국적 신화로 굳어지면서 점차 그들이 지녔던 소망과 포부, 불안과 공포, 그리고 가치관에 이르기까지 미국인의 의식 속에 깊이 자리한다.

전술한 바대로, 신대륙 개척과 미국적 낙원을 근간으로 창조된 아메리칸 아담에 미국인들이 집단적으로 열망을 담아냈던 초기 미국문학의 서사는 19세게 후반으로 접어들면서 심각한 도전을 받게 된다. 북부를 중심으로 한 산업사회로의 팽창으로 인해 순진무구했던 아메리칸 아담에 대한 좌절과 절망이 표면에 드러나기 시작했고, 이어서 비극적 갈등을 체험케 하는 타락 이후의 아담 모티프가 미국소설 텍스트 속으로 공공연하게 진입하기 시작한 것이다. 예컨대, 비참하기 이를 데 없는 남북전쟁의 상흔과 마크 트웨인의 『도금시대』(*The Gilded Age*, 1873)로 대변되는 사회적 물욕과 부패의 고리, 그리고 급속한 산업화 과정이 낳은 비인간적인 부조리 문화, 나아가 세계 제 1, 2차 대전을 겪으며 지식인들이 빠져들었던 허무와 절망은 미국적 신화에 대한 어두운 단면을 여실히 보여주기에 충분하였다.[3]

이어서 미국문학 서사 중에 중요한 부분을 차지하고 있음에도 불구하고 아쉽게도 이 책에서 다루지 못한 이른바, 흑인문학을 둘러싼 미국적 서술에 관해 잠깐 언급할 필요가 있다. 그 이유는 지극히 미국적인 양상(Americanness) 중의 하나로 흑인의 노예서사(slave narratives)를 빼놓을 수 없기 때문이다. 노예서사는 미국사회는 농업중심의 남부와 공업중심의 산업사회인 북부로 나뉘면서 노예제도가 필연적으로 첨예한 사회적 이슈로 떠오르는 과정 속에 남북의 대립이 극심한 혼란을 야기하는 국면에서 발현되었다. 『프레드릭 더글라스의 일생기』(*Narrative of the Life of Frederick Douglass, an American Slave*, 1845)를 비롯하여, 스토우 부인(Mrs. Stowe)이 펴낸 『톰 아저씨와 오두막집』(*Uncle Tom's Cabin*, 1852)은 노예수기의 서사양식에 소설적 요소가 가미되면서 미국적 서술의 새로운 양상을 더하게 되었다. 노예제도의 비인간적 인종탄압과 사회불평등 타파를 외치는 사회정의 구현의 서사가 독특한 소수 담론[4]으로서의 미국 흑인문학의 전통을 다지는 결과를 연출하였다. 어찌 보면, 흑인문학의 서사는 내부 식민화의 모델이자 문화적 경계하에서의 인종적·성적·민족적 타자의 전형인 셈이라 할 수 있다.[5]

미국흑인문학의 전통은 19세기 노예제도를 경험한 초기 흑인작가들부터 20세기의 대표작가 토니 모리슨에 이르기까지의 미국문학 서사에서 빼놓을 수 없는 비중을 차지하고 있다. 남북전쟁을 전후로 하여 노예제도와 관련한 많은 소설들이 작가적 체험에 기초한 비인간적 노예 현실을 고발하면서 직접적으로 노예제도의 폐지를 역설하는 서사를 펼쳤다면, 20세기 후반 토니 모리슨(Toni Morrison)에 이르게 되면 그녀의 대표작 『가장 푸른 눈』(*The Bluest Eye*, 1970)과 『낙원』(*Paradise*, 1997)에서 보게 되듯, 많은 작가들이 원한과 상흔으로 가득 찬 흑인노예들의 역사를 아프리카인들의 과거 역사 다시 쓰기 서술전략을 통해 복원시키고자 노력했음을 목도하게 된다.[6] 이러한 서사전통은 윌리엄 웰즈 브라운(William Wells Brown)을 비롯한 노예세대 작가들을 필두로 하여 프란시스 하퍼(Francis Harper)를 위시한 20세기 초 할렘 르네상스 작가들, 그리고 이후 제임스 볼드윈(James Baldwin)을 비롯, 리차드 라이트(Richard Right), 랠프 엘리슨(Ralph Ellison) 등의 흑인의 토속적 전통 서사를 거쳐, 흑인문학의 예술성이 절정을 달한다고 해도 과언이 아닌 토니 모리슨(Toni Morrison)의 서사로 발전하게 된다. 이들의 공통적인 주제는 흑인 노예의 서사가 대부분 북부 백인들의 기호에 맞도록 허구화되는 과정 속에서 굳어진 인종적 편견이 결국은 백인우월주의를 고착화시키는 결과를 낳을 수밖에 없었던 미국 사회의 이중성[7]에 대한 회의와 항변일 것이다. 왜냐하면 거개의 소수민족 문학들은 백인 주류문화에 쉽게 동화될 수밖에 없는 위협과 억압을 받아 온 것이 어느 정도 사실이기 때문이다.[8]

이와 관련하여 게이츠(Gates)는 아프리카계 미국문학의 특징을 가리켜 비유적이며 은유적인 수사학에 기초하고 있다고 지적하고, 이는 백인중심의 사회 속에서 소외된 자신들의 설움과 고뇌를 안으로 침전시켜 소화하는 과정에서 필연적으로 생성된 서사였다는 점을 강조한다. 이어 그는 이러한 아프리카계 미국문학의 서사가 후에 미국의 정체성에 대한 저항적이고도 전복적 글쓰기 전략으로 발전하게 되었다고 주장한다(6).

이 책의 필자들은 그러한 독자를 위해 주요한 미국 작가들의 작품을 소설적 서술형식과 서술기법의 특성을 분석하면서 텍스트 안에 담겨 있는 의미망을 읽어내는데 적으나마 도움을 주고자 시대별로 다양한 작품을 자세히 분석하고 있다.

우선 브라운의 『공감의 위력』(*The Power of Sympathy*, 1789)은 편지

를 교환하는 복수의 화자를 등장시켜 소설의 플롯을 구성하는 독특한 방식의 서간체 소설(epistolary novel) 기법을 사용하고 있는 작품이다. 영국의 리차드슨(Samuel Richardson)의 『파멜라』(*Pamela*)를 필두로 한 서간체 소설은 그 후 수많은 작가들의 실험적 서술기법으로 이어지는 바, 브라운의 이 작품은 소위 유혹소설[9]의 범주에 속하기도 한다.

필자도 지적하고 있듯이, 기본적으로 서간체 형식의 소설은 편지를 쓰는 화자와 그 편지를 읽는 수신자 외에도 이들의 서신 교환 내용을 읽는 이야기 외부의 독자까지를 상정하고 있기 때문에, 독자 또한 역동적으로 소설에 참여하게 되는 역할을 부여받는 셈이다. 따라서 편지 교환이 기본적으로 사적인 관계의 상징이라는 전제는 성립될 수가 없다고 진단하고 사적 영역(private sphere)과 공적 영역(public sphere)이 교차하는 독특한 방식이라고 언급하고 있다. 따라서 필자는 서간체 기법은 당대의 문화적 역학 내의 사회적 관계를 압축적으로 보여주는 형식으로 이해되고 있다고 진단한다.

그렇다면 초기 미국소설에서 특히 서간체 기법의 활용이 두드러졌을까? 필자는 이 질문에 대한 해답으로 당대 초기 미국적 상황의 견지에서 1820년까지 집중적으로 서간체 소설들이 등장했다는 것은 당대 독자와의 역동적인 관계 설정을 위한 작가들의 노력의 소산이라고 진단한다. 『공감의 위력』은 1776년 독립을 선언한 직후에 출판된 작품으로서 미국 건국기의 산물임에 틀림없다고 보고, 독립 혁명 이후 균질적인 정체성에 근거한 국민 국가를 확립하는 것이 중요했던 당대 상황에서 공감(sympathy)과 훈육(discipline)을 통해 통일된 국가 정체성을 이루는 과정을 극화하고 있는 작품이라고 해석한다.

요컨대, 공감은 소설 속에서 작가와 독자, 인물과 인물 사이의 관계의 매개로서 '상상의 공동체'로서의 국가 건설의 요체가 되며, 이 때 공감의 형성은 다양한 관계망을 통해 효과적으로 제시될 수 있는 만큼 서간체는 공감의 역학을 효과적으로 드러내는 서술 방식일 수 있다는 것이 필자의 견해이다. 결국 이 작품은 개인주의적이며 지배담론을 벗어나려는 원심력을 공화주의의 공적인 미덕을 강조하는 구심력으로 통제하는 양상을 서간체를 통해서 더욱 효과적으로 보여주고 있다는 것이 필자의 진단이며, 작가는 그 결과 공감에 바탕을 둔 균질하게 상상된 국민 공동체의 가능성을 탐색하고 있다고 필자는 해석한다.

이어서 호손의 필자는 『주홍글자』의 화자가 사건이나 등장인물들의 내면을 지속적으로 모호하게 서술하며, 때로는 앞부분의 서술과는 정반대의 서술을 이어가면서 일견 일관성이 없는 서술전략을 취하고 있다고 진단한다. 이처럼 모호하면서도 일관성이 결여된 서술을 일삼는 화자는 3인칭 전지적 시점의 장면에서는 마치 사건의 모든 전말을 다 알고 있는 듯이 단정적으로 서술하기도 하고, 때로는 작품 속으로 직접 뛰어들어 특정인물이나 사건을 직접적으로 묘사하기도 한다. 하지만, 이어지는 다른 장면에서는 전지적 화자가 갑자기 태도를 바꾸어 사건이나 인물에 대한 정보를 매우 제한적으로 제공하면서 독자들을 현혹시키기도 한다고 필자는 해석하고 있다. 나아가 『주홍글자』의 이해가 쉽지 않은 것도 따지고 보면, 작가 스스로가 자신의 작품이 한가지 고정적인 의미로 받아들여지는 것을 경계하기 위한 서술전략에서 기인한 것이라고 평가한다.

앞에서도 언급한대로, 이 작품의 화자는 하나의 일관된 시점을 견지하지 않고, 때로는 3인칭 관찰자 시점으로 제한적인 사실과 정보만을 독자들에게 제공하기도 하고, 어느 장면에서는 전지적 작가 시점을 통해 등장인물 내면의 세밀한 심리변화를 자세히 서술해 주는 전략을 취하기도 한다. 특히 인물의 내면 묘사에 있어서 앞선 서술과 정반대 서술의 가능성을 자주 언급함으로써 독자들을 혼란에 빠뜨리기도 한다고 필자는 지적한다. 상상과 현실의 중립지대를 아우르는 로맨스 서사기법을 통해 작가는 등장인물의 내면 묘사와 더불어 과거의 역사적 과오와 현재의 답답한 현실을 효율적으로 비판하는가 하면, 더 나아가 반성적이고도 성찰적인 견지에서 맹목적이고 일방적인 팽창만을 목표로 하는 미국적 삶에 새로운 비전을 암시해 주기도 한다고 믿는다. 결론적으로 필자는 작가가 다양하고 독특한 서사를 통해서 모호성이 만들어 놓은 공백을 독자가 상상력으로 채울 수 있는 기회를 제공하기에 결국은 작품 내내 무수한 해석을 가능케 하는 서사기법을 동원하고 있다고 진단한다.

『낸터킷의 아서 고든 핌의 이야기』(*The Narrative of Arthur Gordon Pym of Nantucket*, 1838) 속에 내재되어 있는 포우(Poe)의 서술전략은 사실과 허구 사이의 모호성에 기반한 서사기법이 특징이다. 독자의 입장에서 볼 때, 핌의 서문은 어디까지가 사실이고 어디까지가 허구인지 분간할 수 없을 뿐만 아니라, 결국은 작가가 소설을 통하여 그의 전기를 읽게 하는 기묘한 방식으로 포우 자신의 삶과 예술이 서로 내밀하게 엮어져 있다고 할 수 있다. 필자도 언급하고 있는 바대로, 피들러(Leslie Fiedler)도 핌에 대한 변명조의 장난스러운 서문은 독자로 하여금 주로 전기적인 측면에 관심을 갖도록 하며 작품이 아닌 작가를 더 부각시키고 있다고 지적한다.

필자는 또한 포우가 당시의 다양한 과학 및 역사서, 여행기, 탐험과 모험이야기, 신문기사 등의 기록물과 보고서들을 탐독하여 역사적인 인물들과 사건들을 작품 속에 그대로 인용함으로써 핌의 남극과 바다여행의 사실성을 부각시키려고 노력한다고 지적하고, 그럼에도 불구하고 포우는 사실을 가장한 표층의 객관적인 서사에 자신의 자전적인 요소와 주관적인 허구를 결합시키는 이중의 서사전략을 구사하고 있다고 해석한다. 따라서 작품 속에 언급되고 있는 다양한 해양 사건이나, 지리학적 정보, 과학적 지식, 탐험서적과 정보 등은 사실의 중요성보다는 핌의 정신 여행을 포장하기 위한 도구에 지나지 않는 셈이다. 필자는 결국 핌의 남극으로의 여행은 포우의 자전적인 요소가 결합된 정체성 찾기의 상징적인 여행이며 핌이 경험하는 불안, 공포, 죽음, 악, 흑과 백, 자연의 신비 등은 포우 자신의 개인적 또는 사회적인 정체성 찾기의 한 과정을 여실히 보여주는 것에 불과하며, 궁극적으로 포우는 겉으로 드러나는 사실적인 여행보다는 보이지 않는 자신의 상상의 여행을 통하여 자신의 정체성에 대한 탐색을 시도하고 있다고 주장하고 있다.

허만 멜빌의 「베니토 세레노」(*Benito Cereno*, 1855)를 중심으로 서사기법을 연구한 필자는 멜빌을 가리켜 일반대중과 소수 통찰력 있는 독자들 개개인에 대한 메시지를 복합적으로 담아내는 작가로 규정한다. 그는 작가가 진리를 꿰뚫어 보기 어려운 인간의 한계를 제시하고자 제한된 시점을 취하게 되었으며, 그 결과, 믿을 수 없는 화자를 통해 아이러닉한 서술의 다양한 방법들을 실험하고 있다고 지적한다. 나아가 멜빌은 아이러니와 속임수로 점철된 서술양식을 택했으며, 특히 1850년대 잡지 연재소설들에서 이러한 수사학적인 전략이 크게 성공했다고 해석하고 있다.

멜빌의 작품들은 서사기법 자체가 주제를 매우 효과적으로 표현하기에 적합하며, 특히 「베니토 세레노」에서는 표면적인 서술 부분과 상징적인 하부구조, 사실과 상징 등이 거의 완벽히 융합되고 있음을 갈파하고 있다. 때문에 함축된 주제를 찾기 위해서는 세 부분으로 나뉘어진 서술구조 속에 짜여져 들어가 있는 복합적인 서술시점, 그리고 다양한 층의 아이러니와 상징들의 의미를 검토해야 한다는 것이 필자의 주장이다. 원래 원전은 일인칭 서술로 집필되었으나, 항해기를 3인칭 화자의 시각으로 재구성한 「베니토 세레노」는 그 복합적인 서술 시점이 성공적으로 작동한 작품으로 잘 알려져 있다. 또한 숨겨진 3인칭 화자가 전체 내러티브를 통제하며 개별적인 관점을 전달하는 주요 통로가 됨으로써 내러티브가 더욱 복잡해지는 양상을 띠는 것이 특징이라 할 수 있다.

사실, 필자의 지적대로, 수용미학 등의 현대 문학이론에서는 완성된 결말보다는 열린 상태로 마무리되는 작품이 더욱 설득력과 의미가 있다. 굳이 텍스트와 독자사이의 소통적 구조에 관한 이저(Wolfgan Iser)의 견해를 빌리지 않는다 하더라도, 독자들의 적극적인 개입을 요구하는 이 열린 텍스트의 주제를 파악하기란 쉽지 않다. 따라서 「베니토 세레노」의 의미를 파악하기 위해서는 복합시점과 상징, 그리고 아이러니 등의 서술기법을 파악하는 것이 우선이며, 결국 최종적으로 작품을 해석해 내는 일은 독자의 몫으로 남게 된다.

기본적으로 마크 트웨인의 『허클베리 핀의 모험』(*Adventures of Huckle- berry Finn*, 1885)은 미시시피강을 따라 내려가며 겪는 모험을 중심으로 화자이자 주인공인 헉이 시선을 통해 사건과 인물을 묘사하는 서사구조를 지니고 있다. 하지만, 헉의 시각으로만 서술되는 것이 아니라, 작가는 숨어있는 또 다른 화자가 되어 때로는 헉과의 거리를 두고 주인공을 비판하기도 하는 기법을 구사하고 있다고 필자는 해석한다. 잘 알려진 바대로, 이 작품은 남부 및 서부 지역 방언과 구어체를 사용하는 등 인물과 사건의 묘사에서 사실주의적인 서술기법을 통해 당대 백인 중심의 인종담론과 인간 본성에 대한 날카로운 비판을 재현하고 있다. 하지만 트웨인의 서술 전략은 당대 독자들과의 충돌을 피하면서도 교묘하게 당대 인종 지배담론을 전복하려는 의도를 드러낸다고 하는 것이 필자의 해석이다. 즉 헉의 무의식이 당대의 인종 지배담론에 포섭되어 있음을 전지적 시점에서 작가가 은연중에 폭로하는 서술기법을 택하고 있다는 것이다.

특히 31장까지 진행되는 헉의 진지한 성장스토리와는 달리 갑자기 우스꽝스러운 내용이 전개되는 부분을 지칭하여 필자가 "도피부" (Evasion Section)라고 번역한 부분과 관련하여, 헉과 탐의 관계도 면밀하게 살펴보아야만 이 작품 속에 재현된 인종 문제에 대한 트웨인의 기본적인 생각을 읽어 낼 수 있다는 것이 필자의 주장이다. 짐의 재현 문제를 포함한 이러한 서술전략은 당대 흑인에 대한 인종 지배담론이 백인들의 마음속을 지배하는 상황 속에서 작가가 백인 독자들의 반발을 잠재우면서 그들을 설득하는 방식으로 아주 유효한 방법이었다는 것이 또한 필자의 견해이다. 아울러 트웨인이 탐의 지배 이데올로기를 우화적 서술기법을 통하여 풍자한 것도 따지고 보면, 그가 남북전쟁 이후의 흑인을 억압하는 인종 지배담론을 실제의 진실과 거리가 먼 환상에 가까운 것으로 보고 있다고 파악할 수 있다는 것이다. 그리고 탐이 끊임없이 참조하며 그의 권위의 밑바탕으로 삼은 낭만적인 엉터리 책들은 그 당시의 흑인법(Black Codes)을 우화화한 트웨인의 서술전략이라고 필자는 해석한다.

『여인의 초상』(*The Portrait of a Lady*, 1881)을 중심으로 제임스의 서술기법을 고찰한 필자는 작가가 인간의 '의식'을 소설의 소재로 삼음으로써 소설에 있어서 소재의 범위를 확대했다고 해석하고, 작가가 『여인의 초상』을 통해 연속적으로 일어나는 사건의 전개 과정을 평면적으로 서술하는 것이 아니라 이사벨의 '의식'에 초점을 두어 사건에 대한 그녀의 심리적 반응과 의식의 움직임을 극화하고 있다고 평가한다. 여러 비평가들이 그의 소설을 가리켜, '의식의 드라마'라고 일컫는 것도 따지고 보면 이런 연유에 근거하는 것이라 밝히고 있다.

이 작품 속에 투입된 서사기법 가운데에는 서술자가 '말하면서'(telling) 그리고 '보여주면서'(showing) 이사벨이 누구인지에 관한 초상화를 그려나가는 과정에서 이사벨에 대한 독자의 공감을 유지시키고 있는 한편으로, 플래쉬백 기법을 사용하여 핵심적인 사건을 먼저 제시함으로써 독자의 주목을 선점하려는 의도가 숨어있다고 필자는 해석한다. 또한 제임스는 이사벨이 의식의 변화를 겪기 전과 그 후로 나누어 서술방법을 달리 했으며, 이사벨의 의식이 확장되면서부터는 그녀의 의식에 초점을 맞추어 그 의식의 움직임을 전달하면서 인식의 성장에 주목하고 있음도 지적하고 있다. 이와 함께 작가는 잠재의식 차원까지를 포함해서 이사벨의 인식이 성장해가는 과정은 함축성이 풍부한 시적 이미지를 통해 압축적으로 전달하고 있다는 것이다.

아울러 필자는 제임스가 이 소설에서 이사벨의 문제점을 지적하면서도 독자의 동정을 이끌어내는 서술자의 논평, 이사벨을 둘러싸고 그녀의 근황을 살피는 위성들의 관찰과 추측, 이사벨의 의식을 중심에 놓고 그 흐름을 추적하기, 그리고 시적 이미지를 통한 상징적 의미의 압축적인 전달 등 여러 서술기법을 구사하고 있다고 지적하고, 그의 독특한 서술기법은 이사벨의 핵심적인 문제인 내적 모순 및 양면성을 부각시킴과 동시에, 그녀가 워버튼과 굳우드의 청혼을 거절한 후 오스몬드를 선택한 배경과 원인을 탐색하며, 그녀의 인식의 성장 과정을 추적하는데 유용하게 활용되고 있다고 해석한다.

나아가 제임스는 이 소설에서 섬세한 감수성으로 복합적이고 양가적인 현실 세계와 인간 내면 심리의 복잡하게 얽힌 결을 효과적으로 재현해 내는 과정에서, 멀이나 오스몬드조차도 파렴치한 악당에 그치지 않고 선악이 공존하는 복합적인 인물로 그려낼 정도로 제임스의 인간 이해의 결이 매우 촘촘하고 섬세하다고 평하고 있다. 또한 빛과 어둠을 포함한 시적 이미지를 통해 유기적인 의미망을 구축하여 그 안에 인식의 성장이라는 주제를 함축해낸 솜씨도 그의 시적 감수성에서 발현하는 것이며, 따라서 섬세하고 복합적인 내용과 유기적이고 탄탄한 구조가 조화롭게 통합된 이 소설은 제임스의 심오한 인간 이해와 원숙한 예술성이 함께 어우러진 결과라는 것이 필자의 해석이다.

피츠제럴드의 필자는 『위대한 개츠비』 분석을 통해 작가가 개츠비를 "위대한" 인물로 승화시키기 위해 작가 특유의 서술기법이 동원되었고과 장치를 사용하였고 그것들이 서로 맞물리는 과정에서 상승작용을 일으키고 있다고 지적한다. 그리고 독자로 하여금 개츠비에게 공감을 공유케 하는데 결정적 역할을 닉은 관찰자로서 자신이 직접 목격하고 들은 사건을 플래시백 수법으로 독자에게 전달하는 서술자로서 뿐 아니라, 개츠비와 데이지의 재회를 주선하는 등 사건에 직접 개입하는 작중 인물의 역할을 하는 관찰자, 서술자, 그리고 행위자로서의 다중적인 역할을 수행하고 있다고 진단한다. 또한 닉은 조던을 비롯한 주변 인물들로부터 내밀한 이야기를 듣는 청자이기도 하고, 비록 제한적 관점을 지니기는 하지만 경우에 따라서는 전지적 3인칭 서술자로서 이야기의 안과 밖을 자유로이 드나들며 독자와 접촉하는 창구 역할도 겸하고 있다고 해석한다.

또한 작가는 서술자 닉뿐 아니라 닉에게 이야기해 주는 여러 인물들의 입을 통해 여러 각도에서 반복해서 서술함으로써 이러한 개츠비의 꿈의 실체를 독자에게 이해시키려 하고 있으며, 서술자 닉의 이야기와 다른 인물들이 닉에게 해 주는 이야기를 통한 반복 서술은 개츠비가 품은 새로운 정체성에 관한 꿈과 데이지를 되찾으려는 꿈, 그리고 그것 사이의 연관성을 독자에게 공감적으로 전달하는데 효과적으로 활용되고 있음도 지적하고 있다. 또한 필자는 병치와 대조의 구조는 닉과 조던 관계의 부 플롯을 개츠비와 데이지의 관계를 축으로 전개되는 주 플롯에 병치시키는 부분에서도 효과를 발휘하고 있다고 언급한다. 이처럼 피츠제럴드는 여러 독특한 서사기법을 통하여 독자로 하여금 개츠비를 "위대한" 인물로서 공감하고 이해하도록 유도하고, 압축적이고 치밀한 구성과 속도감 있는 전개로 독자를 이야기에 몰입시킴으로써, 극적 효과를 거두고 있다고 해석한다.

포크너의 필자는 포크너만큼 독특하고 난해한 내러티브와 스타일로 자신만의 문학세계를 구축한 작가가 흔치 않다고 진단하고, 『소리와 분노』에 교직된 포크너의 서술방식은 서술자의 권위를 인정하지 않고 다양한 해석의 가능성을 열어놓고 있다는 점에서 제임스 조이스(James Joyce)나 조셉 콘래드(Joseph Conrad)와 같이 모더니즘 계열에 속하는 작가로 분류되는 동시에 포스트모더니즘 계열로 해석될 여지가 있음을 지적하고 있다.

필자는 작가가 이 작품을 통하여 경험을 해석하고 연결하는 능력을 결여한 백치 벤지의 단순 반복 내러티브에서 현학적이고 풍부한 상징으로 점철된 퀜틴 섹션, 그리고 3인칭 화자의 시점을 통해 객관적으로 재현되는 딜지 섹션에 이르기까지 다양한 서사기법을 활용하고 있다고 해석한다. 그러므로 세 컴슨 형제의 내적 독백으로 전달되는 일인칭 화자들의 이야기가 사실은 너무나 주관적이고 자기 세계에만 갇혀 있다는 한계성을 노정하고 있지만, 네 번째 화자 역시 이를 해결하지 못하고 앞의 화자들과 더불어 전지적 시점의 불가능성을 보여주고 있다는 스테이시 버튼의 견해에 필자는 무게를 실어주고 있다. 나아가 필자는 포크너가 불완전하고 부적절한 재현과 서술의 한계를 받아들이면서도 그 밑에 내재된 가능성을 탐색하는 서사기법의 실험을 이 작품에서 시도하고 있다고 해석한다. 결론적으로『소리와 분노』의 반복되는 서사는 혼란스러우며 결말은 잠정적인 것에 불과하지만, 그 어떤 가능성도 배제하지 않고 긍정과 부정을 모두 포괄하는 열린 구조로 보아야 한다고 필자는 주장한다.

존 스타인벡의 서술기법은 무엇보다도 사회주의적 관점에서 보편적 인류에 대한 온정적 인본주의에 천착하여 결국은 생태학적 자연관으로 이어지는 폭넓은 스펙트럼을 지니고 있는 것이 특징이다. 스타인벡의 필자는『분노의 포도』(*The Grapes of Wrath*, 1939)에 나타난 서사기법과 관련하여, 어찌 보면 가장 중요한 서사라 할 수 있는 탐 죠드(Joad)가의 고단한 삶의 여정과 그들이 서서히 깨닫게 되는 사회정치적인 의식의 철학적인 토대를 소위, 중간장(interchapter)들을 통해 시현해 내고 있음을 지적하면서, 시점이 "나"에서 "우리"로 이행하는 과정에서 새로운 삶의 비전을 제시하는 기법을 사용하고 있다고 해석하고 있다. 아울러 스타인벡의 사실적이고도 상징적인 언어는 지역의 방언까지 동원하면서 캘리포니아로 향하는 이주 노동자들의 고난과 가난한 농부의 열악한 노동 환경, 그리고 그와 결부되는 사회적 성공에 대한 열망까지를 리얼하게 담아내고 있다고 평가한다. 특히 이 작품의 극도로 압축된 서술형식은 묘사와 해설에 있어서 작가의 단순하고도 명료한 언어적 통제에서 진가를 발휘하고 있음도 중요하게 다루고 있다.

나아가 필자는 1장에서 30장까지 스타인벡이 미국의 물질만능주의와 자본의 억압적인 구조를 보여주기 위하여 다양한 서사전략을 사용하고 있음을 지적하고, 이 작품에서의 또 다른 중요한 서사기법으로 탐구 내지 여행 모티프와 신화적 상상력을 통한 플롯의 확장구조를 언급하고 있다. 예컨대, 오키인들(Okies)의 이주와 약속의 땅으로의 여정, 성배추구 그리고 에덴으로부터 추방 등의 마스터플롯은 스타인벡의 거대서사의 일면을 보여주는 좋은 예라 할 수 있다.

커트 보네것의 필자는 『제5도살장』(*Slaughterhouse-Five*, 1969)은 기본적으로 포스트모더니즘적 서사기법이 주를 이루고 있다고 진단하고, 몇 가지 특징으로 장르적 혼용과 해체적 플롯, 그리고 메타픽션의 요소도입을 들고 있다. 보네것 소설의 호응 기반은 사회비판이나 반전소설로서의 주제 못지않게 그의 소설이 지니는 탈위계적인 장르적 신선함 때문이라고 언급하고, 레슬리 피들러(Leslie Fiedler)가 「경계를 가로지르고, 간극을 메우며」("Cross the Border-Close the Gap")를 통해 강조한 바대로, 저급과 고급, 대중문학과 순수문학의 절충, 그리고 과학소설과 본격소설의 접목을 시도한 포스트모더니즘의 선도적인 작가라고 해석한다. 또한 보네것은 더 이상 전통적인 소설로는 '비현실'에 가까운 현실과 인간 경험과 실재의 복잡성을 적절히 담아낼 수 없다고 판단하여 해체적 플롯을 도입하였으며, 포스트모더니즘 소설의 두드러진 특징 가운데 하나인 메타픽션(metafiction)적인 자의식(self-consciousness)이 곳곳에 드러나게 함으로써, 독자가 읽고 있는 이 작품이 허구임을 의식적으로 드러내고 있다고 해석한다.

보네것이 전통적인 서사의 한계에서 벗어나 새로운 글쓰기를 시도하는 과정에서 보여준 또 하나의 특징은 텍스트를 구성하는 이야기 마디(node)들의 파편적 구성이다. 필자는 겉표지, 속표지(부제), 헌사, 제사에 이어 일반적인 책의 방식대로 총 10개의 장으로 이루어져 있지만, 각 장들은 길이가 전혀 일정치 않은 수많은 마디들로 구성되어 있다고 지적한다. 보네것의 이러한 파편적인 서술기법은 1960년대 당시의 급부상하던 뉴미디어를 연상시기에 충분하며, '소설의 죽음'이 인구에 회자되던 당대에 작가가 뉴미디어 매체를 의식적으로 염두에 둔 실험을 통해 소설의 새로운 가능성을 탐구한 것이라고 필자는 해석한다.

요컨대, 반전(反戰)소설, 인간 중심의 서구 문명에 대한 통렬한 비판과 풍자, 그리고 새로운 유형의 포스트모더니즘 실험소설이라는 점 외에도, 보네것이 『제5도살장』에서 일관되게 시도하는 반(反)전통적인 서술방식과 다양한 서사적 실험은 인간 경험의 다층적이며 복합적인 실재에 최대한 상응하고, 20세기 후반으로 접어들면서 급격하게 확산되고 있는 뉴미디어 환경과 대등하게 견줄 수 있는 소설의 새로운 미래를 다각적으로 모색하고 고민한 작가적 노력의 흔적으로 파악하고 있는 것이다.

레슬리 M. 실코(Leslie M. Silko, 1948-)의 『죽은 자의 책력』(*Almanac of the Dead*, 1991)을 중심으로 연구한 필자는 아메리칸 원주민 작가들의 서사가 백인들에 의해 상실된 자신들의 문화와 전통, 역사를 복원하고 심리적 외상을 치유하는 가운데 민족적 정체성 확립이라는 절박한 과제를 담아내고 있다고 진단한다. 마야인의 문화에 관심이 많았던 실코는 책력의 특성인 파편화된 본질을 그대로 유지하면서 서구의 전형적인 소설양식처럼 순차적인 플롯의 흐름을 취하는 서사 대신에, 플래시백 기법을 가미한 것 이외에는 전체의 글을 흐름상 이해할 수 있도록 정해진 날짜와 시간에 대한 언급을 생략함으로써 독자들이 전체 스토리의 흐름을 이해하는데 많은 어려움을 야기한다는 것이다. 특히 필자는 이 작품을 가리켜 하나의 스토리가 내부적으로 그 안에 또 다른 스토리를 담아내는 과정 속에서 끝없이 반복되고 확대되어 나가는 나선형 구조의 서사방식을 취하고 있다고 밝히고, 중요한 사실은 작가가 북미 원주민으로서의 자신들의 삶의 스토리 자체가 곧 자신들의 역사라는 인식을 바탕으로 구전되어 내려오던 스토리를 문자화시켰다는 점이라고 역설한다.

필자는『의식』에 쓰인 시간의 구조가 별의 위치에 따라 시간을 측정하는 은하수적(galactic)인 측면과 마법(witchery)이 풀리는 의식적(ritual)인 측면이 어우러져 공존한다고 할 때,『죽은 자의 책력』은 과거와 미래가 현재 속에서 어우러져 공존하는 시간 자체가 주인공이자 서사의 주된 역할을 하게 만든다고 주장한다. 현재 안에 과거 기억의 이미지와 미래의 씨앗이 내재되어 있다는 순환논리에 기초한다. 그러므로 필자는 이 순환 서사를 형상화하기 위해 실코가 작품 속에 '극중극'의 장치를 설치함으로써, 허구적인 또 하나의 고대 책력을 상정하고 있다고 해석한다. 나아가 필자는 실코가 본질적으로 인디언의 시간관과 더불어 인디언의 문화적인 정체성을 드러냄으로써 오랜 유럽의 식민화 기간 동안 서구의 시간관과 그들이 아메리카 대륙에 자행한 파괴의 문화자리에 인디언 문화의 재배치를 시도한다고 주장한다.

이 책의 필자들은 개개 소설의 내러티브를 관통하고 있는 서술기법을 자세히 살피고 그 결과를 기반으로 텍스트를 면밀히 해석해 나가고 있다. 시간과 공간이 텍스트에 부여하는 의미 분석, 시점에 관한 논의, 화자와 서술자가 벌이고 있는 서술전략 분석 등에 주로 중점을 두어 설명하고 있다. 총 11권의 미국소설을 소개하고 있는 이 책은 개개 작품의 예술적 완성도를 지탱시켜 주고 있는 서술기법을 면밀히 살펴봄으로써 미국소설의 특성을 파악하는데 도움을 주고자 기획되었다. 지면의 한계를 고려하지 않을 수 없어 수많은 미국소설 가운데 일부만을 다루었으나, 미국소설 전반을 최대한 아우르기 위하여 18세기 후반에서부터 20세기 걸쳐 고루 작품을 선정하였다. 하지만 미국

소설이란 이름으로 펴내기에는 작가나 작품선정에 여러 다른 견해가 있을 수 있으며, 서사기법과 관련한 필자들의 논의 역시도 공과를 논할 수 있는 여지는 얼마든지 있다고 하겠다. 서술기법의 분석과 작품의 의미해석은 보는 사람의 각도에 따라 얼마든지 다를 수 있기 때문이다. 그럼에도 불구하고, 이 책은 각 시대별, 그리고 작가별로 다양하게 펼쳐지는 서술기법의 특징을 살피는 과정에서 서술기법의 변화추이와 그것이 지니는 문학사적 의의를 고찰하는데 있어 적으나마 도움이 될 수 있을 것으로 확신한다. 아울러 이 책에서 다룬 미국소설의 서술기법에 대한 논의를 계기로, 앞으로 계속해서 미국소설에 대한 더욱 깊이 있고 풍요로운 연구와 토론이 이어질 수 있기를 기대해 본다.

---

1) 작가가 모호한 결말, 의미의 단절과 공백, 다양한 시점 등의 서사기법을 통해 적극적인 독자의 참여를 유도함으로써 역동적인 서사를 이끌어나가는 경우의 좋은 예로서, 고딕 로맨스 형식에 기초한 『나사의 회전』을 들 수 있다. 작가 헨리 제임스가 보여준 모호한 서술기법은 유령의 존재를 둘러싸고 수많은 해석을 자아내기에 충분하다. 즉, 유령이 외따로 서있는 성채 같은 저택에 실제로 존재하는 악의 화신이거나 또는 억눌린 성적 억압의 환영이건 간에, 작가가 독자로 하여금 더 이상 화자를 신뢰할 수 없게 유도함으로써, 독자의 다양한 해석을 용인하는 서사전략을 펴고 있는 것이다.

2) 이 과정에서 호손은 뉴잉글랜드 지방을 배경으로 하여 식민지 시대의 초기 정착민들이 겪어야 했던 고단한 삶의 애환을 알레고리와 더불어 특유의 로맨스 서사기법을 통해 효과적으로 그려내고 있는 것이다. 초기 식민 사회에서 억압받던 인간의 모습이 리얼하게 묘사된 그의 작품 속에는 퓨리터니즘에 대한 작가의 회의와 저항담론이 정교하게 교직되어 있다. 평소 침착하게 관찰하고 홀로 묵상에 잠기며 인간의 심리 저변에 깊숙이 도사리고 있는 원죄의식과 양심의 문제를 누구보다도 깊이 파헤치려 했던 호손은 죄 자체 보다는 죄로 인한 그 상흔에 더 큰 관심을 갖고 죄를 둘러싼 등장인물들의 심리를 추적하는데 초점을 두고 알레고리와 로맨스의 소설양식을 동원하였다. 단편 「영 굿맨 브라운」("Young Goodman

Brown")도 엄격한 계율의 속박하에서 체험하게 되는 한 청년의 욕망과 죄의 환상적이고도 상징적인 모티프를 통해 사회적 가면과 개인의 자아가 충돌하며 빚어내는 미국문학 특유의 서사가 드러나는 경우라 할 수 있다.

3) 피츠제랄드(F. Scott Fitzgerald)의 『위대한 개츠비』도 순수한 미국적 이상과 꿈이 물신주의와 결합하여 왜곡된 환상으로 굴절될 때 어떠한 파멸이 다가오는지에 대한 경고가 담긴 지극히 미국적인 서사라 할 수 있다. 마지막 장면에서 개츠비가 죽음을 맞이하며 결별하게 되는 '푸른 빛(green light)'의 이미저리는 데이지에 대한 갈망을 초월하여 그가 가슴 속에 품었던 애초의 미국적 이상과도 맞닿아 있다는 점에서 의미심장하다.

4) 미국문학 내에서 소수문학의 '위치' 문제는 어떤 식으로든 지배문화의 가치를 공유하면서도 자기 나름의 방식으로 다양한 관점을 표현하고 있다는 특성을 지니고 있다. 흑인을 위시한 소수민족 작가들은 미국사회의 주변부에 위치하고 있으면서도, 한편으로는 그 사회를 통하여 서양문명의 원리를 물려받기도 하고, 동시에 주류로부터 완전히 벗어난 문화적 또는 언어적 전통의 글을 쓰기도 한다. 이와 같은 상황은 소수 작가들에게는 끊임없이 사회적 정치적 선택을 요구할 뿐만 아니라, 작품의 서사적 미학적인 측면에서의 평가 원리에도 지속적으로 도전하게 한다. (Fisher 13)

5) 이러한 맥락과 관련하여, 일찍이 에드워드 사이드(Edward W. Said)는 그의 유명한 『오리엔탈리즘』(Orientalism)을 통해서 작가를 포함한 지식인들이 자신도 모르게 지식과 권력의 결탁에 참여하고 있음을 지적한 바 있다. 한 예로, '동양에 대한 서구의 편견'이 그것인데, 그가 서양에 대립되는 열등한 존재로서의 동양이 서구인들의 의식과 상상 속에서 허상으로 재현되고 있음을 힘주어 지적했던 것처럼 흑인 역시 백인들의 의식과 상상 속에서 언제라도 백인을 상대로 범죄를 저지를 수 있는 존재 내지는 미개한 교화의 대상이거나 감시의 대상으로 각인되어 있기 때문이다. (208)

6) 더 나아가 앨리스 워커(Alice Walker)는 주변부의 역사를 복원하는 작업의 연장선상에서 과거 흑인여성의 역사를 복원하는데 그치는 것이 아니라, 백인들에게 배제되었던 여타 소수민족들, 예컨대 인디언, 유태인, 아프리카인들의 과거 역사를 다시 쓰기하면서 인종적 문화적 억압구조를 초월하여 형이상학적 통합의 비전을 아우르는 서사로 나아가고 있음을 볼 수 있다. 특히 자전적 글쓰기의 한 방편으로 서간체 소설의 서사전략의 한 예로서 워커의 『컬러 퍼플』(Color Purple 1982)을 들 수 있다. 18세기 리차드슨(Samuel Richardson)의 『파멜라』(Pamela)에서 보았던 순결과 정숙함의 덕목을 힘겹게 지켜나가려는 백인 여성의 서사가 삼백년 넘게 흑인 여성들이 겪어 왔던 고통과 수모에 견줄 때에 어떻게 빛이 바랠 수 있는가에

대한 반증의 서술전략이 동원된다는 점이 흥미롭다. (Lauret 99)

7) 이 부분과 관련하여 한 가지 짚고 넘어가야 할 문제는 백인 중심의 미국문화 전통에서 생성된 담론들은 대부분 흑인을 포함한 유색인종의 전통을 백인들의 식민지적 질서의 틀 안으로 편입시켜 왔다는 사실이다. 이러한 문맥 속에서 일반 독자들이 흑인문학을 포함한 소수민족 문학의 내면적 서사를 온전히 읽어내는 일은 그리 녹녹한 작업이 아니다. 왜냐하면, 미국문학 내에서의 소수민족 문학들은 지배계급 주변의 문화와 문학으로부터 소외되고 평가 절하되어 왔던 것이 사실이기 때문이다.

8) 하지만 왜곡된 미국적 정체성 확립을 위해 반강제적으로 억압될 수밖에 없었던 노예서사는 역설적이게도 본질적인 미국의 정체성에 필수불가결한 요소이자 배경이 되는 아이러니를 낳게 된다. 토니 모리슨의 경우, 미국의 정전문학 내에 묻히고 무시되고 억압되었지만 끊임없이 돌아와 출몰하는 유령적 존재로서의 미국 흑인의 잔재속에서 흑인 문학의 존재와 정체성에 대한 가능성을 찾는다. 모리슨에게 있어서 미국적 주체를 방해하고 출몰하는 소위, "기계속의 유령"(ghost in the machine)의 존재를 소환하는 작업은 그러므로 문학과 현실 속에서 비가시적인 것을 가시화하고 침묵되어 온 것을 소리 내어 말하게 하는 전복적 서사전략인 셈이다. (김혜진 324-25)

9) 필자는 또 다른 논문에서, 초기 미국소설에서 19세기 중반에 이르는 여성작가들의 작품이 소위, "유혹소설"(seduction novel)에서 "가정소설"(domestic novel)로 전환되고 있다고 지적하고, 특히, 메임(Nina Baym)과 탐킨즈(Jane Tompkins) 등 1970년대 페미니스트 비평가들을 중심으로 연구되고 복원되기 시작한 미국 여성소설가들의 층위는 그 스펙트럼이 다양해서 균질적인 평가를 내리기는 어렵지만, 이들이 대부분 당대 여성의 삶에 밀착된 소재와 주제를 충실히 다루고 있다는 측면에서 괄목할 만하다고 밝히고 있다. 미국소설의 효시로 간주되는 브라운의『공감의 위력』등 초기 미국소설들이 보여주었던 유혹소설의 전형적 관례는 여성 인물이 유혹의 희생양으로 그려지고 관습적인 사회규범의 틀에 갇힌 나약하고 수동적인 여성상으로 묘사되는 것이 특징이라 할 수 있는 것이다. 이에 관해서는, 손정희,「유혹소설에서 가정소설로: 세즈윅의『뉴잉그랜드 이야기』의 여성 재현을 중심으로」,『영미문학 페미니즘』19호(2011): 5-29를 참조할 것.

인용문헌

김혜진, "한나 크래프츠의『여자 노예 이야기』에 나타난 흑인 여성 노예의 전복적 글쓰기,"『영어영문학』제 59권 2호, 2013. 319-341.

손정희,「유혹소설에서 가정소설로: 세즈윅의『뉴잉그랜드 이야기』의 여성 재현을 중심으로」.『영미문학 페미니즘』19호 2권 (2011): 5-29

Abell, Peter. (2009) "A Case for Cases, Comparative Narratives in Sociological Explanation," *Sociological Methods and Research*, 32, 1-33.

Bercovitch, Sacvan. "A Literary Approach to Cultural Studies," in *Field Work: Sites in Literary and Cultural Studies*, ed. Marjorie Garber, Paul B. Franklin, and Rebecca L. Walkowitz, 1996: Routledge, 247-256.

Currie, Mark. *Postmodern Narrative Theory*. New York: St. Martin's Press Inc., 1998.

Fiedler, Leslie A. *Love and Death in the American Novel.* New York: Scarborough House, 1982.

Fisher, Dexter, & Roberto Stepto, eds. *Afro-American Literarture: The Reconstruction of Instruction.* New York: MLA, 1979.

Gates, Henry Louis Jr. Ed., *Black Literature and Literary Theory*. New York: Methuen, 1984.

Genette, Gérard. *Narrative Discourse: An Essay in Method,* trans. Jane E. Levin(Ithaca, New York, 1980).

Holland, Norman. "Unity Identity Text Self," *PMLA,* 90, No 5(October 1975). 813-22.

James, Henry. "The Art of Fiction," *Theory of Fiction: Henry James*. ed. James E.

Lauret, Maria. *Modern Novelists Series: Alice Walker*. New York: S. Martin's, 2000.

Price, Gerald. *Dictionary of Narratology*. Lincoln: University of Nebraska Press, 1987.

Said, Edward W. *Orientalism*. New York: Vintage Books, 1978.

『공감의 위력』과 서간체 소설

손 정 희 중앙대학교

I. 작가 소개

윌리엄 힐 브라운(William Hill Brown, 1765-1793)은 미국문학사에서 최초의 미국소설이라고 간주되는 『공감의 위력』(*The Power of Sympathy*, 1789)의 작가이다. 최초의 미국소설이 무엇인가에 대한 문제는 오랫동안 비평계에 쟁점을 제공했던 문제이지만, 현재는 『공감의 위력』을 최초로 인정하고 이 책이 출판된 1789년을 미국소설의 출발점으로 보는 것이 비평적 합의에 의한 결론이다.

하지만 미국문학사에서 이 작품이 차지하는 상징적인 중요성에도 불구하고, 작품의 작가인 브라운에 대해서는 알려진 바가 거의 없다. 1793년에 일찍이 생을 마쳤으며, 당대에 그다지 알려지지 않았던 시인, 산문가, 극작가라는 점만이 확인되었을 따름이다. 이 작품 외에 유작으로 발표된 『아이라와 이사벨라, 또는 친자식』(*Ira and Isabella; or the Natural Child*)과 몇 편의 시, 희곡과 에세이들이 그가 문화적 유산으로 우리에게 남겨놓은 전부이다. 작가가 27살의 나이로 요절하였기 때문에 작가로서 역량을 펼칠 시간적 기회가 충분히 주어지지 않았다고 할 수 있다.

브라운의 『공감의 위력』은 출판되었던 당대에 거의 주목을 받지 못하였다. 소설의 출판업자인 토마스(Isaiah Thomas)는 당대 보스턴 문단에서 영향력을 행사하던 출판업자였으며 이 소설의 홍보에 각별히 애를 썼지만, 『공감의 위력』은 동시대의 다른 잡지나 신문의 주목을 끌지 못하고 망각 속에 묻히게 되었다(Davidson 163).

그 이유는 일차적으로 브라운이 최초의 미국소설의 작가로 발굴되기까지 오랫동안 오해 속에 있었던 것에서 찾아볼 수 있다. 처음에 익명으로 출판되었던 『공감의 위력』은 책이 출판된 지 거의 100년이 흐르도록 작자 미상의 작품으로 간주되었다. 막상 작가가 거명되었을 때도 처음에는 모튼(Sarah Wentworth Morton)이 작가로 오인되기도 하여 이 작품의 저자가 브라운이라는 것은 20세기에 이르러서야 확실하게 밝혀졌다.[1]

하지만 작가에 대한 해명이 이루어지고 나서도 브라운에 대한 연구는 크게 진척되지는 않았다.[2] 현재까지 발굴된 브라운의 작품은 『공감의 위력』과 유작인 『아이라와 이사벨라』, 두 편이다.

II. 서간체 서술기법과 『공감의 위력』

1. 서간체 소설의 유행과 초기 미국소설

서간체 소설(epistolary novel)은 편지를 교환하는 복수의 화자를 등장시켜 소설의 플롯을 구성하는 독특한 방식의 소설 유형이다. 대개

1820년 무렵까지 출판된 소설을 초기 미국소설(early American novel)로 분류하는데, 초기 미국에서 출판된 소설 중 거의 3분의 1에 이르는 숫자가 서간체 형식을 띠고 있다(Davidson 71). 이 글에서 살펴보려는 최초의 미국소설인 『공감의 위력』도 서간체 소설 기법을 사용하고 있는 작품이다.

그렇다고 서간체 소설의 유행이 미국에만 국한된 현상은 아니었다. 편지 형식의 서간체의 사용은 문학 전통에서 오랜 역사를 가지고 있다. 고대부터 서간문들은 일상의 기록으로서 중요한 소통의 양식으로 간주되었으며, 예술적 목적의 서간문들은 호머(Homer)의 일리어드(*Iliad*)에 등장한다. 사실상 르네상스 시기로부터 19세기 중반까지 서간체 소설의 유행은 전(全)유럽적인(Pan-European) 특징이었다(Beebee 3). 영문학의 전통에서 살펴본다면, 영국의 경우 리차드슨(Samuel Richardson)의 『파멜라』(*Pamela*)가 1740년 출판된 이후 서간체 소설이 본격적으로 유행하게 되었다. 이후 주요 작가인 필딩(Henry Fielding), 스몰렛(Tobias Smollett), 리브(Clara Reeve), 버니(Francis Burney) 외에도 수많은 군소 작가들이 서간체 소설을 남겼다. 또한 많은 익명의 작가들도 서간체 소설 작품을 출간하였다. 『파멜라』가 출판된 1740년부터 1749년까지는 6편, 1750년부터 1759년까지는 12편, 1760년부터 1769년까지는 32편, 1770년부터 1779년까지는 68편, 1780년부터 1789년까지는 적어도 75편의 소설이 작자미상의 서간체 소설 형식으로 출판되었다. 1790년 이후에는 그 수가 현저하게 줄어드는 추이를 보였다. 영국 소설의 경우 대략 1785년이 정점을 보인 시점이었으며 이후 갑작스럽게 쇠퇴하는 양상을 보인다. 그렇다고 하여 서간체 소설이 완전히 소멸된 것은 아니고 문학적 기법으로 서간체의 활용이 더 이상 눈에 띌 정도의 흐름을 형성하는 것이 드러나지 않았을 뿐이다.[3]

그렇다면 미국의 경우는 어떠한가? 최초의 미국소설이라는 『공감의 위력』이 1789년에 출판되었으므로 영국에서는 사실상 서간체의 인기가 사그라진 이후에 뒤늦게 서간체 서술기법이 활용된 격이라 할 것이다. 미국의 출판 시장에서는 리차드슨의 『파멜라』와 다른 소설들이 영국에서 출판되자마자 바로 유통되며 인기를 누렸다. 아직 저작권법이 엄격하지 않던 시기였기 때문에 영국소설들의 해적판과 축약본 등 다양한 형태의 판본이 범람하였고, 본격적인 미국소설의 출현이 지체되었다. 『공감의 위력』이 출판된 이후 당대에 인기를 누린 로우슨(Susanna Rowson)이나 포스터(Hannah Webster Foster)도 다양한 서간체 소설 작품을 발표하였다. 특히 포스터의 『교태부리는 여자』(*The Coquette*, 1798)는 대표적인 서간체 소설로서 출판 이후 40년 동안 30개의 판본으로 재출간될 정도로 인기를 누렸다(Singer 197). 또한 찰스 브록든 브라운(Charles Brockden Brown)은 『클라라 하워드』(*Clara Howard*, 1801)와 『제인 탈봇』(*Jane Talbot*, 1801)에서 서간체를 사용하였다. 그밖에도 많은 작품들이 서간체 형식으로 출판되었다. 하지만 미국소설의 경우에도 이 시기 이후에는 간헐적으로만 서간체 소설이 등장하게 된다.

서간체 소설은 이와 같이 특정한 시기에 영국과 미국에서 각각 전성기를 누렸지만, 그렇다고 완전히 소멸된 서술 양식은 아니다. 왕성하게는 아니더라도 현재에 이르기까지 지속적으로 개별 작가들이 서간체 기법을 활용하고 있는 것이다. 그만큼 서간체 형식만의 독특한 문학적 효과는 주목을 요한다고 할 것이다. 이러한 맥락에서 『공감의 위력』은 최초의 위상을 획득한 작품이라는 이유만이 아니라 당대에 유행한 독특한 서술기법을 구사한 작품이라는 점에서 흥미로운 논의거리를 제공하는 작품이다.

2. 서간체 형식의 사회적·문화적 함의

서간체는 편지를 보내는 화자와 편지를 받아 읽는 수신자 사이에 긴밀한 관계를 전제하는 형식이다. 일차적으로 편지의 수신자는 편지의 독자로서 비밀 얘기를 듣는 은밀한 친구의 역할을 부여받는 셈이다(Singer 84). 그러나 수신자는 단순히 편지를 소극적으로 읽는 독자일 뿐 아니라 상호 작용을 통해 편지의 화자에게 영향을 끼치고 그 결과 그 다음 편지의 내용에 결정적인 역할을 할 수도 있다. 마찬가지로 서신 교환의 과정에서 편지의 화자와 수신자는 서로 바뀔 수 있기 때문에, 상호 교류와 영향의 과정은 중첩적으로 발생할 수 있다.

나아가 서간체 형식의 소설은 편지를 쓰는 화자와 그 편지를 읽는 수신자 외에도 이들의 서신 교환 내용을 읽는 이야기 외부의 독자를 상정하고 있다. 작품의 외부에서 독자는 활기찬 대화가 전개되는 한 편의 드라마를 보듯이 소설을 읽게 되기 때문에, 독자 또한 역동적으로 소설에 참여하게 되는 역할을 부여받는 셈이다.

따라서 편지 교환이 기본적으로 사적인 관계의 상징이라는 전제는 성립될 수가 없다. 오히려 서간체 소설은 외부의 독자를 상정하고 하나의 공연과 같은 공적 행위를 내포하기 때문에 사적 영역과 공적 영역이 교차하는 독특한 방식을 전제한다. 그런 점에서 개인과 공적 담론을 중재하는 과정을 통하여 사적인 것을 공적인 것으로 만드는 이상적인 형태(Beebee 7)라고 할 수 있다. 이와 같이 편지 형식은 다변적인 형식이며, 개인적 차원에 머물기를 거부하며 사회와의 역동적 관계를 지향하는 특징을 지닌다. 최근의 비평이 서간체 형식에 내포된 사회적 함의에 집중하는 것은 이러한 맥락에서이다. 서간체 소설은 "정치적이지 않은 적이 없었다"(Cook 174)라는 비평적 발언이 잘 보여 주듯이, 이제 서간체 기법은 하나의 문화적 형식으로서 당대의 문화적 역학 내의 사회적 관계를 압축적으로 보여주는 형식으로 이해되고 있다.[4]

그렇다면 초기 미국소설에서 특히 서간체 기법의 활용이 두드러졌다는 것은 당대 초기 미국적 상황의 견지에서 문학적 산물을 평가해 볼 단서를 제공해준다. 영국이나 다른 유럽 국가에 비해 뒤늦게 소설 형식이 출발되어 1820년까지 집중적으로 서간체 소설들이 등장했다는 것은 당대 독자와의 역동적인 관계 설정을 위한 작가들의 노력의 소산이라 할 것이다. 따라서『공감의 위력』또한 당대 미국의 상황에서 시급한 쟁점이 되는 문제를 고찰하는 작품으로 읽어볼 수 있다.

III.『공감의 위력』읽기

1. 서간체의 효용: 공감의 이중적 기능

『공감의 위력』은 1776년 독립을 선언한 직후에 출판된 작품으로서 미국 건국기의 산물이라고 할 수 있다. 다시 말해서,『공감의 위력』은 독립 혁명 이후 균질적인 정체성에 근거한 "상상의 정치적 공동체" (Anderson 6)로서의 국민 국가를 확립하는 것이 중요했던 당대 상황에서 공감과 훈육을 통해 통일된 국가 정체성을 이루는 과정을 극화하고 있는 것이다. 이 때 이상적 가정 만들기의 과정이 곧 건전한 국가 건설의 정치적 알레고리로 제시되고 있다. 서간체 형식은 당대 미국의 "문화적 변화와의 공적인 교섭"(Gaul and Harris 2)의 장르로서, 공감이 형성되는 과정을 효과적으로 드러내는 서술 양식이다.

당대는 타자와의 공통적인 감정의 교류 방식으로서 공감의 의미가 중요한 사회적 쟁점이었다. 18세기 유행한 공감 이론의 대표적 사상가인 스미스(Adam Smith)는 인간이 타자와의 일치감을 느끼는 상태인 공감을 유발시키는 것은 분별력이 아니라 상상력이며, 상상력이야말로 "타자의 감정과 고통을 공유할 수 있는 유일한 통로"(Barnes 34 재인용)임을 주장하였다. 이런 맥락에서 18세기 말 미국에 본격적으로 등장한 상상력의 산물로서 소설 장르는 공감을 유발하는 중요한 매개체로 작용했다. 소설은 신흥 국가에서 시민 도덕 교육의 주된 수단이며 소설이 유발하는 감상적인 공감의 반응이 사회적·문화적 유대를 형성하는데 도움이 된다고 주장되었다. 소설이 흔히 여성 독자의 전유물로 생각되었지만, 소설을 통한 공감 형성의 대상은 여성 독자에게 한정된 것이 아니라 남성 독자도 포함하는 것이었다. 소설의 주기능은 공감대의 형성에 귀결되었고, 공감대의 형성은 민주적인 체제 형성에 도움을 준다고 생각되었다. 결과적으로 공감을 통하여 소설은 사회적·정치적으로 일체감에 바탕을 둔 '상상의 공동체'인 국민 국가를 형성하는데 일조한다고 생각된 것이다.

하지만 당대는 허구인 소설에 대한 강한 반감이 작동하던 사회이기도 했다. 당대 분위기에 대한 반작용으로서 소설의 내용은 잘못된 공감은 철저히 경계하고, 대신 긍정적인 공감을 적극 유도하는 이중적 메시지를 전달하도록 구성되었다. 초기 미국소설들 중 『공감의 위력』을 포함한 많은 작품들이 유혹 소설의 형식을 취하고 있는데(Stern 31; Hessinger 23-24), 유혹의 주제는 공감이 긍정적·부정적인 이중적 양상으로 작동하는 것을 드러내기에 적절한 모티프일 수 있다.

우선 『공감의 위력』은 잘못된 공감이 작동하는 경우 유혹의 상황이 발생할 수 있음을 극단적인 예를 통해 그린다. 이 작품에서 해링턴

(Harrington)은 해리엇(Harriot)을 보고 첫 눈에 반하여 사랑에 빠지게 된다. 해리엇이 사실은 아버지의 사생아이며 자신의 이복 누이인 사실을 모르고 급격한 애정에 휩싸인 상황이 발생한 것이다. 뒤늦게 이를 알게 된 아버지는 이 사건을 "본성의 승리"이며 "공감의 작동"[5] 또는 "공감의 힘을 보여주는 슬픈 예"(78)라고 설명한다. 마찬가지로 이 사실을 알게 된 홈즈 부인(Mrs. Holmes)도 "본성의 작용," "공감의 위력"(63)이라는 표현을 써서 이 사건을 묘사한다. 이와 같이 이 작품에서 공감은 이성적 사고와 분별에 근거한 공통적인 연대감이라기 보다는 "애정"(affection 62)과 같은 강한 끌림과 유사한 것으로 규정되고 있다. 해링턴이 해리엇을 만나자마자 제어할 수 없는 감정적인 친밀함을 느꼈던 상황은 자연스럽게 남녀 간의 감정인 사랑의 감정으로 표현된다. 하지만 그 실제 내용을 들여다보면 이는 사실은 가족 간의 친연성에 바탕을 둔 공감의 작용에 기인하는 것으로 설명되고 있는 것이다.

처음에 해링턴은 해리엇과 유희적인 애정 행각을 벌일 생각이지만, 점차 그는 애정을 발전시켜 결혼을 희망하는 상황에 직면하게 되고, 그 결과 이들의 관계는 비극적 결말로 치닫게 된다. 자신들이 혈연 관계라는 끔찍한 사실을 알게된 해링턴과 해리엇은 사랑을 실현시킬 수 없음을 깨닫고 절망한다. 결국 해리엇은 충격과 슬픔으로 상심하여 죽음을 맞이하고, 그녀의 죽음의 소식을 들은 해링턴은 권총으로 자살하는 파국을 맞이한다. 해링턴과 해리엇의 예에서 드러나는 공감은 혈연에서 비롯된 친근한 애정이 사랑으로 오인된 경우이기 때문에, 공감이 부정적으로 작용한 예로 제시된다. 이러한 혼란과 비극이 애초에 해링턴 부친이 유혹의 잘못을 범한 결과 초래된 것이므로, 작품은 유혹으로 인해 잘못된 공감의 관계가 발생할 수 있음을 강력하게 경고하고 있다.

한편으로 가족 간의 혈연으로 맺어진 끈끈한 유대 관계가 공감의 가장 '자연적인' 예로서 제시되고 있음은 주목할 만하다. 가족 간의 이성적인 판단을 초월하는 공감을 극화함으로써 기본적으로 초기 미국에서 가족이라는 공동체 단위가 '상상의 공동체'로서의 국민 국가의 중요한 단위로 생각되었음을 환기시킨다. 기본적으로 가족 간의 애정은 공감이 작동하는 기본 기제로서, 가족 간의 공감이야말로 사회적·정치적 통일성의 토대로서 초기 미국 공화국을 지탱하는 근간으로서 긍정적인 기능을 한다. 가족 간의 결속은 사회적 공동체 의식의 기초로 인식되며, 그 결과 사회적·정치적 관계가 개인적인 가족 간의 관계로 치환되어 제시된다. 이 때 공감은 건국의 과업을 수행하기 위해 노력하던 초기 미국 사회에서 특별한 의미를 갖는 셈이다.

당대의 많은 작품들이 그러하듯이, 이 작품은 사회적·정치적 문제를 가정 내의 개인의 관계망을 통해 상징적으로 재현하고 있다. 가정은 국가의 소우주로 그려지며, 따라서 가정의 안정은 곧 국가의 튼튼한 기반의 토대라는 당대 이데올로기에 비추어 볼 때, 유혹의 부정적 결과에 의한 파국을 다룬 가정 로맨스는 쉽게 정치적인 알레고리로 연결될 수 있는 것이다. 즉, 가족이 올바른 유대에 의해 연결된 공감의 공동체로서 존속하는 것이 중요한 만큼, 이 작품에서 제시되듯이 유혹과 같이 가족 제도에 위협이 되는 행위는 결국 사생아와 같은 가족의 영역을 벗어나는 존재를 파생시킬 수 있으며, 나아가 근친상간과 같은 잘못된 공감에 기초한 관계를 만들 수 있다. 다시 말해서, 해링턴이 주장하듯이 남녀 간의 지고지순한 사랑이 국가적 결속력의 원천인 공감의 원천으로 제시되지만(62), 그의 사랑이 결국 근친상간을 범하는 결과를 낳는 것은 공감이 지닌 모순과 두려운 힘에 대한 경고이다. 공감의 부정적 작동 방식은 유혹 모티프를 통해 그 부정적 영향력이 증폭되어 제시되고 있는 것이다.

요컨대 『공감의 위력』은 가족적·사회적 유대관계가 혼동되는 경우 결국 가족 간에도 감정의 성애화가 이루어져 결과적으로는 근친상간에 이르는 상황으로 부정적으로 드러날 수 있음을 경고하고 있다. 한편으로는 국가의 근간으로서 가족의 공고화의 필요성을 설파하는 동시에 또 다른 한편으로는 가족 간의 공감에 바탕을 둔 국가의 허상을 비판함으로써 공감의 이중성을 드러낸다. 잘못된 공감의 결과 발생한 유혹과 근친상간 같은 가족 내의 분열의 징후는 불안한 국가의 상황을 상징하며, 이를 긍정적 공감을 토대로 해결하는 것은 곧 새로운 국가 형성의 과업으로 재현된다.

전술한 바와 같이, 소설은 공감을 통하여 일치와 합의에 바탕을 둔 일종의 "문화적인 판타지"(Stern 3)를 형성하여 사회적· 정치적 동질성과 응집력을 주는 기능을 한다고 생각되었다. 따라서 공감은 단순히 개인적인 감정일 뿐만 아니라 개인 간의 관계, 사적 영역과 공적 영역, 개인과 사회를 연결하는 고리라고 할 수 있었다. 요컨대, 공감은 소설 속에서 작가와 독자, 인물과 인물 사이의 관계의 매개로서 '상상의 공동체'로서의 국가 건설의 요체가 된다. 이 때 공감의 형성은 다양한 관계망을 통해 효과적으로 제시될 수 있는 만큼 서간체는 공감의 역학을 효과적으로 드러내는 서술 방식일 수 있다. 이 소설 또한 초기 미국소설에서 많이 사용된 서간체의 형식을 사용하고 있다. 소설은 직접 알지 못하는 독자를 상정하지만, 서간체 특유의 친밀한 개인의 목소리를 사용하면 한 가지 사건을 여러 인물의 관점으로 제시함으로써 독특한 대화적 연극 형식을 성립시킨다. 그 과정에서 자아와 타자의 자연스러운 교류가 발생하며 아울러 다양한 해석의 가능성도 부여받게 된다.

『공감의 위력』은 8명이 주고 받는 총 65통의 편지로 이루어져 있으며, 서간체를 사용할 때 개인과 개인의 의견과 감정의 교환과 절충을 통해 마침내 공감이 발생하는 상징적인 기제를 잘 보여주고 있다. 처음에 각 개인은 어떤 사안에 대해 모두 같은 견해를 가지고 있는 것으로 제시되는 것이 아니다. 작품의 첫 번째 편지는 해링턴이 처음 해리엇을 만난 것을 친구인 워디(Jack Worthy)에게 알리는 내용이다. 해링턴은 사랑의 신을 환영하며 열정에 들뜬 모습을 보여준다. 그러나 감정에 휩싸인 해링턴에게 쓴 답장에서 워디는 젊음의 열정이 혼란을 낳고 눈을 멀게 하기 때문에 "사태를 성숙하게 가늠하는"(10) 것이 필요하다고 역설하며 해리엇을 어떻게 할 것인가 "의도"를 알려달라고 묻는 이성적인 응대를 하고 있다. 이에 해링턴은 "따분한 설교"(11)를 그만두라고 일침을 가하지만, 자신의 "관대한 계획"이 실상 해리엇에게 "우아한 거처"(11)를 마련해 주어 그녀를 정부로 삼으려는 음험한 속내임을 드러낸다.

이렇게 볼 때 서간체는 바흐찐(Mikhail Bakhtin)이 소설의 특징으로 규정한 헤테로글로시아(heteroglossia)의 특징을 효과적으로 드러내는 서술 방식이라고 할 수 있다. 헤테로글로시아란 하나의 언어적 코드 안에 개별적인 다양성이 공존하면서, 원심력과 구심력이 충돌하는 양상을 지칭한다. 구심력은 균질화하고 계층화하는 힘이며, 원심력은 중심을 흩뜨리고 해체하는 힘을 의미한다. 바흐찐은 소설은 "헤테로글로시아의 소우주"(411)로서, 각기 다른 종류의 발화, 즉 인물들의 발화, 화자의 발화, 작가의 발화와 같은 다양한 언어가 공존하고 갈등하는 양식이라고 파악한다. 서간체는 본질적으로 입장이 다른 여러 화자들의 말을 직접 듣게 되는 형식이기에, 다양한 언어가 갈등하는 양상을 그대로 보여준다. 그렇다면 앞서 해링턴과 워디의 서신 교류가 보여주듯이 서간체는 오히려 적절한 공감을 이루는 과정을 보여주기 보다는 의견의 차이를 보여주는 형식일 수 있다. 해링턴과 워디, 두 사람의 편지 교환은 이후에도 해링턴의 발화가 훨씬 많아서 둘 사이에 진정한 소통이 이루어지지 않는 것처럼 보인다. 이런 측면에서 본다면, 서간체는 공감에 기반을 둔 상상의 공동체 건설의 이상을 실현하는 것을 보여준다기 보다는 오히려 공감에 방해가 되는 이질적인 다양성의 표출을 보여준다고 할 수도 있다. 사실 해링턴은 편지를 쉽고 빠르게 쓰는 화자인 반면 워디는 다소 느리고 신중한 화자로 대조적으로 그려지고 있어, 두 사람의 서술 화법의 차이는 그들이 대변하는 태도의 차이를 극명하게 보여준다.[6]

그러나 작품을 자세히 들여다 보면, 이질성과 다양성이 표출되는 만큼이나 특정인의 발화가 힘을 갖고 구심력을 발휘하도록 구성되어 있다. 이러한 역할은 이름이 적절하게 상징하듯이 바람직한 미공화국의 이상적 인물을 대표하는 워디에 의해 우선적으로 수행된다. 위에 언급된 해링턴과 워디의 편지 교환이 이루어진 바로 다음 편지에서, 해링턴은 해리엇을 유혹하려던 의도를 즉각 포기하는 미덕을 발휘한다. 비록 "신중하게 판단하라"는 워디의 충고를 "따분한 설교"라고 웃어넘기는 호탕함을 보여주지만 해링턴은 해리엇의 미덕을 알아보고 아버지가 일찍 결혼하는 것을 반대하기 때문에 고민하면서도(14-15) 그녀와의 결혼을 고려하는 것이다. 이어서 해링턴의 고민을 이해하면서 보낸 답장에서 워디는 즉각 친구의 변화를 칭찬한다(18). 이는 워디의 말을 통해 해링턴이 변화하고, 워디는 다시 친구의 그런 변화를 인정해주는 모습을 통해 두 사람 사이에 공감에 바탕을 둔 합의가 이루어지는 과정을 보여주는 것이다.

이 작품에서 계도적인 역할을 수행하는 목소리는 해링턴에게 권고하는 역할을 도맡는 워디 외에도, 홈즈 부인(Mrs. Holmes)과 그녀의 시아버지인 홈즈 목사(Reverend Holmes)를 통해서 대변된다.[7] 홈즈 부인은 당대의 올바른 여성 교육의 방법과 관련된 내용을 주도적으로 설파하는 인물로서, 주로 해링턴의 누이이자 워디의 약혼자인 마이라(Myra)를 교화하는 역할을 담당한다. 마이라가 홈즈부인과 주고 받은 편지들은 직접적인 계도의 예들이다. 나아가 홈즈 부인을 방문한 마이라가 홈즈 부인과 홈즈 목사와 나눈 대화를 친구이자 실은 이복 자매인 해리엇에게 전달하는 과정을 통해 홈즈 부인의 계도 내용은 더 확장되어 전파된다고 할 수 있다. 홈즈 부인의 편지는 대개 두 가지에 강조점을 둔다. 그 하나는 유혹의 위험성을 경고하는 스토리들을 소개하고, 소설이 유혹을 유발하는 요인이 될 수 있으므로 경계하라는 내용이다. 그 밖에는, 적절한 독서 습관, 좋은 책 선정의 기준, 여성이 교육받아야 할 덕목, 결혼한 여성의 본분 등에 대한 구체적인 여성 교화의 덕목들이 상세하게 열거된다. 서문에서 명시되듯이 작품은 "유혹의 위험한 결과를 폭로하고 여성 교육의 장점을 제시하고 계도하는"(7) 목적에 충실한 내용을 담고 있는 것이다. 더구나 해링턴과 해리엇의 편지 교환이나 워디와 마이라의 편지 교환에서 드러나듯이 여성 인물에 비해서 "남성 발화의 우위"(Davidson 186)가 확연한 것은 소설의 주안점은 여성 교육에 있음을 드러내준다. 여성을 당대의 이상적인 역할 모델로 교육하고 동시에 유혹을 경고하려는 의도는 작품의 서문에서 강조된 이후, 해링턴의 죽음에서 끌어낼 수 있는 교훈이 "유혹의 희생양"(102)이라고 정리하는 워디의 마지막 편지에 이르기까지 시종일관 강조되고 있다.

특히 편지가 사적인 교류 형식이지만 초기 미국에서는 가족 구성원들이 함께 모여 편지를 함께 읽는 경우가 많았고 편지를 읽는 것이 일종의 공적인 연설이나 공연과도 같은 기능을 했기(Mulford xxxxvi) 때문에 편지는 효과적인 교화의 수단이 되었다. 실제로 홈즈 부인의 편지는 젊은 여성들의 교과서로 사용될 만한 내용으로 가득 채워져 있다. 이와 같이 서간체는 각 인물간의 소통 뿐 아니라, 독자의 감정이입의 정도와 효과를 높인다. 당대 대부분의 소설 독자들이 여성이었다는 것을 고려하자면, 친밀한 편지의 형식은 특히 여성들 간의 우정과 공감을 바탕으로 공동체를 공고하게 하는데 일조했고, 가정에서의 여성의 역할을 강조하는 내용은 교육적 효과를 상승시켰다. 직접 알지 못하는 불특정 독자를 상대로 쓰인 서간체 소설이 보다 효과적으로 사회적 계도의 중요 역할을 수행했다고 볼 수 있다.

결국 이 작품은 개인주의적이며 지배담론을 벗어나려는 원심력을 공화주의의 공적인 미덕을 강조하는 구심력으로 통제하는 양상을 서간체를 통해서 더욱 효과적으로 보여주고 있다. 그 결과 공감에 바탕을 둔 균질하게 상상된 국민 공동체의 가능성을 탐색하고 있는 것이다. 그러나 한편으로는 사적인 감정의 일치인 공감이 사실상 근친상간의 관계이며, 가족 제도에 대단히 파괴적인 세력으로 전락할 위험을 보여줌으로써 공감의 위험성을 경고하고 공화주의에 내포된 내적 갈등을 표현하고 있다. 부정적인 공감의 영향으로 파생할 수 있는 갈등의 요소에 대한 경계와 공포감은 여성 인물들 뿐만 아니라 남성인물들까지도 교육하여 적합한 시민으로 키워내는 '훈육' 과정의 중요성을 강조하는 것을 통해 상쇄되는 양상으로 그려진다. 이어서 구심점 역할을 하는 인물을 통해 공감의 힘이 국가 정체성의 형성에 도움이 되는 방식으로 인물들을 '훈육'시키는 과정을 보여주기에 결국 이 작품에서 공감은 '위력'으로 작동함을 고찰하겠다.

2. 훈육을 통한 올바른 시민 키우기

『공감의 위력』은 우선 공적인 미덕을 갖춘 시민의 집합체로서의 국가를 건설하기 위해 구성원 사이에 공감을 형성하는 과정을 보여주고 있다. 그러한 과정에는 불가피하게 올바른 시민의 위치를 일탈하는 경우가 동반되기 마련인데, 작품은 이들을 적절하게 "훈육"할 필요성 또한 보여주고 있다. 푸코의 개념으로서 "훈육"은 근대적인 감옥의 탄생 이후, 권력이 개인을 통제하는 방식을 지칭한다. 19세기 초에 근대적인 감옥이 생기기 이전에는 처벌이 공개적으로 이루어졌다. 푸코에 따르면, 공개 처형은 권력에 대항한 세력을 모든 사람들에게 노출된 형식으로 응징함으로써 권력을 재확립하는 일종의 "정치적인 의식"(*Discipline and Punish*, 47)이었다. 그러나 근대의 감옥이 탄생한 이후에는 권력을 유지하기 위한 수단이 훈육으로 변화된다. 감옥은 권력이 사회를 통제하는 방식을 소우주적으로 보여주는 "미시권력"(micro-power)의 효과적인 체제인데, 근대이후의 사회에서는 권력이 벤담(Jeremy Bentham)이 고안한 원형감옥(panopticon)의 구조와 같이 작동하며, 따라서 개인 주체는 보이지 않는 권력에 의해 끊임없이 훈육되고 있는 것이다. 건국기의 미국에서 특히 젊은이들의 올바른 교육을 통한 계도는 새로운 중산층의 가치를 형성하게 되었다(Hessinger 1-3).

몸과 섹슈얼리티는 권력이 작동하는 "미시권력"의 훈육과 통제의 기본적인 대상이다. 국가의 소우주로서의 가족이라는 단위를 이탈하지 않게끔, "문화적·역사적 구성물"(*Foucault, The History of Sexuality*, 105)인 성을 통제하여 올바른 시민으로 키우는 것의 중요성이 미국 건국 기획의 스토리로 읽히는 이 작품에서도 핵심적인 사안으로 재현되며, 유혹의 이야기는 이러한 사안을 효과적으로 다루는 적절한 소재이자 주제가 된다. 유혹의 위험에 대한 경고와 여성 교육이 작품의 목적임이 서문에서 명시되고 있듯이, 작품에 편재한 유혹과 근친상간의 모티프는 몸과 성을 통제하는 가정 내 훈육의 기본적인 작동방식의 오류를 포착한 극명한 예이다. 여성에 대한 유혹은 바로 여성의 몸에 대한 위반이면서도 나아가 국가를 지탱하는 소우주로서의 상징성을 갖는 가족 제도에 대한 직접적인 위협의 행위이다.

작품에는 유혹에 빠져서 희생당하거나 파멸하는 여성의 이야기가 간헐적으로 삽입된다. 1788년 8월 보스턴 신문에 떠들썩하게 보도된 당대의 실제 사건으로, 포스터의『교태부리는 여자』의 소재가 되었다는 휘트먼(Elizabeth Whitman)의 이야기(23-25)를 비롯하여, 형부의 유혹에 굴복하여 결국 아이까지 낳게 되고 이 사실이 알려지자 상대 남성이 앞장서서 그녀를 "의무를 저버린 부정한"(38) 여성으로 매도하여 결국 음독 자살한 오필리어(Ophelia)의 이야기(38-40)가 등장한다. 또한 결혼하기 며칠 전에 다른 남성에게 유린되고, 그 소식을 알게 된 약혼자가 강에 투신 자살한 후 제정신을 상실한 피델리어(Fidelia)의 이야기(48-49)도 소개된다. 이 이야기들은 "유혹자의 해악의 기술을 보여주는 우울한 사례"(52)들로 삽입되어 유혹의 부정적 결과를 반복적으로 경고하는 효과를 발생시킨다.

한편, 이 이야기들은 주로 마이라에게 보낸 홈즈 부인과 워디의 편지에서 소개된다. 합의적 의견 수렴의 구심점 역할은 워디와 홈즈 부인이 부여받고, 마이라와 같은 젊은 여성은 교육의 대상으로 제시되고 있다. 18세기 말 절반 이상의 백인 인구가 16세 이하의 젊은 세대였고(Mulford xii-xiii), 여성은 어머니로서 아이를 낳고 기르는 역할을 떠맡을 중차대한 존재였다. 특히, 작품에서 여성 교육의 중요성을 직접적으로 다루는 구체적 내용은 홈즈 부인이 마이라에게 보낸 일련의 편지에서 집중적으로 소개된다(편지 XI, XII, XXIX, XXX: 19-30; 53-58). 이는 공화주의적 어머니와 아내로서의 모범적인 인물로 형상화된 홈즈 부인이 이제 3, 4개월 후면 "자신의 권리와 이름을 포기하고"(12) 결혼에 진입하게 될 마이라를 직접적으로 훈육하는 상황을 단적으로 보여주는 셈이다. 홈즈 부인의 핵심적인 계도의 내용은 "여성이 어떻게 자신을 망치는데 스스로 일조할 수 있는가"(73)에 집약된다. 여성이 이런 오류에 빠지지 않기 위해서 무엇보다 강조되는 것은 올바른 독서이다. "많은 훌륭한 소녀들이 소설을 읽고 파멸했다"(25)라는 홈즈 부인의 경고는 당대에 올바른 독서가 공적인 역할을 수행했다(Millner 3)는 시대적 명제를 공유하고 있는 것이다. 소설은 "진정한 우정, 합리적인 사랑, 결혼의 의무의 순결한 원칙들에 의해 통제되지 않아서, 여성들을 정신을 형성하는데 부적절한 것"(21)이기 때문에 우선적으로 경계되어야할 대상이다. 분방한 내용의 소설이 여성의 감정을 비이성적으로 자극할 수 있기 때문이다. 특히 소설의 영향으로 아첨에 빠져서 여성이 허영에 찬 교태를 부리는 것은 스스로를 위험에 처하게 하는 것(29-30)이라고 경고되는 반면, 교훈담은 젊은 숙녀들의 관심을 끌지 못할 수 있지만(53), "미덕과 종교가 여성 교육의 요체"(56)이기 때문에 적절한 학습 대상임이 적시된다. 이와 같이 여성이 유혹을 피하고 합당한 대상과 결혼해야 함을 강조하는 훈육의 내용이 반복적으로 제시된다.

그런데 이 작품이 당대의 다른 유혹소설들과 구별되는 차이라면, 해링턴의 예에서 보듯이 남성 인물도 올바른 훈육의 대상이 되어야함을 강조한다는 것이다. 물론 작품 초반부에서 해링턴은 해리엇을 유혹하려던 전형적인 유혹자의 행태를 일찍이 포기하기는 하지만, 그의 사랑과 결혼 결심이 결과적으로는 근친상간를 초래할 수 있음은 변함이 없기 때문에 해링턴의 행보는 여전히 위협적인 것이다. 따라서 『공감의 위력』의 결말은 연인이 결혼을 포기하는 관습적인 순응을 했음에도 불구하고, 해리엇은 죽음에 이르고 해링턴은 자살을 선택하는 비극을 통해 유혹의 위험성이 아버지로부터 아들로 이어지는 참혹한 결과를 강력하게 경고한다. 즉 가족과 사회의 의무가 깨어질 때 발생하는 끔찍한 결과를 제시함으로써 역으로 그런 의무를 충실히 이행하고 세심하게 사회를 구성하고 유지할 필요성을 주지시키고 있는 것이다.[8]

반복적으로 유혹의 상황을 다룬 이야기들이 삽입된 것처럼, 해링턴의 아버지가 해리엇의 어머니인 마리아(Maria Fawcet)를 유혹한 이야기 또한 홈즈 부인이 마이라에게 보낸 편지에서 상세하게 소개된다(편지 XXXIX, XL; 64-76). 마리아는 방탕하게 젊은 시절을 보낸 해링턴의 아버지의 유혹의 희생자이다. 그러나 그녀는 교태를 부리는 부정적인 여성이 아니라 미덕을 갖춘 여성으로 그려진다. 다만 해링턴의 아버지가 그녀와의 관계를 비밀로 하고 아멜리아(Amerlia)라는 다른 여성과 결혼하였기 때문에 사생아를 낳는 상황이 발생한 것이다. 따라서 악행의 진원지는 해링턴의 아버지이다. 한편, 두 여성 사이에서 갈등하는 해링턴의 아버지의 고뇌를 그리는 점이 다른 작품에서 남성 방탕아의 내적 고민을 전혀 다루지 않고 단선적인 악당으로 형상화하는 것과는 다르다. 특히 아들이 '공감의 힘'에 이끌려 근친상간적인 사랑에 빠진 것을 알고 나서 해링턴 씨는 홀로 황야를 끝도 없이 헤매는 악몽을 꾸고 쾌락에 탐닉한 비참한 결말을 상상하며 괴로워한다. 그는 결국 유혹자에 대한 준엄한 심판이 필요함을 스스로 인식하고 깊은 후회로 참회한다(82-85). 워디가 홈즈부인에게 보낸 맨 마지막 편지에 묘사된 해링턴의 장례식 장면에서, 아들이 "본성의 속임을 당한 자이며, 유혹의 희생양”(102)으로 묘사되는 현장에서 그는 “수치심과 슬픔에 압도되는”(102) 모습을 보인다. 해링턴의 아버지의 잘못된 예는 차세대에게 참혹한 영향을 줄 수 있음을 극명하게 제시함으로써, 역으로 유혹을 피하도록 강력한 어조로 권고하고 있다. 삽입된 다른 이야기들이 여성이 유혹에 빠지는 나약함을 비난하는데 치중했다면, 해링턴 아버지의 일화는 남성에게 유혹의 주체가 되는 위험성을 준엄하게 일깨우고 있다.

그러나 해링턴과 해리엇의 비극적인 결말로 파생된 분열 상태가 워디 뿐만 아니라 마이라와 같은 인물들이 홈즈부인과 같은 인물들과의 서신 교환을 통해 훈육을 받고 바람직한 시민으로 교화되고 바람직한 결혼에 이르는 과정과 병치되기 때문에, 부정적 반향은 최소화되는 듯하다. 오히려 해링턴과 해리엇의 비극적 사건은 그 밖의 다른 인물들 간에는 ‘공감’이 역으로 더욱 작동하여 차이를 극복하고 동질적 합의를 이루는 계기가 되며, 독자까지도 공감을 통해 작품의 메세지에 동조하도록 유도한다. 최종적으로 통일된 국가 건설에 방해가 되는 유혹이나 근친상간의 요소를 모두 제거하고, 대신 긍정적인 미래를 담보해줄 이상적인 결혼을 제시하는 결말은 상징적으로 건국의 이상적 청사진을 통해 긍정적인 전망을 표현하고자 한다. 다시 말해서, 이 작품은 잘못된 공감에 기반을 둔 관계를 ‘처벌’하고, 분별력 있는 공감에 기반을 둔 관계를 올바르게 ‘훈육’하여 결혼에 이르도록 재현함으로써 국가 건설 담론의 알레고리가 된다. 선조의 잘못 때문에 죽음을 맞이한 젊은이들을 통해 올바른 국가 건설의 당위성을 강조하고, 계도의 대상이자 올바른 훈육 과정을 경험하는 워디와 마이라의 결혼을 이상적인 가정, 나아가 국가의 모델로 제시하는 것이다.

IV. 결론: 서간체 기법과『공감의 위력』의 최초성

현재까지 "미국 태생의 작가에 의해 미국에서 저술되고, 미국에서 처음 출판되었으며, 미국을 배경으로 하고, 단순히 영국에서 이행된 것이 아닌 **새로운 국가에 기반을 둔 사안을 다룬다**는 비평적 기준들" (Davidson 155, 인용자 강조)을 총체적으로 충족시키기 때문에『공감의 위력』이 미국의 최초의 소설이 되었다는 평가는 지켜지고 있다. 데이빗슨의 주장에 대한 반박의 여지에도 불구하고, 이 작품이 최초성을 획득하고 있는 이유는 무엇보다도 이 작품이 "새로운 국가에 기반을 둔 사안을 다룬" 때문이라고 보인다. 앞서 살펴보았듯이, 공감을 통해 통일된 국가 정체성을 이루는 과정과 유혹자와 유혹을 당하는 사람들의 계도와 훈육의 과정을 다룸으로써 결국 공감이 권력으로 작동하는 방식을 그린다는 점에서, 작품은 분명 "새로운 국가에 기반을 둔 사안"을 다루었다 할 수 있다. 그렇다면 결국 이 작품이 '최초의 미국 소설'이라는 명칭을 획득한 것은 국가의 건설 기획을 그려낸 당대의 역사적 산물이라는 점과 무관하지 않으며, 작품의 최초성은 다분히 '정치적'인 판단에 근거한 것이라고 볼 수 있다. 독립 혁명 이후 균질적인 정체성에 근거한 상상의 정치적 공동체로서의 국민 국가를 확립하는 것이 중요했던 당대 상황을 반영하고 있기 때문이다.

이 때 서간체 형식은 공감이 국가의 상상의 공동체의 기반이자 권력 생성의 매개체로 작동하는 방식을 효과적으로 보여주면서도 헤테로글로시아를 드러내어 공감에 통합될 수 없는 다양성과 균열을 동시에 드러내주는 적합한 서술 방식으로 작동한다. 작품의 초반에 해링턴은 공화주의 이상을 비판적으로 보는 인물이자 유혹을 감행하려는 위험 인물의 목소리를 대변한다. 하지만 그는 해리엇을 정부로 삼으려던 의도를 즉시 접고 개과천선하게 된다. 그럼에도 불구하고 그는 근친상간적인 위험한 사랑을 하려던 장본인이기에 비극적인 죽음을 맞이하도록 '안전하게' 처리된다. 마지막에 남겨진 목소리는 워디에 의해서 주도되고, 텍스트는 공화주의적 국가 건설의 이상을 충실하게 따르라는 메시지를 전달한다. 마이라와의 결혼의 예고로 끝나는 가정 로맨스는 국가의 안정과 결합이라는 정치적인 알레고리로 귀결되는 것이다. 한편 서간체 형식을 통해 드러나는 헤테로글로시아에 내재된 이질적 다양성과 분열의 가능성은 '죽음'이라는 안전한 봉합으로 억제된다. 결국 '상상의 공동체'로서의 새로운 국가 정체성을 형성하던 당대 핵심 문제를 극화한 점은 이 소설의 최초성을 아직까지도 담보하고 있는 듯하며, 서간체 기법은 작품의 주제의식을 효과적으로 드러내는 서술 방식임을 보여준다.

---

1) 사실상 이 작품의 작가가 브라운으로 밝혀진 것은 엘리스(Miltion Ellis)에 의해서 1933년경에야 이루어졌다.

2) 최초의 미국소설이라는 중요한 명칭을 차지한 것과는 대조적으로, 1794년에 출판된 로우슨(Susanna Haswell Rowson)의 『샬롯 템플』(*Charlotte Temple*)이나 1797년에 나온 포스터의 『교태부리는 여자』(*The Coquette*)에 대해 상당히 많은 개별 비평이 등장한 것에 비해 『공감의 위력』에 대한 논의는 상대적으로 매우 미흡하다. 작품의 미학적 완성도의 문제를 제기해 볼 수 있겠지만, 사실 다른 작품들과 비교해서 이 작품이 특히 미흡하다고 보기는 어렵다. 부분적으로는 페미니즘 비평의 관심으로 로우슨이나 포스터에 대한 논의가 빠르게 진척된 반면, 이 작품은 최초라는 자리를 차지한 후 그 이상의 진전된 논의로 확장되는 흐름에서 쉽게 제외된 측면이 있는 듯하다.

3) 영국소설사에서의 서간체의 유행과 쇠퇴에 대해서는 싱어(Godfrey Frank Singer)의 『서간체 소설: 기원, 발전, 쇠퇴와 여파』(*The Epistolary Novel: Its Origin, Development, Decline, and Residuary Influence*)의 5장과 6장 참조.

4) 서간체가 당대 문화에 대한 역동적 반영임을 강조하는 비평적 논의의 예로는 비비(Thomas O. Beebee)의 『유럽의 서간체 소설 1500-1850』 (*Epistolary Fiction in Europe 1500-1850*), 쿡(Elizabeth Heckendorn Cook)의 『서간체 형식의 몸』(*Epistolary Bodies*), 가울(Theresa Strouth Gaul)과 해리스(Sharon M. Harris)가 편집한 『편지와 미국의 문화적 변형 1760-1860』(*Letters and Cultural Transformations in the United States, 1760-1860*) 참고.

5) William Hill Brown, *The Power of Sympathy.* Ed. Carla Mulford (New York: Penguin, 1996) 77. 이하 텍스트의 인용은 괄호 안에 면수만 병기함.

6) 전체 65편 중 해링턴은 29편, 워디는 10편의 편지의 저자로 등장한다. 해링턴의 경우 해리엇에게 쓴 2편의 편지를 제외하고는 모두 워디를 수신자로 한다. 해리엇에게 반한 정황을 감안하더라도 해링턴은 편지가 오고 가는 시간을 기다릴 수 없다는 듯이 워디의 답장을 받기도 전에 여러 통의 편지를 연이어 쓰는 양태를 반복하기 때문에, 분별력을 강조하는 워디와 비교할 때 훨씬 감정적이며 자유분방한 화자의 특징을 보인다.

7) 총 65편의 편지 중에서 워디가 10편, 홈즈 부인이 10편의 편지를 쓴 화자로 등장한다. 전체 분량의 3분의 1의 분량 정도만을 차지함에도 불구하고 두 사람의 교훈적 메시지는 작품 전체에 공명하는 영향력 면에서는 강력하다.

8) 해링턴의 자살이 교육적 효과를 거둔다고 주장한 비평가로는 반즈 44-45면 참조. 한편, 해링턴의 자살 선택이 자유주의적인 그의 사고를 반영한 선택이기 때문에 교훈은 상실되고 일종의 반대 담화가 형성되었다는 주장으로는 스턴(Stern) 22면 참조. 그러나 필자는 더 이상 목소리를 내지 못하는 해링턴의 상태는 도전적인 정신이 봉합되는 순간을 보여준다고 판단하기에 반즈의 견해가 더 타당하다고 본다.

인용문헌

Anderson, Benedict. *Imagined Communities: Reflections on the Origin and Spread of Nationalism*. London: Verso, 1991.

Bakhtin, Mikhail. "Discourse in the Novel." *The Dialogic Imagination*. Trans. Caryl Emerson and Michael Holquist. Austin: U of Texas P, 1981. 259-422.

Barnes, Elizabeth. *States of Sympathy: Seduction and Democracy in the American Novel*. New York: Columbia UP, 1997.

Beebee, Thomas O. *Epistolary Fiction in Europe 1500-1850*. Cambridge: Cambridge UP, 1999.

Brown, William Hill. *Ira and Isabella; or The Natural Children*. Whitefish, MT: Kessinger Publishing, 2004.

______. *The Power of Sympathy. The Power of Sympathy and The Coquette*. Ed. Carla Mulford. New York: Penguin, 1996. 1-103.

Cook, Elizabeth Heckendorn. *Epistolary Bodies: Gender and Genre in the Eighteenth-Century Republic of Letters*. Stanford: Stanford Up, 1996.

Davidson, Cathy N. *Revolution and the Word: The Rise of the Novel in America*. Expanded Ed. New York: Oxford UP, 2004.

Ellis, Milton. "The Author of the First American Novel." *American Literature* 4 (1933): 359-68.

Foucault, Michel. *Discipline and Punish: The Birth of the Prison*. Trans. Alan Sheridan. New York: Vintage, 1977.

______. *History of Sexuality: An Introduction*. Trans. Robert Hurley. New York: Vintage, 1990.

Gaul, Theresa Strouth and Sharon M. Harris. *Letters and Cultural Transformations in the United States, 1760-1860*. Burlington, VT.: Ashgate, 2009.

Hessinger, Rodney. *Seduced, Abandoned, and Reborn: Visions of Youth in Middle-Class America, 1780-1850*. Philadelphia: U of Pennsylvania P, 2005.

Millner, Micahel. *Fever Reading: Affect and Reading Badly in the Early*

American Public Sphere. Durham, NH: U of New Hampshire P, 2012.

Mulford, Carla. "Introduction." *The Power of Sympathy and The Coquette*. Ed. Carla Mulford. New York: Penguin, 1996. ix-li.

Singer, Godfrey Frank. *The Epistolary Novel: Its Origin, Development, Decline, and Residuary Influence*. New York: Russell & Russell, 1963.

Stern, Julia A. *The Plight of Feeling: Sympathy and Dissent in the Early American Novel*. Chicago: U of Chicago P, 1997.

출처 : 이 글은 저자의 「건국과 미국소설의 발생: 『공감의 권력』에 나타난 훈육의 정치학」 (『미국소설』 19권 2호 (2012): 46-65)의 내용을 일부 활용하되, 작가에 대한 소개를 첨가하고, 작품에 대한 논의를 서간체 서술기법에 집중하는 글로 수정·확대한 글임.

모호한 서술과 열린 해석

조 철 원 서울대학교

I. 작가소개

나다니엘 호손(Nathaniel Hawthorne)은 1804년 7월 4일 미국 매사추세츠 주 세일럼(Salem)에서 선장인 나다니엘 호손(Nathaniel Hathorne)과 엘리자베스 매닝(Elizabeth Clarke Manning)을 부모로 해서 전통있는 청교도 가문에서 태어났다. 호손의 조상들은 17세기 아메리카 대륙 정착 초기에 신대륙으로 이주해서 엄격한 청교주의 신앙생활을 시작했다고 한다. 선조들 다수는 식민지 시절 종교적·정치적 주요 요직에서 활동하면서 매사추세츠만 식민지(Massachusetts Bay Colony)가 정착지로서의 체계를 갖추는데 사회 지도층으로 중요한 역할을 했다. 하지만 그들은 악명높은 마녀사냥 재판에 관여하기도 했는데, 호손의 증조부 존 호손(John Hathrone)은 당시 판사로 마녀사냥의 재판에 직접 판결을 내리기도 했다. 호손은 조상의 치부에서 스스로 분리시키고 관계를 단절시키고자 젊은 시절 자신의 성에 알파벳 'w'를 추가했다고 한다.

호손은 4세에 아버지를 여의고 유소년기와 청소년기를 메인 주 시골에 있는 외가에서 어머니와 외롭게 보냈지만, 자연과 벗하면서 뉴잉글랜드의 식민 역사서를 포함한 폭넓은 분야의 도서들을 접하면서 깊은 사색과 자기 성찰을 통해 인간의 내면에 관심을 갖는 작가가 되는 훈련을 할 수 있었다. 당시 유년기와 청소년기의 체험을 바탕으로 100여 편의 단편소설, 에세이 등을 발표했다. 이후 보드인 대학교(Bowdoin College)에 입학하게 되는데, 학창시절 헨리 롱펠로우(Henry Wadsworth Longfellow)와 후에 미국 대통령이 된 프랭클린 피어스(Franklin Pierce) 등과 깊이 사귀면서 작가로서의 역량을 계발하게 된다.

첫 작품은 인간의 고독과 죄성을 다룬 짧은 로맨스인 『판쇼』(*Fanshawe*) (1828)로 누구도 선뜻 출판에 나서지 않아서 자비로 출판했지만, 호손의 첫 번째 소설 정도로 언급되는 정도의 실패작이었다. 그 이후 보스톤 잡지사에서 편집 일을 맡기도 했지만, 경제적으로 만족스럽지 못했다. 호손은 궁핍한 생활을 하면서도 작품 활동을 계속했는데, 1837년에는 「영 굿맨 브라운」(“Young Goodman Brown”)을 비롯한 18편 단편들과 스케치를 모아서 『오래 전부터 해온 이야기』(*Twice-Told Tales*)를 출간했다.

자신의 작품들이 미국독자들에게 큰 반향을 일으키지 못하고 어려운 생활이 계속되자, 1839년에는 보스톤 세관에서 검사관이란 관직을 통해서 생활고를 해결하기 시작했다. 1842년에는 소피아 피버디(Sophia Peabody)와 결혼했다. 이후에도 계속된 경제적인 불안정을 해소하기 위해서 세일럼(Salem)과 워싱턴 D.C.에서 여러 직장들을 전전했지만, 여전히 가난했다. 세일럼 세관에서 근무를 시작하면서, 1846년에는 본인이 일정기간 살았던 에머슨(Ralph Waldo Emerson) 소유의 저택 이름을 따서 제목을 붙인 『옛 목사관의 이끼』(*Mosses from an Old Manse*)를 출간했다. 『옛 목사관의 이끼』는 23편의 단편과 스케치가 포함된 작품집으로 젊은 시절 실패를 본받아 신경써서 조심스럽게 출간했지만, 이것 역시 판매가 부진했다고 한다. 45세에 미국 대통령이 바뀌면서 세일럼 세관에서도 퇴직하고 다시 어려운 생활고에 시달리게 된다.

1850년에 출판된 『주홍글자』(*The Scarlet Letter*)의 성공을 통해서 호손은 드디어 작가로서 성공하면서 경제적인 안정도 얻게 된다. 1851년에는 청교도 선조들이 조상의 저주에 사로잡혀서 쇠퇴하고 마는 내용을 다룬 『일곱 박공의 집』(*The House of the Seven Gables*)을 발표했고, 1852년에는 작가 스스로 체험했던 초절주의(Transcendentalism) 철학을 바탕으로 만든 브룩농장(Brook Farm)에서의 유토피아 공동체 경험을 살려서 『블라이스데일 로맨스』(*The Blithedale Romance*)를 출간했다. 같은 해 대학시절 교류를 맺었던 피어스의 대통령 선거용 전기인 『프랭클린 피어스 전기』(*The Life of Franklin Pierce*)를 출간했다. 1년 후에 친구 피어스가 대통령이 된 덕에 4년간 영국 리버풀 영사직을 수행했다. 1860년에는 이태리를 배경으로 목신이 죄를 짓고 양심의 중요성을 깨닫는다는 내용을 담은 『대리석의 목양신』(*The Marble Faun*)을 출간했다.

남북전쟁이 발발할 무렵 호손은 전쟁 자체에 비판적인 태도를 취해 주위사람들에게 비난을 받기도 했다. 작가의 말기 작품활동이 다소 뜸한 상태에서 휴양차 피어스와 뉴햄프셔 지역을 여행하던 중에 플리머스(Plymouth)에서 객사하여 60세의 나이로 1864년에 콩코드(Concord)에 묻혔다.

II. 모호한 서술과 열린 해석

『주홍글자』의 주요 등장인물들인 헤스터 프린(Hester Prynne), 아서 딤즈데일(Arthur Dimmesdale), 로저 칠링워스(Roger Chilingworth), 펄(Pearl)의 선과 악에 대한 복합적이고 다층적인 내적 심리상태 및 변화는 호손 나름의 독특한 서술방법을 통해서 여러 결의 모습으로 재현된다. 선과 악이라는 단순한 이분법적인 분류/서술로는 복잡한 인간사와 그들의 미묘한 내면을 묘사하기에는 한계가 있기 때문이다. 작품의 제목이기도 한 주홍글자(the scarlet letter) 'A'도 간통(adultery)으로 단순하게 설명할 수 없는 다양하고 복합적인 상징성[1]을 가진 글자로 독자들에게 다양하게 해석될 수 있는 여지를 작품내내 제공한다. 작품에서 벌어지는 사건들이나 그것에 대한 등장인물들의 외적·내적 반응들이 어느 하나로 서술되어 규정되는 것의 위험성을 경계하면서 여러 갈래 해석의 가능성을 열어두고자 했던 것이다.

호손은 상징적인 주홍글자 A를 통해서 다양한 의미를 제공할 뿐만 아니라, 작품 곳곳에서 작가 나름의 독특한 서술기법들을 통해서 화자의 대부분 서술들이 고정된 의미로 해석되기를 거부하면서 독자들의 상상력을 끌어낸다. 그래서 『주홍글자』에 대한 다양하면서도 때때로 정반대의 수많은 설명·해석들은 비평가들 사이에서 끊임없는 논란을 불러일으키기도 한다. 매티슨(F.O. Matthiessen)은 『주홍글자』는 화자가 제시하는 "다양한 선택"(multiple choice)들 가운데 독자 스스로에게 가장 적합한 의미를 찾아내는 텍스트라고 주장하기까지 한다(242-52). 하지만 『주홍글자』를 처음 접한 독자들은 집중해서 읽어도 작품 곳곳에서 의미하는 바가 뚜렷하게 다가오지 않고 점점 더 모호

(ambiguous)해 진다고 불평하기도 한다.[2] 이는 『주홍글자』이 주제이기도 한 인간사의 결과로서의 나타나는 '죄'에 대해 등장인물들이 결코 동일하게 반응할 수 없기 때문에, 복잡다단한 인간 내면 상태와 변화를 다층적으로 이해하면서 그것을 작품 속에서 재현해 내려는 호손의 의도적인 노력에 기인한 것이다.

『주홍글자』의 화자는 사건이나 등장인물들의 내면을 지속적으로 모호하게 서술하기도 하고, 때로는 앞선 서술과는 정반대로 서술을 하는 등 일관성이 없기까지 하다. 이런 모호하면서 일관성이 결여된 서술을 일삼는 화자는 3인칭 전지적 시점으로 한 장면에서는 사건의 모든 것을 다 알고 있는 듯이 단정적으로 서술하기도 하고 때로는 작품 속으로 직접 끼어들어 특정인물이나 사건에 직접적이고도 확실한 평가를 내리기도 한다. 하지만, 다른 장면에서는 전지적 화자가 갑자기 태도를 바꾸어서 사건이나 인물에 대한 정보를 매우 제한적으로 제공하면서 독자들을 헷갈리게 만들기도 한다.

식민지 시절 청교도들이 일부 마을사람들을 마녀로 몰아서 고문하고 처형했던 미국 역사에 대해 죄의식을 느끼면서 일찍부터 내면에 어두운 그늘이 있었던 호손은 형식적인 종교적 규범의 틀에 사로잡혀서 마을 사람들을 재단하려 했던 당시 위선적인 종교, 사회풍토 및 지도층에 대해서 분개했고 이를 『주홍글자』를 통해 묘사해 내려고 했다. 『주홍글자』에서 식민지시대 뉴잉글랜드 역사에 대한 깊은 통찰과 조상의 가혹한 행위에 대한 작가의 엄정한 비판을 읽을 수 있는데, 그것은 역사적·상상적 사건 뿐만 아니라 그 아픈 사건을 견뎌내야 하는 등장인물들의 내적 갈등과 깊은 고뇌에 대한 세심한 이해를 통한 재현으로 드러난다. 호손은 헤스터와 딤즈데일의 간통 사건 및 그로인해 수반되는 등장인물들 내면의 고통과 아픔의 복합적이고 다층적인 이해를 복합적인 서술기법을 통해서 풀어내는 작업을 하게 되는데, 독자들은 화자의 서술을 따라가기가 쉽지 않다. 하지만, 서술에 대한 이해 및 거기서 시작된 나름의 상상을 통해서 복잡하고 다층적이며 때로는 일관성이 없는 텍스트를 이해하려고 노력하는 독자들은 퀘이커 교도들과 정착민 인디언들을 박해하고 마녀 사냥했던 선조들에 대한 작가의 죄의식 및 역사의식을 입체적으로 접하게 된다. 화자는 역사적 사건이나 그것에 대한 반응을 고정적이고 확정적인 묘사로 서술을 이어가기보다는 모호하게 서술함으로써 다양한 해석을 유도하면서 사건이나 인간내면의 다양한 반응에 실제적으로 접근하게 한다. 『주홍글자』의 이해가 쉽지는 않는 것은 호손이 자신의 작품이 한 가지 고정적인 의미로 받아들여지는 것을 경계하기 위한 서술전략에서 기인한 것이라 할 수 있다.

다양한 해석을 낳게 하는 상징과 함께 모호한 서술 및 화자의 일관성 결여 등은 아이러니하게도 『주홍글자』가 이루어낸 가장 큰 예술적 성취이다. 모호한 서술들이 독자들에게 풍부한 선택거리를 주고, 더 나아가서 독자의 상상력을 끊임없이 유도하면서 17세기 청교도 식민시대의 역사와 사람들의 내면심리를 받아들이는 독자들의 인식의 폭을 넓혀준다. 호손이 헤스터와 딤즈데일 목사 사이의 간통 사건을 단순하게 해결하려고 했다면, 피해를 입은 칠링워스가 명예를 회복하고 명백한 간통죄를 저지른 헤스터와 딤즈데일을 엄격하게 처벌함으로써 청교사회의 기강을 바로 잡는 것이겠지만, 그들의 간통사건을 간단하게 보지 않았던 호손은 작품 속에서 여러 서술기법들을 통해서 독자들이 단순한 해석에 순응하지 않고 인물과 사건에 대해 끊임없이 다층적으로 해석하게끔 유도하는 것이다.

1. 로맨스론

호손은 『주홍글자』의 서문이라고 할 수 있는 「세관」(“The Custom House”)에서 자신의 작품을 로맨스라고 밝히면서, 로맨스를 현실세계와과 상상세계의 “중립지대”(the neutral territory)라고 정의한다.

> 그러므로 우리에게 평상시 방바닥은 실재세계와 꿈나라 사이 어딘가에 있는 **중립지대**가 되었다. 그런데 중립지대에서는 **현실세계와 상상세계가 서로 만나면서 각각 상대방의 성격에 영향을 받는다**. 유령들이 이곳에 들어와도 우리를 조금도 놀라게 하지 않을 것이다. (28, 필자강조)

‘로맨스’라는 장르가 초자연적인 요소들이 가득한 시대를 배경으로 중세 기사들의 영웅적 모험담 위주로 진행되는 것으로 알고있는 독자라면,[3] 호손의 로맨스에 대한 새로운 정의에 다소 당황하게 된다. 일반적으로 받아들여지는 로맨스의 정의와는 달리, 호손의 로맨스는 사실적이면서도 낭만적인 특성이 복합적으로 포함되어 상호 영향을 주고받는 “중립지대”이며, 『주홍글자』가 바로 그 “중립지대”가 재현되는 장소이다.[4] 실제로 『주홍글자』는 중세기사들의 전형적인 모험담(narrative of chivalic adventure)이나 판타지, 탐정소설 등의 비현실적인 장르가 아니고, 가능하지 않은 일들이 현실에서 일어나고 그것들이 현실적으로 매우 생생하게 서술되는 새로운 성격의 로맨스인 것이다.

작품 속에서 한 예로, 주인공 헤스터는 자신의 가슴에 단 주홍글자를 통해 주변 마을사람들을 바라보면서 그들의 죄를 바로 알아차릴 수 있는 초자연적인 능력을 갖고 있다. 다른 사람들의 숨겨진 죄를 직감할 수 있는 능력을 갖고 있는 것이다. 이러한 직관의 능력은 헤스터나 마을사람들이 믿고 판단하는 대로 악마에서 영향받은 것이라면 매우 비현실적일 수 있지만, 현실 속에서 사람들이 보이는 반응을 통해서라면 매우 현실적인 것이라고 할 수 있다. 마을사람들이 헤스터의 주홍글자가 지옥에서 주어진 것이라고 하지만, 헤스터는 마을사람들과 눈빛의 교감을 통해서 현실에서 그들의 죄성을 파악하고 있다. 화자는 주인공 헤스터가 직관을 통해서 파악하는 마을사람들의 그늘진 내면을 생생하게 서술함으로써 비현실적인 것들을 현실화시켜서 묘사하고 있는 것이다. 호손이 주장한 상상과 현실의 중립지대는 현실과 상상이 서로 혼합되어 서술된다. 작중인물들 내면의 갈등과 고민을 통해서 드러나는 것들이 결코 비현실이 아니고 현실 속에서 일어나는 일인데, 호손이 정의한 현실과 상상의 중립지대로서의 로맨스는 현실에 보이지 않는 듯하면서도 실재하는 인간내면의 진실을 독자에게 전달하는데 적합한 소설형식이라고 할 수 있는 것이다.

호손이 현실과 상상의 중립지대로서의 로맨스이자 새로운 형식의 소설인『주홍글자』는 디킨스(Charles Dickens) 등 동시대 영국작가의 사실주의 소설(novel)들과 달리 경제적인 요소도 작품 전면에 부각시키지 않는다. 19세기 사실주의 소설에 익숙한 독자라면, 작품 속의 헤스터가 죄인의 낙인이 찍혀서 경제적으로 매우 어려운 생활을 할 것으로 짐작하고 그것으로 인한 사건들이 현실에서 연이어 일어날 것으로 기대하게 되는데,『주홍글자』에서는 그런 것들이 거의 부각되지 않는다. "자신[헤스터]이 바느질하기에 적당하다고 생각하는 시간에 바느질할 수 있을 만큼 언제든지 상당한 수입이 있는 일거리"(ready and fairly requited employment for as many hours as she was fit to occupy with her needle, 58)가 주어진다는 정도의 간결한 서술은 당대 사람들의 실제의 삶을 거의 지배하다시피 하는 경제문제를 세밀하게 다루는 유럽 사실주의 소설들의 일반적인 서술들과는 분명 성격이 다른 것이다.

현실과 상상의 복합체로서의 로맨스는 팽창 위주의 획일적인 성장과 발전을 염두에 두면서 국토의 팽창이 시대적 요구인 19세기 당시 호손이 사용할 수 있는 적절한 장르였다. 호손이 『주홍글자』에서 서술하고자 한 것은 표면에 보이는 인간사의 결과보다는 당시 드러내놓고 묘사하기에는 힘든 어두운 미국역사와 인간내면의 진실추구였기 때문이다. 상상과 현실의 조합으로서의 로맨스를 통해서 작가는 등장인물의 내면 묘사에 집중하고 그것을 현실로 끌어들임으로써 과거의 역사적 과오와 현재의 답답한 현실을 효율적으로 비판할 수 있었고, 더 나아가서 시대에 대한 반성적·성찰적 태도로 맹목적이고 일방적인 팽창만을 목표로 하는 삶에 제동을 걸면서, 미국이 의미있게 나아가야할 방향을 제시했다.

2. 복합적인 서술

『주홍글자』의 화자는 소설작품들의 일반적인 화자와는 달리 하나의 일관된 시점을 견지하지 않는다. 화자는 3인칭 관찰자 시점으로 제한적인 사실과 정보만을 독자들에게 제공하다가도, 어느 장면에서는 모든 것을 다 아는 전지적 작가 시점으로 바뀌어서 등장인물 내면의 세밀한 심리변화를 자세히 서술해주기도 한다. 게다가 작품에 직접 개입해서 등장인물이나 사건에 대해 확정적인 평가까지 내린다. 하지만, 그러다가 또 다른 장면에서는 사건이나 등장인물들에 거리를 두기도 하는 등 일관성이 없어 보인다. 심지어 곳곳에서 독자들이 해석하려는 의지를 방해하기도 한다. 특히 인물의 내면 묘사에 있어서 앞선 서술과 정반대 서술의 가능성을 자주 언급함으로써 독자들을 혼란에 빠지게까지 한다. 화자의 서술을 통해서 독자들이 여러 다양한 해석을 할 수 있는 가능성을 열어놓고자 하는 것이다. 호손은 현실 한 순간에 보이는 내적인 혹은 외적인 상태가 결코 진실의 모든 모습이 아닌 것으로 믿고 있다. 과거의 역사나 현재의 인간사에 있어서 『주홍글자』의 간통으로 인한 결과와 같은 것은 중요한 것이 아닐 수 있다는 것이다.

이러한 일관성이 없고 때때로 주저하는 듯한 화자의 서술을 따라야 하는 독자는 매우 당혹스럽다. 어떤 사물이나 사건에 잘 알고 있는 듯한 화자가 결정적인 순간에 갑자기 여러 가지 다른 해석을 낳게 하는 유보적인 결론을 맺기도 한다. 소설 초반에 나오는 들장미 덤불(rose bush)에 대한 아래와 같은 서술이 그 대표적인 예이다.

> 이 들장미 덤불은 이상한 인연으로 지금까지 역사 속에 살아남아 있다. 본디 들장미 덤불을 뒤덮고 자라던 우람한 소나무와 참나무가 쓰러지고 한참이 지난 뒤에도 옛날의 황야에서 가까스로 살아남은 것인지, 아니면 꽤 믿을만한 근거가 있듯 성자 같은 앤 허친슨이 감옥 문안으로 들어갈 때 그녀가 발로 밟은 땅에서 솟아난 것인지, **이에 대해서는 뭐라고 단정짓지 말기로 하자**. 지금 막 저 불길한 감옥 문에서부터 우리가 이야기를 시작하려는 첫머리에 들장미 덤불을 그렇게 직접 발견했으니 우선 그 꽃 한 송이를 꺾어 독자들에게 바칠 수 밖에 없을 것이다. 이 꽃 한 송이가 어쩌면 우리의 이 이야기 도중에 만나게 될지도 모를 어떤 향기로운 도덕의 꽃을 상징하거나, 아니면 인간의 연약함과 슬픔을 다룬 이 이야기의 어두운 결말을 좀더 완화시켜 주기를 바란다. (36, 필자강조)

위 인용에서와 같이 들장미 덤불의 근원에 대해서 화자는 그것이 무엇이고 뜻하는 바가 무엇인지를 "감히 단정짓지" 못하게 하면서 독자들이 가능한 열린 해석을 하도록 유도하는 것이다. 작품 초반부터 유보적인 서술에 접한 독자들은 나름의 추측을 통해서 감옥문 앞에 핀 들장미 덤불이 단순한 식물이 아니고, 그 들장미가 피어있는 감옥문이 일반 감옥문과 다를 수 있다는 상상도 하게 된다. 이런 모호한 서술로 감옥문을 나서는 헤스터가 현실에서는 간통을 저지른 중죄인임에도 불구하고, 그녀로부터 예측하지 못할 희망적인 미래가 담지될 수도 있다는 정반대의 해석도 할 수 있게 한다.

화자의 다층적이고 복합적인 서술은 사건이나 사물보다는 등장인물의 내면을 묘사할 때 더욱 두드러지게 나타난다. 2장에서 헤스터가 본격적으로 소개될 때 독자들은 어떤 것도 확정적이지 않는 서술들을 접한다. 화자는 주인공 헤스터를 "성모마리아의 이미지"(the image of Divine Maternity, 41)로 매우 상찬하기도 하지만, 바로 다음 문장에서는 다소 유보적인 태도를 보이기도 하는 것이다.

> 만약 이 청교도들의 무리 속에 가톨릭 신자가 있다면 옷과 풍모가 그림처럼 아름다운 이 여인이 가슴에 갓난 아이를 안고 있는 모습을 보고, 예로부터 그토록 많은 유명 화가들이 앞을 다투어 그리려 했던 성모마리아의 모습을 **떠올렸을 것이다**. 그녀의 모습은 이 세상을 구원할 아기를 안고 있는 신성무구한 성모 마리아의 거룩한 모습 같은 것을 분명히 **떠올리게 해 주었을 것이다**. (41, 필자강조)

헤스터가 성모 마리아의 거룩한 모습으로 "보여질 수 있지만"(might have seen)이라는 서술을 접하면, 독자는 바로 앞 장에서 헤스터를 가리키는 듯한 "들장미 덤불"(the rose-bush)이 황량한 옛 황야에서 가까스로 살아남은 것인지 혹은 성자의 발 밑에서 솟아나왔는지를 단정짓지 말자고 언급한 화자를 떠올리게 되면서, "성모 마리아" 이미지도 다른 해석도 가능할 수 있겠다고 짐작하게 된다. 독자들은 "성모마리아" 이미지 바로 앞 서술에서 "거만한 미소"(a haughty smile, 39)를 짓는 타협할 줄 모르는 헤스터를 만나기도 했다. 연속적인 일관성 없는 서술들로 매우 불만스럽기도 하지만, 사건이나 인물의 복합적이고 다층적인 속성을 파악하고 그것들이 변화하는 모습을 세밀하게 서술하려는 작가의 의도에 익숙해지면, 독자들은 인물과 사건의 실체를 파악하는 인식의 폭이 점점 넓어지게 되는 것을 경험하게 된다. 그러면서 독자들은 앞으로 전개될 헤스터를 결코 단순하게 평가 내리려고 하지 않게 된다.

딤즈데일 목사의 경우도 화자는 여러 층위의 내면을 복합적으로 때로는 모호하게 묘사함으로써, 그가 성직자임에도 간통죄를 숨기면서 마을사람들 앞에서 '당당하게' 설교하는 위선적인 인물이라는 획일적인 평가에서 벗어나게 한다(48). 간통죄를 범한 목사가 존경받는 목사로 처신할 때, 그를 위선적인 인물로 평가할 수 밖에 없을 것이다. 설교를 해야 하는 딤즈데일이 "초상화가 그림에서 걸어나와 인간의 죄, 욕망, 그리고 고통의 질문에 연루될 자격이 없듯이, 그 또한 아무 자격이 없었다"(had no more right than one of those portraits would have to step forth, as now he did, and meddle with a question of human guilt, passion, and anguish.)라는 서술을 통해서 목사 딤즈데일의 죄성을 강화하면서 그의 인격까지 폄하한다(46). 하지만, 바로 다음 서술에서 딤즈데일의 설교가 하늘나라 "천사의 언어"(the speech of an angel)라고 상찬하면서 진정성있게 고뇌하는 딤즈데일의 모습이 생생하게 묘사되면서 그가 결코 위선자가 아닌 진정으로 자기성찰을 하면서 청교사회의 안녕을 위해 깊이있게 고뇌하는 성직자라는 평가도 할 수 있게 한다.

> 그[딤즈데일]의 모습은 오래된 설교 책 앞장에 찍혀 있는 거무스름한 판화 초상화와 비슷했다. 이런 초상화 중 하나가 걸어나와서 인간의 죄악이며 정열이며 고뇌 같은 문제를 간섭할 권한이 없듯이 그에게도 그런

권리가 없는 듯했다. (46)

> 이 젊은 목사는 영국의 어느 명문 대학교 출신으로 이 무렵의 모든 학문을 이곳 황야에 옮겨 왔다. 그의 말솜씨와 종교적 열정은 종교계에서 두각을 나타내고 있었다. 그의 용모는 눈에 띄게 아주 수려하고, 이마는 환하고 높게 튀어나왔으며, 큼직한 갈색 눈은 수심에 잠겨 있었고, 입은 굳게 다물고 있을 때를 제외하고는 언제나 떨고있는 것 같아서 신경이 과민하고 굉장한 자제력이 있음을 보여주는 사람이었다. 타고난 재주와 학자다운 교양이 풍부하면서도 이 젊은 목사의 몸가짐에는 어딘지 모르게 표정이 불안스럽고 놀라고 조금 겁먹은 듯한 표정이 감돌고 있어, 마치 인생 항로에서 길을 잃어버리고 갈피를 잡지 못하게 되었음을 스스로 느끼고 자기 혼자 있을 수 있는 곳에서 비로소 마음이 놓이는 사람 같았다. 그러므로 그는 자신의 임무가 허락하는 한 그늘진 오솔길을 산책하면서 순박하고 어린이처럼 천진한 마음을 유지했다. 그리고 필요할 때면 신선함과 그윽한 향기와 이슬처럼 해맑은 사상으로, 많은 사람들이 말하는 것처럼 천사의 말로 그들을 감동시켰다. (48)

딤즈데일 목사는 작품 후반부 숲 속에서 헤스터와 7년 만에 감동적인 재회를 할 때, "희망과 기쁨에 빛나는 눈길로 헤스터의 얼굴을 바라볼"(gazed into Hester's face with a look in which hope and joy shone out, 135) 정도로 어느 때보다도 인간으로서 한없는 행복감에 젖어있었다. 하지만, 화자는 바로 다음 문장에서 그가 "희망과 기쁨의 중간지대라고 할 불안의 빛과 함께 . . . 말할 수 없는 일종의 공포의 빛도 어려있었다."(with fear betwixt them, and a kind of horror at her boldness, . . . hinted at but dared not speak. 135)라고 묘사하면서 그가 간통죄에서 해방되어 "희망과 기쁨"의 세계로 곧바로 갈 수 없다고 서술한다. 독자는 모순되는 서술들을 통해서 딤즈데일 목사의 상황과 그의 내면이 단순하지 않다는 것을 짐작하게 된다.

헤스터와 재회를 통해 미래의 행복감에 도취되었던 딤즈데일이 마을로 돌아오던 가운데 갑자기 악마의 유혹에 빠진 듯한 이해하기 힘든 모습들이 묘사되고 있는데, 화자가 앞서 복합적이고 다층적인 딤즈데일의 내면을 지속적으로 서술해왔기에 독자들은 여기서 또 다른 모습의 딤즈데일을 상상할 수 있게 된다. 재회와 같은 하나의 사건으로 삶의 방향을 바꾸지 않을 만큼 고뇌하고 깊이있게 자신을 성찰해오던 성직자로 알기에, 악마의 유혹에 빠져 어쩔 줄 몰라하는 모습이 또 다른 진정한 성직자가 되기 위한 고난의 과정으로 이해할 수 있는 것이다. 간통죄를 저지르고도 성직자 행세를 하는 위선적인 인물로 보지않고 성스러운 "천사의 말"을 전달하는 성직자의 진정한 모습을 접했기 때문에, 그가 마지막에 처형대에서 고백하고 죽는 장면에서 "승리를 거둔 자"(one who had victory)라는 화자의 서술에 완벽하게 공감할 수 있을 만큼 독자들의 인식의 폭이 넓어진 것이다.

'악인'으로 단순하게 치부될 수 있는 칠링워스의 경우도 화자의 복합적인 서술을 통해서 독자들은 단정적인 해석을 유보하게 된다. 칠링워스가 마지막 장면에서 펄에게 전달하는 뜬금없는 화해의 선물은 비록 딤즈데일 목사의 마지막 속죄의 고백과는 깊이에 있어 비교가 되지 않더라도, 화자가 작품 여러 곳에서 칠링워스의 변화를 이해할 수 있는 여지를 주었기 때문에 의미있는 변화로 해석할 수 있게 된다. 독자들이 칠링워스에게 연민의 감정을 느끼는 것이 쉽지 않은 것은 복수심에 가득찬 집요한 그가 인간으로 느껴지지 않았기 때문이다. 인간의 마음을 꿰뚫어 보는 것이 유일한 목적(their owner's purpose to read the human soul, 43)인 학자가 딤즈데일 목사의 죄를 가차없이 추궁하는 모습에서 일말의 연민의 감정도 느낄 수 없다. 하지만, 화자는 칠링워스가 헤스터와의 대화 속에서 자신의 어리석음을 솔직하게 밝히게 하면서, 그도 결코 완벽한 악인이 아니고 스스로를 성찰하고 느낄 수 있는 인간일 수 있다는 것을 암시하기도 한다.

> "헤스터." 그가 말했다. "난 당신이 왜, 또 어떻게 해서 그런 구렁텅이에 떨이지게 되었는지, 아니, 내가 당신을 발견했던 그 치욕의 처형대 위로 올라서게 되었는지 묻지 않겠소. 그 이유를 멀리서 찾을 필요가 없으니까. 내가 어리석고 당신이 나약했기 때문이오. 나처럼 사색을 즐기는 사람이, 여러 훌륭한 도서관에서 살아가는 사람이, 지식에 굶주린 꿈을 꾸느라고 가장 좋은 세월을 허송하다가 이미 시들어 버린 사람이, 당신처럼 젊고 아름다운 여자와 무슨 연분이 있었겠소. 태어날 때부터 불구인 내가 타고난 지적 능력을 사용하여, 내 육체적 결함을 젊은 여자의 환상을 통해 감추어 보려고 한 게 얼마나 부질없는 망상이었는지!" (52-53)

자신의 부족한 점을 인정하고 고백하는 칠링워스를 악인이라고 단정할 수는 없다. 칠링워스는 스스로 악마로 변한 모습을 인정하기까지 했다. "한때는 인간다운 마음을 지녔던 한 사람이 그[딤즈데일]를 특별히 괴롭히려고 마귀"(a mortal man, with once a human heart, has become a fiend for his especial torment!, 117)로 변했다. 화자는 칠링워스를 악마의 모습으로 그려내되, 그역시 결코 단순 악마가 아니고 고통을 겪으면서 마음의 상처가 깊은 딤즈데일 못지않는 "고뇌가 가득한 고통의 마음"(a heart of full of torture, 116)을 가진 복합적인 인물로 묘사한다.

펄도 화자의 복합적인 서술로 독자들에게 다양한/다층적인 성격의 소유자로 다가온다. 헤스터와 딤즈데일이 청교사회의 규범을 무시하고 낳은 악의 산물이기도 하지만, 둘에게는 사랑의 열정(passion) 속에서 하나님이 주신 선물이 되기도 한다. 이를 위해서 화자는 다른 등장인물 묘사에서도 그랬듯이, 펄에 대해서도 앞의 부정적 서술을 번복하기도 하는 등 모호한 서술을 한다.

> 펄의 용모에는 변화무쌍한 마력이 어려 있었다. 말하자면 이 아이의 내부에는 농부의 딸이 지닌 들꽃과 같은 아름다움에서부터 어린 공주가 지닌 화려함에 이르기까지 다양한 층을 포함하는 많은 아이가 들어 있는 것 같았다. (63)
>
> . . .
>
> 악마같은 얼굴로 악의에 찬 미소를 짓고 있었지만, 그녀가 너무 잘 알고 있는 사람의 얼굴 생김새와 닮아 있었다. 물론 낯익은 그 얼굴은 좀처럼 악의에 찬 미소를 지은 적이 없었고 결코 악의를 품은 적도 없었다. 마치 아기가 그 아이를 사로잡아 비웃으며 빠끔히 보고 있는 것만 같았다. 그 뒤로 헤스터는 이때처럼 뚜렷하지는 않지만 똑같은 환상에 시달린 적이 여러 번 있었다. (67)

펄은 청교사회에서 받아들일 수 없는 간통죄의 결과로 태어난 아이이기 때문에, 비록 총명하고 예쁜 모습을 갖추고 있더라도 질서가 흐트러진 존재로 태어났다. 다시 말해서 펄은 신이 지배하는 "위대한 법칙"(the great law, 63)을 깨고 태어난 것이다.

> 그 아이가 이 세상에 태어남으로써 **위대한 법칙이 깨어지고 말았다**. 그 결과, 이 아이를 이루는 구성 성분은 어쩌면 아름답고 찬란할지 모르지만 질서가 모두 없어져 뒤죽박죽이 되어 버렸다. 비록 질서가 있다고 해도 그 성분은 그것만의 고유한 질서였기 때문에 그 속에서 변화와 배합의 중심점을 찾기란 어렵거나 아예 불가능했을 것이다. (63, 필자강조)

하지만, 여기서 위대한 법칙(the great law)은 신의 위대한 법칙이 아니고 당시 청교도 사회를 지배하던 법칙으로 해석할 수도 있는데, 그렇다면 헤스터의 행동에 대한 당대 청교사회의 과도한 법칙에 의해서 헤스터는 임신 내내 격정 속에서 살았고(Above all, the warfare of Hester's spirit, at that epoch, was perpetuated in Pearl. 63) 그와 같은 가혹한 사회의 커다란 법칙이 헤스터를 격정에 시달리게 하면서 질서가 흐트러졌다고 해석할 수도 있는 것이다. 이 경우는 질서가 흐트러진 펄의 모습은 헤스터가 신의 법칙을 어겨서가 아니고, 당대의 혹독하리만큼 엄격한 법칙 때문이며, 비판의 대상은 헤스터가 아니라 청교사회의 비인간적이고 엄격한 청교사회의 도덕주의가 되는 것이다. 화자는 위대한 법칙이 의미하는 바를 모호하고 중의적으로 해석할 수 있게 함으로써 악의 결과로 펄을 해석하는데서 벗어나서 독자들은 펄 대신에 청교사회를 비판적으로 보게 된다. 다양하게 해석될 수 있는 모호한 서술로 인해서 펄은 흐트러진 존재가 되기도 하지만, "그 자체로서도 독특한 질서"(an order peculiar to themselves, 63)가 되는 것이다. 이렇게 모호한 서술들을 접하면서 우리는 펄을 단정적으로 해석하지 않고 과연 펄의 참모습이 무엇인지 궁금해 하면서 작품을 계속 읽게 된다.

특히 펄은 몇 번의 만남을 통해 딤즈데일과 교감을 쌓으면서, 딤즈데일이 자신의 죄를 고백하는 마지막 장면에서는 그와 입맞춤하면서 아버지로 받아들일 뿐만 아니라, 모든 죄가 속죄되었다고 선언하는 심판자의 목소리를 내기까지 한다.

> 펄은 목사의 입에 입을 맞추었다. 그러자 드디어 마법이 풀렸다. 이 야성의 어린아이도 한몫을 맡았던 이 장엄한 비극의 장면을 통해 아이의 동정심을 모두 싹트게 했다. 펄의 눈물이 아버지의 뺨에 떨어질 때, 그것은 이 아이가 인간의 기쁨과 슬픔 속에서 자라서 앞으로는 영원히 세상과 다투지 않고 세상 속에서 한 여인이 되겠다는 맹세였다. 또한 어머니에 대해서도, 고뇌의 사자로서의 그녀의 역할도 이제는 모두 끝이 났다. (173)

화자의 일관성 부족을 지적할 수도 있지만, 펄이 단순한 인물이 아니라는 것을 복합적으로 모호하게 서술해왔기에 마지막에 심판자로서 펄의 역할도 받아들여질 수 있게 된다. 그리고 미래의 펄에 대해 기대도 할 수 있게 된다.

이렇게『주홍글자』의 화자는 인물이나 사건에 거리를 두는 것 같다가도 갑자기 직접 개입도 하는 등 사건과 등장인물들의 안과 밖을 넘나들면서 독자들의 다양한 해석을 유도한다. 일관성이 부족할 수 있는 모습이 아이러니하게도 독자의 다양하고 풍부한 해석을 가능하게 한다. 비록 불확실하고 믿지 못할 화자로 비판을 받을 수는 있지만, 이는 이런 저런 모습의 사건과 등장인물의 내면을 이해하고 또 상상하면서 여러 갈래로 해석할 수 있게끔 하는 호손의 의도적인 독특한 서술기법인 것이다.

3. 정보의 유보, 독자의 참여와 상상력 유도

혼란스럽기도 하지만 다양한 시각으로 등장인물들에 대해 생각하고 상상해보게끔 하는 복합적 서술과 더불어서, 독자의 참여를 적극적으로 유도하기 위해서 호손의 화자는 때때로 정보를 알려주지 않기도 한다. 예를 들면, 헤스터가 남편 칠링워스를 알아보는 장면에서 그가 헤스터의 남편이라는 것을 바로 서술하지 않는다. 독자가 그가 남편일 수 있다는 것을 짐작하게 할 뿐이다. 주의깊은 독자라면 마을사람들을 "심장이 울릴 정도로 떨게하는" 상대편이 중요한 인물임을 짐작하지만 누구인지는 확신할 수는 없다. 3장에서는 "한쪽 어깨가 올라간"(one of this man's shoulders rose higher than the other, 44)이라는 묘사에서 화자의 서술을 제대로 따라온 독자라면 그가 바로 헤스터가 기억하는 학자(with the left shoulder a trifle higher than the right, 43)라는 사실을 떠올리게 된다. 그가 헤스터의 남편이라고 명시적으로 서술하지 않지만, 헤스터의 내면을 넘나들었던 화자의 목소리를 기억하는 독자들이라면 자연스럽게 그가 헤스터의 전 남편이라는 것을 추측하게 된다. 이는 묘사하는 인물이 바로 누구라고 서술하는 것보다 그가 어떤 모습과 성격의 소유자인가를 주시하면서 독자의 상상력을 유도하는 효과적인 서술이다.

또 다른 예로, 딤즈데일이 펄의 아버지라는 명시적으로 서술되지 않고, 목사의 설교 목소리를 세밀하게 묘사하거나(tremulously sweet, rich, deep, and broken, 49) 설교를 듣는 청중들의 반응(caused it to vibrate within all hearts)을 살피면서 독자들이 자연스럽게 판단을 하게끔 한다. 모든 것을 밝히지 않고 넌지시 여러 정황이나 마을 사람들의 반응을 통해서 그가 헤스터와 간통을 범한 사람이라는 것을 유추하게끔 하는 것이다.

이와 같이 모든 것들을 자세히 설명하고 해석까지 했던 작품 초반 전지적 화자와는 달리 중심인물들을 에둘러서 묘사하는 서술들은 헤스터의 내면에 초점을 맞추어서 작품을 이끌고 가면서 독자들의 상상과 참여를 유도하는 효과적인 서술기법이다.

화자는 불특정 마을 사람들이 주관적으로 관찰하고 파악한 것들을 간접서술하기도 한다. 사건의 추이를 목격한 사람들의 다양한 목소리를 전달하면서 최종 평가는 독자들의 상상과 판단에 맡긴다. 예를 들면, 작품의 마지막인 24장에서 "대부분의 구경꾼"(most of the spectators, 174)들이 처형대에서 자신의 죄를 고백하고 죽는 딤즈데일 목사 가슴에 새겨진 (것 같은) 주홍글자에 대해 증언했는데, 그것에 원인과 평가에 대해서 화자는 여러 다양한 목격자들의 입을 통해 다양한 형태로 서술한다.

> ① 헤스터 프린이 처음 치욕의 징표를 달았던 바로 그날 딤즈데일 목사가 자신에게 끔찍스러운 고문을 가해서 참회의 고행을, 여러 가지 부질없는 방법을 썼다가 마침내 그 고행을 시작했다고 주장하는 사람도 있었다. ② 다른 목격자들은 낙인은 오랫동안 나타나지도 않고 있다가 유능한 마술사인 로저 칠링워스가 마술과 독약의 힘을 빌려 밖으로 나타나게 했다고 주장한다. ③ 그런가 하면 또 다른 사람들, 즉 목사의 독특한 감수성과 그의 정신이 육체에 미치는 놀라운 작용을 잘 이해하고 있는 사람들은 이 무서운 상징이 끊임없이 활동하고 있는 참회라는 이빨이 만들어 낸 결과라고 중얼거리기도 했다. 즉 참회의 이빨이 가장 깊은 가슴 속에서부터 바깥 쪽으로 갉아먹은 나머지 마침내 그 글자가 눈에 띄게 드러냄으로써 하나님의 무서운 심판을 보여준 것이라는 것이다. ④ 심지어 아무런 낙인도 찍히지 않았다고 이야기하는 사람도 있다고 밝힌다. 그러나 이상하게도 그 광경을 끝까지 지켜보고 딤즈데일 목사에게서 한 번도 눈을 돌린 적이 없다고 장담하는 몇몇 사람들은 목사의 가슴에는 막 태어난 갓난 아이의 가슴과 마찬가지로 아무런 징표가 없었다고 주장한다. (174)

딤즈데일 목사의 가슴에 새겨진 (것 같은) A글자에 대해서 목격자들의 주장들을 차례로 제시하면서 독자들이 여러가지 경우의 수에서 고를 수 있게끔 하는 것이다(The reader may choose among these theories. 174). 이는 마을사람들의 경험이나 심리에 따라 다르게 관찰되고 해석되기에, 어느 하나의 확정된 해석은 진실과 거리가 멀고 의미도 없기 때문이다. 대중의 미묘한 심리를 알고 있는 호손은 여러 목격자들이 관찰한 것들을 제시하면서 독자들의 평가에 맡기고 싶었던 것이다. 독자는 지금까지 독서실감으로 축척된 인식의 폭에 따라 나름의 해석을 하게 되는 것이다.

헤스터는 청교사회의 억압적인 분위기에서 해방되어 완전한 이상사회가 남녀가 같이 변화된 후에 사회전체 개혁을 통해 가능하다는 선진적 사고를 해왔지만, 사람들이 진정으로 소통하면서 형성되는 따뜻한 감정(passion)이 헤스터에게서 사라졌기 때문에 현실에서 실현 가능하지 않다고 화자는 서술한다. 고통의 7년 동안 자신의 정체성을 지키려고 고집했던 헤스터의 타협하지 않는 강인한 태도도 화자는 헤스터에게 따뜻한 감정이 배제된 "슬픈 변화"(a sad transformation)일 뿐이라고 강조한다. 하지만, 화자는 헤스터가 갖고 있는 열정의 불씨가 완전히 사라진 것도 아니고, 마음 속 깊은 곳에 되돌아올 수 있는 가능성도 암시하고 있다. "한때는 여자이었고, 지금은 여자이기를 멈추었지만, 변화를 일으킬 마법의 손길이 있다면 다시 여자가 될 수 있다"(She who has once been woman, and ceased to be so, might at any moment become a woman again if there were only the magic touch to effect the transfiguration, 112)고 서술하고 있는 것이다. 소설 초반부터 마을 사람들의 생각이 언제든지 변할 수 있다는 것을 들장미 덤불에 대한 모호한 서술을 경험한 독자들은 헤스터의 현재의 "슬픈 변화"도 결코 확정적이지 않고 유보적이라는 것으로 받아들이게 된다. 즉, 열정의 불씨가 다시 소생할 것을 기대하면서 헤스터의 현재 차가운 모습에 유보적인 태도를 보임으로써 새로운 헤스터의 소생 가능성을 기대하게 된다.

화자는 "슬픈 변화"가 "심장이 최고의 상태로 상승하게 되면 모든 것들이 사라지게 된다"(If here heart chance to come uppermost, they vanish. 113)라고 서술한다. 심장뛰는 감정이 최고조로 고양된 상태는 태양 빛이 흘러넘치는 18장("A Flood of Sunshine")에서 헤스터와 딤즈데일이 재회하는 장면에서 드디어 나타난다. 7년 동안 하루도 빠뜨리지 않고 늘 쓰고 다녔던 모자를 벗어던지자 헤스터는 충만한 여성성을 회복하면서 딤즈데일 목사를 감격적으로 포옹하게 되는데, 이는 헤스터가 억압의 청교사회에서 잃어버린 감정이 되살아난 장면으로 화자는 "신비로운 원을 만드는 시간"(the magic circle of this hour)이 되었다고 서술한다. 억압의 상태에서 7년을 억압 속에서 지냈던 주인공 헤스터가 따뜻한 감정과 여성성이 충만하게 회복된 이 장면에서 『주홍글자』가 끝이 나도 독자들에게는 결코 불만이 없을 수도 있다.

> 치욕의 징표가 없어지자 헤스터는 길고 깊은 한숨을 내쉬었고, 그 한숨과 함께 치욕과 고뇌의 무거운 짐도 그녀의 마음에서 자취를 감추었다. 아, 얼마나 마음이 후련한가. 헤스터는 자유로운 기분을 맛보게 되어서야 비로소 그 무게를 느낄 수 있었다. 뒤이어 무슨 충동이 일었는지 그녀는 머리카락을 감싸고 있던 모자를 벗어 버렸다. 그러자 윤이 나는 검은 머리카락이 그림자와 빛과 함께 풍성하게 그녀의 두 어깨 위로 떨어져 내리면서 그녀의 얼굴은 부드러운 매력을 띠었다. 여성의 가슴 속 깊은 곳에서 나온 듯한 화사하면서도 부드러운 미소가 입가에 떠돌고 두 눈에 감돌았다. 오랫동안 그렇게도 창백하던 두 뺨에는 주홍빛이 불그레하게 감돌았다. 여성으로서의 성과 청춘과 온갖 풍요로운 아름다움이 세상에서 흔히 말하는 되찾을 수 없는 과거에서 다시 돌아와 현재라는 마법의 둥근 원안에서 처녀시절의 희망, 그리고 전에는 전혀 몰랐던 행복과 함께 뒤섞였다. (138)

그토록 애타게 기다렸던 딤즈데일과의 격정적 포옹으로(She threw her arms around him, and pressed his head against her bosom; little caring through his cheek rested on the scarlet letter. 138) 여태껏 그녀를 고통스럽게 했던 "치욕을 떨쳐버린 것이다"(The stigma gone. 138). 마을 사람들의 눈에서 벗어나서 자유로운 숲속에서 사랑하는 딤즈데일과 같이 지내면서 충만한 여성성의 아름다움을 발산했고, 주변 엄숙한 분위기까지 바꾸어버렸다. 헤스터가 사회의 억압에서 풀려났고, 그녀의 아름다움은 더욱 빛을 발하게 된다.

이렇게 아름다움을 되찾은 헤스터가 딤즈데일과 함께 청교사회를 떠나려는 계획을 당연한 다음 수순으로 독자들은 기대하게 되는데, 화자는 독자들의 기대를 다시 져버리면서 그 행복했던 모습도 바로 사라진다고 강하게 서술한다. "수치와 절망과 고독! 이런 것들은 그녀의 엄격하고 혹독한 스승들이었고, 그녀를 강하게 만들었지만, 매우 잘못 가르치기도 했다"(Shame, Despair, Solitude! These had been the teachers, -- stern and wild ones, -- and they had made her strong, but taught her much amiss. 136). 죄의 짐을 모두 내려놓고 헤스터와 유럽으로 떠날 계획을 세웠던 딤즈데일도 억압에서부터 자유를 획득한 숲을 떠나 마을로 돌아오게 되자, 이전에는 결코 느끼지 못했던 충동적인 악마의 욕구가 내면에서 분출하게 된다. 억압으로부터 자유로워진 헤스터에게서 그동안 잃어버린 열정을 되찾은 인간적인 모습을 긍정하면서도, 동시에 그들의 죄가 시작되었고 아직 속죄가 끝나지 않은 청교사회에서 책임없이 벗어나려는 헤스터와 딤즈데일을 긍정하지 않는 것이다. 인간의 자유를 억압하는 청교사회에 대해 비판적인 시각을 갖고 있으면서도, 스스로의 죄를 완전하게 인정하거나 고백하지 않고 청교사회를 떠나려는 헤스터와 딤즈데일에 대해서도 비판을 가한다. 청교사회와도 새롭고도 의미있는 화해의 모습을 창조하고 싶은 것이다. 작품 마지막까지 호손은 화자를 통해 독자들의 상상력을 유도하면서 새로운 의미있는 모습을 창조하고 싶었고, 작가 나름의 독특한 모호한 서술기법을 통해서 그것을 가능하게 했던 것이다. 이는 지속적으로 다른 해석이 가능할 수 있는 모호한 서술을 해왔기에 새로운 의미가 예술 작품 속에서 창조될 수 있는 것이다.

III. 결 론

지금까지 살펴보았듯이 『주홍글자』의 화자는 사건이나 인물묘사에 있어서 독자들이 단번에 알아차릴 수 있도록 확정적으로 서술하지 않고 여러 가지로 해석될 수 있는 열린 결말을 유도한다. 독자들은 작품 처음부터 모호하고 일관성이 없는 화자의 서술을 접하면서 다른 결말이 가능하리라는 것을 상상하고 짐작하게 된다. 서술의 모호성은 특히 소설 끝으로 갈수록 심해지는데, 독자들은 이를 통해 작가가 등장인물이나 청교사회를 대하는 태도가 결코 한 가지가 아니라는 것을 깨닫게 된다. 화자는 헤스터와 딤즈데일과 그들의 간통죄에 대해서 다른 시각들로 서술해가면서 가능한 많은 해석의 틈새를 보여준다. 독자들은 모호함 속에 빠져들면서 독서를 이어가지만, 그 모호성을 통해서 인간의 삶에 어떤 고정된 의미가 있을 수 없다는 작가의 생각과 가치관에 공감하게 되는 것이다. 다양하고 독특한 서술기법들을 통해서 어느 하나도 확정지어 서술하지 않고 모호성 속에서 독자가 나머지 공백을 상상력으로 채울 기회를 제공하게 하는 것이다. 복합적인 화자의 서술을 통해서 작품 내내 무수한 해석을 가능하게 하는 것이다. 비록 17세기를 시대 배경으로 한 19세기 작품이지만, 『주홍글자』가 아직도 현재성을 가질 수 있는 것은 그러한 모호성 속에서 의미 있는 열린 해석이 지금의 독자들에게도 가능하기 때문이다.

1) 헤스터가 평생 가슴에 달고 다녀야 할 A는 간통(adultery), 천사(Angel), 능력(Able), 예술(Art), 연인 딤즈데일 목사의 이름(Arthur) 등을 상징하면서 작품을 통해 의미가 지속적으로 새롭게 만들어지기도 한다.

2) 『주홍글자』를 읽으면 읽을수록 등장인물에 대한 서술이 모호하고 때때로 일관적이지 못해서 혼란스럽고 인물상이 뚜렷하게 떠오르지 않는다고 불평하는 독자들이 많다. "딤즈데일은 이렇고, 헤스터는 이렇다라고 설명할 수 있고, 이 장면의 의미는 이런 중요성을 갖고 있다"라고 정리된 의견을 갖기가 결코 쉽지 않다.

3) They were fantastic stories about marvel-filled adventures, often of a knight errant portrayed as having heroic qualities, who goes on a quest, yet it is the emphasis on heterosexual love and courtly manners distinguishes it from the chanson de geste and other kinds of epic, in which masculine military heroism predominates. (http://en.wikipedia.org/wiki/Chivalric_romance)

4) 20세기 초 대표적 미국비평가인 리처드 체이스(Richard Chase)가 『미국소설과 그 전통』(*The American Novel and Its Tradition*)에서 19세기 미국소설의 전통을 로맨스라고 정의하면서 더욱 널리 퍼지게 되었다.

인용문헌

Brodhead, Richard H. *Hawthorne, Melville and the Novel*. Chicago: UP of Chicago, 1982.

Chase, Richard. *The American Novel and Its Tradition*. Baltimore: The Johns Hopkins UP, 1980.

Colacurcio, Michael J. "Footsteps of Ann Hutchinson: The Context of The Scarlet Letter." in Harold Bloom ed., *Nathaniel Hawthorne's The Scarlet Letter*, NY: Chelsea House Publishers, 1986: 21-43.

Hawthorne, Nathaniel. *The Scarlet Letter: An Authoritative Text*. NY: W.W. Norton, 1988.

Kaul, A.N. Ed. *Hawthorne: Twentieth Century Views*. NJ: Prentice-Hall Inc. 1966.

Kesternson, David B. Ed. *Critical Essays on Hawthorne's* The Scarlet Letter. Boston: G.K. Hall Co., 1988.

Lawrence, D.H. *Studies in Classical American Literature*. Penguin Books, 1983.

Martin, Terence. *Nathaniel Hawthorne*. Boston: Twayne Publishers, Inc., 1965.

Matthiessen, F.O. *American Renaissance: Art and Expression in the Age of Emerson and Whitman*. NY: Oxford UP, 1979.

Murfin, Ross C. Ed. *The Scarlet Letter*. NY: St. Martin's, 1991.

"Chivalic romance" Wikipedia: The Free Encyclopedia. Sep. 1, 2014. <http://en.wikipedia.org/wiki/Chivalric_romance>

출처 : 이 글은 저자가 『인문논총』 제71권 4호에 발표한 「모호한 서술과 열린 해석: 『주홍글자』의 서술기법」의 논문을 원용하여 작가소개를 추가하고 일부는 수정하고 확대한 것임.

정체성 탐색여행의 서술전략

민 경 택 충남대학교

I

1. 작가 소개

짧은 생애동안 시, 소설, 수필, 비평, 등 다양한 장르에서 불후의 훌륭한 작품들을 발표하여 미국의 셰익스피어라고 불리고 있는 포우(Edgar Allan Poe)는 미국의 낭만주의 문학을 대표하는 작가이다. 포우는 1809년 미국의 역사와 문화의 중심지인 보스턴(Boston)에서 배우인 어머니 엘리자베스 포우(Elizabeth Arnold Hopkins Poe)와 아버지 데이비드 포우 주니어(David Poe, Jr.)의 둘째 아들로 태어났다. 포우의 아버지와 어머니는 배우였으며 아버지는 알코올 중독에 빠져서 포우가 한 살도 채 되기 전에 가족을 버리고 집을 나가서 객사하였으며 아버지보다는 유명배우였던 포우의 어머니는 리치먼드(Richmond)에서 순회공연 중에 건강을 잃고 포우가 세 살 때 결핵으로 사망하게 된다. 결국 포우의 형 헨리(Henry)는 할아버지에게 보내졌고 여동생 로우절리(Rosalie)는 리치먼드의 유지인 매켄지(Mackenzie) 가문으로 입양되었고, 포우 또한 리치먼드의 부유한 무역상인 존 앨런(John Allan) 가문에 입양형식으로 맡겨졌다.

한편 포우의 삶에 지대한 영향을 끼친 존 앨런 부부가 어린 포우를 데리고 사업차 스코틀랜드와 영국에서 5년 정도를 체류하였을 때 포우는 런던에서 기숙학교를 다니면서 음악, 미술, 프랑스어, 라틴어 등을 배우면서 많은 독서를 하게 되는데 이러한 경험이 훗날 그의 작품활동에 큰 영향을 끼치게 된다. 1826년에 포우는 미국의 3대 대통령인 토마스 제퍼슨(Thomas Jefferson)이 세운 버지니아 대학(University of Virginia)에 입학하였지만 술과 도박 등으로 2,500달러 정도의 거액의 빚을 지고 일 년밖에 다니지 못한다. 포우는 1827년 5월 26일 에드거 페리(Edgar A. Perry)라는 가명으로 5년 약정을 하고 미 육군의 사병으로 입대하여 보스턴과 사우스캐롤라이나(South Carolina)의 찰스턴(Charleston) 등지에서 근무하였다. 같은 해 포우는 1821년에서 1822년경에 써두었던 시를 모아서 그의 첫 번째 시집인 『태멀레인과 기타 시편들』(*Tamerlane and Other Poems*)을 출판하였다.

1829년에 포우는 항상 애정으로 대해 주던 양모인 프란시스(Frances) 앨런이 죽자 큰 슬픔에 빠진다. 그는 두 번째 시집 『알 아라프, 태멀레인, 그리고 기타 시편들』(*Al Aaraaf, Tamerlane, and Minor Poems*)을 출간하지만 군 복무기간에 시를 계속 발표하는데 한계를 느끼고 창작에 전념하기 위하여 제대를 한다. 그는 더 좋은 근무조건을 위해서 1830년에 미육군사관학교인 웨스트포인트(West Point)에 들어가는데 엄격한 규율과 과중한 훈련으로 창작활동의 시간을 갖지 못하자 일부러 의무를 준수하지 않고 근무태만을 함으로써 약 8개월 만에 퇴교 당한다. 이 사건으로 양부와의 사이가 더욱 멀어지게 되었고,

그 후 재혼한 양부는 친자와 서자 등 네 명의 친자녀를 갖게 됨으로써 1834년 죽을 때까지 포우에게 더 이상 재정적인 후원을 하지 않았고 심지어 포우 앞으로 유산을 전혀 남기지도 않았다.

1831년에 포우는 웨스트포인트에서 쫓겨난 후 무일푼으로 뉴욕에 잠시 머무르다가 볼티모어(Baltimore)에 있는 역시 가난한 미망인이었던 고모 마리아 클렘(Maria Clemm) 집에서 사촌인 버지니아(Virginia)와 헨리 클렘 주니어(Henry Clemm, Jr), 형 헨리, 그리고 병든 할머니와 함께 살았다. 포우는 글을 써서 생계를 유지하려고 잡지사에 계속 글을 기고하지만 거절당하고 발표된 시도 큰 수입이 되지 못하자 양부에게 재정적인 도움을 요청하지만 또한 거부당한다. 1831년에 역시 무명의 작가였으며 알코올 중독 증세가 있던 형 헨리가 사망하자 포우는 정신적으로 큰 충격을 받는다. 생활고에 시달리던 포우는 수입이 없는 시보다는 잘 팔릴 수 있는 단편 소설을 쓰기 시작했으며, 1832년에 <새터데이 커리어>(*Saturday Courier*)에 그의 첫 소설인 「메첸거스타인」("Metzengerstein")을 시작으로 다섯 편의 단편소설을 발표했다. 포우는 또 다른 문학잡지인 <새터데이 비지터>(*Saturday Visiter*)에 투고한 「병 속에서 발견된 수기」("MS. Found in a Bottle")가 당선되어 50달러의 상금을 받게 된다. 1835년에 포우는 리치먼드에서 <서던 리터러리 메신저>(*Southern Literary Messenger*)의 편집자로 일하기 시작하여 1837년까지 근무하였다. 포우는 이 기간에 많은 비평과 작품을 발표하였고 1836년 27세에 갓 13살이 된 어린 사촌인 버지니아 클렘과 리치먼드에서 결혼하였다.

포우는 약 2년간 리치먼드에서 <서던 리터러리 메신저>의 편집장으로서의 일을 성공적으로 마치고 또 다른 편집일의 제의를 받고 뉴욕으로 간다. 이때 그는 이미 <서던 리터러리 메신저>에 그의 유일한 장편소설인『낸터킷의 아서 고든 핌의 이야기』(*The Narrative of Arthur Gordon Pym of Nantucket*)[1]를 기고하기 시작하였고 1838년 7월에 완성본을 뉴욕에서 출간하여 호평을 받는다. 그 후에 포우는 뉴욕에서 출판의 중심지로 급부상한 필라델피아(Philadelphia)로 이사했고 이후에 리치먼드, 필라델피아, 뉴욕 등지에서 편집 일을 계속하면서 각종 잡지에 작품과 비평을 기고하는 등 왕성한 창작력을 보여주었다. 그러나 포우는 많은 작품을 발표했지만 여전히 가난에서 벗어나지 못하였고, 설상가상으로 1842년에 아내 버지니아가 결핵에 걸려 앓기 시작하면서 이후 아내가 죽을 때까지 5년간 불행한 삶을 살게 된다. 하지만 이때에 포우는 아내의 병, 음주, 가난 등의 불안한 시기를 보내면서도 가장 왕성하게 창작활동을 했다. 그는 <이브닝 미러>를 그만두고 <브로드웨이 저널>(*Broadway Journal*)의 편집에 참여하였고「황금충」등 12편을 묶은『포우의 이야기들』(*Tales by Edgar A. Poe*)을 간행했으며 시집『갈가마귀와 그 밖의 시편들』(*The Raven and Other Poems*)을 뉴욕에서 출판했다.

말년인 1846년과 1847년 사이에 그의 명성은 미국과 유럽에서 점점 더 높아갔지만 포우는 당시에 많은 존경을 받고 있던 롱펠로우(Longfellow)를 비롯한 다른 군소 작가들을 날카롭게 비판함으로써 명예훼손 같은 법정논쟁에 휘말리게 된다. 그리고 1847년에 사랑하는 아내 버지니아가 24세의 젊은 나이에 가난 속에서 죽자 포우는 절망감에 빠져 술을 더 자주 마심으로써 건강이 점점 악화된다. 아내의 죽음으로 외로움과 불안감에 빠져 있던 포우는 미망인이며 여류시인인 사라 헬렌 휘트먼(Sarah Helen Whitman)과 젊은 부인인 애니 리치먼드(Annie Richmond)와 같은 여성들에게 즉흥적인 구애와 청혼을 하지만 거절당한다. 마지막으로 그는 1849년 7월경에 자신의 잡지 창간을 위한 문학 강연으로 리치먼드에 갔다가 소녀시절의 비밀약혼녀었던 로이스터(Sarah Elmira Royster)를 다시 만나 청혼을 하고 결혼승낙을 받는다. 포우는 고모이며 장모였던 클렘 부인을 결혼식에 초대하기 위해 뉴욕으로 여행하던 중에 10월 3일 볼티모어에서 술에 취해 길거리에 쓰러져 의식불명 상태로 발견되어 병원으로 옮겨졌으나 의식을 회복하지 못하고 10월 7일에 파란만장한 삶을 마감한다. 그러나 그의 마지막 행적과 직접적인 사망에 대한 원인은 아직도 미스터리로 남아 있다.

2. 포우의 불안한 정체성과 서술기법

포우의 문학비평에서 항상 논란이 일고 있는 것은 포우 자신의 자전적인 삶과 문학작품이 어느 정도까지 연관성이 있는가의 문제이다. 평자들마다 견해를 달리 하지만 포우의 작품에 등장하는 인물들에게서 흔히 볼 수 있는 알코올 중독, 살인, 공포, 비정상, 광기, 집착, 정신분열의 병리적인 증세는 포우의 불행한 자전적인 삶의 모습과 중첩되어 작가와 작품이 상당히 밀착된 것으로 간주되는 것이 사실이다. 물론 이러한 현상에는 포우의 유작 관리자인 그리스월드(Rufus Griswold)의 악의적인 왜곡된 인성 평가에 의해 만들어진 뒤틀린 신화의 그림자가 독자들을 현혹시키고 있는 것도 사실이다. 그러나 포우에게『그레이엄스 매거진』(*Graham's Magazine*)의 편집장을 맡겼던 그레이엄(George R. Graham)은 포우의 후임 편집장이었던 그리스월드의 포우에 대한 비방이나 인신공격에 나타난 오류에 대해 포우는 알코올 중독자나 미친 사람이 아니라고 강하게 반박을 했고, 또한 그 이후의 포우의 많은 전기 작가들도 그 왜곡을 지적했음에도 불구하고 포우에게 드리워진 어두운 그림자는 쉽게 사라지지 않고 있다.

일반적으로 많은 작가들의 작품에서 정도의 차이는 있을지라도 작가의 전기적인 요소가 작품에 영향을 준다는 것은 분명한 사실이지만 포우의 경우는 약간 다른 경우라고 볼 수 있다. 왜냐하면 포우의 공식화된 전기적인 내용들은 그리스월드가 포우의 신비로운 죽음 직후에 포우와 좋지 않았던 개인의 감정이 연루된 악의적인 평가를 사실처럼 발표함으로써 고착화되었기 때문이다. 그 후 그리스월드의 영향으로 많은 비평가들은 포우의 작품내용과 포우의 성격에서 부정적으로 인식되고 있는 성급함, 거만함, 독선, 광기 등의 자전적인 요소를 결부시키려고 하였다. 특히 스트롱(A. H. Strong)은 포우의 단편에 등장하는 인물들에게서 포우 자신의 전기적인 유사점을 찾고자 했고, 애쉬모어(Basil Ashmore)는 "사실 『낸터킷의 아서 고든 핌의 이야기』는 그[포우] 자신의 우화적인 자서전이다"(Harry Lee Poe 12, 재인용)라고 주장하였다. 여하튼 포우의 실제 성격의 진실 논쟁은 차치하고 비평가들은 포우 자신의 너무나 평탄치 못했던 삶과 작품의 농후한 그로테스크적인 요소들이 밀접한 상관성이 있을 것으로 추정하고 있다.

포우는 40년이라는 짧은 생애의 굴곡진 삶의 어려운 상황에서도 많은 훌륭한 시작품 외에 60편 이상의 주옥같은 단편소설과 한 편의 장편소설을 발표했는데 대부분의 작품에서 항상 죽음, 살인, 광기, 공포, 사랑, 고독의 주제를 인간의 심리적인 측면에서 논리적으로 분석하고 치밀한 구성으로 드러내고 있다. 생계유지를 위한 수단으로 시에서 소설로 전향한 포우는 시에서 찾으려고 했던 미학적인 아름다움이나 완벽한 조화를 소설에서도 "정교한 통일성과 효과의 완전성"(Spiller 58)의 방법으로 추구하고 있다. 쉔(Dan Shen)은 포우의 시와 소설은 미학적으로 효과의 통일을 지향하는 점에서 구조적인 차이가 없지만 주제적인 측면에서 시는 아름다움을 소설은 진리를 추구한다고 말한다(321-22). 일반적으로 비평가들이 포우의 단편들을 추리, 탐정, 공포, 그로테스크, 아라베스크 등 여러 분야로 나누고 있지만, 포우는 그의 문학이론의 에세이인 「창작원리」("The Philosophy of Composition")에 맞게 하나의 단일한 효과를 달성하기 위하여 치밀하게 구성하고 있으며 대부분 인간심리의 어두운 측면을 다루고 있다. 그리고 이러한 주제들은 포우 자신의 불행한 삶과 상당히 관련이 있다는 가정으로 정신분석학 측면에서 활발한 해석을 가능케 하고 있다. 실상 포우의 작품은 오랫동안 정신분석학이론의 텍스트로 활용되었는데 출발점인 프로이트(Sigmund Freud)의 제자라고 할 수 있는 마리 보나파르트(Marie Bonaparte)를 비롯하여 라캉(Jacques Lacan)과 데리다(Jacques Derrida)까지 많은 심리학자들이 계속 분석을 시도하였지만 견해에 따라 다소 차이를 보이고 있다.

여하튼 포우의 대부분의 작품들이 정도의 차이는 있지만 인간 심리의 정신분석학적인 측면에서 분석되어온 것이 사실이다. 그러나 1838년에 발표된 그의 유일한 장편소설인 『고든 핌의 이야기』는 인간의 어두운 심연에 잠재되어 있는 근본적인 불안이나 공포를 주로 다룬 포우의 다른 단편들과는 달리 처음에는 단순한 낭만적인 해양모험소설로 인식되었다. 그 이유는 이 작품의 플롯이 당시 인기가 있었던 탐험과 모험적인 이야기를 모방하고 있고 여행을 모티브로 하기 때문이라고 볼 수 있다. 그 후에 점차로 이 작품에 대한 일반적인 비평은 흑과 백의 인종적 문제, 해양모험 이야기, 포우의 지옥으로의 여행, 정신분석학적인 관점, 대중 문화적 글쓰기 등의 다양한 방법으로 이루어졌다. 본고에서는 포우의 대부분의 작품들이 작가 자신의 불안한 심리와 날카로운 자의식이 연루된 개인적 또는 사회적인 정체성 찾기와 밀접한 관련이 있을 수 있다는 사실에 초점을 맞추어 『고든 핌의 이야기』를 분석하고자 한다. 이 작품에서 드러난 여행과 모험의 서술방식은 미국문학의 뿌리 깊은 하나의 전통이 되고 있는데, 포우는 이 여행의 과정에 자신의 전기적인 요소를 많이 결부시킴으로써 자신의 불안한 개인적 또는 사회적인 정체성에 대한 탐색의 과정을 보여준다. 특히 작품의 화자인 나로 등장하는 주인공인 핌(Pym)의 바다로의 여행과 그가 경험하는 남극에서의 신비한 체험은 그의 정신적이며 상징적인 정신여행이기 때문에, 결국 이 모험여행은 핌의 이야기를 전달하고 있는 포우 자신의 성장의 입문여행이며 정체성 찾기의 탐색여행이라고 볼 수 있다.

II

1. 사실과 허구의 경계 허물기 서술전략

포우는『고든 핌의 이야기』작품의 내용이 허구가 아니라는 것을 강조하기 위한 장치를 '서문 덧붙이기'의 구조를 통하여 설명하고 독자로 하여금 이야기에 호기심을 가지고 몰입하도록 유도하고 있다. 그는 독자를 다분히 의식하는 서술전략을 취하고 있으며 모험이라는 낭만성에 사실성을 적당하게 결합시켜 사실을 가장한 허구의 이야기로 독자를 끌어들이고 현혹시키려는 작가적인 고민을 보여준다. 그러나 이러한 서술전략은 당시 출판되었던 다양한 해양탐험의 여행기와 자료에서 차용하여 상상력을 가미시키다 보니 한계에 부딪치고 결론을 애매모호하게 종결시킴으로써 미완성으로 끝나고 흥행에도 실패하게 된다. 출판 당시의 비평은 주로 작품내용의 비사실성에 대한 비판으로 심지어 화자이며 주인공인 핌을 지독한 거짓말쟁이 또는 뻔뻔한 사기꾼으로 비난하고 있다(Kopley 399-40). 물론 포우의 저술 동기는 당시 대중들의 장편 선호에 편향하여 유행했던 해양모험 소설을 써서 경제적인 어려움을 해결하려는 이유도 있었다. 그래서 포우는 긴 부제에서 선상반란, 흉악한 살인, 굶주림의 끔찍한 고통, 학살, 남극의 발견, 등의 자극적이고 선정적인 단어들을 구사하여 독자들을 유인하고 있다. 일견 책의 표면적인 단순한 내용으로 미루어 보면, 포우는 분명히 이 책을 당시 선정문학에 대한 늘어나는 독자층을 겨냥해서 대중적인 취향에 맞게 쓴 것처럼 보인다(Reynolds 242).

포우는 작품의 서문에서 핌의 이야기가 사실이라는 것을 강조하기 위한 수단으로 작품 속에 자신의 이름을 실제로 등장시켜 자신은 핌의 신비한 사실적인 모험이야기를 그대로 전달하고 기록하는 단순한 이야기의 전달자이며 기록자에 불과하다고 말한다. 즉 포우 자신은 작품에서 일정한 거리두기를 시도하면서 자신의 대리인인 핌이라는 화자를 내세운다. 바다의 신비한 여행에서 돌아온 주인공인 핌은 글재주가 없으므로 자신의 이야기에 관심을 가졌던 <서던 리터러리 메신저>의 편집자인 포우가 제시한 "허구라는 형식의 옷을 입혀서"[2] 연재하자는 제의에 동의하고, 발표된 자신의 모험이야기를 세상 사람들이 사실로 받아들이고 주목함으로써 그는 계속 진술하고 포우는 그것을 잡지에 계속 연재하는 형식을 취한다.

작품속의 주인공이며 화자인 핌은 자신이 진술한 내용은 "단 하나의 사실도 바꾸거나 왜곡시키지 않은"(4) 진실이라고 말하며 이러한 서사적인 "책략"(4)에 대한 독자들의 반응을 매우 중시하는 것처럼 말한다. 이러한 서술전략은 포우의 철저히 계산된 '사실과 허구의 경계 허물기'의 의도를 드러내는 것으로 한편으로 사실과 허구를 모호하게 하기 위한 장치이지만, 다른 면에선 아이러니하게도 사실 또는 진실이 허구의 형식인 소설로 더 잘 표현될 수 있다는 논리를 역설적으로 제공하고 있는 것이다. 따라서 핌의 서문은 독자로 하여금 어디까지가 사실이고 어디까지가 허구인지 분간할 수 없도록 할 뿐만 아니라 동시에 포우가 "소설을 통하여 그의 전기를 읽게 하는 유혹을 거의 치명적인 매력이 될 정도로 복잡하고 기묘한 방식으로 포우 자신의 삶과 예술을 서로 내밀하게 엮어놓았다"("Foreword," xiii)고 할 수 있다. 피들러(Leslie Fiedler)는 "핌에 대한 변명조의 장난스런 서문은 우리로 하여금 주로 전기적인 관심을 갖도록 하며 작품이 아닌 작가를 부각시키고 있다"(393)고 말함으로써 이 작품이 작가의 전기적인 요소와 밀접한 관련성을 갖고 있다는 것을 주장한다.

이 소설에서 포우의 자전적인 요소는 여러 부분에서 드러나고 있다. 우선 제1장에서 포우의 대변자인 화자는 일인칭의 핌인데 그는 자신의 이름, 아버지, 외할아버지, 직업, 고향 등 자전적인 요소들을 직접 독자에게 밝히고 있다. 그리고 핌이 소유하고 있었던 배 이름이 '에어리얼'(Ariel)[3]인데 이것은 포우가 즐겨 읽었던 셰익스피어의『폭풍우』(*The Tempest*)에 나오는 요정의 이름이며, 또한 셸리(Percy Bysshe Shelley)가 제노바에서 타고 가다 폭풍우로 익사한 배이름과 같다. 또한 작품에서도 핌은 파티에서 술에 취한 오거스터스(Augustus)와 충동적으로 밤에 바다로 항해를 갔다가 폭풍우에 난파되어 죽음의 순간에 "대형 포경선인 펭귄 호"(12)에 의해 구조를 받는다. 핌과 같이 항해를 나갔던 오거스터스는 많은 비평가들에 의해 밝혀진 것처럼 포우의 친형인 헨리(William Henry Leonard Poe)를 상징하고 있는데 작품에서도 오거스터스는 포우의 형처럼 핌보다 두 살이 많으며 그가 죽는 날짜인 8월 1일은 형인 헨리가 죽은 날짜와 동일하다. 작품에서 오거스터스는 폭음의 상태에서 첫 항해를 하는데 포우의 친형인 헨리도 폭음의 버릇이 있고 결핵으로 1831년 24세의 젊은 나이에 사망한다.

작품에서 오거스터스는 선장의 아들로서 아버지의 포경선을 타고 남태평양 항해를 다녀온 경험을 핌에게 들려줌으로써 핌의 낭만적인 모험여행을 부추기는 역할을 한다. 그는 핌이 가족들 몰래 바다로의 여행을 시작하도록 도와주며 핌과 밀접한 관계를 유지하지만 선상반란 선원들과 싸우다가 부상을 당하고 그 상처의 후유증으로 여행 중에 죽는다. 핌은 오거스터스와의 사이에 대해 "우리들의 친밀한 사이가 성격의 부분적인 교환도 가능케 하였다"(19)라고 생각하는데 이는 그들의 관계가 단순히 친구 이상을 암시하는 것으로서 오거스터스는 핌의 또 다른 자아라고 볼 수 있다. 또한 핌의 외할아버지는 변호사이며 은행의 주식투자로 부자가 된 사람으로 핌의 항해계획을 가장 강력하게 반대하며 만약 핌이 항해를 계속 고집한다면 "유산 상속 없이 절연"(19)하겠다고 천명한다. 이런 면에서 그는 독자로 하여금 포우에게 경제적인 지원을 끊고 유산을 전혀 남기지 않았던 남부의 부자인 양아버지 앨런(Allan)을 연상하게 한다. 앨런은 포우를 자신의 호적에 입적하지도 않았고 포우가 버지니아 대학교를 다닐 때 술과 도박으로 빚을 졌을 때 돈을 주지 않고 학교를 중퇴시켜 포우를 육군에 입대하게 한다.

포우의 자전적인 요소는 대부분은 포우의 대변자인 핌을 통해서 드러나고 있다. 특히 작품의 제18장에서 핌의 일행은 제인 가이(Jane Guy) 호에 의해 구조되어 남쪽으로 항해를 계속하다가 1월 19일에 "특이하게 검은 색깔의 바다"(163)에서 지도상에 없는 모든 것이 검은 원주민들이 살고 있는 신기한 "찰랄"(Tsalal) 섬을 발견하는데 이 1월 19일은 바로 포우의 생일이다. 작가 포우는 핌이 자신의 생일에 새로운 섬을 발견하게 함으로써 자신의 개인적인 전기적인 요소를 의도적으로 반영시키고 있다. 찰랄 섬을 발견한 것은 많은 의미를 지니고 있으며 핌의 개인적인 정체성에 대한 각성뿐만 아니라 미국의 정체성에 대한 발견으로도 해석이 가능하다. 모든 것이 백색인 남극의 한가운데에 아이러니하게도 흑인들이 살고 있는 섬이 있다는 것은 백의 중심에 흑이 존재할 수 있다는 가능성을 보여줌으로써 흑과 백의 공존 또는 백과 흑의 동질성을 상징한다고 볼 수 있다. 그러나 흑이 악을 상징한다면 백의 내부에 악이 존재한다는 것을 의미하며, 이것은 포우의 악에 대한 발견인 것이다.

포우의 대리자인 핌은 낭만적인 모험심으로 바다여행을 시작하지만 여행 중에 불안, 공포, 죽음, 악과 같은 심리적인 극한 상태를 반복적으로 경험한다. 그러나 포우는 핌의 이러한 여행이 단순한 허구가 아니라 사실이라는 것을 강조하기 위하여 다양한 장치를 사용한다. 핌은 항해의 과정에서 배가 난파되어 무인도에서 살아가는 로빈슨 크루소(Robinson Crusoe)[4]처럼 계속 일지를 쓰는데 이는 핌의 항해가 실제 사건처럼 보이게 하기 위한 서사기법이다. 핌은 1827년 6월 17일에 그램퍼스(Grampus) 호에 몰래 탑승하고 배는 삼일 뒤 6월 20일에 출항하여 이듬해인 1828년 3월 22일에 항해가 갑자기 끝나므로 약 9개월 동안의 긴 항해여행을 하게 된다. 작품의 화자인 핌은 배가 낸터킷 항구를 출항한 지 15일 정도까지는 배 밑의 짐칸에 있는 상자에 갇혀서 지냈으므로 날짜의 흐름을 정확하게 기억하지 못한다. 따라서 포우는 핌이 배의 바닥에 숨어 지내던 작품 초반에 선상반란으로 많은 일들이 긴박하게 전개되어 많은 설명이 필요할 때는 날짜가 명시된 일지 형식보다는 출항한지 며칠 째라고 언급하면서 서술하는 치밀함을 보인다. 그러나 빠른 전개가 필요할 때는 일지 형식의 날짜를 기입하고 짧은 설명으로 객관적으로 서술한다. 즉 핌은 배의 주도권을 되찾기 위한 싸움 전에 음모를 꾸미는 시간의 빠른 전개를 위해 일지형식의 전개방식을 이용한다고 직접 설명한다.

> 그 쌍돛대의 범선은 [그램퍼스 호] 아직도 베르데 곶에서 출항해 올 배를 기다면서 이리저리 돌아다니고 있는 중이었고, 그 때 돛 하나가 시야에 들어왔다. 이것이 문제의 배라고 생각되었다. 그 뒤 8일 동안 일어났던 사건들은 별로 중요하지도 않거니와 내 이야기의 중요한 사건에 직접 관계도 없으므로 나는 그것들을 여기에 일기의 형식으로 기록할 것이다. 왜냐하면 나는 그것들을 완전히 생략하기를 원하지는 않기 때문이다. (68-69)

핌의 일기는 기록물이 있는 것이 아니기 때문에 일정한 형식보다는 다양하게 전개되며, 편집자이며 전달자인 포우가 핌의 메모와 기억력에 의존하여 재구성하는 형태로 이루어진다. 핌은 항해 중에 사건이 중요하거나 화자의 명상이 삽입될 때는 길게 쓰지만 별로 중요하지 않다고 생각하는 시간들은 날짜별로 짧게 일지의 형태로 전개한다. 때때로 핌은 시간의 날짜를 잘못 계산해서 틀리거나 간혹 빠뜨리고 건너 띄기도 하지만 전체적인 구도는 순수소설보다는 일지형식의 항해보고서의 형식을 취함으로써 이야기의 사실성을 강조하고 있다. 그러나 핌의 일지 형식은 많은 허점을 노출하고 있고 느슨한 형태의 항해보고서처럼 보이기 때문에 독자들은 사실보다는 허구라는 것을 바로 알게 된다.

핌은 서문에서 자신이 체험한 모험담을 내러티브로 공개하지 못하는 이유 가운데 하나가 자신이 일지를 쓰지 않아서 그것이 진실임에도 불구하고 진실답게 논리적으로 표현할 수 없는 없다는 고민을 다음과 같이 밝힌다.

> 내가 주저한 것 중에 하나가 미국을 떠나 있는 동안 거의 일지를 적지 않고 있어서 기억에 의지하는 것만으로는 논리가 상세하고 면밀한 보고서를 쓸 수 없을 것이라고 생각했기 때문이다. 강렬한 상상력을 자극하는 따위의 사건을 상술할 때에는 누구나가 과장에 빠질 우려가 있음은 피할 수 없는 일이지만 그것은 하기야 자연스런 일이기도 할 것이다. 이 점만은 하는 수 없다고 하더라도 이 보고가 원래 진실에 근거하고 있는데도 불구하고 진실처럼 조리가 맞게 상세하게 기술할 수 없다면 곤란하다. (3)

포우는 일지의 형식 외에 핌의 항해가 사실이라는 것을 강조하기 위한 또 다른 전략으로 작가의 부연설명이 붙은 주석을 작품 안에 직접 삽입시킨다. 책의 내용 속에서는 일곱 번의 각주가 쓰였고 책 내용 끝에서 엔드노트 형식의 한 번이 덧 붙여져서 총 여덟 번의 주석이 작가에 의해 직접 붙여진다. 이 각주들은 작품내용에 사실성을 부여하기 위한 수단으로 덧붙여지는 내용에 대한 부연이나 첨언이라고 볼 수 있다. 제13장 끝에 붙은 돌풍에 난파당해 거의 6개월 동안 표류하다가 두 명의 선원만 구제 된 보스톤의 배인 폴리(Polly) 쌍돛대 범선에 대한 각주의 설명은 실제 사건인데, 포우는 실제 사건을 예로 들어 핌의 배가 돌풍에 난파되고 최후에 핌과 피터즈(Peters) 두 명만 살아남은 사건의 유사성을 보여줌으로써 핌의 사건에 대한 사실적 개연성을 강조한다.

핌의 시각보다는 저자인 포우의 시각에서 붙여진 주석은 독자들로 하여금 포우의 서술전략에 의해 핌의 여정이 사실인 것처럼 받아들이도록 설득하고 있지만, 때때로 그 날짜와 숫자의 오류들은 사실성보다는 혼란을 야기하기도 한다. 제18장의 주석에서 포우는 스스로도 "날짜, 위도, 경도 등의 수치는 엄격한 정확성을 가장할 수 없다" (162n)고 말한다. 핌은 항해의 첫 부분이 끝날 때까지는 일지를 계속 쓸 수가 없었기 때문에 "나는 많은 경우에 있어서 기억에만 의존할 수

밖에 없었다"(162n)고 말함으로써 사실과 허구의 경계 구분을 모호하게 하고 있다. 화자인 핌은 마지막 제24장에서도 일지형식의 첫날인 3월 1일에 대해 붙인 각주에서 "분명한 이유로 나는 이들 날짜에 대해 정확성을 고집할 수 없다. 그 날짜들은 이야기를 명확하게 하기 위해서 주로 주어진 것이고 나의 연필 메모에 적혀있는 대로 적은 것이다"(214n)라고 말함으로써 날짜의 정확성을 의도적으로 의심하게 만든다. 또한 실제로 작품의 결말부분인 남극에서 탈출하는 긴박한 장면에서 3월 10일부터 20일까지의 행적에 대한 기록이 남아 있지 않아 포우가 핌의 부정확한 정보를 이야기로 재구성하고 있다는 인상을 주고 있다.

포우의 사실과 허구의 경계 흐리기는 마지막 후기성격의 각주에 의해 더욱 가중된다. 포우는 갑자기 화자인 핌이 죽었고 교정을 위해서 그가 보관하고 있던 마지막 몇 장이 분실되었다고 설명함으로써 핌과 피터즈가 보트를 타고 남극에서 탈출하던 과정에서 갑자기 이야기가 중단된 것에 대해 어느 정도는 논리적으로 설득력을 제공하고 있다. 또한 포우는 당시의 많은 과학과 역사서, 여행기, 탐험과 모험이야기, 신문기사 등의 기록물과 보고서들을 탐독하여 역사적인 인물들과 사건들을 작품 속에 그대로 인용함으로써 핌의 남극과 바다 여행의 사실성을 부각시키려고 노력한다. 그러나 포우는 사실을 가장한 표층의 객관적인 서사에 자신의 자전적인 요소와 주관적인 허구를 결합시키는 이중의 서사전략을 구사하고 있다. 따라서 작품 내용에서 언급되고 인유되어지는 다양한 해양사건이나, 지리학적 정보, 과학적 지식, 탐험서적과 정보 등은 표면적인 남극 여행의 사실성을 강조함으로써 독자를 미혹시키려는 수단으로 볼 수 있지만, 또 다른 측면에서는 핌의 내면적인 정신 여행을 포장하기 위한 도구에 지나지 않는 것이다.

특히 16장에서 포우는 풍부한 역사와 지리에 대한 지식을 가지고 남극 탐험의 역사를 총정리하고 있으며 레이놀즈(J. N. Raynolds)와 쿡 선장(Captain Cook)과 같은 유명한 남극에 대한 전문 탐험가들의 사실 이야기를 삽입시키고 있다. 이는 작품의 본류와는 벗어난 삽화나 여담처럼 보이지만 역사적 인물의 실명과 함께 실제 사건을 기술함으로써 작품의 사실성을 강조하여 독자로 하여금 앞으로 펼쳐질 남극여행에 더 관심을 갖게 유도하려는 의도된 고도의 서술전략이라고 할 수 있다. 같은 맥락에서 남극 빙원에 도달 했을 때 핌의 호기심과 흥분은 극에 달하고 "남극의 흥분되는 비밀"(161)을 파헤치려는 욕망을 느끼게 되는데, 이것은 상징적인 측면에서는 핌 자신의 정체성에 대한 탐색의 욕망이라고 볼 수 있다.

2. 바다로의 여행과 정체성 탐색의 서술전략

포우의 유일한 장편인『고든 핌의 이야기』의 주제에 대해 많은 논란이 일고 있지만 포우의 바다로의 여행은 단순한 남극의 모험여행이야기가 아닌 많은 상징성을 내포하고 있다는 데에는 이견이 없다. 레빈(Richard Levine)은 이 책의 주제가 "합리와 비합리, 그리고 의식과 무의식 사이의 긴장"을 포함한다고 보고, 결국 중심주제는 "인간 정화의 여행이야기로서 상징적인 독서"를 제시하는 것이라고 말한다(29). 또한 허세이(John P. Hussey)는 이 작품을 영혼의 여행이라고 보았으며 작품 속에 많은 상징적이고 종교적인 함의가 내포되어 있다고 주장하면서 포우는 "핌의 진지하고 순수한 사실들을 죽음과 부활에 대한 자신의 장중한 우화"(32)로 다시 고쳐 만들었다고 말한다. 포우는 자신이 창조한 핌을 통하여 자신이 추구하려는 삶의 진정한 의미 또는 진리를 바다여행을 통하여 탐색하려는 의도를 드러내고 있는 것이다.

작품의 화자이며 주인공인 핌은 제1장에서 친구인 오거스터스와 계획도 별다른 준비도 없이 충동적으로 자신의 배인 에어리얼 호를 타고 바다로 떠난다. 그러나 항해 도중에 폭풍우를 만나 난파되어 죽음 직전에 구조되어 겨우 목숨을 구하는 엄청난 공포를 경험하지만 바다에 대한 흥미와 호기심을 버리지 못한다. 이 삽화 같은 이야기는 본격적인 핌의 바다여행이 시작되기 전 앞으로 펼쳐질 바다여행의 성격을 예감케 하는 예시의 도입부분이다. 핌은 이미 바다여행을 경험한 오거스터스의 끊임없는 낭만적인 바다이야기에 영향을 받아 바다에 관심을 갖게 되며 마침내 "선원이 되려는 가장 큰 욕망"(7)을 느낀다. 핌의 바다에 대한 관심은 점점 커지며 모험을 해보고 싶은 욕망으로 확대된다. 핌이 바다로 첫 모험을 가게 된 동기는 충동적으로 보이지만 모험에 대한 억누를 수 없는 욕망이 그의 내부에 이미 자리 잡고 있었다고 볼 수 있다.

> 그는 단지 개처럼 그런 좋은 밤에 침대 안에 누워 있는 것이 피곤할 뿐이고 일어나 옷을 입고 보트놀이를 신나게 하러 갈 작정이라고 말했다. 무엇이 나를 사로잡았는지 알 수는 없지만 이 말이 그의 입에서 새어 나오자마자 나는 가장 큰 흥분과 환희의 전율을 느꼈으며 그의 미친 발상이 세상에서 가장 유쾌하고 합리적인 생각이라고 생각했다. 날씨는 10월의 끝자락으로 거의 강풍이 불었고 추웠다. 그럼에도 불구하고 나는 일종의 황홀감으로 침대에서 뛰어나와 그에게 나도 너만큼 용감하며 개처럼 침대에 누워있는 것이 피곤하고, 그리고 낸터킷의 오거스터스 바나드만큼 신나게 즐길 준비가 되어 있다고 말했다. (8)

핌의 바다로의 여행은 단순한 여행이라기보다는 모험에 대한 새로운 도전으로 『모비딕』(*Moby-Dick*)의 화자인 이스마엘(Ishmael)이 삶에 권태를 느껴 바다 모험을 떠나려는 것과 유사하다고 볼 수 있다. 한편 샌본(Sanborn)은 이러한 위험한 모험에 대한 자의적인 도전 때문에 이 작품은 핌의 "표면상 규범적인 청소년기의 반항"을 보여주는 흥미로운 책이라고 말한다(Sanborn 165). 제2장에서는 핌은 가족의 반대에도 불구하고 친구인 오거스터스와 범고래를 의미하는 그램퍼스 호라는 이름의 포경선을 몰래 숨어 타고 다시 바다로 여행을 떠난다. 그는 관과 같은 선창 밑의 나무상자 속에 숨어 여행을 떠나는데 이는 핌의 죽음을 의미하며 새로운 재생의 정신여행이라고 볼 수 있다. 레빈은 핌의 여행을 인간영혼 수면 아래로 향하는 상징적이고 무의식적인 여행이며 "가능성 탐색"의 여행으로 보았다(Levine 31).

포우는 당시에 인기 있었던 다양한 역사적인 여행기와 남극 탐험이나 서부개척의 이야기 등에서 작품의 소재를 찾았고 쿠퍼(James Fenimore Cooper)와 같은 낭만적인 모험소설을 쓰려는 의도로 여러 가지 자료를 읽고 원전을 사용하여 사실성을 부여하려고 하였지만 대부분은 상상적인 이야기로 전개된다. 따라서 이 작품에 등장하는 인물들과 사건들은 다양한 의미와 상징성을 지니고 있다. 핌의 충견인 "뉴펀들랜드의 개 타이거"(29)는 충실한 흑인노예를 상징하며 핌이 관 속의 상자에서 악몽에 시달리고 위험한 상황에 빠졌을 때 타이거는 오거스터스와 핌 사이에서 중요한 연락의 임무를 성공적으로 수행하고 배를 다시 탈취하는 싸움에서 반란선원들을 공격하여 주인을 도와준다. 포우는 타이거를 거의 충성스런 인간으로 간주하고 있는데 핌은 타이거가 "그의 애무로 고통 속에 빠져 있는 나를 위로하려는 듯이 그리고 내가 강하게 그것들을 견디도록 촉구하려는 것처럼 내 곁에 길게 누었다"(33)고 개와의 친밀한 느낌을 다소 과장적으로 표현한다.

핌은 10일째가 지나고 시간이 흐름에 따라 관 같은 상자 속에서 악몽에 시달리다가 충견인 타이거의 도움을 받으며 견디지만 정신 분열의 증세를 보이며 점점 사경을 헤매게 된다. 핌은 "지금 나는 내 운명의 모든 불행을 최초로 느끼고 있다"(40)라고 생각하는데 이것은 젊은 핌이 경험하는 최초의 악이며 악의 세계에 대한 입문의 성장과정이라고 볼 수 있다. 핌의 악에 대한 경험은 오거스터스을 통하여 선상반란이 일어나서 많은 선원들이 죽고 자신도 위험하여 핌에게 올 수 없었다는 이야기를 듣고 더 점차 강화된다. 이 선상반란 사건은 1831년에 사우샘프턴(Southampton)에서 있었던 흑인노예들이 60여 명의 백인들을 살해한 '냇 터너의 반란사건'(Nat Turner's Rebellion)에 영향을 받았다고 알려져 있다. 이 잔혹한 반란사건의 주동자이며 흑인요리사였던 시모어(Seymour)는 "완전한 악"(48)의 화신으로 묘사되며, 오거스터스와 핌과 같이 반란선원들을 몰아내고 다시 배를 탈환한 더크 피터즈(Dirk Peters)는 인디언 여인과 백인 남자의 혼혈인이다. 아이러니하게도 항해의 마지막까지 살아남은 사람은 핌과 피터즈인데, 그는 항해 동안에 핌에게 많은 도움을 주며 실질적인 핌의 안내자로서 허세이가 말한 것처럼 "신의 왕국의 관문까지 안내자의 역할"(Hussey 26)을 하는 것이다.

핌은 항해의 모험여행에서 많은 어려움과 신비한 경험을 하는데 그는 인간의 한계상황에 직면한 공포에서는 종종 신에게 도움을 호소한다. 항해의 여정에서 그램퍼스는 돌풍을 만나 배가 침수되고 좌초의 위기에 봉착하는데 자연의 거대한 힘 앞에서 인간의 나약함이 드러나고 인간들은 의지를 행사할 수 없는 극한 상황을 맞이한다. 생사의 갈림길에서 무기력한 선원들은 "하느님의 자비"(92)를 간구하고 핌은 비몽사몽의 무의식의 상태에 빠져 꿈속에서 환영을 보게 된다. 배는 물이 차오르기 시작하며 충견 타이거도 죽고 오거스터스는 피를 너무 많이 흘려서 위독한 상태에 처하게 되지만 구조의 희망으로 다시 신에게 도움을 호소한다. 또 다른 큰 배가 다가오는 것을 보고 기뻐하지만 그 배는 전염병으로 선원이 모두 죽은 죽음의 배이다. 핌은 이런 끔직한 극한 상황을 체험하면서 인간의 무기력함과 나약함을 절실히 깨닫고 자연의 신비를 체험한다.

> 인류가 지금까지 경험해 온 역병 중에서도 가장 무서운 페스트의 증상과 비교해 보아도 [. . .] 그것은 완전히 다른 것이다. 아니면 항해용 식품의 어느 것에 우연히 독이 섞여들어 이 무서운 재앙을 불러일으켰는지도 모른다. 아니면 또한 미지의 유독한 고기라든가, 아니면 해양 동물이라든가, 또는 해양 조류 같은 것을 먹은 탓인지도 모른다. 하지만 모든 것이 가장 섬뜩하고 측량할 수 없는 신비 속의 어디에서 연루되어지고, 그리고 모든 것이 그 신비 속에 의심할 여지없이 영원히 연루되어 남게 될 그런 곳을 추측해 본다는 것은 완전히 쓸데없는 짓이다. (104)

핌은 남극으로의 여행을 통하여 자신이 지금까지 경험 해보지 못했던 고통, 악, 죽음, 살인, 공포, 등을 경험하게 되고 인간의 한계와 자연의 신비 등을 체험하면서 정신적으로 성숙해져 간다고 할 수 있다. 핌의 고행과 각성의 과정은 여정이 계속될수록 순환의 방식으로 반복된다. 위기에서 벗어난 일행들은 창고에서 포도주를 발견해서 잠시 취하기도 하지만 다시 굶주림과 갈증에 시달리고 거의 6일 동안 아무 것도 먹지 못해 "상상할 수 없는 정신적 그리고 육체적인 가장 강렬한 고통의 상태"(109)에 도달한다. 결국 선원 중에 한 명을 희생자로 만들어 인육을 먹기로 합의하고 제비뽑기를 통해 파커(Parker)가 희생자로 선택되어 살해되고 다른 사람들은 그의 인육을 게걸스럽게 먹는 비인간적인 극단적 선택을 하게 된다. 이 식인 사건은 유한자인 인간의 악과 죄에 대한 실존적인 고통을 보여주는 상징적인 사건이다. 패럴(Grace Farrell)은 『아서 고든 핌의 이야기』는 "포우의 전 작품에서 중요한 사상들에 대한 철학적 탐색이다"(863)라고 말함으로써 핌의 여정이 삶의 철학적인 탐색의 여행임을 강조한다.

핌은 여행 중에 인간, 자연, 신과의 관계에서 다양한 신비한 체험을 하는데 이것은 정체성 탐색과 각성의 과정이라고 볼 수 있다. 인육을 먹고도 갈증은 계속되어 선실에 실려 있는 비상용 거북이를 죽여서 갈증을 해소하는데 거북이는 2년 동안 음식을 먹지 않아도 살 수 있는 사막의 낙타와 같은 지혜를 가지고 있는 영장동물로 포우는 인간의 무력함을 비교하여 드러내고 있다. 오거스터스는 병이 악화되어 죽고 시신은 바다에 던져져서 출몰하는 상어들의 밥이 된다. 마지막까지 살아남은 자들은 마침내 남태평양으로 가는 제인 가이(Jane Guy)호에 의해 구조되어 일시적으로 평화를 맞이하지만 그들의 고난의 여정은 계속된다.

바다여행에서 드러나는 핌의 정체성에 대한 추구는 공포, 악, 죽음, 절망, 자연의 신비, 종교적인 체험 등에서 찾아볼 수 있는데 특히 남극에 대한 신비를 밝혀보려는 호기심으로 더욱 상승된다. 핌의 일행은 지금까지 전혀 밝혀지지 않았던 새로운 찰랄 섬을 발견함으로써 남극의 신비에 빠지게 되지만 아이러니하게도 그것이 그들에게 비극을 초래하게 된다. 이 섬에는 거의 모든 것이 검은색이며 원주민들은 입술과 이까지 검은 완전히 토종 흑색의 인간들이고 그들은 이상하게도 흰색에 대한 원초적인 공포에 시달린다. 그 흑인 원주민들은 제인 가이 호의 선원들을 유인하여 흙구덩이에 몰아넣어서 살해하고 제인 가이 호를 불 질러서 폭파시키지만 배에 실려 있는 화약의 폭발로 그들도 상당수가 죽는다. 이 부분을 많은 비평가들이 포우의 흑과 백에 대한 노골적인 상징으로 보고 인종차별적인 의미를 분석하고 있다. 패럴(Grace Farrell)은 "찰랄 섬은 기본적으로 모든 것들이 흑과 백의 영원한 갈등 속으로 환원된다는 것을 구체화 한다"(862)고 말함으로써 흑백의 갈등에 대한 창조의 신비를 주장한다.

남극에서의 신비한 체험은 포우 자신의 정체성에 대한 개인적인 체험인 동시에 어느 면에서는 미국의 정체성에 대한 각성이라고 볼 수 있다. 특히 작품의 내용은 많은 상징성을 내포하고 있는데 남극대륙 가까이에서 발견되는 흰색의 거대하고 흉포한 새인 신천옹(Albatross)과 흰색과 검은색이 섞여있는 펭귄(Penguin)과의 우정은 첫 영문 첫 철자의 동일함에서 알 수 있듯이 오거스터스(Augustus)와 핌(Pym)의 우정을 상징하고 있으며 나아가 백인과 흑인의 우정과 조화의 가능성을 의미하는 것이다. 남극 가까이에서 발견된 모든 것이 검은 찰랄 섬과 신비한 흑인 원주민들의 백색에 대한 본능적인 두려움은 흑인의 백인에 대한 원초적인 공포를 의미한다. 그러나 아이러니하게도 백색의 정점 또는 핵심에 흑색이 있다는 것은 흑과 백의 동일성이나 조화를 의미하는 것이다. 또한 남극을 포우가 입양되어 어린 시절을 보냈던 미국의 남부로 확대해서 볼 때 흑과 백의 공존이나 조화의 가능성을 암시하고 있다고 본다.

III

포우의 유일한 장편 소설이며 모험여행의 서술전략을 이용하고 있는『고든 핌의 이야기』는 많은 상징을 담고 있는 낭만주의 작품으로 여러 시각으로 분석되고 있지만 본고에서는 포우의 자전적인 삶과 정체성 찾기의 관점에서 분석하였다. 포우의 대변자이면서 분신인 핌은 작품의 화자로 신비로운 그의 해양 경험을 포우에게 들려주고 포우는 그것을 소설의 허구적인 내러티브로 전달하는 방식을 취하고 있다. 피들러는 이 작품을 미국의 고전에서 하나의 패턴으로 드러나고 있는 여행의 모티브로 분석하여 멜빌(Herman Melville)의 『모비딕』과 트웨인(Mark Twain)의 『허클베리 핀의 모험』(*The Adventures of Huckleberry Finn*)과 같은 진리탐색의 풍자적인 모험소설로 보고 있다(Fielder 393). 특히 핌을 구출해준 제인 가이 호의 선원은 36명인데 이것은 『모비딕』에서 아합 선장이 타고 있는 피쿼드(Pequod) 호의 선원들의 인원수와 같다. 그리고 『허클베리 핀의 모험』이 남부에 대한 탐색의 여행을 보여주고 있는 것처럼 『고든 핌의 이야기』에서 전개되는 남극에 대한 탐험은 유사성을 지닌다.

포우는 『고든 핌의 이야기』에서 당시에 유행했던 다양한 해양 탐험 보고서나 여행기를 모방하고 있지만 책은 전혀 다른 상징적인 모험소설이 되었다. 이 작품은 남극탐험에 대한 바다로의 단순한 여행 이야기처럼 보이지만 악의 체험, 인종의 문제, 종교적인 알레고리, 등의 깊이 있는 주제를 다루고 있다. 포우는 이름뿐만 아니라 모든 면에서 자신을 닮은 핌을 내세워서 자신의 전기적인 요소들을 가미시킴으로써 자신을 해체하고 다시 쓰기를 통해 자신의 정체성을 탐색하고 있는 것이다. 독자들은 작품 속에서 두 명의 화자를 만나지만 결국 핌은 포우의 분신이므로 핌의 여행을 통해 포우의 흔적과 고민과 갈등을 엿볼 수 있다.

『고든 핌의 이야기』에서 핌은 고행과 각성의 여정을 반복적으로 겪으면서 자신의 정체성에 대한 각성과 성장의 과정을 보인다고 할 수 있다. 물론 포우는 핌의 성장보다는 공포나 신비를 독자들한테 효과적으로 보여주려는 의도가 더 강한 것처럼 보이지만 분명히 인간의 한계와 자연의 신비와 하느님의 존재 등에 대한 성찰이 보이고 있다. 포우는 겉으로 드러나는 사실적인 여행보다는 보이지 않는 자신의 상상의 여행을 통하여 자신의 정체성에 대한 탐색을 시도하고 있는 것이다. 여행의 마지막에 물속에서 솟구쳐 떠오르는 "수의를 입은 사람 형상"(217)의 모습은 포우가 어렸을 때 죽은 그의 어머니일 수도 있다고 해석된다(Fielder 400). 결국 핌의 남극으로의 여행은 포우의 자전적인 요소가 결합된 정체성 찾기의 상징적인 여행이며 핌이 경험하는 불안, 공포, 죽음, 악, 흑과 백, 자연의 신비 등은 포우 자신의 개인적 또는 사회적인 정체성 찾기의 한 과정을 여실히 보여주는 것이다.

---

1) 이후 『고든 핌의 이야기』로 약칭.

2) Edgar Allan Poe, *The Narrative of Arthur Gordon Pym of Nantucket,* Ed. With an Introduction and Notes by Richard Kopley (New York: Penguin Books, 1999), 4. 앞으로 본문인용은 이 책을 사용하며 인용 말미에 페이지 수만 명기함.

3) 'Ariel'에 대한 원전은 매우 풍부하며 포우는 1836년 『헤럴드』(*Herald*)지 2월 19일자 신문에 실린 'Ariel'이라는 노포크(Norfolk)의 배가 항해 중 폭풍을 만나 난파되어 두 명의 선원이 구조되었다는 기사를 읽었다고 추측이 된다. 이에 대한 자세한 언급과 또 다른 원전은 텍스트인 『고든 핌의 이야기』의 편집자인 리처드 코플리(Richard Kopley)가 쓴 서문 ix쪽을 참조할 것.

4) 많은 비평가들이 『고든 핌의 이야기』와 디포(Daniel Defoe)의 1719년도 작품인 『로빈슨 크루소』와의 연관성을 주장하고 있다. 이와 관련한 더 많은 정보는 폴린(Burton R. Pollin)의 글 "Poe and Daniel Defoe: A Significant Relationship" 전부와 코플리(Richard Kopley)의 글 "Readers Write: Nineteenth-century Annotations in Copies of the First American Edition of Poe's *The Narrative of Arthur Gordon Pym*"의 401쪽을 참조할 것.

인용문헌

Farrell, Grace. "The Quest of Arthur Gordon Pym." *Southern Literary Journal* 4 (1972): 22-33. Rpt. *The Selected Writings of Edgar Allan Poe*. Ed. G. R. Thompson. New York: Norton, 2004.

Fiedler, Leslie A. *Love and Death in the American Novel*. New York: Scarborough House, 1982.

Hussey, John P. ""Mr. Pym" and "Mr. Poe": The Two Narrators of *Arthur Gordon Pym*." *South Atlantic Bulletin* 39.2 (1974): 22-32.

Kopley, Richard. Introduction. *The Narrative of Arthur Gordon Pym of Nantucket*. By Edgar Allan Poe. Ed. Richard Kopley. New York: Penguin, 1999. ix-xxix.

______. "Readers Write: Nineteenth-Century Annotations in Copies of the First American Edition of Poe's *The Narrative of Arthur Gordon Pym*." *Nineteenth-Century Literature* 55.3 (2000): 399-408.

Levine, Richard A. "The Downward Journey of Purgation: Notes on an Imagistic Leitmotif in *The Narrative of Arthur Gordon Pym*." *Poe Newsletter* Ⅱ.2 (1969): 29-31.

Poe, Edgar Allan. *The Narrative of Arthur Gordon Pym of Nantucket*. Ed. Richard Kopley. New York: Penguin, 1999.

Poe, Harry Lee. *Evermore-Edgar Allan Poe and the Mistery of the Universe*. Waco, Texas: Baylor UP, 2012.

Quinn, Arthur Hobson. *Edgar Allan Poe-A Critical Biography*. Baltimore: The John Hopkins UP, 1998.

Reynolds, David S. *Beneath the American Renaissance: The Subversive Imagination in the Age of Emerson and Melville*. Cambridge, Massachusetts: Harvard UP, 1999.

Rosenheim, Shawn. Foreword. *Edgar Allan Poe: A Critical Biography*. By Arthur Hobson Quinn. Baltimore: The Johns Hopkins UP, 1998. xi-xvii.

Sanborn, Geoffrey. "A Confused Beginning: *The Narrative of Arthur Gordon Pym, of Nantucket*." *The Cambridge Companion to Edgar Allan Poe*. Ed. Kevin J. Hayes. Cambridge: Cambridge UP, 2002.

Shen, Dan. "Edgar Allen Poe's Aesthetic, the Insanity Debate, and the Ethically Oriented Dynamics Of "The Tell-Tale Heart". *Nineteenth-Century Literature* 63.3 (2008): 321-45.

Sørensen, Bent. *Passion Spent: Love, Identity, and Reason in the Tales of E. A. Poe.* Gainesville, Georgia: EyeCorner P, 2008.

Spiller, Robert E. *The Cycle of American Literature-An Essay in Historical Criticism.* New York: Macmillan, 1955.

출처 : 이 글은 저자가 『영미문화』 제13권 3호에 발표한 「포우의 『낸터킷의 아서 고든 핌의 이야기』: 자전적인 삶과 정체성 탐색의 여행」의 논문을 원용하여 일부는 수정하고 확대한 것임.

허먼 멜빌의 「베니토 세레노」

김 옥 례 한국교통대학교

I

1. 작가 소개

뉴욕 시 브롱스 지역, 중산층이 주로 영면하고 있는 우드론 묘지(Woodlawn Cemetry)를 방문한 참배객들은 여백으로 남겨진 멜빌(Herman Melville)의 묘비석에 강한 인상을 받게 되며 과연 작가가 전하고자 했던 메시지가 무엇이었는지 되뇌이게 된다. 이는 또한 현대 초국가 시대 정신에 필적할 만한 경계를 넘나드는 열린 시각을 지닌, 포스트모던 적인 멜빌 작품 의미를 파악하느라고 고심하는 작금의 비평가들 모습을 암묵적으로 예견하는 듯하다(Duban 341). 그의 작품들은 미국 뿐 아니라 전 세계적으로 주목을 받고 있다. 가령 이즈음도 맨하턴 남부 South Sea Museum 등에서 열리는 멜빌 투어에 일반 관광객, 대학생, 주부, 지역인사 등 다양한 계층이 참여하고 있으며 매년 그의 탄생일인 8월 1일엔 하루종일 『모비딕』(*Moby-Dick*) 낭송 프로그

램이 진행되기도 한다. 최근 우리나라에서도 그의 대표작 『모비딕』이 뮤지컬로 재공연 될 정도로 인기를 끈 바 있으며 박인제 감독은 2011년 제작한 영화제목을 '모비딕'으로 정하기도 하였다.

2011년 로마에서 열린 멜빌 국제학술대회 특강에서 아메리카 인디언 작가인 실코(Leslie Marmon Silko)는 정신적 스승으로서 멜빌이 자신에게 미친 영향력을 밝힌 바 있다. 또한 소설 『보이지 않는 인간』(*Invisible Man*) 서두에 「베니토 세레노」(Benito Cereno) 마지막 귀절을 인용한 흑인 작가 앨리슨(Ralph Ellison)의 경우에서도 볼 수 있듯이 멜빌은 백인 뿐 아니라 소수인종 출신 작가들의 존경을 받고 있다. 이는 바로 그가 백인 중심의 편협한 시각에서 벗어나 유색인종차별 문제를 제기하는 등 객관적으로 자신의 시대를 진단하였기 때문이다. 멜빌이 19세기 중엽 대다수 지식인들의 사고 방식에서 벗어나 치열한 지성의 면모를 갖출 수 있었던 것은 사회현실과의 부단한 접촉에 의해서이다. 그는 십대 초반부터 가족의 생계를 돕기 위해 점원, 수로 안내, 농사일, 상선선원과 포경선원 등 다양한 노동을 경험하게 된다. 특히 19세기부터 시작된 4년간의 선원생활의 시기는 그에게 있어서 작가적 수련기로서 귀중한 의미를 차지하게 된다. 즉 멜빌은 미국사회라는 제한된 틀을 벗어나서 상선과 포경선원 생활, 그리고 남태평양 섬에서의 다양한 경험을 한 뒤 시작된 집필 작업에서 개인과 사회의 관계를 조망하는 거시적인 인식의 틀을 보여준다. 따라서 그는 개인에 대한 사회의 전면적인 구속력에 대한 분석을 유색인종, 백인 노동자 등 소외계층의 내면적인 시각으로 생생하게 전달하게 된다.

초기작 『타이피』(*Typee*)와 『오무』(*Omoo*)를 제외하고 그의 작품들은 번번이 독자의 외면을 받았으며 특히 1852년 7월에 출간한 『피에르』(*Pierre*)에 대한 비판에 곤혹스러워하던 멜빌에게 가족들은 그의 건강을 염려하며 작가 생활을 접을 것을 권유하게 된다. 그러나 그는 1853년부터 거의 4년 동안 역사소설『이스라엘 포터』(*Israel Potter*)와「베니토 세레노」등 중단편들을 당대 대표적인 잡지들인 퍼트넘즈(Putnam's Monthly Magazine)와 하퍼스(Harper's Monthly Magazine) 등에 발표하게 된다. 잡지 연재소설 형식을 취함으로써 대중의 취향을 따르는 듯하나 그 이면에서 더욱 치밀한 기법으로 점철된 작품을 집필하게 됨으로써 전문적인 예술가의 길을 걸어 나가게 된다. 이 시기 그는 두 가지 목적, 즉 작품의 시장성을 보장받으면서도 진실을 말하는 예술가로서 자신의 소명에 더욱 충실하고자 노력했다. 그 결과 멜빌 작품은 일반대중과 소수 통찰력 있는 독자들 각기에 대한 메시지를 복합적으로 담아내는 특성을 보여준다.「호손과 그의 이끼」(Hawthorne and His Mosses)에서 그는 호손(Hawthorne)과 셰익스피어(Shakespeare)를 예술가로서 자신의 모델로 삼았음을 밝혔다. 특히 독자들이 분별할 수 없는 방식으로 어두운 진실을 작품 속에 짜 넣을 수 있는 호손의 능력을 높게 평가한다. 또한 세익스피어처럼 파악하기 힘든 진리를 담아내는 기술을, 정교한 예술기법을 체득해야 할 필요가 있다고 주장한다(541-42). 멜빌은 진리를 꿰뚫어 보기 어려운 인간의 한계를 제시하고자 제한된 시점을 취하게 된다. 그 결과 믿을 수 없는 화자를 통해 아이러닉한 서술의 다양한 방법들이 그의 작품에서 실험된다. 그는 아이러니와 속임수로 점철된 서술양식을 택했으며 특히 1850년대 잡지 연재소설들에서 이러한 수사학적인 전략은 크게 성공한다.

2.「베니토 세레노」와 서술기법

1850년대 중반 발표된 대표적인 단편소설인「베니토 세레노」는 난해하며 많은 쟁점을 안고 있으나 오늘날 독자들이 가장 주목하는 멜빌 작품이다. 작가로서의 길을 계속 걸어야 할지 그 진로가 불투명하고 심각한 경제적인 어려움을 겪었던 시기, 그리고 노예제도 논쟁으로 사회긴장이 고조되던 시기에 집필되었으며 퍼트넘즈에 1855년 10월, 11월, 12월 세 번으로 나뉘어 발표되었다. 작품의 소재가 된 것은 1817년 출판된 들라노(Amasa Delano)의 항해기(*A Narrative of Voyages and Travels, in the Northern and Southern Hemisphere*) 18장, "산타마리아 섬에서의 스페인 선박 티럴 호 포획에 관한 사항들"(Particulars of the Capture of the Spanish ship Tyral, at the island of St. Marie)이다. 실제 반란이나 혁명을 다룬 멜빌의 몇 안 되는 소설 중 하나로(Rogin 317-18) 1799년 산토도밍고 섬에서 일어난 흑인노예반란사건을 염두에 두고 배 이름이 산도미닉(San Dominick)호로, 시기도 1799년으로 변경됨으로써 노예제도 문제가 작품의 중심배경임을 알 수 있다(Thomas (1987) 105). 자유민주주의 국가를 건설한다는 미국 이상주의와 괴리가 있는 어두운 현실을 비판하는 것이 작품의 주제라는 점에 대해서는 많은 비평가들이 의견을 같이하나 그 구체적인 서술구조, 기법과 중심인물에 대한 평가는 다양하다.

오늘날 멜빌 작품 논의가 더욱 활발해지면서 「베니토 세레노」에 대한 진지한 비평들이 나오고 있으나 여전히 만족스런 답변은 찾기 어려운 실정이다. 그의 작품들에서는 기법자체가 효과적으로 주제를 표현하며 특히 「베니토 세레노」에서는 표면적인 서술 부분과 상징적인 하부구조, 사실과 상징 등이 거의 완벽히 융합된다. 따라서 함축된 주제를 찾기 위해서는 세 부분으로 나뉘어진 서술구조 속에 짜여져 들어가 있는 복합적인 서술시점, 그리고 다양한 층의 아이러니와 상징들의 의미를 검토해야 한다.

「베니토 세레노」의 주된 서술전략은 상호 연관된 관점들과 구조에서 찾을 수 있으며 이 소설은 『모비딕』, 『빌리 버드』(*Billy Budd*) 같은 작가의 대표작으로 평가된다. 공통적으로 이들 작품 구조는 크게 세 부분으로 나뉘며 이 부분들의 상호반영적인 관계를 검토해 봄으로써 함축된 메시지를 파악해낼 수 있다. 『모비딕』은 어원, 초록 등 프롤로그 부분과 본문, 에필로그로 구성되며 『빌리 버드』의 경우도 서문, 본문, 두 개의 부록 등으로 이뤄져 있다. 「베니토 세레노」도 세 부분, 즉 들라노(Delano) 선장의 산도미닉 호 사건 이야기와 법정 장면, 그리고 바아버(Babo)의 죽음 등 후일담이 담긴 짧은 결론부분으로 나뉜다. 따라서 산도미닉 호 노예반란사건에 관한 다른 시각들, 즉 미국 선장 들라노, 노예반란자들을 재판하는 스페인 법정, 그리고 반란 지휘자인 흑인 바아버의 시각들로 구성된다. 그러나 목소리 없는 바아버의 관점으로 이뤄졌기 때문에 다소 불완전한 삼부작이라는 평도 있다(McLoughlin 153). 일부 비평가들은 주된 서술부와 2개의 부록을 함께 엮은 이러한 구조적인 특성을 비판한다. 가령 아빈(Arvin)은 부록 부분들을 덧붙임으로써 작품의 예술성이 손상된 총체적인 실패작이라고 「베니토 세레노」를 혹평한다(238-40). 또한 법정장면은 다른 장면과 연관성을 찾을 수 없는 불필요한 부분(Fogle 117)이라는 비판과 작가의 게으름으로 성급하게 작성해서 덧붙여진 것이라는 커티스(Curtis)의 지적 등이 있다(Leyda 501). 그러나 멜빌 작품 대부분에서 발견되는 서문과 부록으로 인한 투박한 예술형식은 전체 구성을 해친다기 보다는 오히려 진실을 담기 위한 체계적인 구조를 구축하는데 기여한다(West 68). 작가자신도 진실을 담고 있는 작품은 투박한 모서리를 지니기 마련이라고 밝힌 바 있다(*Billy Budd* 405).

복합적인 시점과 다양한 층의 아이러니로 서술되는 「베니토 세레노」, 즉 독자들의 적극적인 개입을 요구하는 이 열린 텍스트 의 주제를 파악하기란 쉽지 않다. 따라서 작가 자신의 동시대 사람들 뿐 아니라 20세기 비평가들도 작품의 서술전략에 넘어가곤 한다(Martin 65). 우선 미로처럼 얽혀 있는 사건의 진상을 파악하기 위해서는 작품 곳곳에 내포되어 있는 상징들의 의미를 파악하는 것이 중요하다. 이는 뒤엉켜있는 거대한 실타래를 푸는 것처럼 곤혹스러운 일이다. 따라서 독자들은 복잡한 내러티브로 제시되는 사건의 진상을 파악하고 함축된 저자의 메시지를 통찰하기 위해서 우선 상징이라는 아리아드네(Ariadne)의 실을 찾아야 한다. 더 나아가 이를 제대로 해석하기 위해서는 알렉산더 대왕과 같은 대담하고 근원적인 해법을 사용하는 것이 필요하다. 다시 말해서 크레타의 왕 미노스(Minos)의 딸 아리아드네가 쥐어준 실 덕택에 무사히 궁전의 미로를 빠져나올 수 있었던 건축의 신 다이달로스(Daedalus)와 프리기아의 왕 고르디우스(Gordius)의 매듭을 단칼에 잘라냈던 알렉산더 대왕의 해결책을 따라야 하는 것이다.

II

1. 3부작 서술구조와 복합시점

1부는 들라노 선장이 바아버 등 스페인 노예선의 모든 인물들이 벌이는 가면극의 의미를 파악하고자 고심하는 이야기로 구성된다. 미국 무역선 바첼라즈 들라이트(Bachelor's Delight) 호 들라노 선장은 물을 공급받기 위해 산타마리아 섬 부근에서 정박해 있던 중에 스페인 노예수송선 산도미닉 호를 우연히 마주치게 된다. 그 뒤 흑인 노예지도

자인 바아버는 자신의 배에 승선한 들라노 선장에게 그들이 벌인 노예반란 사건을 은닉하고자 연극을 연출하고 지휘하게 된다. 자신을 면도해주던 바아버의 면도날에 위협을 느끼며 목을 떠는 등 공포에 질린 세레노(Cereno) 선장의 모습을 들라노는 목격한다. 이 장면은 산도미닉 호 정황에 대한 단서를 담고 있으나 들라노는 이를 놓치게 된다. 그는 흑인들을 반란을 일으킬만한 지혜와 능력을 갖지 못하는 열등한 존재로 규정하는 편견, 즉 백인우월의식에서 벗어나지 못하기 때문이다. 들라노는 노예반란사실을 전달하고자 애쓰는 스페인 선원들의 시선과 손짓의 의미를, 그리고 세레노 선장의 일관되지 못한 행동들이 의미하는 바를 제대로 파악하지 못한다. 따라서 그는 바아버의 가면극 이면의 실상을 파악하지 못하는 상상력이 부족한 독자로 볼 수 있다. 1부 마지막 클라이맥스, 즉 바첼라즈 들라이트 호 보트에 뛰어든 세레노를 도끼와 칼을 든 바아버 일행이 뒤따르는 장면을 목격하고 나서야 들라노는 자신의 무지에서 벗어나게 된다. 다시 말해서 들라노는 "이제 자신의 눈을 가리던 얇은 막이 떨어져 나간"(284) 것처럼 산도미닉 호에서 흑인 노예 반란이 일어났던 실상을 파악하게 된다.

2부 법정장면에서는 세레노의 증언을 바탕으로 노예반란 사건의 진상을 밝히고자 한다. 그러나 흑인 여성들이 반란에 적극 가담한 사실 등 사건이 어떻게 진행됐는지 그 표면적인 일들 일부를 밝히는데 그친다. 반면에 노예반란이 일어난 동기, 즉 문제의 발단이 된 근원적인 이유에 대한 언급은 회피한다. 가령 흑인 반란자들의 잔인한 행동은 상세히 묘사하면서도 미국인들이 반란을 진압한 뒤 스페인 노예선을 다시 탈취할 때, 그리고 스페인 선원들이 흑인 반란자들을 죽일 때의 잔인함에 대해서는 간략하게 서술하는데 그친다. 결국 의도와 달리 기존의 스페인 법정의 관점으로 해석된 법정증언서 부분은 산도미닉 호 사건 일부를 선택하여 법 담론으로 표현하는 것에 불과하게 된다(Thomas (1992) 120).

법정증언서가 노예반란 사건을 편협하게 해석한다는 단서들은 여러 번 제시된다. 우선 생략 표시의 문장부호들을 사용하는 등, 각기 단절되어 있는 형식으로 이 부분이 구성되어 있음에서 이러한 특성을 엿볼 수 있다. 또한 "최근 사건들을 겪고 난 뒤 정신이 혼란스러워진"(299) 세레노가 사건을 명확히 기억해 진술하는 것도 아니므로 그의 증언은 신뢰하기 힘들다. 이러한 세레노의 공개증언 조차 그 초록들 일부만 포함된다. 또한 소송절차에 포함시킨 자료도 스페인의 공식문서 중 일부를 선택해서 해석한 것에 불과하다. 결국 법정증언서는 사건의 진상을 알리는 기록이 되지 못하며 법정은 바아버가 노예반란을 일으킨 상황적인 이유는 간과한 채 그를 사형하는 판결을 내릴 뿐이다. 그 결과 그들의 생존방책으로 일으킬 수밖에 없었던 흑인들의 반란은 악, 부도덕한 행위, 그들의 타고난 타락상의 증거로 간주된다. 반면에 바아버를 처형시킴에서 입증되는 스페인 사람들의 흑인에 대한 폭력적이고 야만적인 행위들은 사회질서를 회복하기 위한 도덕적으로 정당한 방책이라며 이를 합리화하는 모순을 보여준다. 따라서 법정은 재판이라는 법적인 절차를 거쳐 흑인 반란을 통제하고 결국 인종차별을 합법화시킴으로써 흑인노예제도가 확대되는데 기여하게 된다(Zagarell 133).

1부와 2부를 통해 노예반란이 필연적으로 일어날 수 밖에 없었던 정황과 반란자에 대한 스페인 법정의 불합리한 처벌에 대한 비판이 암묵적으로 제시되며 3부에 이르러서야 작가의 메시지가 보다 뚜렷하게 드러난다. 특히 자신에게 드리운 어두운 그림자가 바로 '검둥이'

라는 세레노의 외침으로 마무리되는 3부 결말부분은 전체 주제 파악에 있어서 중요하다. 노예반란 사건 이후 세레노는 스페인 노예선 선장의 위치에서 갑자기 흑인 바아버의 명령에 따라야 하는 처지가 된다. 그 뒤 그는 사회 희생자로서 흑인 노예들이 처한 열악한 상황, 그 어두운 현실을 절감하게 된다. 그러나 우유부단함으로 그 실상을 결코 누구에게도 알리지 못함으로써 양심의 가책을 느끼고 고뇌하게 된다. 따라서 세레노는 폐가 반쯤 없어진 사람처럼 보이기도 하고 그의 침실은 해먹이 찢겨져 있으며 "슬픈 생각과 악몽들"(sad thoughts and bad dreams)이 교대로 맴도는 곳으로 묘사되기도 한다. 들라노는 "저 밝은 해는 모든 걸 잊어버렸어요, 그리고 저 푸른 바다와 푸른 하늘, 모든 것들이 새롭게 출발하고 있어요"(306)라며 어두운 과거를 잊으라고 권유하나 세레노는 따를 수가 없다. 고통스러워 하는 세레노에게 들라노는 "무엇이 당신에게 그런 그림자를 던지나요?"(306)라고 묻는다. 이에 대한 세레노의 "검둥이"(The negro)라는 외침은 콘라드(Joseph Conrad)의 『암흑의 핵심』(*Heart of Darkness*)에서 커츠(Kurtz)가 "공포야! 공포!"(The horror! The horror!)라고 소리치며 자신의 삶을 마무리하는 극적인 순간과 비견될 수 있다(Spanos 128). 이는 흑인노예제도라는 어두운 그림자에서 벗어나지 못하고 있는 미국 민주주의의 실상을 폭로하는 세레노의 직관적인 통찰을 보여준다. 또한 이를 통해 바아버 등이 일으킨 노예반란의 불가피성을 암묵적으로 수용하는 저자의 관점이 제시된다.

일인칭 서술로 집필되었던 원전, 항해기를 3인칭 화자의 시각으로 재구성한 멜빌의 「베니토 세레노」는 그 복합적인 서술 시점으로 높은 평가를 받는다. 비평가들은 작품에 한 가지 이상의 관점이 있음에 동의하나 그 구체적인 의견에 있어서는 각자 차이를 보인다. 이 글에서는 작품이 다음의 네 관점으로 구성되어 있다고 본다. 즉 산도미닉 호 사건의 진상을 파악하고자 고심하는, 미국 중상류층 백인의 시각을 대변하는 들라노 선장의 관점, 세레노의 증언을 바탕으로 구성되었다고 하는 스페인 법정의 관점, 그리고 작품 마지막 부분에 침묵으로 제시되는 바아버의 관점과 3인칭 화자의 관점이다. 「베니토 세레노」 1부에서는 3인칭 화자와 들라노 사이를 번갈아가며 초점이 맞춰진다. 법정장면에서 증언하는 세레노의 관점도 3인칭 화자가 말하며 또한 마지막 3부에서 화자는 리마로 항해하던 중에 나눴던 세레노와 들라노의 대화장면 일부를 회고하기도 한다. 이 숨겨진 3인칭 화자가 전체 내러티브를 통제하며 개별적인 관점을 전달하는 주요 통로가 됨으로써 내러티브가 더욱 복잡해진다.

그러면 1부 서술구조를 중심으로 화자와 들라노 관점의 특성을 보다 구체적으로 살펴보도록 하겠다. 화자가 취하는 관점은 제한된 전지적 시점의 일종으로(Mairs 173) 화자는 들라노가 보듯이 사물을 보기위해 자주 자신의 전지적인 특성에서 벗어난다. 신원을 알 수 없는 이 3인칭 화자는 들라노 배후에서 작용하며 종종 이중적인 관점을 취한다. 가령 들라노가 무엇을 생각하는지 제시하기 위해 들라노의 생각을 인용부호 속에 넣거나 "thought Captain Delano" 같은 표현을 덧붙인다. 그러나 이야기가 진행되면서 자신의 관점과 거의 일치시키며 화자는 들라노가 생각하는 바를 점점 더 정확히 표현하게 된다. 따라서 자신의 목소리에서 벗어나 들라노의 생각을 표현하는 자유간접화법의 서술기법을 보여준다(Hayes 79). 가령 세레노의 정체를 파악하고자 고심하는 들라노를 묘사하는 부분의 "이 스페인 국민들은 -그는 계속 깊이 생각에 잠겨 있다- 모두 이상한 일당이다. 스페인 사람이란 바로 그 단어에는 화약 음모사건의 주모자 가이 포오크 같이(Guy-

Fawkish) 날카롭게 울리는 콧소리가 담겨있다. 그럼에도 대체로 스페인 사람들은 매사추세츠 주 덕스베리(Duxbury) 사람 못지않게 선량하다고 나는 감히 생각한다. 옳지 잘되었다! 드디어 로우버(Rover)가 왔다"(258)라는 구절에서 이러한 특성을 볼 수 있다. 즉 화자는 3인칭으로 말하기 시작하나 점차 들라노의 관점을 취하게 된다. 마지막 부분의 "옳지 잘 되었다! 드디어 로우버가 왔다"라는 구절에서 화자는 들라노가 생각하는 바를 직접 표현하게 된다. 따라서 서술기법은 자유간접 화법으로 바뀐다. 그 결과 화자와 들라노 중 누구 생각인지 분명하지 않을 때가 많으나 고도로 고안된 문장을 사용하거나 문학적인 언급을 할 경우 이는 화자가 들라노를 대변해 말하고 난 뒤 자신의 목소리를 재개했음을 보여주는 단서가 된다(Hayes 78). 들라노보다 지적이고 문학적인 화자의 특성을 보여주기 때문이다(Franklin 242).

화자는 앞에서 본 바처럼 들라노와 거의 같은 시각을 지니기도 하나 또한 다소 거리를 두고 그의 한계를 비판한다. 들라노의 마음 속에 들어가 그의 시각대로 서술하며 공감해 나가다가 은밀히, 그리고 서서히 그를 비난하게 되는 것이다. 따라서 들라노의 편견과 자신에게 제공된 단서를 파악하지 못하는 무능력 등이 화자의 아이러니칼한 시선으로 독자들 앞에 조심스럽게 그러나 뚜렷하게 제시된다. 가령 서두의 들라노 묘사부분에서부터 그를 칭찬하는 것 같으나 그 이면에서 날카로운 아이러니로 비난하는 화자의 특성을 볼 수 있다 (McLoughlin 154).

> 들라노 선장이 기이하게 신뢰할 수 없을 정도로 착한 품성을 지닌 사람이 아니었다면, 그리고 특이하게 반복되는 자극을 받는 경우를 제외하고는, 그리고 그렇다 하더라도, 인간이 악한 특성을 지니고 있다고 비난하는 등 걸핏하면 혼자 두려움에 빠져들지 않았더라면, 그 곳이 법의 손길이 미치

> 지 못하는 외딴 장소라는 점과 그 당시 부근 해상과 연관된 많은 이야기들을 곰곰이 생각하면서 그의 놀라움은 점차 불안함으로 깊어졌을지 모른다. 인간의 능력이란 관점에서 볼 때, 자비로운 마음과 함께 그러한 특성을 지닌 것이 보통 이상의 정확한 지적인 인식과 영리함을 갖췄음을 뜻하는지 여부는 현명한 이가 결정하도록 맡겨야 될 것이다. (220-24)

들라노는 수수께끼 같이 애매모호한 산도미닉 호 실상을 해독해 나가는 과정에서 가능한 자신의 기존 가치관을 훼손하지 않으며 이를 합리화하는 방법을 선택한다. 가령 산도미닉 호 선상에서 자신이 희생될지 모른다는 염려가 설득력 있게 되고 이에 두려움을 느낄수록 그는 더 절박하게 백인 우월주의 같은 당대 지배담론에 매달린다. 예를 들어 세레노가 흑인노예 바아버와 공모하여 자신을 희생시킬지 모른다며 그들에 대한 의심이 커지게 되자 들라노는 "그러나 흑인들은 너무 어리석다. 게다가 흑인과 결탁함으로써 바로 자신의 종족으로부터 버림받았던 백인 변절자 이야기를 어느 누구라도 들어본 적이 있었던가?"(254)라며 흑인을 열등한 존재로 규정한다. 그러나 고국 세네갈로 돌아가기 위해 치밀한 계획을 세우고 이를 적극 실행해 나가는 뛰어난 노예반란 지도자(Wadlington 125)인 바아버의 역할 자체가 들라노의 논리적인 오류를 입증하는 명백한 증거가 된다. 다시 말해서 자신들이 일으킨 노예반란 상황을 은닉하기 위해 완벽한 가면극 연출자로서의 역할을 수행해낸 바아버의 뛰어난 머리는 인종학 등 유사과학의 논리를 토대로 흑인을 선천적으로 열등한 존재로 규정하던 당대 백인 지배담론에 정면으로 반박하는 설득력 있는 증거가 된다.

2. 다층의 아이러니와 상징

수용미학 등의 현대 문학이론에서는 완성된 결말보다는 열린 상태로 마무리되는 작품이 더욱 설득력과 의미가 있다고 본다. 가령 이저(Wolfgan Iser)는 텍스트와 독자사이의 소통적 구조에 관심을 기울여 텍스트를 독자에 의해 현실화되거나 구체화되어야 하는 '도식화된 국면'의 뼈대로 본다. 멜빌도 이저와 유사한 시각을 지녔음을「베니토 세레노」전반에 걸쳐 제시되는 사람, 선박, 동물의 뼈대 상징을 통해 알 수 있다. 가령 "수평선에 비치는 달빛 아래 선체의 골조가 얼핏 나타나 번득이며 수면에 그 거대한 뼈대의 그림자를 던지고 있었다"(287)라는 구절에서의 뼈대 상징은 여러 층으로 이뤄진 작품 표면들 밑에 그 자체의 뼈대같은 구조, 근본적인 실재가 있음을 함축한다(Adler 77, 84). 따라서 사건의 진상을 파악하기 위해서 독자는 표면적인 내러티브밑으로 잠수해 들어가 그 심연에 놓여있는 진실을 탐사해 내야 한다.

「베니토 세레노」라는 작품 제목이 암묵적으로 요구하듯이 독자들은 산도미닉 호 선상에서 베니토 세레노가 대면한 무시무시한 진실이 무엇이었는지 밝히는 임무를 수행해야 한다. 세레노의 죽음을 통해 3인칭 화자는 진실대면은 죽음을 가져올 뿐이라며 이를 피하라는 메시지를 간접적으로 전달한다. 반면에 함축적인 저자는 진리의 파괴적인 특성을 감수하고서라도 감행할 것을 독자에게 요구한다고 볼 수 있다. 다시 말해서 독자들은 숭고한 진리를 발견하기 위해 시간을 갖고 인내해 나가며 작품을 깊이 읽어낼 수 있는(Hawthorne and His Mosses 541-42) 통찰력을 지녀야 한다는 것이다.

세레노는 선상에서 노예반란을 목격하고 노예들의 처지를 직접 경험하게 됨으로써 그동안 백인으로서 자신이 믿어왔던 가치의 한계를 깨닫고 이에 좌절하게 된다. 그러나 법정에서 바아버와의 대면을 한사코 꺼림에서 볼 수 있듯이 그는 두려움 때문에 모순적인 현실에 정면으로 대응하지 못한다. 다시 말해서 그는 흑인을 제도적·역사적으로 설명해야만 하는 일에서 도피하는 것이다. 따라서 세레노는 이러한 어두운 현실에서 벗어나기 위한 해결책을 제시하는데 까지 나가지 못하며, 다시 말해서 바아버처럼 그 매듭을 끊으려는 본원적인 시도를 하지 못하는 것이다. 그 결과 세레노는 흑인노예제도라는 어두운 현실에 동조하게 됨을, 또한 기독교가 노예제도를 존속시키는데 기여했음을 비판하는 작가의 메시지는 그를 챨즈 5세에, 그의 배를 수도원에 비교함에서 찾을 수 있다. 즉 세레노가 선장으로 있던 산도미닉 호를 "천둥소리와 번개를 수반하는 폭풍이 지나고 난 뒤, 피레네 산맥의 은신처 절벽 위에 자리잡고 있는, 회반죽을 바른 것 같은 수도원처럼 그 모습을 보인다"(219)라며 흑인노예 무역을 승인했던 챨즈 5세가 칩거한 스페인의 산 속 수도원에 비유한다(Mcloughlin 153).

자유민주주의 국가 건설이라는 이상과 모순되게 흑인노예제도가 존속하던 어두운 현실이 바로 노예반란 사건이 일어나게 한 근본원인이라는 작품의 메시지를 통찰하기 위해 독자들은 우선 들라노의 비밀스런 책략을 파악해야 한다. 즉 독자들이 들라노에 대한 현혹된 관점을 갖도록 조종되긴 하지만 궁극적으로는 그것에서 벗어나도록 하는 것이 본 작품의 서술전략이기 때문이다. 우선 매듭 장면은 들라노의 실체를 파악할 수 있는 단서를 제공한다. 의도적으로 사건의 매듭을 풀지 않는, 즉 근원적인 해결책을 회피하는 들라노의 특성이 아이러닉하게 그려지기 때문이다. 즉 밧줄로 복잡한 매듭을 짓던 노인이 들라노에게 그 매듭을 던지면서 재빨리 풀거나 자르라고 요구하나

"매듭을 손에 쥔 채 그리고 머리 위에 얹은 채"(255) 아무런 행동을 취하지 않는다. 결국은 흑인선원이 대신 들라노가 풀지 않는 매듭을 뱃전 너머로 던지고 만다.

또한 가면을 쓴 채 희생자에게 폭력을 휘두르는 사티로스(satyr) 상징도 들라노의 실상을 파악하기 위해서 중요하다. 이 상징은 작품 서두, 산도미닉 호 선체의 문에 그려진, 가면 쓴 인물들이 서로 싸우는 그림 장면에 대한 "가면을 쓴, 검은 사티로스가 마찬가지로 가면을 쓴, 고통으로 온 몸을 뒤틀며 땅위에 내동댕이쳐진 인물의 목 부분을 발로 밟고 있다"(220)라는 구절에서부터 부각된다. 이 사티로스 상징은 흑인들에게 친절하고 인자하며 동정적인 겉모습 이면에 내재해 있는 들라노의 악한 특성을 인식하도록 하는 단서가 된다. 즉 친절하고 선량해 보이는 들라노가 오히려 사티로스 같은 방법으로 흑인들을 다시 노예제도로 억압하게 된다는 것이다.

따라서 이 작품에서 순간적으로 제시되는 충격적인 진실은 1부 클라이맥스 장면에서 바아버의 노예반란 사건의 실상이 드러나는 바로 그 순간 들라노가 바아버를 제압하는 모습에서 찾을 수 있다(Sanborn 93). 여기서 사티로스 상징이 다시 등장한다.

> 이 중대한 순간에 기절한 채 제대로 말도 못하고 있는 돈 베니토의 상태는 개의치 않은 채 들라노 선장은 거의 눕혀져 있던 그를 왼손으로 다시 꽉 붙들고 오른 발로는 땅위에 내동댕이쳐져 있는 흑인을 짓밟는다. 또한 전 속력을 내기 위해 배 뒤편의 노를 오른 팔로 격렬히 젓고 시선은 전방을 향한 채 선원들에게 최선을 다하도록 부추겼다. (283)

여기서 들라노 선장은 가면을 쓴 사티로스처럼 자신이 쓰러뜨린 바아버를 발로 짓밟는 모습을 보여준다. 이러한 들라노의 특성은 3

부 마지막 대화 부분에서 세레노가 그에게 "당신이 보여준 맨 나중의 행동은 아주 순수하며 가련한 사람을 괴물인 것처럼 그를 움켜쥐었던 것입니다. 악한 음모와 술책이라는 것이 이 정도로 까지 그 위력을 떨치는 것인가요"(306)라고 비판하는 구절에서도 뚜렷이 드러난다. 즉 들라노의 선하고 순수해 보이는 모습은 흑인을 억압하는 그의 행동들을 숨기기 위한 가면적인 특성에 지나지 않는 것이다. 비평가들은 흔히 바아버를 악마와 같은 인물로 묘사하나 아이러닉하게도 이는 바로 들라노 선장의 특성인 것이다. 보다 구체적으로 설명한다면 이야기 속에서 발견되는 악은 바아버가 대변하는 것이라기 보다는 노예제도 자체이며 이를 들라노가 대변하며 옹호하고 있는 것이다. 즉 사티로스가 가면을 쓴 것과 꼭 같이 들라노도 자신을 포함한 모든 사람들로부터 압제자라는 자신의 정체를 숨기기 위해 이러한 가면을 쓰는 것이다(Martin 89). 더 나아가 이는 당대 미국 사회가 자비심, 온정주의자라는 가면을 쓴 채 유색인종을 억압하고 차별하는 사회, 경제체제를 지속하고 있었던 실상을 보여준다(Martin 87). 따라서 가면을 쓴 사티로스 상징은 작품의 주제와 구조를 파악하는데 있어서 중요하다. 즉 군림하는 자와 지배를 받는 희생자라는 권력구조가 사회 근간을 이루고 있다는 주제(Martin 84)와 아이러니로 점철되어 있는, 복합적인 층으로 이뤄진 서술구조 이면은 그 가면을 뚫고 들어가야 실상을 파악할 수 있다는 작품의 기법적인 특성을 함축한다. 더 나아가 이는 노예반란 사건에 그 역사적 맥락을 부여하는 상징으로 백인 노예주와 흑인 노예, 힘있는 자와 힘없는 자, 특권을 가진 자와 박탈당한 자들 사이에 갈등과 투쟁이 계속되고 있는 미국사회의 어두운 현실을 상징한다(Mairs 158).

작품 전반에 걸쳐 들라노 선장이 해적의 특성을 지닌 것으로 묘사됨에서도 그의 노예제도와의 깊은 연루가 드러난다. 19세기 중엽 담론에서 해적행위는 바로 노예제도, 제국주의와 긴밀하게 얽혀있기 때문이다(Franklin 236). 산도미닉 호가 해적선이고 이들 해적들이 살인음모를 꾸미고 있을지 모른다고 들라노는 두려워하나 아이러닉하게도 해적은 바로 들라노 자신과 그의 부하들임을 드러내주는 단서들이 작품 전반에 걸쳐 제시된다. 가령 들라노는 다가오는 산도미닉 호를 보면서 일류의 스페인 상선으로 흑인노예를 싣고 있다며 이를 보물선에 비교하기도 하는 등 해적선 선장과 같은 특성을 보여준다(Thomas (1987) 108). 그의 배이름은 원래 항해기의 'Perseverance'에서 'Bachelor's Delight'로 변경되었는데 이는 악명높은 영국해적선 이름이다. 그의 포경보트 'rover'도 해적, 해적선, 사략선 등에 쓰였던 이름이다(Riddle 92). 또한 들라노는 바아버를 구입하겠다고 직접 제의하기도 하고 산도미닉호와 함께 노예를 인양하는 것이 자신의 목적이라고 밝히기도 한다. 이로써 노예선과 노예들을 다시 포획하고자 하는 그의 실리적이고 업무적인 경향을 볼 수 있다(Riddle 199).

반면에 비인간적인 노예상황에서 벗어나기 위해 반란을 일으킨 바아버의 시도를 불가피한 해결책으로 수용하는 저자의 메시지는 산도미닉 호를 에스겔의 비전과 연결지음에서 찾을 수 있다. 노예반란이 일어난 산도미닉 호를 "그 배는 마른 뼈들이 가득했던 계곡에서 진수해온 것 같았다"(219-20)라며 에스겔 서 에서의 뼈로 가득찬 계곡에서 갑자기 신이 생명을 줘서 다시 태어나게 된다는 비전과 연결 짓는다. 다시 말해서 바아버가 잔인하게 되는 것은 흑인들을 다시 노예로 되돌리고자 하는 백인들의 시도 앞에서 그의 생존을 위한 불가피한 선택이라는 것이다. 따라서 독자가 작품에서 발견할 수 있는 어두운 진리는 바아버가 노예반란을 일으켰다는 사실이라기보다는 바로 들라노 등 백인 지배계층이 흑인노예제도를 존속시키고 있다는 사실, 즉 그들의 이러한 압제자로서의 특성이다.

「베니토 세레노」는 뾰족한 말뚝으로 광장기둥에 꽂힌 바아버의 두개골이 성 바들로메 교회 쪽을 바라보는 모습으로 마무리된다. 이 교회 이름은 바로 노예제를 옹호한 종교 지도자 이름을 따른 것이다. 작품의 마지막 상징, 즉 바들로메 교회를 노려보는 바아버의 응시에서 다시 한 번 노예제도에서 벗어나지 못하는 미국사회의 어두운 현실에 대한 작가의 비판과 경고를 볼 수 있다. 다시 말해서 독자의 뇌리에 강력한 이미지로 남게 되는 바아버의 그림자를 통해 흑인노예제도에서 벗어나지 못하던 당대 미국사회는 불가항력적으로 남북전쟁으로 치달을 수 밖에 없다는, 그 비극적인 운명을 작가는 경고하고 있는 것이다(McLoughlin 153).

III

멜빌은 자신의 예술이 꽃 필 수 있는 적절한 문학형식을 찾아 끝없이 탐구해나간 실험적인 작가(Baym 916)로서 그의 예술성은 특히 『피에르』 이후 1850년대 중반 잡지 연재소설에서 절정에 달한다. 그는 『피에르』와 『모비딕』에 대한 독서 대중의 냉담한 반응으로 인한 심한 좌절감을 극복하고 가족의 만류에도 불구하고 다시 작가의 길로 들어선다. 멜빌은 대중적인 인기를 얻을 뿐더러 진실 구도자로서 자신의 사명감에도 충실하고자 잡지 연재소설이라는 양식을 택해 고도의 예술기법을 발휘하게 된다. 소수 통찰력을 지닌 독자 뿐 아니라 훨씬 더 많은 수의 독자들, 즉 표면적인 작품의 해석에 머무는 이들에게도 호소력을 지닐 수 있어야만 작가로서 생존할 수 있음을 깨달았던 것이다. 따라서 이들 대다수 경제적으로 여유 있는 계층인 대중적인 독자들을 속이고자 그의 수사학적 기법이 더욱 전략적으로 교묘해지게 된다. 다시 말해서 그는 점점 더 은닉의 기법에 의존해 아이러니와 속임수로 점철된 서술양식을 택했으며 특히 1850년대 잡지 연재소설들에서 이러한 수사학적인 전략은 크게 성공했다.

멜빌의 이러한 특성은 작가의 천재성이 발휘되었으며 스토리 전개가 마치 교향곡 연주와도 같은(O'Brien 909) 「베니토 세레노」 뿐 아니라 그 이후 발표된 『컨피던스 맨』(*Confidence Man*)과 유고작 『빌리 버드』에서도 이어진다. 멜빌은 작가경력 내내 서술기법을 실험해 왔으며 당대 지배적인 사회, 정치적 가설과 규범들을 반박하는 그의 의도는 기존의 미학적인 규범에 대한 도전으로 제시된다(Berkholder 6). 다시 말해서 멜빌은 기존 지배담론에서 벗어나고자 이에 도전하는 자신의 메시지를 담아내기 위해 끝없이 새로운 예술형식을 탐구해 나가고 메시지를 여러 가지 차원에서 그려내는 전략을 취하게 되었다. 그로 인해 오늘날도 그의 작품에 대한 비평가들의 논란이 끊이지 않고 있으며 멜빌은 이해하기 어려운 작가라는 평가를 받는다.

20세기 초반의 멜빌 리바이벌 붐이 한 세기를 지나서도 여전히 지속되는 것은 포스트 모던적인 예술기법과 인종과 국가의 경계를 아우르는 열린 시각과 상상력으로 작품을 집필해 나갔던 멜빌의 시대를 앞선 작가적 특성 때문이다. 그의 작품들은 형식이 곧 주제를 전달하는 공통적인 특성을 보여주는데 특히 「베니토 세레노」에서는 형식과 주제가 혼연일체가 될 정도로 유기적인 관계에 이른다. 따라서 「베니토 세레노」의 의미를 파악하기 위해서는 서술기법을 고찰하는 것이 선결되어야 한다. 다시 말해서 작품을 이루는 세 구조의 상호반영적인 특성과 들라노 선장의 관점, 법정증언 부분, 침묵으로 일관되는 바아버의 관점, 3인칭 화자의 관점 등 복합시점과 상징과 아이러니 등의 서술기법을 파악하는 것이 필요하다. 이를 통해 들라노의 이중성이 대변하듯이 겉보기와 달리 사실 흑인노예제도를 합리화하고 있는 백인지배 담론에서 벗어나야 노예반란들을 종식시킬 수 있다는 함축적인 주제를 파악할 수 있다.

현대 독자들에게 「베니토 세레노」는 여전히 매력적인 텍스트로 남아 있게 된다. 최종적으로 작품을 해석해 내는 역할이 독자에게 넘겨지며 복잡한 서술구조와 시점을 헤쳐나가는 과정에서 독자는 기존 지배 관념의 틀을 깨고 새로운 인식을 해나갈 수 있게 된다. 다시 말해서 기존 지배이데올로기에서 벗어난 다른 관점에서, 즉 바아버의 침묵을 읽어내고 그의 관점으로 사건의 과정을 재구성해 보게 된다. 이들 통찰력있는 독자들은 유토피아가 오길 수동적으로 기다리고 있기보다는 스스로 노력해서 '정신적으로 아름답고 물질적으로 풍요로우며 인간적으로 보람있는 지구협력사회'를 구현해야 한다는(최재천 A30) 메시지를 바로 「베니토 세레노」의 복합적인 서술시점과 서술구조 및 전략 등을 통해 찾을 수 있다고 주장한다면 지나친 비약이 될까?

인용문헌

최재천. “‘세계평화의 날’, 최재천의 자연과 문화[231]”, A30, 『조선일보』. 2013년 9월 17일.

Adler, Joyce Sparer. “Benito Cereno: Slavery and Violence in the Americas.” *Critical Essays on Herman Melville's “Benito Cereno”*. Ed. Robert E. Burkholder. New York: G. K. Hall & Co, 1992. 76-93.

Arvin, Newton. *Herman Melville.* London: Methuen and Co. Ltd., 1950.

Baym, Nyna. “Melville's Quarrel with Fiction”, *PMLA* 94: 911-923.

Berkholder, Robert E. “Introduction.” *Critical Essays on Herman Melville's “Benito Cereno”*. Ed. Robert E. Burkholder. New York: G. K. Hall & Co, 1992. 1-16.

Duban, James. “Cripping with a Chisel: The Ideology of Melville's Narrators.” *Texas Studies in Literature and Language 31* (1989): 341-85.

Fogle, Richard Harter. *Melville's Shorter Tales*. Norman: Oklahoma UP, 1960.

Franklin, H. Bruce. “Past, Present, and Future Seemed One.” *Critical Essays on Herman Melville's “Benito Cereno”*. Ed. Robert E. Burkholder. New York: G. K. Hall & Co, 1992. 230-47.

Hayes, Kevin J. *The Cambridge Introduction to Herman Melville.* Cambridge: Cambridge University Press, 2007.

Leyda, Jay. *The Melville Log: A Documentary Life of Herman Melville*. 2 vols. New York: Harcourt. Bruce and Company, 1951.

Mairs, Dudley Alexander. *A “Connoisseur Of Chaos” : Melville And His Self-Conscious World View.* Ph. D Dissertaion (Unpublished). State University of New York at Stony Brook, 1984.

Martin, Terry J. *Rhetorical Deception In The Short Fiction of Hawthorne, Poe, and Melville*. Queenston, Ontario: The Edwin Mellen Press, Ltd., 1998.

McLoughlin, Michael. *Dead Letters to the New World.* Routledge: Taylor and Francis Books, Inc., 2003.

Melville, Herman. *Moby-Dick.* Eds. Harrison Hayford and Hershel Parker. New York: W. W. Norton, 1967.

______ "Hawthorne and His Mosses." *Moby-Dick.* Eds. Harrison Hayford and Hershel Parker. New York: W. W. Norton, 1967. 535-51.

______. *Billy Budd, Sailor And Other Stories*. Ed. Harold Beaver. New York: Penguin Books, 1967.

O'Brien, Edward J. "The Fifteen Finest Short Stories." *Forum* 79.6 June (1928): 908-13.

Riddle, Mary-Madeline Gina. *Herman Melville's Piazza Tales: A Prophetic Vision.* Goteborg; Acta Universitatis Gothoburgensis, 1985.

Rogin, Michael Paul. *Surversive Genealogy: The Politics and Art of Herman Melville.* University of California Press, 1979.

Sanborn, Geoffrey. *The Sign Of The Cannibal.: Melville and the Making Of A Postcolonial Reader.* Durham and London: Duke UP, 1998.

Spanos, William V. *Herman Melville And the American Calling.* New York, Albany: State University of New York Press, 2008.

Thomas, Brook. *Cross-Examination of Law and Literature; Cooper, Hawthorne, Stove, and Melville.* Cambridge: Cambridge UP, 1987.

______. "The Legal Fictions of Herman Melville and Lemuel Shaw." *Critical Essays on Herman Melville's "Benito Cereno"*. Ed. Robert E. Burkholder. New York: G. K. Hall & Co, 1992. 116-26.

Wadlington, Warwick. *The Confidence Game in American Literature.* Princeton: Princeton UP, 1975.

West, Ray B., Jr. *The Writer in the Room.* Chicago: Michigan State UP, 1968.

Zagarell, Sandra A., "Reenvisioning America: Melville's "Benito Cereno"." *Critical Essays on Herman Melville's "Benito Cereno"*. Ed. Robert E. Burkholder. New York: G. K. Hall & Co, 1992. 127-45.

출처 : 『인문학 논총』 제 18집(2013)에 실린「음폐된 진실탐구:「베니토 세레노」의 서술기법」을 책의 주제에 맞게 수정 · 보완한 글임.

마크 트웨인의 『허클베리 핀의 모험』

성 경 준 한국외국어대학교

I.

1. 작가 소개

마크 트웨인(Mark Twain: 1835-1910)은 흔히 "미국의 아들"이라고 불린다. 19세기 중엽부터 20세기 초까지의 미국의 역사를 생생하게 경험한 그의 삶을 추적해 보면 결코 그 말이 빈말이 아님을 알 수 있다 그는 미조리(Missouri) 주의 플로리다(Florida)에서 태어나 미시시피 강변 마을인 한니발(Hannibal)에서 자란다. 아버지가 죽은 12살 이후로는 식자공이 되어 18살까지 세인트 루이스(St. Louis)에서 뉴욕에 이르기까지 다양한 곳을 돌아다니며 일했다. 그 이후 그는 남아메리카에 가기 위해 미시시피강을 내려가는 증기선을 탔다가 미시시피강의 수로 안내인(pilot)이 되어 남북 전쟁이 발발하는 1861년까지 4년 간 일하게 된다. 이러한 그의 남부에서의 어린 시절과 수로 안내인으로서의 경험은 그의 미시시피강 3부작[『톰소여의 모험』(*The Adventures of Tom Sawyer*, 1876), 『미시시피강에서의 삶』(*Life on the Mississippi*, 1883),

그리고 『허클베리 핀의 모험』(*Adventures of Huckleberry Finn*, 1885)]에 잘 나타나 있다.

수로 안내인을 그만 둔 이후 네바다의 임시 주지사로 임명된 형을 따라 서부로 건너간 그는 네바다와 캘리포니아에서 금광을 찾아 헤매는 등 서부 개척 시대의 다양한 경험을 하게 된다. 이러한 서부에서의 경험은 서부적인 낙천주의와 유머로 그의 글에도 반영된다. 1865년 단편 「캘라버러스 군의 유명한 점핑 개구리」("The Celebrated Jumping Frog of Calavaras County")를 발표하였다. 이 작품은 당시 문단에서 생소한 서부 영어를 작품에서 그대로 사용하며 서부의 유머를 잘 보여주는 작품으로 미국문학사에서 리얼리즘 문학의 중요한 작품으로 여겨진다. 이 작품으로 트웨인은 문단에 이름이 알려지기 시작한다. 1867년경 유럽과 중동 지역에 세크라멘토지의 특파원으로 방문하고 쓴 책인 『순진한 사람들의 해외 여행기』(*Innocents Abroad*) 는 유럽 문명에 대한 풍자로 큰 인기를 얻는다. 당시 미국인은 영국과 유럽보다 자신들의 문명이 뒤떨어졌다는 열등의식을 가지고 있었는데, 이 작품에서 트웨인은 자신의 유머로 유럽문명의 실상과 허위에 대하여 풍자를 하여 미국 독자들에게 큰 인기를 끌게 된다.

1870년 트웨인은 올리비아 렝돈(Olivia Langdon)과 결혼하게 된다. 결혼 첫해는 버팔로(Buffalo)시에 살면서 잠시 신문사를 운영하기도 하였으나 1871년 이후에는 커넷티컷의 하드포드(Hartford)로 이주하여 거기에서 20년 넘게 살게 된다. 이 시기가 트웨인 문학에 있어서 전성기로서 미시시피강 삼부작도 이 시기에 쓰게 된다. 당시 하트포드는 금융과 산업주의로 팽창하는 동부 도시 중의 하나로 트웨인은 이 곳에서 근대 산업주의와 자본주의, 그리고 팽창하는 도시의 모습을 목격하게 된다. 이러한 것에 대한 그의 통찰은 『아서왕 궁전의 커넷티컷

양키』(*A Connecticut Yankee in King Arthur's Court*)에 잘 나타나 있다.

트웨인은 현대 과학 기술에 깊은 관심을 가지고 있어 1885년경부터 자동식자기인 페이지식자기(Paige Typesetter)의 발명에 투자를 하게 된다. 그리고 100여 가지 종류의 발명품에 투자를 하고 출판사를 경영하는 등 여러 가지에 관심을 두게 된다. 그러나 페이지식자기에 과도한 투자를 하게 되어 1891년 파산하게 되고 그 빚을 갚기 위해 세계 강연 여행을 떠나게 된다. 1897년 세계 강연 여행을 한 이후에 쓴『적도를 따라서』(*Following the Equator*)는 서구 열강의 제국주의에 대한 신랄한 비판을 담고 있다. 그 이후 트웨인은 인간과 역사의 본질에 대해 깊은 관심을 갖게 되어『인간이란 무엇인가?』(*What is Man*?),『신비한 이방인』(*The Mysterious Stranger*) 등의 많은 작품을 쓰게 되고 이러한 작품들은 트웨인의 사후에 출판되게 된다. 1910년 레딩(Redding)의 저택에서 사망한다. 이 시기의 트웨인의 작품에 대하여 대다수 비평가들은 트웨인의 파산, 딸과 아내의 죽음 등으로 그가 비관적으로 변화하여 어두운 작품을 쓰게 되었다고 평가한다. 하지만 이 시기의 작품을 자세히 분석해 보면 그가 비관적으로 변화했다기 보다는 인간의 본성과 인간 역사의 어두움에 대한 그의 관심을 보여준다고 하는 것이 더 타당하다. 트웨인의 전기를 보면 트웨인은 죽을 때까지 그의 유머와 낙천적인 성격을 잃지 않은 것을 볼 때 더욱 그러하다.

트웨인의 작품은 미국적인 삶의 다양성과 활력, 그리고 미국인의 성격을 미국적인 풍경 속에서 잘 보여주고 있다. 가령 헉(Huck)과 탐(Tom)은 미국적인 낙천주의와 유머 속에서 미국인의 성격을 보여주는 대표적인 등장인물이라고 할 수 있다. 미국 사회에 대한 그의 통찰력과 비판은 지금도 많은 비평가들에 의해 끊임없이 논의되고 있다. 가령『허클베리 핀의 모험』에 나타나는 인종주의에 대한 비판은 현재도 많은 비평가들의 논의 대상이 되고 있으며, 헉과 짐의 우정과 그들이 뗏목 위에서 만들어 가는 공동체의 모습은 인종 문제와 미국 사회에 대한 트웨인의 깊은 인식을 보여준다.

그의 문체는 미국 토속어와 구어체를 작품 속에서 직접 사용함으로써 사실주의적인 글쓰기로 미국문학사에서 획기적인 위치를 갖고 있다. 『허클베리 핀의 모험』에 나타나는 구어체와 전통적인 문어체 영어의 적절한 사용, 그리고 방언의 사용을 통해 드러나는 사실성, 직접성, 단순성의 문체는 그 이전 어느 작가에게서도 찾아볼 수 없으며, 그 이후 미국 작가들에게 커다란 영향을 미치게 된다. 헤밍웨이(Hemingway)가 "모든 미국 현대 문학은 『허클베리 핀의 모험』이라는 마크 트웨인의 책 한 권에서 유래한다"라고 한 것은 이런 점에서 결코 과장이 아니라고 말할 수 있을 것이다.

2. 『허클베리 핀의 모험』과 서술기법

이 작품은 헉이 화자이자 주인공으로 등장하여 그가 짐과 함께 미시시피강을 따라 내려가며 겪는 모험을 중심으로 구성되어 있다. 이 작품의 서술 구조는 "I(나)"로 등장하는 헉의 눈을 통해 사건과 인물이 묘사된다. 그렇다고 하여 이 작품이 헉의 시각으로만 서술되는 것은 아니다. 작가는 숨어있는 화자가 되어 많은 부분에서 헉과 거리를 두며 헉을 비판하고 있다. 많은 비평가들은 헉만이 화자라고 주장하나 이 작품의 상당 부분에서 헉의 대한 작가의 비판적 거리가 숨어 있음을 알 수 있다.

이 작품은 미국 리얼리즘 문학에서 가장 중요한 작품 중의 하나로 구분되듯이 남부 및 서부 지역 방언과 구어체, 등장인물, 배경, 대화,

그리고 사건의 묘사에서 사실주의적인 서술기법을 보여준다. 트웨인은 사실주의적인 서술기법을 바탕으로 헉의 시각을 통하여 헉과 짐과의 관계, 그리고 짐과 만들어 가는 뗏목위의 공동체, 그리고 미시시피 강변 마을과 인간들의 본성을 독자들에게 전달하고 있다.

헉의 화자로서 시각에서 보면 이 작품은 그의 모험에 따라 크게 세 부분으로 나누어진다. 이러한 구분은 흥미롭게도 이 작품의 집필 시기와 줄거리의 구분과도 일치한다.

처음 부분은 1장에서 16장까지이다. 이 부분은 트웨인이 『톰소여의 모험』을 출판한 이후 쓰기 시작하여 1881년까지 쓴 부분으로 사실주의적 서술기법을 통해 헉의 모습, 강변 마을과 사람, 그가 짐과 함께 미시시피강을 따라 내려가며 쌓아가는 우정, 그리고 뗏목위의 공동체의 모습을 보여준다. 이 부분에서 헉은 문명에 적응을 하지 못하고 문명과 아버지의 학대로 부터 탈출하여 잭슨 섬으로 가게 되며 거기에서 탈출한 짐을 만나 뗏목을 타고 미시시피강을 따라 내려가게 된다. 그 과정에서 트웨인은 헉의 시각을 통하여 짐의 모습과 그들이 인종을 초월한 우정의 공동체를 어떻게 쌓아가는지를 보여준다. 또한 트웨인은 화자인 헉과의 거리를 통하여 헉이 짐에 대하여 보여주는 갈등과 양가적인 모습을 그리며 그것을 통해 당대 인종 지배담론이 얼마나 강하게 헉의 무의식을 지배하고 있는지 재현하고 있다.

중간 부분은 17장에서 31장까지인데, 1882년경 트웨인이 미시시피강을 따라가는 여행을 갔다 온 후 저술한 부분이다. 이 부분에서 두드러진 것은 헉의 시각을 통하여 드러나는 인간 본성의 잔인함과 악함, 그리고 문명의 위선과 허위이다. 헉의 눈을 통하여 보여지는 그랜저포드가(the Grangerfords)와 세퍼드슨가(the Sherpherdsons) 간의 참혹한 분쟁은 인간의 잔인함을 잘 보여주고 있다 또한 두 명의 사기꾼인 왕(king)과 공작(duke)의 모습은 인간의 악한 속성과 저열함을 잘 드러내고 있다. 31장에서는 화자인 헉을 통해 그와 당대 인종 지배담론과의 갈등을 실감나게 재현한다. 이 부분에서 헉은 짐의 위치를 알려주는 편지를 쓰지만, 짐과의 아름다운 우정을 회상하며 차라리 지옥에 가겠다며 편지를 찢고 직접 짐을 구하기 위해 마을로 간다. 이 부분은 미국문학사에서 가장 유명한 부분중의 하나로 트웨인이 헉이라는 화자를 통하여 미국 인종 문제에 대한 그의 발언을 하는 부분이라고 할 수 있다.

마지막 부분은 32장에서 마지막 43장까지로 트웨인이 중간 부분을 저술한 이후 한참 쉬다가 1884년경 출판 전에 쓴 부분이다. 이 마지막 부분은 헉의 성장이 멈추고 탐이 작품 전체를 지배하는 내용으로 되어 있어 트웨인의 인종문제에 대한 비판이 사라져 <도피부>(Evasion Section)라고도 불린다. 물론 여전히 헉의 시각을 통하여 묘사되고 있지만 헉의 정치적인 목소리가 사라지고 있어 많은 논쟁이 되는 부분이다. 이 부분은 트웨인의 숨어있는 화자로서 역할을 이해하지 못하면 단순히 "소극"(burlesque)으로 판단될 수 있는 부분이다. 하지만 헉의 서술 뒤에 숨어있는 트웨인의 비판적인 거리와 전지적 시점을 이해하면 이 부분이야말로 트웨인의 미국 사회에 대한 가장 비판적인 부분이라고 파악할 수도 있을 것이다.

이 작품에서 트웨인의 헉에 대한 비판적 거리, 그리고 전지적 서술기법은 쉽게 파악되지 않으나 이 작품의 이해에 있어서 중요하다. 가령, 이 작품에서 헉의 입에서 끊임없이 나오는 '검둥이(nigger)'라는 용어는 지금까지 많은 논란을 불러 일으켰다. 어떤 비평가들은 작품에서 헉이 계속적으로 그 용어를 사용하는 것에 대해 헉과 트웨인의 인종주의를 보여주는 것이 아닌가 라고 주장한다. 물론 이 단어가 미국 역사에서 가지는 의미를 생각해 볼 때 그러한 평가가 이해되어지기도 한다. 하지만 그 단어를 사용하는 헉에 대한 트웨인의 비판적 거리와 전지적 서술기법을 이해한다면 이러한 모습은 트웨인의 서술 전략이 당대 독자들과 충돌하지 않으면서도 당대 인종 지배담론을 전복하려는 작가의 의도를 보여준다고 할 수 있다. 헉과 셀리 아주머니(Aunt Sally) 같은 당대 남부 백인들에게 있어서 그 단어는 당대 인종 지배담론에 의하여 자신도 모르게 입에서 나오는 단어인 것이다. 그래서 헉은 셀리 아주머니와 마찬가지로 짐을 '검둥이'라고 생각할 수밖에 없고 '검둥이'라고 부르는 것이다. 그것은 인종 지배담론에 의해 포섭된 남부인의 무의식에 의해 자동적으로 입에서 나오는 단어인 것이다. 이런 측면에서 헉이 끊임없이 그 단어가 사용하는 것은 트웨인의 인종주의를 보여주는 것이 아니라 헉의 무의식이 당대 인종 지배담론에 포섭되어 있음을 보여주고 그것을 트웨인이 거리를 두며 전지적 시점에서 폭로하는 서술기법이라고 할 수 있다.

II

1. 헉과 탐의 재현, 도피부, 그리고 트웨인의 서술전략

이 작품에 관한 비평에서 언제나 중심적인 위치를 차지한 것은 헉과 짐의 관계였다. 물론 두 사람의 관계맺음과 그것에 대한 트웨인의 태도는 인종문제라는 측면에서 이 작품에서 가장 중요한 주제임에 틀림없다. 그러나 다른 한편 트웨인의 서술전략 측면에서 헉과 탐의 관계도 주의 깊게 살펴보아야 이 작품에 재현된 인종 문제에 대한 깊은 이해에 도달한다는 것이 필자의 생각이다. 헉과 탐의 관계는 인종 문제에 대한 트웨인의 기본적인 생각을 보여줄 뿐 아니라 지금까지 논쟁거리였던 <도피부>[1]에 대한 트웨인의 서술전략을 보여준다는 점에서 중요하다.

『탐 소여의 모험』과 『허클베리 핀의 모험』에 등장하는 탐의 재현과 그것에 대한 작가의 태도는 매우 달라 독자를 당혹시키기에 충분하다. 전자에서 탐은 남부의 좋은 가문출신으로 동네 아이들과 목가적인 모험을 하는 낭만적인 소년으로 등장한다. 그리고 트웨인은 그의 모험을 독자가 어린 시절을 회상하며 즐길 수 있는 아름다운 모습으로 재현하고 있다. 그러나 후자에 등장하는 탐의 모험은 허무맹랑한 환상과 텍스트들에 근거하여 헉과 짐을 괴롭히는 희화화된 모습으로 재현된다. 그는 자신의 낭만적 환상에 근거한 모험에 헉이 저항하자 자신이 읽은 엉터리 "책"과 "권위"(authority)을 빌어 그에게 믿을 것을 강요한다.

> 나는 어떠한 다이아몬드도 볼 수 없었고, 그래서 그(탐)에게 그렇게 말했다. 그는 거기에는 엄청나게 많은 그것이 있다고 말했다. 그리고 거기에는 아랍 사람들도 있고, 코끼리들과 여러 물건들이 모두 있다고 말했다. 나는 그렇다면 왜 우리들(헉과 친구들)은 볼 수 없느냐고 말했다. 그는 내가 그렇게 무식하지 않고 돈키호테라는 책을 읽었더라면 내가 묻지 않고도 알았을 것이라고 말했다.[2]

이러한 탐에 대한 작가의 거리는 분명하다. 그것은 무엇보다도 화자인 헉이 탐에게 두는 거리에서 잘 보여진다. 『허클베리 핀의 모험』에서 두 사람의 관계는 그 이전의 작품 『탐 소여의 모험』과는 크게 다르다. 『탐 소여의 모험』에서 헉은 기본적으로 탐의 "말을 잘 따르는 설탕통속에 사는"(36) 아이로 등장한다. 그러나 『허클베리 핀의 모험』에서 헉은 처음부터 탐에게서 거리를 두며 트웨인은 탐을 풍자적이며 희화화된 모습으로 재현하고 있다. 헉이 책의 1장 첫 부분에서 "그 책은 대개(mostly)가 진실이다"(7)라고 하며 『탐 소여의 모험』 책 자체와 거리를 두는 것은 이런 측면에서 이해할 수 있다.

그렇다면 탐에 대한 트웨인의 태도가 왜 이렇게 변화하였을까? 여기에서 탐이 남부 지배 계층의 일원으로 등장하고 있다는 점을 고려해 볼 때 트웨인은 여기에서 탐을 통하여 남부 지배 계층을 풍자하고 있는 것이라고 볼 수 있을 것이다. 그리고 탐이 빠져 있는 낭만적 환상은 남부 지배 계층의 이데올로기--흑인들에 대한 당대 인종 지배담론을 포함한 그들의 정치적 담론을 모두 포괄하고 있는--에 대한 트웨인의 비판을 보여주고 있는 것이라고도 볼 수 있을 것이다. 즉 탐은 작가가 1882년 미시시피강을 따라 남부를 여행한 후 『미시시피강의 생활』에서 트웨인이 비판하는 월터 스코트주의(Walter Scottism)에 빠져 있는 남부의 지배 계층인 것이다. 이런 측면에서 헉이 남부 사회의 인종 지배담론에서 벗어나 뗏목 위에서 휴머니티의 공동체를 이루기 위해서는 먼저 탐과 거리를 두는 것이 당연한 과업이라고도 할 수 있다. 그리고 헉과 짐이 뗏목 위에서 인종을 초월한 공동체를 이루어졌을 때 탐이 사라지는 것도 당연한 귀결일 것이다.

이런 측면에서 탐의 모습과 그가 하는 장난은 『탐 소여의 모험』과 크게 다르지 않지만 『허클베리 핀의 모험』에서 그것은 더 이상 목가적인 모습으로 재현되지 않는다. 탐이 "유치원 초급반 학생"들을 "아랍 상인"이라고 부르며, 그들의 "주일 소풍"을 "대상들의 행렬"이라 부르면서 습격하는 모습에는 여전히 『탐 소여의 모험』같은 목가적인 모습이 보인다. 하지만 이제 그것은 현실과는 유리된 탐의 낭만적 환상으로 그려진다. 그리고 헉은 그것에 대해 말도 안 되는 생각이고 실제와 동떨어진 환상임을 이야기하며 거리를 둔다. 하지만 탐은 자신의 지식과 권위의 우월성을 빌어 헉을 비롯한 마을 아이들을 자신의 낭만적 환상 속으로 끌어들인다. 그리고 그것을 거부하는 아이는 그 공동체에서 추방해 버릴 것을 위협하며, 그들에게 자신의 방식만이 규칙에 맞고 정상적인 것임을 강조한다. 이것은 마치 남부의 지배 계층이 인종 지배담론을 비롯한 자신의 이데올로기를 "규칙"으로 정해 놓고 그것에 따르지 않는 구성원들을 협박하는 것과 유사하다. 인질들을 죽을 때까지 가두어 놓은 후에 "몸값"(ransom)을 받는 것보다 지금 바로 받는 것이 합리적이지 않느냐는 벤 로저스에 대해 다음과 같이 말하는 탐의 모습은 그것을 잘 보여준다.

> 왜냐하면 책에 그렇게 쓰여 있지 않았기 때문이야. 그것이 바로 이유야. 자, 벤 로저스, 너는 규정에 맞게(regular) 일을 하고 싶지 않니? 그렇지 않아. 바로 그것이 정말 이유야. 너는 책을 지은 사람들이 어떻게 해야 올바르게(correct) 일을 할 수 있는지 알았다고 생각지 않니? 너는 네가 그 사람들에게 어떤 것을 가르칠 수 있다고 생각하니? 말도 안돼. 아니란 말야. 우리는 그냥 규정에 맞게(in the regular way) 계속 진행해서 몸값을 받으면 돼. (13)

물론 헉은 31장까지 이르는 동안 자주 탐을 모방하려 한다. 특히 그의 스타일(style)을 부러워하며 그것을 모방하려고 시도한다. 그러나 지배 이데올로기에 대한 개인의 저항과 포섭의 문제를 생각해 볼 때 헉이 이러한 양가적인 모습을 때때로 보이는 것은 이해할 만하다. 그러나 기본적으로 헉의 탐에 대한 거리 두기는 작품 전체에서 분명하다. 헉은 짐과 모험을 떠나기 전에 탐이 하는 것은 거짓이라고 단언한다.

그리고 그 때 나는 그 모든 것이 탐의 거짓말 중의 하나라고 판단했다. 나는 그가 아랍 사람들과 코끼리를 믿는다고 생각한다. 그러나 나는 다르게 생각한다. 그것은 모두 주일 학교의 흔적을 가지고 있다. (17)

헉은 탐과의 거리두기를 통하여 남부의 지배이데올로기에서 벗어나 독자적인 자신의 여행을 떠난다. 작품의 전체 서사 구조에서 인종간의 장벽을 넘어서 헉이 짐과 함께 세워가는 우정의 공동체는 바로 탐과의 거리두기에서 시작되는 것이다.

하지만 탐은 32장에서 다시 등장하여 <도피부>에서 헉과 짐을 지배한다. 이 부분에 대해서 지금까지 많은 논란이 있어 왔다. 티 에스 엘리어트(T. S. Eliot)나 라이오넬 트릴링(Lionell Trilling)같은 비평가들은 이 부분이 작품 처음 부분의 코믹한 분위기로 돌아간다는 점에서 "형식적으로 타당하다"고 옹호한다. 그러나 리오 막스(Leo Marx)는 이 소설의 주제인 "자유를 향한 탐색"(the quest for freedom)이라는 측면에서 이 부분이 31장까지의 헉의 성장과 짐의 해방을 무효화시킨 부분이라고 비판한다. 어쨌든 그 논쟁의 어떤 편에 속해 있건 간에 이 부분이 주제적 측면에서 작품 전체의 서사 구조에 맞지 않은 부분이라고 인정하는 듯 하다. 최근 나온 데이비드 스미스(David Smith)의 비평에서는 이 작품을 인종 담론(Racial Discourse)이라는 측면에 초점을 맞추면서도 마지막 부분에 대해서는 거기에서 나타나는 짐의 인간적인 측면을 찾는 데 그치고 구체적인 논의를 피하고 있다(116-20).

그러나 앞서 논의한 것처럼 탐이 남부 지배 계층에 대한 트웨인의 비판을 보여준다고 해석할 때 31장에서 탐이 다시 나타나서 짐을 가두고 장난을 하는 부분은, 남부의 지배 계층이 남북 전쟁 이후에도 세력을 유지한 채 남부를 지배하며 흑인을 여전히 노예 상태로 계속 가두는 것에 대한 트웨인의 우화로 볼 수 있을 것이다. 이렇게 트웨인의 서술전략의 측면에서 보면 <도피부>는 31장까지 보여주는 트웨인의 남부에 대한 비판이 남북 전쟁 이후의 남부 상황에 대한 비판으로 까지 발전한 것이라고 볼 수 있다. <도피부>에서 탐은 그의 뒷주머니에 해방문서를 넣어둔 채 짐을 가두고 그의 환상에 근거하여 온갖 장난을 한다. 그리고 그것에 저항하는 헉에게 권위를 빌어 그가 하는 환상을 강요한다. 침대 다리만 들면 빠져 나오는 짐의 쇠사슬을 풀기 위해 짐의 다리를 자르려는 탐에게 헉이 반문하자 탐이 대답하는 다음과 같은 모습은 그것을 잘 드러낸다.

> "무엇 때문에 그러지?" 나는 말했다.
> "뭐, 짐의 다리를 자르기 위해 그렇지" 그는 말했다.
> "맙소사!" 나는 말했다. "그럴 필요가 전혀 없어. 도대체 왜 그의 다리를 잘라야만 하지?"
> "글쎄. 가장 훌륭한 권위자(authority) 중 몇몇이 그렇게 했지. 그들은 쇠사슬을 빠져 나갈 수 없어 손을 자르고 도망쳤어" . . . "그것이 그들 모두가 하는 것이야. 그리고 그(짐)도 그것을 해야 해. 헉. 너는 규정에 맞게(regular) 어떤 것을 하고 싶지 않은 것 같구나." (189)

어쩌면 트웨인이 탐의 지배 이데올로기를 우화적 서술기법을 통하여 풍자한 것은 그가 남북 전쟁 이후의 흑인을 억압하는 인종 지배담론을 실제의 진실과 거리가 먼 환상에 가까운 것으로 보고 있다고 파악할 수 있다. 그리고 탐이 끊임없이 참조하며 그의 권위의 밑바탕으로 삼은 낭만적인 엉터리 책들은 그 당시의 흑인법(Black Codes)을 우화화한 트웨인의 서술전략이라고 볼 수 있을 것이다.[3]

물론 헉과 짐은 탐의 행동들이 모두 "어리석고"(stupid) "말도 안 된다"(make no sense)는 것을 알고 있으며, 그것에 대해 항변한다. 그러나 탐은 자신의 지식과 권력을 이용하여 그들에게 환상에 빠진 자신의 장난에 따를 것을 강요한다. 이것에 대해 헉은 "만약 그것이 규정(regulations)이라면, 그래서 그렇게 해야 한다면"(189) 이라고 말하며 따른다. 이것은 31장까지 성장한 헉의 모습이 남북 전쟁 이후 남부의 새로운 상황 속에서 큰 힘을 발휘하지 못함을 상징적으로 보여준다고 할 수 있다. 그리고 14장에서 인간 "쓰레기"(trash)를 규정하던 당당한 인간에서 탐의 환상적 이데올로기에서 벗어날 수 없는 짐 역시 전후 남부의 흑인 현실을 상징적으로 보여준다고 할 수 있다. 탐은 짐에게 "현삼"(mullen)을 "피치올라"(pitchiola)라고 부르고 눈물로 기르게 하는 등 엉터리 같은 인식과 행동을 계속 강요한다. 이런 속에서 거미와 쥐, 뱀에 갇힌 채 한숨도 잘 수 없는 짐의 모습은 전후 남부의 흑인 모습을 가장 우스꽝스럽게, 그러나 가장 비극적으로 보여준다.

> 그는 쥐들과 뱀들과 맷돌 사이에서 그의 침대를 위한 공간은 거의 없다고 말했다. 그리고 그것이 있다고 해도, 잠을 잘 수 없다고 말했다. 그것들은 너무나도 그리고 항상 활발하게 움직인다고 말했다. 그것들은 모두다 한꺼번에 잠을 자지 않고 교대로 잠을 자기 때문에 뱀이 잠을 잘 때에는 쥐가 보초를 서고 쥐가 잘 때는 뱀이 깨어난다. 그래서 언제나 어떤 한 종류가 자신들 방식으로 그의 밑에 있거나 그의 위에서 서커스를 한다고 말했다. . . . 그는 만약 이번에 거기에서 나간다면 다시는 죄수가 되지 않을 것이라고 말했다. 봉급을 준다 해도 말이다. (209)

이 부분을 이렇게 남북 전쟁 이후의 남부의 상황으로 파악한다면 <도피부>는 트웨인의 인종 문제에 대한 비판이 절정에 달한 부분이며, 남북 전쟁 이후의 남부에 대한 그의 비판이 소극(burlesque)과 유머라는 서술전략을 통해 가장 잘 드러난 부분이라고 말할 수 있을 것이다. 또한 남북 전쟁 이후에도 남부에서는 흑인과 백인의 상황이 전전(戰前)과 다를 바 없음을 트웨인이 우리에게 제시하고 있는 부분이라

할 수 있다. 그리고 탐이 장난을 즐기며 "짐을 우리 생애동안 계속 그런 상태로 놔두고 그를 자식들에게 물려줘서 . . . 팔십 년간 이것이 계속 되면 좋겠다"(196)라고 말하는 부분은 트웨인의 남부에 대한 절망과 그의 미국 역사에 대한 비극적 예견을 보여준다고 할 수 있다. 이런 측면에서 보면 <도피부>는 지금까지 많은 비평가들이 주장한 것과는 달리 주제상, 구조상으로 앞부분과 일관된 서사구조를 가지고 있다고 말할 수 있을 것이다. 그리고 이 작품이 끊임없는 유머로 가득 차 있는 것도 당대 인종 지배 담론과 흑백 정치 구조에 대한 전복을 하던 작가가 독자와 화해를 시도하던 몸짓으로 볼 수 있을 것이다.

2. 짐의 재현과 트웨인의 서술전략

이 작품에서 나타난 짐의 모습은 많은 부분에서 당대 인종 지배담론이 보여주는 '닥키(Darky)'의 모습을 드러내고 있다. 3장에서 탐의 모자벗기기 장난에 대해 짐이 마녀이야기를 하는 모습이라든지, 작품 전체에서 짐이 보여주는 미신과 주술, 그리고 우스꽝스러운 모습은 그러한 재현의 실례라고 할 수 있다. 특히 <도피부>에서 헛간에 갇혀 탐의 장난의 대상이 되어 버린 짐의 모습은 이러한 닥키의 이미지의 절정이라고 까지 할 수 있을 것이다. 이러한 짐의 재현을 인용하며 많은 비평가들은 짐을 닥키로 파악하고 헉과 트웨인 모두 인종주의자가 아닌가라는 의혹어린 시선을 던진다.

그러나 당대 인종 지배담론과 트웨인의 서술전략을 생각해 보면 그렇게 단순히 파악할 수 만은 없다. 잘 알려져 있다시피 당대 흑인들은 법률적으로는 해방되었지만 실질적으로는 노예해방 전보다 더욱 가혹한 상황에 있었다. 스미스가 지적했듯이 그것을 유지하는 가장 중요한 기제는 흑인들에 대한 인종 지배담론이었다.[4] 당대 유행하였던 민스트럴 쇼(Minstrel Show)의 '닥키'의 모습은 인종 지배담론의 모습을 잘 보여준다. 남북전쟁이후 1900년도 초까지 백인들이 가장 좋아하였고, 트웨인도 즐겨보았던 이 쇼에 등장하는 닥키는 "어리석고, 미신적이며 어느 것 하나 제대로 처리하지 못하는"(Smith 106) 인간 이하의 존재로 재현된다.

헉의 시각에서 드러나는 짐의 재현은 이러한 닥키의 모습을 분명히 드러낸다. 하지만 다른 한편 많은 부분에서 끊임없이 그것을 넘어서는 모습을 보여준다. 작품이 전개될 수록 짐은 영리하고 현명한 모습으로 등장하며 헉의 조언자이며 가장 가까운 친구로 재현된다. 그는 헉이 피곤할까봐 밤에 헉을 깨우지 않고 대신 망을 봐주는 사려깊은 사람이며—백인인 왕(the King)과 공작(the Duke)는 짐과 헉조차 위그엄(wigwam)에서 쫒아내고 큰 대자로 누워자고 있다—가족에 대한 뜨거운 애정으로 딸을 그리워하며 홀로 흐느껴 울기까지 한다. 물론 그것에 대해 헉도 흑인에게 그런 감정이 있는 것에 대해 의아해 하나, 그것은 당대 백인들이 얼마나 깊이 인종 지배담론에 포섭되어 있는지를 보여주는 헉과의 거리를 통한 트웨인의 서술전략이라고 할 수 있다. 트웨인은 작품 내에서 헉을 통해 자신의 생각을 이야기했다가 다시 헉과의 비판적 거리를 두며 당대 인종지배 담론에 저항하며, 더 나아가 전복한다.

15장에서 짐이 헉의 거짓말에 대해 "나는 그것이 무엇을 의미하는지를 알지"(I know what this stands for)라고 당당하게 말하며 친구를 배신하는 인간 "쓰레기"(trash)를 규정하는 모습[5]은 당대 인종 지배담론을 전복하는 짐의 재현이라고 까지 파악할 수 있을 것이다.

> 나는 그것이 무엇을 의미하는지를 알지? 내 지금부터 말해 줄테니 잘 들어봐라. 내가 정신없이 설치면서 너를 부르고 하다가 그만 녹초가 돼서 잠이 들었을 때, 네가 없어진 것이 얼마나 슬프던지 가슴이 터질 것만 같았다. 나는 뗏목이고 뭐고 상관없었지. 그런데 눈을 뜨고 네가 살아서 성한 몸으로 돌아온 것을 알았을 때는 너무 기뻐 눈물이 났단다. 나는 엎드려서 네 발에 입을 맞추며 감사하고 싶었어. 하지만 너는 거짓말을 꾸며 가지고 이 늙은 짐을 속일 수 있을까 하는 거만 생각하고 있었던 것 아니냐? 저기 있는 저것이 바로 쓰레기란다. 친구의 머리에 먼지 구덩이를 뒤집어 씌워 망신을 주며 배신하는 인간이 바로 쓰레기지. (95)

이러한 짐의 당당한 모습에 헉은 고개를 숙이며 사과를 한다. 그리고 "검둥이 앞에 가서 머리를 숙일 수 있을 때까지는 15분이 걸렸지만"(95) 헉은 인간으로서 짐을 인정한다. 이 부분은 트웨인이 헉과의 거리를 두며 당대 인종지배담론을 허무는 부분이라고 할 수 있을 것이다.[6]

짐의 재현을 통해 트웨인이 인종 지배담론을 허무는 모습은 펩(Pap)의 죽음을 감추는 데에서도 드러난다. 9장에서 짐은 펩이 살해되었음을 알면서도 임기웅변을 발휘하여 헉에게 그것을 감춘다. 그리고 헉에게 마지막 장인 43 장에 가서 아버지의 죽음에 대해 말한다. 만약 짐이 자신의 탈출에 헉이 필요했기 때문에 이것을 말하지 않았다고 파악하면 이러한 짐의 모습은 인종 지배담론이 흑인들에게 부여했던 "어리석고 둔한" 모습이 아니라 영리하고 임기웅변을 갖춘 짐의 모습을 보여준다. 이러한 모습은 16장에서 짐이 하는 말 "헉은 짐의 가장 좋은 친구이며 늙은 짐과의 약속을 절대로 어긴 적이 없는 단 한사람의 백인 신사"(111)라는 말에서도 잘 드러난다. 이 말은 지금까지 많은 비평가들에 의해 짐의 헉에 대한 우정을 보여주는 말이라고 평가되어 왔다. 물론 그러한 측면이 분명히 있지만 다른 한편 헉의 마음이 흔들려 짐을 고발하려고 한 순간에 한 이 말은 헉의 마음을 잡으려는 짐의 "계산된 언급"이라고 볼 수도 있을 것이다. 만약 그렇게 본다면 짐의 "영리하고 임기응변을 잘하는" 모습은 트웨인이 헉의 시각을 통해 인종 지배담론을 허물고 있다고 파악할 수 있다.

이런 측면에서 이 작품의 서사 구조에서 드러나는 백인들과 짐의 재현의 대조는 당대 인종 지배담론에 대한 작가의 공격이라고 까지 할 수 있다. 이 작품에서 등장하는 아버지형(Father Figure)에 해당하는 백인들은 모두 잔인하고 무자비하며 위선적인 모습으로 나타난다. 아들들을 세퍼드슨가와의 무의미한 분쟁(feud)에 몰아넣은 모두 죽게 만든 그랜저포드 대령(Colonel Grangerford), 술에 취해 실수는 하지만 사람좋은 보그스(Boggs)를 딸이 애원하는 데에도 쏴 죽이는 셔먼대령(Colonel Sherburn)의 모습은 잔인하고 무자비한 백인의 재현을 드러낸다. 그리고 왕과 공작의 사기 행각과 자신들에게 최선을 다했던 짐을 펠프스(the Phelps) 집안에 팔아넘기는 그들의 모습은 백인 아버지에 대한 트웨인의 근본적인 회의를 보여주는 서술전략이라고 할 수 있다. 42장에서 짐이 다시 사로 잡힌 후 동네 백인들은 탐의 간호에 시달려 지쳐 있는 짐에게 아주 무거운 사슬로 묶고 물과 빵만을 준다. 헉은 그들에게 좀 더 잘해 주었으면 하고 바라지만 감히 그들의 잔인함에 "참견할 엄두가 나지 않아" 아무 말도 하지 않는다. 이런 측면에서 팹(Pap)을 묘사할 때 그의 "백인 피부"에 대해 "물고기의 배 같이 하얀, 두꺼비의 배 같이 기쁘 나쁘게 하얀" 피부에 대한 서술은 당대 흑인과 대조되어 우월하다고 생각되는 백인들의 "하얀 피부"의 담론에 대한 트웨인의 거리를 보여주는 것인지도 모른다.

이러한 백인 아버지들에 비해 짐의 재현은 많은 부분에서 활기있고 현명하며 사려깊고 친절한 모습으로 등장한다. 어쩌면 토니 모리슨(Toni Morrison)이 짐이야말로 이 작품에서 아버지가 부재하는 "헉에게 대리 아버지(surrogate father) 역할을 한다"(242)고 평가하는 것은 이러한 짐의 모습을 잘 보여준다고 할 수 있다. 짐의 이러한 모습은 42장에서 탐을 간호하는 모습에서도 드러난다. 짐은 탐에 의해 수없이 괴로힘을 당했음에도 탐이 총에 맞자 자신의 탈출과 자유를 포기하고 탐을 간호한다. 그리고 그것에 대해 "짐으로서 당연히 해야할 일"이라고 이야기한다. 이러한 짐의 재현은 백인 아버지들의 모습과 비교하여 짐의 인간성이 더욱 두드러지며 이것은 트웨인이 당대 흑인 인종 담론을 허물어 뜨리기 위해 구사하는 서술 전략이라고 할 수 있다.

이러한 짐의 인간성은 31장에서 헉이 짐의 위치를 고발하지 않고 직접 짐을 구하겠다고 결심하는 데 가장 큰 동인이 된다. 이 부분에서 두 사람이 만든 아름다운 공동체의 모습이 드러난다. 헉은 짐의 위치를 고발하지 않는 것은 양심에 어긋나는 일이며 "지옥에 갈 일"이라고 생각하며 갈등에 휩싸이지만 자신이 짐과 보냈던 아름다웠던 시간을 생각하며 자신이 직접 짐을 구하겠다고 결심하게 된다. 여기에서 헉이 짐과 보냈던 시간을 회상하는 장면은 헉의 마음속에 짐이 한 인간으로 서 있다는 것을 보여준다.

> 나는 또 생각했다. 강을 내려가며 여행하는 것을 회상하니 짐의 모습이 내 마음속에 떠올랐다. 우리는 이야기하고 노래하고 같이 웃으며 강을 흘러 내려왔다. 나는 짐에게 냉정한 마음을 가질 수 없었으며, 오히려 그 반대였다. 내가 잠자고 있으면 깨우지 않으려고 자기가 망보는 것을 끝내고도 내 몫까지 해주던 짐이 눈 앞에 떠올랐다. 내가 안개 속에서 돌아왔을 때 짐은 정말 기뻐했었지. 그 집안싸움이 벌어졌던 곳에서 늪지에서 만났을 때 짐을 얼마나 기뻐했던가. 그는 나를 '사랑하는 애야'라고 부르며 귀여워해 주었고, 나를 위한 일이라면 무엇이든 해 주었고, 나에게 항상 얼마나 잘 대해 주었던가. 마지막으로 뗏목위에 천연두 환자가 있다

고 거짓말 해서 그를 구해 주었을 때가 생각났다. 짐은 너무 감사히 여기며 나에게 짐이 가진 가장 좋은 친구이며, 난 하나의 친구라고 이야기했던 것을 생각했다. 나는 주위를 돌아보았고 그 종이가 눈에 띄었다. (243)

헉이 어떤 백인과도 이러한 관계를 맺지 못하고 백인들이 사회적으로 가장 경멸하는 대상인 흑인 도망 노예와 이러한 관계를 구축하는 것은 짐의 한 인간으로서 훌륭하고 온전한 사람이라는 것을 더욱 두드러지게 한다. 바로 그것을 통해 헉은 "가장 좋은 친구"를 위해 지옥에 가기로 결심하는 것이다. 그리고 이렇게 헉의 마음속에 짐이 한 인간으로 서 있는 것은 흑인노예를 물건으로 간주했던 당대 인종 지배담론을 기반부터 허무는 것이라고 볼 수 있다.

물론 짐의 재현은 상당 부분 양가적인 모습으로 등장한다. 하지만 당대 흑인에 대한 인종 지배담론이 백인들의 마음속을 지배하는 상황 속에서 트웨인의 이러한 서술전략은 백인 독자들의 반발을 잠재우면서 그들을 설득하는 아주 유효한 방법이라고 할 수 있을 것이다. 다른 한편 당대 백인 독자들의 책 구매에 의지해야 했던 작가 트웨인이 취할 수 있는 유일한 서술전략이었는지 모른다. 그리고 짐의 재현에 대한 많은 부분에서 소극과 유머의 서술전략이 동원되는 것 역시 당대 인종 지배담론을 비판하고 있는 트웨인이 상처받은 독자들과 화해하는 몸짓이라고 할 수 있을 것이다.

III

미국 문학사에서 이 작품의 중요성은 새삼 거론할 여지가 없다. 앞서 언급한 헤밍웨이의 유명한 말처럼 이 작품은 내용, 문체, 유머,

그리고 사실주의적인 특성에 이르기까지 현재까지도 미국 문학에 막강한 영향력을 미치고 있다. 1985년 트웨인 탄생 150주년 기념으로 미국의 현대 유명 소설가들을 조사한 바에 의하면 대다수 작가들이 트웨인과 이 작품의 영향을 받았음을 인정하고 있다. 이 작품이 시대를 초월하여 깊은 영향을 미치는 것은 무엇보다도 이 작품이 보여주고 있는 당대 미국 현실과 인간에 대한 통찰과 치열한 문제의식에 있다고 볼 수 있다.

트웨인은 이러한 당대 현실에 대한 그의 문제의식을 작품에서 재현하기 위하여 여러 가지 서술 전략을 구사하고 있다. 이 작품의 기본적인 서술 구조는 "I(나)"로 등장하는 화자이자 주인공인 헉의 눈을 통해 사건과 인물이 묘사된다. 그렇지만 트웨인은 많은 부분에서 다양한 서술 전략을 통해 헉과 거리를 두며 헉을 비판함으로써 당대 인종 지배담론과 흑백 차별의 사회, 그리고 인간 본성에 대한 날카로운 그의 비판을 재현한다.

이 작품에서 헉과 탐, 짐에 대한 재현은 트웨인이 이러한 비판을 이루기 위한 그의 서술 전략을 잘 보여준다. 이 작품에서 탐에 대한 재현은『탐 소여의 모험』에 나오는 목가적인 주인공과는 아주 다르다. 트웨인은 헉을 통해 탐과 거리를 두며 탐을 풍자적이며 희화화된 모습으로 재현하고 있다. 이것은 트웨인이 탐의 낭만적 환상을 통해 당대 인종 지배담론을 포함한 남부 지배 계층의 이데올로기를 비판하기 위한 서술 전략이다. 이런 측면에서 보면 <도피부>는 지금까지 많은 비평가들이 주장한 것과는 달리 주제상, 구조상으로 앞부분과 일관된 서사구조를 가지고 있다고 말할 수 있다. 트웨인이 이 작품에서 끊임없는 유머를 구사하고 있는 것도 당대 인종 지배담론과 흑백 정치 구조에 대해 전복을 하던 작가가 독자와 화해를 시도하던 몸짓으로 볼 수 있을 것이다.

짐에 대한 재현 역시 트웨인의 이러한 서술 전략을 잘 보여주고 있다. 짐은 많은 부분에서 당대 인종 지배담론이 보여주는 '닥키'의 모습을 드러내고 있다. 트웨인은 작품 내에서 소극과 유머의 서술 전략과 헉과의 비판적 거리를 통하여 흑인에 대한 당대 인종지배 담론을 전복한다. 물론 짐의 재현은 상당 부분 양가적인 모습을 보인다. 하지만 당대 인종 지배담론이 백인들의 무의식을 지배하는 상황에서 트웨인의 이러한 서술 전략은 백인 독자들의 반발을 잠재우면서 그들을 설득하는 아주 유효한 방법이라고 할 수 있을 것이다. 이 작품은 독자들의 검열을 피하여 인간과 사회에 대한 날카로운 비판을 던지기 위해 다양한 서술 전략을 구사하고 있다는 점에서도 뛰어난 작품이라고 할 수 있을 것이다.

1) 많은 비평가들은 31장까지의 진지한 헉의 성장과 "자유에 대한 추구"(quest for freedom)가 사라지고 갑자기 우스꽝스러운 내용이 전개되는 것에 대해 "도피부"(Evasion Section)라고 부른다(Marx 427).

2) Mark Twain. *Adventures of Huckleberry Finn*. (New York: Norton, 1999) 16면. 앞으로 괄호 안에 인용 면수만을 밝히기로 한다.

3) 인종차별법(Black Codes)은 남북전쟁 직후부터 남부 각주에서 제정되기 시작하여 1960년대 민권운동(Civil Rights Movement)에 의해 폐기될 때까지 남부에서 계속된다. 이런 측면에서 보면 이 부분은 인종 지배담론을 근간으로 하는 당대의 흑백 정치구조에 대한 트웨인의 근본적인 비판이라고 할 수 있다. 남부 재건시대동안 남부에서는 차별(discrimination)과 분리(segregation)를 근간으로 하는 흑인법을 통해 흑인의 가둬넣기(imprisonment)가 진행되며 북부조차도 그것에 대해 암묵적인 동조를 한다.

4) 여기에서 "인종담론"이란 백인과 흑인이 각각 타고난 육체적·정신적·인종적 특질을 가짐으로써 흑인이 백인의 지배를 받을 수 밖에 없음을 강조하는 담론을 지칭한다. 스미스에 의하면 미국에서는 흑인들이 어리석고 미신적이며 인간이하의 열등한 존재라는 인종담론이 역사적으로 뿌리깊게 내려오며 남북전쟁이후로 그것은 민스트럴 닥키(Minstrel Darky)의 모습으로 구현된다. Smith, 104-5 참조.

5) 이러한 모습에 대해 트릴링(Lionell Trilling)은 "진정한 위엄이 보이는 아주 드문 자존의 모습"(277)이라고까지 파악한다.

6) 이러한 점에서 짐의 재현은 단순히 흑인의 권리에 대한 것이 아니라 당대의 인종담론에 대한 트웨인이 전복이라고 할 수 있다. 트웨인의 서술전략으로 이렇게 재현하고 있다면 짐의 재현은 당대 지배 흑인 담론이 구사하는 닥키의 이미지를 전복한다(Bell 12).

인용 문헌

Bell, Bernard. "Twain's Nigger Jim: The Tragic Face Behind the Minstrel Mask." *Mark Twain Journal* 23.1 (Spring 1985): 10-17.

Mark, Leo. "Mr. Eliot, Mr Trilling, and Huckleberry Finn" Ed. M. Thomas Inge. *Huck Finn among the Critics.* Frederick: University Publications of America. 1985.

Smith. David L. "Huck, Jim, and American Racial Discourse." *Satire or Evasion? Black Perspectives on Huckleberry Finn.* Ed. James S. Leonard and Thomas A Tenney. Durham: Duke UP, 1992. 103-20.

Trilling, Lionell. "Huckleberry Finn." *Mark Twain: Selected Criticism.* Ed. Arthur L. Scott. Dallas: Southern Methodist UP, 1967. 272-80.

Twain, Mark. *Adventures of Huckleberry Finn.* New York: Norton, 1999.

--------. The Adventures of Tom Sawyer. New York: Norton, 1974.

출처 : 이 글은 저자의 「마크 트웨인의 남부에 대한 태도와 모더니티의 문제」(『근대영미소설』 11권 2호(2004): 5-27), 「마크 트웨인의 작품에 나타난 지배담론의 전복문제」(『영미연구』 20권(2009): 53-74)을 참고하되, 작가소개 및 전반적 서술기법에 대한 내용을 첨가하여 수정, 보안한 글임.

이사벨의 '의식'과 인식의 성장과정 형상화

고 영 란 수원대학교

I

1. 작가 소개

헨리 제임스(Henry James)는 1843년 뉴욕에서 태어나 후에 미국 실용주의 철학의 대가가 된 형 윌리엄(William)과 함께, 철학과 신학의 권위자였던 아버지의 교육 철학에 따라 정규 교육 보다는 주로 개인지도를 받으며 어린 시절부터 여러 차례 유럽을 여행했다. 잦은 여행을 통해 유럽에 심취하게 되었던 제임스는 1870년대 후반부터는 영국 런던으로 이주하여 정착했다. 미국과 유럽이라는 신구 세계 사이의 문화적 차이 및 갈등에 깊은 관심을 갖게 된 제임스는 이를 주제로 한 『미국인』(*The American*)을 1877년에 발표하고 이어 1878년에 「데이지 밀러」(*Daisy Miller*)를 출판하여 작가적 명성을 얻게 된다. 이 소설의 근간을 이루는 바 젊고 순진한 미국인이 유럽에서 문화적 갈등을 겪는다는 '국제 주제'(the international theme)는 이후 제임스의 소설에서 다양한 변주를 보이며 다루어진다. 이 '국제 주제'가 심오한 인간 이해와 원숙한 예술적 성취로 꽃핀 작품이 바로 『여인의 초상』(*The Portrait of a Lady*)이다. 『여인의 초상』은 제임스의 대표작 중의 하나로 1881년에 출판되었다.

제임스는 현실에 대한 인식을 변화시켜 나가는 과정이 삶이고, 그러한 인식의 변화를 통해서 삶의 실체에 도달할 수 있다고 보았다. 이 과정을 통해 현실과의 관계를 새롭게 설정해 나가는 것이 제임스가 생각하는 도덕의식이었다. 그의 소설에서는 인식의 변화를 통해 삶에 대한 관계를 조정해 나가는 인물들이 다루어진다. 『여인의 초상』의 여주인공 이사벨(Isabel)의 경우도 그러하다.

제임스에게 있어서 소설은 작가의 인생에 대한 개인적이고 직접적인 인상의 기록이다. 그가 보기에 소설의 소재에는 '삶의 핵심적인 의미'가 담겨 있어야 하며 작가는 '개인적 인상과 주관'을 통해 그 소재를 '선별적으로 선택' 해야 한다. 그래서 작가의 의식을 통하여 여과된 삶의 모습이 소설 속에서 다루어지는 것이다. 내용을 전개할 때도 핵심적인 부분을 선별해서 중점적으로 다루었다. 가령 이사벨이 누구인지를 탐색하는 『여인의 초상』에서 그녀의 가장 핵심적인 면모는 워버튼(Warburton)과 굳우드(Goodwood)의 청혼을 거절하고 오스몬드(Osmond)와의 결혼을 선택하는데 있어 중요한 요인으로 작용한 내적 모순 내지는 양면성인데, 이를 제임스는 반복적으로 덧칠하면서 집중 부각한다.

제임스는 인간의 '의식'을 소설의 소재로 삼음으로써 소설에 있어서 소재의 범위를 확대했다. 그는 『여인의 초상』에서 연속적으로 일어나는 사건의 전개 과정을 평면적으로 서술하는 것이 아니라 이사벨의 '의식'에 초점을 두어 사건에 대한 그녀의 심리적 반응과 의식의 움직임을 극화한다. 그러는 가운데 그녀의 의식이 확장되고 인식이 성장해가는 과정을 탐색한다. 그의 소설이 '의식의 드라마'(Lubbock 147)라고 불리는 것은 이 때문이다. 인간의 내면 의식의 움직임을 사실에 가깝게 구체적으로 그려낸다는 점에서 그의 작품은 심리적 사실주의 소설이기도 하다. 그가 이러한 소설 양식을 택한 배경에는 도덕적·윤리적인 문제에 관심을 갖고 사실주의 소설을 썼던 조지 엘리어트(George Eliot)와 나름의 독창적인 로맨스 형식을 창조한 나다니엘 호손(Nathaniel Hawthorne)의 영향이 있다. 제임스는 이들을 수용하면서도 창조적으로 넘어서는 소설 양식을 부단히 모색하고 실험한 작가였다.

제임스는 1916년 사망하기까지 20편이 넘는 중, 장편과 100편이 넘는 단편 소설, 그리고 많은 평론 및 여행기를 쓰는 등 왕성한 작품활동을 했다. 1890년대 이후의 소설에서 그는 인물의 외면적 행위나 사건보다는 거기에 대한 인물의 인상이나 내면 의식의 흐름에 더욱더 치중한다. 이로써 그는 20세기 모더니즘 소설에서 구사된 '의식의 흐름'기법의 발전에 영향을 끼쳤다.

2. 서술기법

『여인의 초상』은 여주인공 이사벨의 의식에 초점을 맞추는 가운데 그녀 안에 잠재해 있는 양면성과 그로 인한 알 수 없는 두려움, 그리고 마침내 그 두려움을 직면하고 대결하여 극복해 내는 성장 과정을 추적한다. 그녀의 양면성이란 외면적으로는 자유와 독립을 표방하지만 무의식 속에는 남에게서 보호받으려는 수동적인 면이 잠재해 있음을 의미한다. 양면성에서 비롯되는 내적 모순이라는 자신의 문제점을 몰랐던 이사벨은 오스몬드와 결혼하게 된 배경을 추적해 가면서 어렴풋이 이를 인식하게 된다. 이후 그녀는 굳우드의 재청혼과 키스를 계기로 자신 안에 잠재된 양면성이 그녀가 느껴왔던 두려움의 원인이었음을 깨닫게 된다. 이제까지 두려워하면서 회피해왔던 자신의 내적 문제를 직면하고 그것 앞에서 무너질 위기에까지 가지만 마침내 이를 극복한 그녀는 성숙된 인식으로써 당당하게 맞서기 위해 로마로 회귀한다. 이러한 인식의 성장 과정이 이 소설의 주제이다.

제임스는 독특한 서술기법을 활용하여 화자, 랄프(Ralph)를 포함한 주위 인물들인 위성들, 그리고 이사벨 자신이 각각 이사벨이 누구인지, 어떤 인물인지를 탐색하면서 그녀의 초상화를 그려나가는 것부터 시작해서 그녀의 인식이 성장하는 과정과 양상을 효과적으로 전달한다. 제임스가 구사하는 서술기법에는 이사벨의 의식의 움직임을 추적하는 것 뿐 아니라 화자의 논평과 위성들의 관찰 및 추측이 있다. 화자가 논평하는 가운데 랄프를 비롯한 주변 위성들이 관찰하면서 추측하고 이사벨 또한 내면의 본 모습을 발견해가는 추리극의 성격을 띤다. 이사벨의 전반적인 초상이 그녀의 내부와 외부 즉 안과 밖에서 그려지는 것이다. 처음 제한적이었던 이사벨의 의식이 확장되면서부터는 그녀의 의식을 중심에 두고 그 움직임을 독자에게 보여준다. 후반부로 갈수록 이사벨의 내면 묘사가 많아지는 것은 이 때문이다. 이사벨의 의식 내부를 들여다봄과 함께 주위 위성들의 관찰과 추측을 보고 듣게 됨으로써 독자는 관찰되는 대상이자 주체로서의 이사벨의 내면의식을 이중으로 보게 된다. 이중적 시각이 제공되는 것이다.

『여인의 초상』에서 자신의 존재감을 드러내며 이사벨의 '초상화'의 틀을 지우는 화자는 객관적 관찰자 관점을 취하기도 하고 전지적 관점을 취하기도 한다. 전자의 경우 적당한 거리를 두면서 초연한 입장을 견지한다. 자신을 이사벨의 전기 작가이자 역사가요 작품은 실제 이야기라고 말하면서 사실성을 부각시키려 한다. 또한 자신을 스케치하거나 그림 그리는 화가로 설정하며 장면이나 광경을 보여준다. 1장과 22장이 그 예이다. 1장에서 화자는 객관적인 시선을 견지하면서 독자를 시골 저택인 가든코트(Gardencourt)라는 무대로 안내한다. 오후의 차 시간 때의 가든코트를 이야기를 풀어내는 첫머리의 상황으로 설정하면서 그곳의 잔디와 잔디 위 의자에 앉아있는 노인을 묘사한다. 이어 노인의 눈이 고정된 집을 소개한 다음 노인 및 그와 함께 있는 두 남자의 외양을 차례로 묘사한다. 이후 그들 사이의 대화를 극화시킨다. 그들 앞에 이사벨이 등장하고 두 남자 중의 하나인 랄프의 눈을 통해 이사벨이 묘사된다. 카메라의 줌을 무대 위로 서서히 좁혀가면서 이사벨이 누구인지에 관심을 집중시키는 것이다.

또 하나의 예는 오스몬드를 등장시키는 22장인데, 이 장은 1장과 유사한 구조를 갖고 있다. 화가의 그림으로 표현한다면 구도가 잘 잡힌 일군의 사람들이 별장에 모여 있었다고 언급한 후 화자는 별장의 바깥 외양을 묘사하면서 무대로 독자(관객)을 안내한다. 그 다음 집 안에서 한 신사가 어린 소녀 및 수녀들과 얘기하고 있는 장면을 전달한다. 이어 아직 이름을 밝히지 않은 신사 오스몬드의 외양을 관찰자적 관점으로 묘사한 다음 그들 사이의 대화 모습을 극적인 장면으로 보여준다. 이어지는 장에서 오스몬드는 이사벨에 의해 관찰된다. 이사벨의 판단착오를 유발한 오스몬드가 과연 누구인지 앞으로 밝혀질 이야기에 관심을 집중시키는 것이다.

객관적 관찰자 시점의 화자의 모습은 이 밖에도 후반부에서 많이 찾아볼 수 있다. 후반부에서 화자는 직접적인 평 대신 장면으로 극화하거나, 이사벨의 의식을 중심에 두고 이 움직임 즉 의식의 드라마를 생생하고도 구체적으로 보여준다.

다른 한편 화자는 전지적 관점에서 주관적인 평을 하며 직접 개입한다. 이때 그는 독자의 시각과 판단을 제한하면서 인물에 대한 평가를 자신이 의도한 대로 이끌어간다. 아이러니한 태도로 이사벨의 문제점을 지적하기도 하지만 조심스러운 어조로 그녀에게 공감하도록 유도하는 것이다. 화자의 관점은 종종 이사벨의 관점과 겹쳐지기도 한다. 이때 화자는 이사벨의 관점에 따르면서도 그녀가 미처 깨닫지 못한 것을 설명한다. 이와 함께 화자는 관찰하는 위성들의 평에 자신의 의견을 덧붙이기도 한다. 랄프의 생각과 서로 뒤섞이며 이사벨을 평가하기도 하고 오스몬드에 대한 랄프의 평이 정확하다고 거들면서 그와 유사한 평가를 내리기도 한다.

화자는 '말하면서' 그리고 '보여주면서' 이사벨이 누구인지에 관한 초상화를 그려나간다. 이사벨에 대한 독자의 공감을 유지하는 가운데 그녀의 인식이 성장하는 과정을 사실적으로 생생하게 전달하기 위해서 내용 전개에 핵심적인 부분을 집중 부각시킨다. 플래쉬백을 사용하여 핵심적인 사건을 먼저 제시하여 독자의 주목을 끌기도 한다. 가령 1장에서 가든코트에 이사벨이 도착한 사건부터 묘사하고 이후 그녀가 이곳에 오게 된 배경 설명을 한다. 또한 31장에서는 떠난 지 1년 후 이사벨이 플로렌스에 돌아온 장면으로 시작해서 그 동안의 사건을 플래쉬백으로 전달한 후, 32장에서 다시 31장 앞부분으로 돌아가 그 사이 서술이 중단되었던 방문객에 대한 내용을 이어간다. 36장에서는 시간을 건너뛰어 이사벨이 결혼한 지 3년여가 지난 시점을 현재로 하여 그 사이 일어난 일을 주변 인물들의 대화를 통해 요약하듯이 전달하기도 한다. 시간 순이 아니라 중요 사건 중심으로 배치하는 것이다. 이와 같이 제임스는 그때그때 가장 필요한 서술기법을 구사하여 효과를 극대화한다.

제임스는 이사벨이 의식의 변화를 겪기 전과 그 후로 나누어 서술

방법을 달리 했다. 이사벨의 의식이 제한되어 있을 때에는 화자의 평과 위성들의 관찰 및 추측에 큰 비중이 주어진다. 이사벨의 상황을 정확하게 이해하기 위해서는 그녀의 의식 내부를 들여다보는 것만으로는 부족하고 그녀가 모르는 사실까지도 알아야 하기 때문이다. 반면 이사벨의 의식이 확장되면서부터는 그녀의 의식에 초점을 맞추어 그 의식의 움직임을 전달하면서 인식의 성장에 주목한다. 이와 함께 잠재의식 차원까지를 포함해서 이사벨의 인식이 성장해가는 과정은 함축성이 풍부한 시적 이미지를 통해 압축적으로 전달된다.

II

1. 이사벨의 '제한된 의식'과 화자

제임스는 1881년 초판을 개작한 1908년 뉴욕판「서문」에서『여인의 초상』이 "자신의 운명에 직면하는 한 젊은 여성"(8)의 이미지에서 싹텄고 여주인공의 "의식"(10)에 초점을 둔다고 밝힌다. 이사벨이라는 한 여성의 의식에 초점을 두는 이 소설에서는 사건 중심으로 전개되는 다른 일반 소설의 플롯과는 달리 인식의 순간이 '위기'가 된다. 결혼, 출산, 아이의 죽음 등 다른 소설에서는 극적 전환점이 될 사건들이 극적 장면을 통해 전달되지 않고 단지 회상을 통해 잠시 요약되는 데 그친다. 이 소설에서는 "변화하는 관점"이 다른 일반 소설에서의 "행위"에 해당한다(Izzo 41). 인식의 성장에 주안점이 주어지므로 이사벨의 무지와 거기에서 비롯되는 당혹감이 사건의 "분규점"(Ghent 693), 즉 복잡한 '전개'에 해당한다.

화자는 작품의 서두에 본질적으로 중요한 사건, 즉 영국의 가든코트에 미국 처녀 이사벨이 등장하여 랄프, 터체트 씨(Mr. Touchett), 워버튼에게 강한 인상을 남기며 흥미를 유발하는 상황을 먼저 소개한 후 그것을 둘러싼 배경 지식을 플래시백을 통해 전달한다. 이사벨이 랄프의 시선을 통해 등장한 이후에 그녀가 왜 그리고 어떻게 영국에 오게 되었는지를 시간을 거슬러 올라가 서술하는 것이다. 이어 이사벨의 인물됨과 성격을 밝히고 그러한 성격 때문에 어떤 선택과 행위를 하게 되는가에 초점을 맞춘다.

소설 전반부인 1장부터 35장까지에서는 이사벨이 워버튼과 굳우드의 청혼을 거절하고 오스몬드를 결혼 상대자로 선택하기까지의 과정이 나타난다. 이사벨의 이러한 선택에 결정적인 영향을 미친 요인은 그녀의 내적 모순 내지는 양면성이다. 이사벨에게는 자유와 독립을 추구하는 적극적인 면과 수동적으로 보호받으려는 유아적인 면이 병존하고 있는데, 그녀는 자신의 이러한 양면성을 알아차리지 못한 채 스스로에 대해 막연히 두려움을 느낀다. 의식이 제한되어 있기 때문에 자기 자신에 대해 잘 모르고 있는 것이다. 이 두려움의 근원을 이사벨 스스로 깨달아가는, 즉 이사벨의 의식이 확장되는 과정이 심층적인 차원에서 소설의 내용을 구성한다. 이사벨이 자신에 대해 갖고 있는 두려움의 근원이 구체적으로 밝혀지지 않은 채 그 두려움이 어떤 양상으로 나타나고 어떻게 변화해 가는지가 추적되는 것이다.

이사벨의 양면성은 올바니(Albany)에 있는 아처(Archer) 가의 "두 채로 된 집"(31)으로 비유된다. 인격이 부여된 "두 채로 된 집"처럼 "이사벨의 자아는 분리되어 있거나 혹은 적어도 서로 반대되는 방향으로 이끌린다"(슐먼 181). 그녀는 집 안쪽에 아직 보지 못한 신비로운 곳이 있다는 그녀의 이론과 상충될 수 있기 때문에 밖을 내다보지 않는다.

또한 현실의 골목을 직접 보면 상상 속에 그려본 멋진 길의 모습이 망쳐질까 봐 문을 열지 않는다. 이사벨이 실제 현실과 맞부딪히는 것을 두려워하는 이유는 관념적인 성향을 지니고 있기 때문이다. 이사벨이 이러한 모순된 양면성을 갖게 된 배경에는 규율이나 질서가 없이 방치되었던 어린 시절이 있다. 이러한 성장 배경으로 인해 이사벨은 지적 독립심을 가질 수는 있었으나 다른 한편으로는 보다 안정된 상태를 희구하는 성향을 갖게 되었다고 할 수 있다.

제임스는 이사벨이 오스몬드와 결혼하기로 결정함에 있어 핵심적이고 본질적인 요인인 그녀의 양면성을 반복적으로 덧칠하여 보여주는 방식을 사용한다. 사건이 진행되고 있기보다는 이사벨의 양면적인 성격을 함축하는 장면이 반복적으로 제시되고 있는 듯이 느껴지는 것은 이 때문이다. 이사벨의 양면성은 화자의 분석 및 평, 주위 인물들의 관찰, 그리고 이사벨의 제한된 의식을 통해 반복, 중첩되면서 다루어진다.

이 소설에서 이사벨이라는 인물이 과연 "누구인지, 무엇인지"(102)는 그녀 자신의 관심사이기도 한데, 그녀가 자신의 본 모습을 발견하기 전에 양면성에서 비롯되는 두려움을 느끼는 것이 그녀의 제한된 의식을 통해 나타난다. 워버튼의 청혼을 거절한 후 이사벨은 그 "엄청난 기회"를 그렇게도 쉽게 거부해버린 자기 자신에 대해 의아해 하며 "자신을 진실로 두려워 한다"(102). 그녀는 이 두려움의 느낌을 이상하다고 생각하는데, 그 이유는 아직 자신의 문제가 무엇인지 확실히 모르고 있기 때문이다. 이 부분에서 전지적 화자는 워버튼의 청혼을 거절한 이사벨의 심정을 전하기 위해 서서히 그녀의 자유간접화법으로 옮겨가기도 하고 이사벨의 생각을 정리해주기도 한다. 청혼하는 굳우드를 힘겹게 떠나보낸 후 억제할 수 없는 감정에 휩싸여 침대 앞에 무릎을 꿇고 팔에 얼굴을 파묻는 그녀에게는 굳우드에 대한 양면적인 감정이 있다. 그녀는 굳우드를 만나면 자유를 빼앗기는 듯이 느끼는가 하면, 그를 자신의 "무자비한 운명"으로 여기기도 한다(105).

구체적으로 결혼을 언급한 굳우드와 워버튼 앞에서 이사벨이 두려움을 느끼는 이유는 자신의 자유와 독립이 훼손될 것을 우려하기 때문이다. 반면 청혼 대신 오스몬드의 낭만적인 사랑 고백을 받은 이사벨은 흥분되고 혼란스러운 감정에 빠진다. 이 상태는 "어둡고""불확실한", "애매하고 심지어는 약간 위험해 보이는""황무지"(265)로 비유된다. 이 상태에서 이사벨은 억눌리는 느낌을 받고 이를 극복하는 법을 절실히 알고 싶어 한다. 이는 이사벨의 관념적이고 낭만적인 면이 자극되었음을 시사한다.

오스몬드가 사랑을 고백한 후 이사벨은 "고양된 진정한 열정"이 "은행에 저축된 목돈"처럼 느껴지고 막상 사용하면 그 돈이 다 쏟아져 나올 것 같은 "두려움"(263)을 느낀다. 그를 받아들여 자신의 독립을 희생시키게 될 것 같은 직감을 하는 것이다. 이는 역으로 그녀 내면에 잠재해 있는 안정과 안전에의 갈망이 강하게 자극되었음을 반증한다. 그래서 그녀는 "선택하고 결정해야 한다는데 두려움"(263)을 느낀다. 이때 빗장이 앞뒤로 미끄러지는 듯한 고통을 느끼는데, 여기에서 채워지는 빗장은 "자유롭게 만들기도 하고 얽매기도 하는 기제"(Mazzella 602)로서 감금과 닫힘의 이미지이다. 오스몬드와의 결혼이 결국 자신의 자유를 감금시키고 제한할 것임을 이사벨이 어렴풋이 인지하는 것인데, 그녀가 고통스러운 것은 자유와 독립을 갈망하는 면 또한 그녀에게 있기 때문이다. 이사벨은 오스몬드와 결혼하기로 결정한 후 굳우드의 방문을 기다리면서 그를 두려워하고 그러한 "두려움을 수치스럽게 생각한다"(277). 독자들은 이러한 이사벨의 심적 상태를 이해하기가 어렵다. 아직 이사벨의 의식이 제한되어 있어 자신의 내적 문제점이 무엇인지를 모르고 있는데다 화자 또한 명확하게 설명해주지 않기 때문이다.

이사벨은 내적으로 모순된 성향을 지니고 있는데다 그 문제점을 인식하고 있지 못하므로 오스몬드와의 결혼을 결정한 이유에 대해 그녀 자신도 온전히 설명할 수 없다. 이는 오스몬드와 결혼한다는 소식을 듣고 찾아온 굳우드와 나누는 대화에서 잘 드러난다. 누구와도 결혼하지 않겠다는 마음을 왜 바꿨느냐는 굳우드에게 이사벨은 오스몬드와 결혼하기로 한 "자신의 의도에 그 누구도 자기만큼 더 놀랄 수는 없을 것이다"(280)라고 말한다. 굳우드가 떠나자 이사벨은 워버튼의 청혼을 거절할 때 그랬던 것처럼 울음을 터뜨린다. 자신의 선택과 그 선택을 한 자기 자신이 스스로도 당혹스럽기 때문이다.

이사벨의 양면성은 아이러닉한 화자에 의해 다음과 같이 평가된다. 이사벨은 "순진하지만 독단적이고", "까다롭고 제멋대로이며", "호기심과 괴팍함"(54) 등 상반되는 성향의 "혼합물"(54), "그녀 성격의 깊고 외진 곳"과 "표면"사이의 "소통"이 여러 변덕스러운 힘에 의해 "방해받고"(41) 있음, 생각은 "뒤엉킨 모호한 윤곽"(53)을 띠고 있고, 행동은 일관성이 없으며 "모순된다"(144)는 것이다. 화자는 이사벨의 내적 모순의 원인이나 배경을 밝혀주지 않은 채 양면성 그 자체만을 지적해준다.

이와 함께 이사벨의 양면성을 비유적으로 시사해 주는 것은 그녀의 행복관이다. 이사벨은 "어두운 밤에 네 마리의 말이 재빠르게 끄는 마차를 타고 볼 수 없는 거리 위를 달리는 것"(146)을 행복으로 본다. 이는 극도의 동작을 보여주지만 그 동작이 외부에서부터 결정된다는 점에서 "극도의 수동성"(Izzo 38)을 내포한다. 정신없이 맹목적으로 휩쓸리는 이 장면의 이미지는 외부의 힘에 수동적으로 자신을 내맡기고 싶어 하는 이사벨 내면의 객관적 상관물이라고 할 수 있다.

다른 한편 화자는 내적 모순이라는 문제점을 지닌 이사벨에 대해 독자가 화자 자신과 같은 입장을 취하도록 유도한다. 이사벨이 "잘못의 대가를 치르고서야" "일관되게 현명한"(95) 인물이 될 것임을 시사하면서 그녀에 대한 동정심을 유지시키려고 한다. "그녀의 잘못과 망상"(53)이라고 평하는 등 이사벨의 약점을 사전에 지적해 주는 가운데 독자가 이사벨에 대해서 부정적으로 생각하는 것을 막아준다. "웃음을 보내지 말 것을 감히 독자들에게 반복해서 강조한다"(95)면서 직설적으로 호소하기도 한다. 화자는 조심스럽고 겸손한 어조로 독자가 이사벨을 너무 비판적으로 보지 않도록 인도한다.

"자의식적인 전통적 화자"(Bell 84-5)는 직접 자신의 모습을 드러내는 가운데 '독자들', '우리들'이라는 단어를 사용하여 독자를 자기편으로 끌어들여 그 반응을 유도하기도 한다. 가령 이사벨의 정신의 움직임이 다소 "묘한" 데가 있으나, 화자 자신은 "자연스럽게" 보일 것을 기대하지 않고 독자 당신에게 "본 그대로"(265) 이야기할 수밖에 없다고 말한다. 독자가 이사벨의 정신에 대해서 의아해 할 수도 있는 부분을 먼저 고려한 듯 이야기하면서 독자의 반응을 조종하는 것이다.

의식이 제한된 상태의 이사벨은 개입하는 화자의 논평의 대상일 뿐 아니라 랄프를 포함한 주위 인물들의 관찰과 평가의 대상이기도 하다. 이사벨을 관찰하는 위성 중의 하나인 헨리에타는 이사벨을 자신만의 꿈의 세계에 살면서 고통을 수반하는 현실과는 충분히 관계를 맺고 있지 못한 채 지나친 환상을 품고 있는 "위험한 성향"(187)을 지닌 인물로 평가한다. 헨리에타가 보기에 유럽에 온 이사벨은 "표류하며 곧장 바다로 떠내려가고 있다"(109). 형부인 러드로우(Ludlow)는 그녀를 "외국어로 쓰여져"(38) 읽어낼 수 없는 텍스트라고 평한다. 이를 통해 이사벨이 쉽게 예측하기 어려우며 인습이 정해 놓은 궤도를 그냥 따라가지 않을 인물임이 시사된다. 이사벨이 워버튼의 청혼을 거절한 이후에는 랄프와 마찬가지로 터체트 부인(Mrs. Touchett) 역시 그녀가 앞으로 무슨 일을 하게 될지 지켜본다. 그들과 함께 독자 또한 이사벨이 어떤 일을 하게 될지 호기심을 갖고 바라본다. 랄프의 말대로 수많은 "관객들"이 이사벨을 "따라붙고"(133) 있다.

그런데 이사벨의 양면성에 대해서는 그녀 뿐 아니라 주변 인물들도 잘 알고 있지 못하다. 이사벨이 "보기"만을 원하지 "느끼기"(134)를 원치 않는다고 지적하는 등 예리한 통찰력을 보여주는 랄프조차도 이사벨을 제대로 간파하지 못한다. 가령 이사벨이 워버튼을 거절한 것을 자유롭게 독립을 지키며 살아가려는 바람의 결과로 이해했던 랄프는 그녀가 오스몬드와 결혼하기로 했을 때 자유를 중시한 그녀이니만큼 절대 "붙잡히지"(288) 않으리라 생각했다고 말한다. 이때 화자는 랄프의 생각을 그대로 전달하다가 도중에 끼어들어 그의 생각의 오류를 지적한다. 랄프는 이사벨을 쉽게 이해할 수 있으리라고 생각하지만 사실 그는 그녀를 더 알아가야 한다는 것이다(63-4). 랄프의 생각과 화자의 생각이 거의 일치하여 서로 뒤섞이며 이사벨을 평가하기도 한다(294).

이사벨의 의식이 제한되어 있음은 다른 인물들과는 달리 이사벨의 관찰 대상인 멀(Merle)과 오스몬드에 대한 인상과 평가에서 잘 드러난다. 이사벨의 제한된 의식을 부각시키기 위해서 화자는 멀과 오스몬드를 3인칭 전지적 시점을 통해서가 아니라 이사벨의 눈에 비친 대로 그린다. 가령 멀이 등장하기 시작한 18장에서, 이제까지 다른 인물을 관찰하지 않았던 이사벨은 멀을 관찰하게 된다. 멀의 인물됨은

19장에서 드러나기는 하지만 여전히 이사벨의 관점에서부터 그려하다. 이때 화자는 멀에 대한 이사벨의 인상을 요약해주고 그녀가 외양만 보고 잘못 판단하는 실수를 저지르고 있음을 암시해주기는 하지만 멀의 실체에 대해 자세히 알려주지는 않는다. 멀에 대해서는 "이중성"(339)을 언급하는 터체트 부인, "지나치게"(216)와 "부자연스러운"(339)이라는 수식어를 붙이며 부정적인 의미를 함축하는 랄프의 평이 주어질 따름이다.

오스몬드의 경우 이사벨이 그를 만나기 전에 미리 소개되지만 이때는 단지 극적 장면을 통해 외형적인 모습만이 보여진다. 이후 이사벨이 그에게서 받는 인상을 소개하면서도 화자는 그것에 자신의 논평을 가능한 한 덧붙이지 않는다. 드물게 논평을 할 때는 이사벨이 어렴풋이 오스몬드의 부자연스러움을 감지하고 있음을 보여주기 위해서인데 다음의 경우가 그 예이다. 화자는 오스몬드에게서 받은 이사벨의 인상에 자신의 평을 뒤섞어, "초연함과 연루됨의 기이한 혼합물"(219)이라고 소개한다. 이 대목은 이사벨이 오스몬드의 자연스럽지 못한 면을 의식의 표면에 떠올리지는 못하지만 무의식적으로 감지하고 있음을 시사해 주는 의미를 갖는다. 또 다른 경우는 이사벨의 판단착오를 지적해주기 위한 다음의 예이다. 화자는 이사벨이 오스몬드를 높이 평가하며 강한 흥미를 느끼지만 사실 그는 "까다롭고 비판적이며", "성마른"(224) 인물이라고 평가한다.

화자는 멀과 오스먼드의 관계에 대해서도 이사벨의 인상에 평을 거의 덧붙이지 않고 직접적으로 논평하지도 않는다. 독자들이 후에 이사벨의 의혹과 깨달음을 공유하고 그들을 바라보는 그녀의 의식의 변화나 그들의 정체를 깨달아가는 인식의 성장 과정을 더 면밀히 추적하도록 하기 위해서다. 멀과 오스몬드의 관계가 언뜻 언급되기는 하지만 객관적으로 제시되기 때문에 그들 관계의 본질이 드러나지는 않는다. 그런가하면 화자는 멀과 오스몬드에 대한 정보를 제한하면서도 이사벨이 목격하지 못한 장면을 보여줌으로써 독자로 하여금 그들에 대해 이사벨보다는 더 많이 알게 해준다. 가령 멀이 오스몬드와 이사벨의 결혼을 은밀히 추진할 때 독자는 멀이 왜 그런 일을 꾸미는지 아직 알지는 못하지만, 이사벨이 모르고 있는 그 사실 자체를 알게 된다. 이는 독자로 하여금 이사벨의 의식이 아직 제한적임을 알게 해주고 인식의 성장 과정에 주목하도록 하기 위한 장치라고 할 수 있다.

2. 관찰대상/ 주체로서의 이사벨의 '의식'과 인식의 성장과정

이 소설의 후반부는 오스몬드와 결혼한 지 3년이 지난 후를 시간적 배경으로 하는 36장부터라고 할 수 있다. 소설의 전반부에서 화자는 주로 분석하고 평하지만, 결혼에 이르게 된 배경을 추적하는 36장부터는 "장면으로 극화하거나 곰곰이 반추하면서"(Collins 152) 제시한다. 화자는 주변 위성들의 대화를 통해 이사벨에게 일어난 사건을 전하고 위성들의 관찰과 추측을 통해 그녀가 처한 상황의 실상을 알려준다. 이사벨이 점차 진실과 진상을 깨닫게 됨에 따라 그녀의 사색에 화자의 관점이 뒤섞인다. 그 결과 화자는 전반부에 비해 모습을 직접적으로 드러내는 경우가 드물어진다.

이사벨의 약혼과 결혼, 출산과 6개월 된 아들의 죽음 사실은 화자에 의해 언급되거나 극화됨이 없이 단지 주변 인물들인 멀과 로지에(Rosier)의 대화를 통해서만 전달된다. 결혼 3년 후의 이사벨의 모습 또한 로지에의 관점에서 전해진다. 그의 이사벨에 대한 인상은 "금박된 문가에 의해 틀 지워진 우아한 여인의 그림"(310)이라는 것이다. 이는

"오스몬드가 그려놓고 틀을 지운 초상화"(Collins 153)로서, "자유로운 자아"라기보다는 하나의 "유형"(Bell 118)이 되어버린 그녀의 현 상황을 잘 나타내준다. 이 점에서 로지에의 관점은 제한적이기는 하지만 정확한 인상을 전달하고 있다고 할 수 있다.

이사벨과 오스몬드의 결혼 생활의 실상은 로지에 뿐 아니라 다른 위성들이 관찰하면서 이를 추측하고 짐작하는 가운데 점차 밝혀지게 된다. 가령 결혼 2년 후 이사벨을 방문한 랄프는 그녀가 가면을 쓰고 있다는 인상을 받으며 그녀의 실제 상황을 알고 싶어 한다. 화자는 관찰자로서의 랄프를 등장시켜 부자연스럽게 과장하고 있는 이사벨의 모습을 전하면서 여기에 독자의 관심을 집중시키고 랄프와 함께 이사벨이 변한 이유를 추적해보도록 유도한다. 이사벨을 관찰하는 또 하나의 위성은 그녀의 결혼 후 로마를 방문한 굳우드이다. 그는 이사벨의 변화된 모습을 보고 결혼 생활이 행복하지 않음을 감지한다. 이를 언급하자 울먹이는 이사벨을 본 굳우드는 마침내 그녀의 내적 자아를 힐끗 보았다고 생각한다.

화자는 간혹 관찰하는 위성들의 평에 자신의 의견을 덧붙이기도 한다. 오스몬드의 정체에 대해 주변 위성들이 추측할 때 그러하다. 랄프가 가든코트로 돌아가기로 하자 헨리에타와 굳우드가 동행하기로 하는데 굳우드는 이즈음 그들 부부의 화합을 유난히 강조하는 오스몬드가 "뒤틀림"(421)으로 가득찬 음험한 인물임을 간파하게 된다. 랄프 또한 오스몬드의 실체를 완전히 꿰뚫어보게 된다. 이전에도 오스몬드를 "편협하고 이기적"이며, "취향의 화신"(291)이자 "불모의 딜레탕트"(292)로 평가했던 랄프는 이제 이사벨의 남편으로서의 오스몬드가 "한정하고", "규제하는"(331) 인물로서 세상의 이목에만 관심을 갖고 세상의 주목을 얼마나 끄는지를 성공의 척도로 삼고 있는 속물임을 정확하게 간파하게 된다. 이때 후반부 이후 거의 모습을 드러내지 않던 화자가 개입하여 랄프의 평이 정확하다고 거든다. 랄프가 그 어느 때보다도 오스몬드를 잘 파악했다고 설명한 후 랄프와 유사한 평을 덧붙이기도 한다(331).

랄프를 비롯한 위성들이 오스몬드와의 비참한 결혼 생활을 애써 감추려 하는 이사벨 주위를 둘러싸고 관찰하면서 그 진실을 알아내려고 탐색전을 벌이는 가운데, 이사벨 스스로 오스몬드와의 결혼이라는 잘못된 결정을 내리게 된 원인 및 배경을 추적하는 과정이 후반부의 중요 내용을 이룬다. 이 과정은 이사벨의 의식 속에서 진행되는 것으로 그 움직임이 생생하고 구체적으로 전달된다. 이 소설이 "의식의 드라마"라고 평가되는 것은 이 때문이다. 이사벨이 과거 결혼을 결정한 배경을 역추적하는 과정에서 그녀의 의식은 확장되고 인식은 성장하게 된다. 이사벨의 인식은 첫째 그녀가 오스몬드와 결혼한 이유 및 배경, 둘째 그들 부부 관계의 실상, 셋째 멀과 오스몬드의 정체와 그들 관계의 진상, 넷째 그녀가 자신의 내적 문제와 그로 인한 두려움의 원인 및 배경을 깨닫게 되는 과정을 거쳐 성숙된다.

전반부에서 이사벨의 양면성을 드러나게 한 외부 사건이 워버튼과 굳우드의 청혼 거절, 예기치 않은 재산 상속, 오스몬드와의 결혼 결정이었다면, 후반부에서 이사벨의 인식의 성장을 이끌고 오스몬드와 멀의 정체를 드러낸 외부적 요인은 팬지(Pansy)와 워버튼을 결혼시키려는 오스몬드의 계획과 그 좌절이다. 후반부에서 주된 사건은 워버튼의 관심과 로지에의 사랑을 받는 팬지의 결혼 문제를 중심으로 일어나지만, 초점이 주어지는 것은 팬지가 아닌 이사벨의 확장되는 의식이다. 팬지, 로지에, 워버튼을 둘러싼 사건이 진행됨과 동시에 이사벨의 마음 속에서는 이미 지나간 과거, 즉 그녀가 오스몬드와 결혼하게 된 배경을 추적하는 과정이 진행된다. 전자를 계기로 해서 자신-오스몬드-멀을 둘러싸고 진행된 과거 사건의 배후와 그것이 갖는 의미에 대한 깨달음이 이사벨의 마음 속에서 서서히 떠오르게 된다. 이로써 앞에서 자세히 설명되지 않은 채 지나쳤던 사실 즉 이사벨이 오스몬드를 결혼 상대자로 택한 배경과 원인 등이 드러나게 된다.

이사벨의 의식은 자신의 결혼 결정에 멀이 한 역할을 차차 인정하게 되면서 확장되고 진실에 접근하게 된다. 처음 이사벨은 자유로운 행위자로 선택한 이상 잘못의 책임은 자신에게 있고 잘못을 보상할 유일한 방법은 그 결과를 "받아들이는"(340) 것이라고 생각한다. 하지만 멀과 오스몬드 사이의 친밀한 관계를 암시하는 장면을 목격한 후 그녀는 두 사람의 관계가 석연치 않음을 감지하게 된다.

멀과 오스몬드의 관계에 대한 의혹이 자리 잡은 상태에서 이사벨은 고통스러운 결혼 생활을 찬찬히 되짚어보는 가운데 자신과 오스몬드의 관계, 그리고 오스몬드와 결혼하게 된 상황의 진상에 도달하게 된다. 로지에와 랄프의 이사벨에 대한 간접적인 평가에 이어 초점은 이제 서서히 진실에 접근하기 시작한 이사벨에게 옮겨가고 이후 40장부터 이사벨은 의식의 중심이 된다. 42장에서는 이사벨의 의식의 흐름에 초점이 맞춰진다. 여기에서는 이사벨이 결혼을 결정한 배경과 이유 그리고 오스몬드의 실체에 대한 진실에 도달하는 과정이 1인칭 관점으로 회상되는 가운데 의식의 흐름 수법으로 다음과 같이 서술되어 있다.

처음에 이사벨은 오스몬드와의 결혼에 있어 자신의 잘못은 없고 결혼 1년 후 그늘이 몰려오기 시작하여 주위를 어둠으로 가득 채워버렸다고 생각한다. 그러다가 그녀는 차차 자신의 잘못을 인정하기 시작한다. 결혼 전 강한 개성이나 독립심을 드러내지 않은 채 "온순하고", "고분고분한"(359) 면만을 내보인 것은 잘못이라는 것이다. 이는 자신을 "감추어서" 은연중에 오스몬드를 속인 면이 있음을 인정하는 태도이다(363). 그런데 사실은 이사벨이 오스몬드를 속였다기보다는 그녀 스스로 자각하지 못했던 양면성 때문에 그러했다. 부지불식중 자신의 양면 중 한 면 즉 안정을 찾아 수동적으로 자신을 내맡기고 싶어 하는 면만 드러난 것이다.

이사벨이 의도하지는 않았어도 결과적으로 그를 속인 셈이라는 사실을 비로소 깨닫게 된 것은 그녀가 마침내 이제까지 어렴풋이 감지하면서도 외면해온 진실을 직시하게 되었음을 의미한다. 이 대목은 그녀가 자신 안에 잠재된 양면성의 문제를 조금 인식하게 되었음을 시사한다. 이어 이사벨은 오스몬드가 변하거나 자신을 속인 것이 아니라 단지 그녀 자신이 그의 반쪽밖에 보지 못했음을 깨닫는다. 그녀는 오스몬드와 교제하는 동안 자신이 실체를 지니지 않은 무수한 "환상"을 품은 채 그를 "올바르게 판단"하지 못했음을 인정한다. 이제서야 그녀는 "온전한 한 인간"을 보게 되었다는 것이다(357).

이어 이사벨은 오스몬드와 결혼하기로 결정한 배경과 이유를 깨닫게 된다. 그녀는 오스몬드를 배를 출발시키지 못하는 "회의적인 항해자"(357)로 여기면서 그를 구원하는 신의 역할을 하고 싶어 했다. 돈이 무거운 짐처럼 느껴져 그 중압감과 부담감을 다른 사람의 마음에 넘겨주고 싶어 했던 이사벨은 예기치 않은 재산상속이라는 행운에 따르는 상스러움을 지워버리기를 기대하면서 최고의 취향을 지닌 오스몬드에게 재산을 양도하려 했다. 이는 자신이 그 돈을 갖고 적극적으로 무슨 일을 해보겠다는 생각을 하지 못한 채 오스몬드에게 그 돈을 위탁해서 최선의 결과를 보고 싶어 했다는 인식으로서 그녀가 자신의 내적 문제를 어렴풋이나마 감지했음을 시사한다. 이와 함께 이사벨은 "허구적인 이론"(358)에 의거해 결혼한 것은 아닌지 곰곰 반추해 본다.

낭만적 관념성이라는 자신의 내적 문제점에 접근하게 된 것이다.

이사벨은 결국 오스몬드가 "스스로를 아주 대단하게 여기고"(360) 세상으로부터 자신이 우월하다는 인정을 받아내려 하는 즉 세속에 무관심하고 초연한 듯하지만 실상은 세속의 기준에 심하게 얽매여 있는 인물임을 깨닫게 된다. 이는 터체트 부인이나 랄프의 통찰과 유사한 것으로 그녀가 마침내 오스몬드의 실체를 알아차리게 되었음을 의미한다. 오스몬드의 이기심이 둑 기슭의 뱀처럼 숨어 있음과 그가 집을 "어둠", "질식", "침묵"의, 빛이 차단된 지하 감옥으로 만들어 버렸음도 깨닫는다(363). 이사벨은 "빛이 비치지 않은 구석"(173)을 들여다보지 않고 항상 세상을 "환한 장소"(54)로만 보고자 했었는데 이제 어둠을 직시하게 된 것이다.

그렇지만 42장에서 이루어진 인식에도 불구하고 이사벨은 자기 자신에 대해 여전히 두려움을 느끼고 있다. 랄프와의 대화 중 그녀는 남편을 두려워한다면 그것은 사회가 여성에게서 기대하는 의무감 때문이겠지만 사실은 남편이 아닌 자기 자신이 두렵다고 말한다(419). 랄프가 위독하다는 소식을 듣고 오스몬드의 반대를 무릅쓰고 떠나기로 하면서도 이사벨은 자신의 행동이 너무 과격하지 않을까 두려워한다(449). 그녀에게는 자신 안에 잠재된 내적 모순과 이로 인한 두려움을 직면하고 이와 맞서야 하는 또 하나의 성장 단계가 남아 있는 것이다. 이는 마지막 장인 55장 결말 부분에서 다루어진다. 42장에서의 이사벨의 인식은 의식 차원의 것이고, 55장 결말 부분에서 이사벨은 마침내 잠재의식 차원에서 자신의 본 모습을 대면한 후 완전한 자기 인식에 도달한다.

55장에서 이사벨은 이제까지 두려워하면서 회피해왔던 자신의 내적 문제를 직면하고, 거기에 굴복해버릴 위기에까지 가지만 결국 극복하게 된다. 외면적으로는 자유와 독립을 표방하지만 무의식적으로는 누군가의 보호를 받으며 안전하게 살고 싶은 욕구를 지니고 있었던 그녀는, 랄프의 죽음 후 나아갈 방향을 결정하지 못한 채 가늠할 수 없는 바다 속에 표류하는 듯이 느낀다. 이사벨에게 굳우드가 찾아와서 "곧바로"(488) 자신에게로 오라고 청혼하자 누군가의 도움을 필요로 했던 그녀는 황홀경 속에서 그것이 "밀려오는 급류"(489)로 닥쳐오는 듯이 느낀다. 이 대목은 이사벨의 행복관을 상기시키는 면이 있다. 이때 이사벨은 굳우드의 품에 안기는 것이 죽는 것 다음으로 나은 일이라고 생각한다. 그런데 순간 황홀경 속에 빠져드는 것 같았던 바다는 이제 발 디딜 곳을 찾아 허우적거려야 하는 익사의 이미지로 바뀐다. 이를 계기로 이사벨은 제 정신이 들게 된다. 잠재의식 차원까지를 포함해서 이사벨의 인식이 성장하는 과정은 함축성이 가득한 시적 이미지를 통해 다음과 같이 압축적으로 제시되고 있다.

> ① 이 믿음은 잠시 일종의 황홀경이 되었고 그 안에서 자신이 점점 가라앉는 것처럼 느꼈다. 가라앉을 때 그녀는 몸을 가누어 어딘가 발 디딜 곳을 찾으려고 허우적거리고 있었던 것 같았다. "제가 당신의 것인 것처럼 제 것이 되어주세요." 그가 소리치는 것을 들었다. 갑자기 그는 주장을 그만두었는데, 그의 목소리는 혼란스럽게 뒤섞인 희미한 소리를 통해서 날카롭고 격렬하게 들려온 듯 했다. ② 그렇지만 이것은 물론 형이상학자들이 말한 것처럼 다만 주관적인 사실이었다. 혼돈, 바다의 소음, 이 모든 것이 그녀 자신의 혼란스러운 마음속에 있었다. ③ 순간 그녀는 그것을 알았다. . . . 그는 어둠 속에서 잠시 그녀를 바라보았다. 갑자기 그녀는 그가 팔로 그녀를 안고 입술에 키스하는 것을 느꼈다. 그의 키스는 번갯불과 같은 것으로서 ④ 그녀가 가장 싫어했던 그의 거친 남성성에 담긴 모든 것, 그의 얼굴, 그의 몸매, 그의 풍채의 위압적인 요소 하나 하나가 그 격렬한 개성을 정당화하고 그의 이러한 소유 행위와 일치한다고 그녀는 생각했 다. ⑤ 그녀는 난파를 당해 물속에 빠진 사람들이 가라앉기 전에 이처럼 일련의 생각을

거친다는 얘기를 들었었다. 그러나 다시 어둠이 찾아오자 그녀는 자유로웠다. ⑥ 그녀는 두리번거림 없이 그 자리에서 뛰쳐나왔다. (489)

군우드라는 외부의 강력한 힘에 자신을 내맡긴 채 보호받고 싶어했던 이사벨은 어둠 속 급류 속에서 황홀감을 느끼지만 순간 그것이 침몰과 익사를 의미하고(①), 그 모든 혼란이 자신 내부의 혼돈 상태를 반영하는 것임을 알게 된다(②). 모든 혼돈이 다 그녀의 내적 상태에서 기인한 것임을 인식하게 된 것이다(③).

어둠 속에서 굳우드는 갑작스럽게 키스하는데 그의 키스는 순간 재빠르게 덮치는 "하얀 번개"로 비유된다. 이 장면에서 굳우드와 연관되는 이미지는 "재빠른", "강력한", "밀려오는", "황홀경" 그리고 "하얀 번개" 등 사람 혼을 빼듯이 압도하는 이미지이다. 번갯불은 휩쓸고 압도하는 이미지로서 강렬하고 위협적이다. 그렇지만 굳우드에게 자신을 내맡길까 생각하던 그녀는 이 순간 정신이 번쩍 들면서 그의 행동이 거칠고 공격적이며 강한 남성성과 소유의지의 표현임을 새삼 깨닫는다(④). 이사벨은 굳우드와의 일련의 장면을 난파당해 물 속에 빠진 사람들의 입장에서 바라볼 수 있게 된다(⑤). 그를 받아들이는 것이 익사와 다를 바 없음을 깨달은 것이다. 그렇기에 이제 그녀는 더 이상 혼돈 속에서 주저하지 않고 그 자리를 박차고 뛰쳐나온다(⑥).

그녀는 이제 두리번거림 없이 자신과 굳우드를 둘러싼 어둠을 뚫고 가든코트에서 비쳐오는 빛을 향해 곧바로 달려간다. 이사벨이 모든 혼란과 혼돈이 자신의 내면상태에서 비롯된 것임과 굳우드를 받아들이는 것은 결국 익사임을 깨닫고 그 상태를 박차고 뛰쳐나오는 것은 그녀가 새로운 존재로 거듭났음을 의미한다. 조이스(James Joyce) 소설 속의 에피파니처럼 그려진 이 장면에서 시적 이미지는 이사벨이 인식에 이르러 새로운 존재로 태어난다는 상징적인 의미를 함축한다. 이사벨 자신이 의식하지 못해서 이제까지 대면할 수 없었던 자신의 내면 상황을 함축적으로 전달하는데 이 이미지는 매우 효과적으로 사용되고 있다.

굳우드의 키스로 인해 이사벨은 자신 안에 잠재된바 남에게 의지하여 보호받으려 하는 성향을 정면으로 맞닥뜨리게 된다. 이사벨은 굳우드를 운명으로 생각해왔고 수동적으로 휩쓸리는 것을 행복한 상태로 여겨왔었다. 이는 외부적인 힘에 자신을 내맡기고 싶은 충동이 이사벨 내부에 자리 잡고 있었음을 의미한다. 이사벨은 자신 안에 잠재된 이러한 면과 자유와 독립을 추구하는 또 다른 면으로 인한 내적 모순 때문에 스스로를 두려워했던 것인데 결국 그것을 직면하고 거기에 굴복해버릴 위기에까지 갔지만 마침내 극복해낸 것이다. 때문에 굳우드의 품에서 뛰쳐나가는 이사벨의 시선이 향하는 방향은 확고하고 발걸음은 단호하다(⑥). 어디로 향할지 비로소 "이제 알게 된" 이사벨은 단호하게 "아주 곧은 길"(490)을 선택한다.

이 똑바른 길은 어둠에서 빛으로 가는 길이다. 처음 유럽에 도착한 이사벨은 순수의 빛을 몰고 온 인물로서 등장했는데, 이제 모진 고통을 겪고 성숙해져서 찾아가는 빛은 어둠을 알게 된 후 그 앎 까지를 포함하는 즉 어둠을 수용하면서 이를 극복하는 빛이다. 가든코트를 배경으로 하여 시작 부분과 결말 부분을 대칭되게 배치한 것은 이사벨이 인식의 성장을 이루었음을 보여주기 위한 장치라고 할 수 있는 것은 이 때문이다.

로마로 떠난 이사벨이 오스몬드와의 관계를 어떻게 설정 내지는 정립할지에 대해서 작가는 열린 결말로 처리하고 있다. 인식의 성장에 도달한 그녀가 앞으로 자신의 앞길을 어떻게 개척해 나갈 것인가는 독자의 상상에 맡겨진 채 이 소설은 마무리된다. 하지만 중요한 것은 이사벨이 이제 자신의 본 모습을 분명히 깨닫고 있다는 사실이다. 따라서 그녀가 단순히 윤리적 책임감이나 결혼이라는 인습적 제도에 대한 의무감 혹은 성적인 면에서의 두려움 때문에 불행한 결혼 생활로 회귀한다고 볼 수는 없다.

이사벨의 인식의 성장 과정은 반복적으로 등장하면서 유기적인 의미망을 구축하는 빛과 어둠 이미지를 통해서도 함축되고 있다. 처음 빛과 어둠은 이사벨의 성격을 나타내는 빛과 그것의 대립항으로서의 어둠의 모습으로 나타난다. 가든코트에 오후의 그림자가 드리워질 때 자유와 독립을 추구하는 당차고 자유분방한 미국 처녀 이사벨이 등장한다. 그녀는 거침없고 자신감이 넘치는 밝은 인물이고 이 세상을 "환한 장소"이자 "자유로운 확장"(54)의 장소로 보려는 확고한 결의를 갖고 있다는 점에서 빛과 연관된다. 랄프가 보기에 이사벨은 "밝은 빛 속에서 항해할"(291) 인물이다. 그렇지만 이사벨은 멀과 함께 찾아드는 어둠의 그림자에 서서히 갇히게 된다. 멀이 어둠과 연관됨은 이사벨이 그녀를 처음 만나는 장면에서 멀이 피아노를 치는 동안 "그림자"(152)가 짙어진다는 대목에서 시사된다. 결혼한 지 1년 후 오스몬드가 불을 한 둘씩 꺼버리면서 그늘이 짙어지기 시작하고 이 어둠은 이사벨의 자유를 위협하고 옥죄어 온다. "순수한 믿음"으로 "풍요로운 삶의 무한한 전망"을 품고 오스몬드와 결혼했던 이사벨은 그와의 부부 생활이 "끝이 막다른 벽인 어둡고 좁은 골목"임을 깨닫는다(356). 그 골목은 컴컴한 땅 속을 향해 나 있으며 구속과 압박이 있는 곳이었다. 오스몬드와의 지하 감옥 같은 삶 속에서 랄프의 잠깐 동안의 방문은 어둠을 밝히는 램프 불빛으로 비유된다. 오스몬드와의 결혼을 말리는 랄프에게 이사벨이 자신의 빛은 어디에서 오는 거냐고 묻자 그가 "내가 빛을 한, 두개 밝혀줄 수 있었을 것이다"(289)라고 말하는 부분에서도 랄프와 빛의 연관성이 시사된다. 멀과 오스몬드를 통해 어둠을 경험한 이사벨은 결국 성숙해져 다시 빛을 향하게 된다.

다른 한편 어둠은 불확실한 혼돈 상태를, 어둠을 밝혀주는 빛은 혼돈에서 벗어나 깨달음에 도달한 상태를 의미하기도 한다. 가령 오스몬드의 사랑 고백을 받은 이사벨의 혼란스러운 감정 상태는 "어둡고""불확실한" 황무지로 비유되고, 굳우드를 만나 재청혼을 받을 때의 어둠은 이사벨의 혼란 상태와 조응된다. "빛이 비치지 않은 구석"을 들여다보는 것을 꺼리는 성향이 있었기에 그녀는 어둠과 대면하기를 두려워한다. 이는 그녀가 어두운 밤에 말이 재빠르게 끄는 마차를 타고 아무 것도 보지 않은 채 달리는 것을 행복으로 여기는 것과 관련이 있다. 하지만 55장에서 이사벨은 마침내 자신 안의 내적 문제와 거기에서 비롯되는 혼란스러운 상태를 극복한다. 그렇기에 그녀는 굳우드의 번갯불 같은 키스가 지나간 후 다시 찾아온 "어둠 속에서 자유를 느끼게 된다"(489). 이사벨이 그것을 향해 달려가는 가든코트에서 비춰오는 빛은 어둠을 경험한 후 그 어둠을 인정하면서 이를 극복한 상태를 상징한다.

III

제임스는 이 소설에서 이사벨의 문제점을 지적하면서도 독자의 동정을 이끌어내는 화자의 논평, 이사벨을 둘러싸고 그녀의 근황을 살피는 위성들의 관찰과 추측, 이사벨의 의식을 중심에 놓고 그 흐름을 추적하기, 그리고 시적 이미지를 통한 상징적 의미의 압축적인 전달

등 여러 서술기법을 구사한다. 그의 독특한 서술기법은 이사벨의 핵심적인 문제인 내적 모순 및 양면성을 부각시키고, 그녀가 워버튼과 굿우드의 청혼을 거절한 후 오스몬드를 선택한 배경과 원인을 탐색하며, 그녀의 인식의 성장 과정을 추적하는데 유용하게 활용되고 있다.

제임스의 독특한 서술기법으로 인해 이사벨은 단순한 희생자가 아니라 고전 비극의 주인공에 버금가는 위치로 격상된다. 이사벨이 오스몬드와의 결혼을 선택한 데는 멀의 조종과 오스몬드의 작업이 큰 역할을 했지만 그녀가 단지 그들에게 속아 이용당한 것만은 아니다. 그녀의 본질적인 내적 문제점 때문에 그러한 선택을 한 것이므로 그 선택으로 인해 맞게 된 비극에는 내적 필연성이 있다고 할 수 있다. 이사벨은 자신의 잘못을 인정하며 그 책임을 기꺼이 지려하고 결국 자신의 내적 문제를 직면해서 극복하는 성숙한 인식에 도달하게 된다. 이 과정이 이사벨의 의식이 제한적일 때와 의식이 확장되고 인식이 성숙하게 될 때로 나뉘어 그때그때 적합한 서술기법을 통해 전달되므로, 독자는 그녀가 비극의 주인공으로 승화되는 과정을 공감을 갖고 지켜볼 수 있게 된다.

제임스는 이 소설에서 섬세한 감수성으로 복합적이고 양가적인 현실 세계와 인간 내면 심리의 복잡하게 얽힌 결을 빼어나게 재현해낸다. 멀이나 오스몬드조차도 파렴치한 악당에 그치지 않고 선악이 공존하는 복합적인 인물로 그려낼 정도로 제임스의 인간 이해의 결은 아주 촘촘하고 섬세하다. 빛과 어둠을 포함한 시적 이미지를 통해 유기적인 의미망을 구축하여 그 안에 인식의 성장이라는 주제를 함축해낸 솜씨도 그의 시적 감수성을 유감없이 보여준다. 섬세하고 복합적인 내용과 유기적이고 탄탄한 구조가 조화롭게 통합된 이 소설은 제임스의 심오한 인간 이해와 원숙한 예술성이 함께 어우러진 수작이라고 할 수 있겠다.

인용 문헌

로버트 슐먼. 「사실주의」. 고영란 역. 『미국소설사』. 근대영미소설학회 역. 서울: 신아사, 2001. 178-207.

프랭크 레이먼드 리비스 지음. 김영희 옮김. 『영국소설의 위대한 전통』. 파주: 나남, 2007.

Bell, Millicent. *Meaning in Henry James*. Cambridge: Harvard UP, 1991.

Collins, Martha. "The Narrator, the Satellites, and Isabel Archer: Point of View in "The Portrait of a lady."*Studies in the Novel*. 8: 2 (1976 Summer). 142-157.

Ghent, Dorothy Van. "On *The Portrait of a Lady*."Henry James. *The Portrait of a Lady*. New York: W. W. Norton & Company, 1975. 689-704.

Izzo, Donatella. "*The Portrait of a Lady* and Modern Narrative." *New essays on The Portrait of a Lady*. Ed. Joel Porte. Cambridge; New York: CUP, 1990. 33-48.

James, Henry. *The Portrait of a Lady*. New York: W. W. Norton & Company, 1975.

Lubbock, Percy. *The Craft of Fiction*. New York: Charles Scribner's Sons, 1957.

Mazzella, Anthony J. "The New Isabel."Henry James. *The Portrait of a Lady*. New York: W. W. Norton & Company, 1975. 597-619.

출처 : 이 글은 저자의「이사벨의 인식의 성장과 서술기법」(『근대영미소설』 20권 3호 (2013): 21-46)을 참고하되, 작가 소개 및 전반적 서술기법에 대한 내용을 첨가하여 수정, 보완한 글임.

'위대한' 개츠비로의 자리매김

고 영 란 수원대학교

I

1. 작가 소개

피츠제럴드(F. Scott Fitzgerald, 1896-1940)는 미네소타 주의 세인트 폴(Saint Paul)에서 가난했지만 명문가 출신의 아버지와 부유한 집안의 어머니 사이에서 태어났다. 아버지는 낭만주의자로서 술과 향락에 탐닉했고, 어머니는 아들을 과도하게 사랑한 나머지 절제와 규율 없이 키운 탓에 피츠제럴드는 훌륭한 가정교육을 받지는 못했다. 부유했던 어머니 집안의 경제적 후원으로 프린스턴 대학에 입학한 그는 대학 재학 중 비평가인 에드먼드 윌슨(Edmund Wilson)과 단편작가인 존 비숍(John Bishop)의 도움으로 작가로서 커나갈 수 있는 기틀을 마련한다.

제1차 세계대전이 발발하자 군에 소집된 피츠제럴드는 장교 훈련을 받은 후 알라바마에 근무하게 되는데 그곳에서 미인으로 소문났던 젤다(Zelda)를 만나 사랑에 빠진다. 사치와 향락을 추구했던 젤다와의 관계는 순탄치 못했다. 그는 파혼당하는 아픔까지 겪지만 1920년 자전적 소설『낙원의 이편』(*This Side of Paradise*)의 성공으로 마침내 그녀와 결혼할 수 있게 된다. 호사스러운 생활에 탐닉했던 젤다와의 결혼 생활은 매우 불안정했고 결국 두 사람 모두의 물질적·정신적인 파탄으로 귀결되고 만다.

피츠제럴드는 제1차 세계대전 이후 1920년대의 경제적 번영기를 거쳐 1929년 대공황으로 막을 내린 '재즈 시대'의 대표적 작가로 자리매김 되고 있다. 물질적 번영을 추구하면서 감각적인 재즈 선율로 대표되는 향락과 쾌락에 빠져 있던 재즈 시대의 사회상을 잘 나타내고 있는 작품이 바로 1925년 출판된『위대한 개츠비』(*The Great Gatsby*)이다. 이 소설에서 피츠제럴드는 현실과 환상의 괴리 속에서 결국 비극적 죽음으로 치닫고 마는 개츠비(Gatsby)의 낭만적 사랑 이야기를 통해, 개츠비의 이상이 물질적 현실 속에서는 실현 불가능한 비극적 미망임을 보여준다. 이 소설은 '미국의 꿈'(American Dream)으로 표상되는 물질적 성공에 대한 환상 속에 향락주의와 허무주의에 빠져 있던 '재즈 시대', 즉 1920년대의 문화에 대한 피츠제럴드의 환멸과 비판이 예술적으로 잘 형상화된 작품이다.

2. 서술기법

피츠제럴드는 개츠비를 "위대한" 인물로 자리매김하기 위해 독특한 서술기법과 장치를 사용하였는데 그것들이 서로 맞물리면서 상승작용을 일으킨다. 개츠비를 '위대한' 인물로 자리 매김하고 독자의 공감을 유발하는데 가장 막중한 역할을 하는 것은 닉(Nick)이라는 인물이다. 닉은 자신이 직접 목격하고 들은 사건을 플래시백 수법으로 독자에게 전달하는 화자일 뿐 아니라, 개츠비와 데이지의 재회를 주선하는 등 사건에 직접 개입하는 작중 인물의 역할을 하는 "관찰자, 화자, 행위자"(Mitzener 295)이다. 이뿐 아니라 조던(Jordan), 머틀(Myrtle), 캐서린(Catherine), 울프쉼(Wolfshiem), 아버지 개츠(Gatz)로부터 내밀한 이야기를 듣게 되는 청자이기도 하다. 그는 보통 제한적 관점을 지니지만 경우에 따라서는 전지적 3인칭 화자로서 이야기의 안과 밖을 자유로이 드나든다.

닉은 등장인물들의 행동을 자신의 도덕적 잣대로 평가하며 함께 생각해보고 판단할 수 있도록 독자들을 안내하는 역할을 한다. 처음에 그는 개츠비에 대한 판단을 유보하지만 나중에는 적극적으로 공감하면서 독자들을 자신의 판단에 따르도록 이끈다. 닉은 "~은 ~이다"라고 확정지어 서술하는 대신, "~ 했으리라고 짐작된다", "~ 했었을 것이다", "내가 보기에"라고 주관적인 판단을 집어넣으면서 독자들이 상상하고 추측하는 가운데 이야기에 몰입할 수 있게 유도한다. 3인칭 전지적 시점이나 고백체의 1인칭 서술을 택했다면 독자로 하여금 개츠비에게 공감하도록 유도하기가 어려웠을 것이다.

작가는 화자 닉 뿐 아니라 닉에게 이야기해 주는 여러 인물들의 입을 통해 여러 각도에서 반복해서 서술함으로써 이러한 개츠비의 꿈의 실체를 독자에게 이해시키려 한다. 화자 닉의 이야기와 다른 인물들이 닉에게 해 주는 이야기가 반복되면서 덧칠되는 가운데 개츠비의 진실과 그의 꿈의 실체가 조금씩 모습을 드러내다가 마침내 그 윤곽이 선명히 드러난다. 반복 서술은 개츠비가 품은 새로운 정체성에 관한 꿈과 데이지를 되찾으려는 꿈 그리고 그것 사이의 연관성을 독자에게 공감적으로 전달하는데 효과적으로 활용되고 있다.

병치하면서 대조하는 전략 또한 구사된다. 개츠비의 진정성과 순수성을 톰(Tom), 데이지(Daisy), 조던의 진실되지 못함이나 무책임성과 병치, 대조하는 것이다. 이로써 개츠비가 그들에 비해 훨씬 나은 인물임을 점차 깨닫게 되는 화자 닉의 판단에 동조하도록 이끈다. 이때 닉과 조던의 관계를 부 플롯으로 전개한다. 닉이 처음에는 조던의 냉소적인 초연성에 매혹되지만 머틀을 차에 치어 죽게 한 사고 이후 그러한 태도를 도덕적으로 판단하게 되면서 개츠비에게 적극적으로 공감하게 된다는 것이다.

이와 함께 압축적이고 치밀한 구성과 속도감 있는 전개로 독자를 이야기에 몰입시키기도 한다. 8장에서 두드러지게 나타나는바 시간과 시점을 뒤섞음으로써 긴박감을 유지하는 가운데 극적인 파국으로 이끌어가는 방법 또한 구사된다.

II

1. 반복서술

『위대한 개츠비』에서 개츠비는 자신을 버리고 엄청난 재산가인 톰의 아내가 되어버린 데이지를 되찾기 위해 월드 시리즈를 조작한 울프쉼 같은 조직 폭력계 거물과 손을 잡고, 불법으로 밀주를 판매하거나 도박을 해서 짧은 시간 안에 막대한 부를 축적한 인물로서 도덕적인 면에서만 보면 "위대한" 인물로 보기 어렵다. 더구나 개츠비는 시간의 흐름을 무시한 채 과거를 되돌릴 수 있다고 생각한다는 점에서 터무니없을 만큼 현실감각이 없는 인물이며, 그와 데이지 사이의 이야기는 일견 멜로드라마에 불과한 것으로 보일 수도 있다. 그럼에도 불구하고 개츠비가 독자의 공감을 받을만한 "위대한" 인물이자 비극적 주인공의 위치로까지 격상되고 많은 독자들이 이에 공감하는 이유는 이 소설의 독특한 서술전략 때문이라고 할 수 있다.

독자로 하여금 개츠비에게 공감을 갖도록 유도하기 위해서는 그 무엇보다도 먼저 개츠비의 정체성에 대한 꿈이나 데이지를 향한 꿈의 본질 및 성격, 그리고 그녀를 되찾으려는 꿈의 의미를 제대로 이해시키는 것이 필요하다. 개츠비의 바람은 '5년 전으로 되돌아가' 그녀와 결혼하는 것이다. 그런데 데이지를 되찾으려는 개츠비의 꿈은 비록 유부녀가 되었지만 너무나 사랑하기 때문에 다시 결혼하고야 말겠다는 식의 개인적인 차원에서의 단순한 사랑 문제가 아니다. 그것이 단지 맺어지지 못한 사랑을 끝내 못 잊어 하는 한 개인의 순애보에 불과했다면 이 이야기는 멜로드라마에 그치고 말았을 것이다. 개츠비에게 있어서 데이지를 되찾는 것은 "과거로 되돌아" 간다는 보다 깊은 의미를 띤다. 여기에서 '과거'는 '과거의 그 자신'을 의미한다. 데이지를 되찾고자 하는 개츠비의 꿈은 부를 축적하겠다는 일념 하에 수단을 가리지 않고 벼락부자가 되는 과정에서 큰 혼란에 빠져 "불안"[1]을 느낀 그가, '신의 아들'로 새로 태어났던 과거 자신의 혼돈스럽지 않았던 이상적인 모습을 되찾고 싶어 하는 절박한 몸부림이다.

데이지를 되찾으려는 개츠비의 꿈을 이상적인 정체성을 새롭게 확립한 그의 꿈과 관련지어 그 실체를 독자에게 공감적으로 전달하기 위해서 작가는 화자 닉 뿐만 아니라 다른 각도에서 조망하는 여러 인물들의 관점을 이용한다. 개츠비와 데이지의 관계를 여러 상황에서 화자를 바꿔가면서 반복 서술하는 것이다. 가령 과거 개츠비나 데이지의 관계에 대한 이야기는 먼저 조던의 관점에서, 그 다음 개츠비가 회상하는 말을 듣고 닉이 자신의 낭만적 상상력을 가미하여 재구성하는 서술로써 전달된다. 이를 통해 닉은 개츠비가 품은 꿈과 데이지에 대한 그의 꿈의 실체에 접근하게 되는데, 독자 또한 이 과정을 밟는 닉을 따라가면서 온전한 이해에 도달함과 동시에 개츠비에게 공감하게 된다.

과거 데이지와 개츠비의 관계는 개츠비에게서 데이지와의 재회를 주선해달라는 부탁을 받게 된 조던이 1인칭 관찰자적 관점으로 닉에게 얘기해 주는 형식을 빌어 처음 서술된다. 이 부분은 조던과 닉의 대화를 듣는 것이 아니라 조던의 서술을 직접 듣는 듯한 착각을 불러일으킬 정도로 단 한 번의 끊김도 없이 3, 4 페이지에 걸쳐서 이어진다. 조던의 이야기에서 알 수 있는 것은 개츠비와 낭만적인 사랑을 했던 데이지는 다른 남자의 아내가 되기 전 잠시 심리적인 갈등을 겪었지만 이내 남편에게 충실했다는 것이다.

개츠비의 데이지와의 관계는 자신의 정체성에 대한 그의 꿈과 밀접한 연관성이 있다. 개츠비의 꿈, 즉 어린 개츠(Gatz)에서 제이 개츠비로 거듭 나는 과정은 개츠비와 데이지가 5년 만에 재회한 후 6장에서 닉에 의해 서술된다. 닉에 따르면 이 이야기는 개츠비의 과거에 대한 악소문을 듣고 마음이 혼란스러운 상태에서 그로부터 직접 들은 것이다. 촌부의 아들이었던 개츠는 17세 때 '하느님의 아들' 개츠비로 새로 태어난다. 개츠비는 자신에 대한 플라토닉한 개념을 가졌던 것이다. 플라톤에 따르면 항상 변하는 감각의 물질 세계, 즉 외양 세계는 환상이고 진짜 세계는 물질 세계 너머에 있는 관념(ideas)의 세계로서 그것은 시간과 공간의 제약에서부터 벗어나 있다. 따라서 관념이야말로 물질의 상대성을 초월하는 진리, 즉 진정한 실재이다. 개츠비는 이상(ideal), 즉 그의 물리적 현실을 넘어선 자신에 대한 완벽한 이미지를 본 것이다. 자기 자신을 이상화한 개츠비는 자아도취에 빠져 '제이 개츠비'로서의 삶을 살고자 한다. 그가 과거를 되풀이할 수 있다고 생각한 이유 또한 자신에 대한 플라토닉한 개념을 가졌기 때문이다.

닉은 개츠비에게서 들은 이야기를 토대로 낭만적 상상력을 통해 개츠비와 데이지의 관계를 시적으로 그려낸다. 가을 밤 달빛 아래 데이지와 함께 한 개츠비는 보도블록이 사다리를 이루면서 나무 위 비밀스러운 장소로 올라감을 보면서 그곳에 올라가면 삶의 젖과 경이로운 우유를 빨 수 있으리라고 생각한다. '하느님의 아들'이 되고자 한 개츠비에게 있어서 데이지를 얻는다는 것은 하느님처럼 될 수 있다는 의미이다. 개츠비가 데이지에게 키스하자 그녀는 꽃으로 피어올라 개츠비의 꿈을 구현하는 "화신"(135)이 된다. 개츠비에게 데이지는 현실 속의 여성이기보다는 자신의 플라토닉한 관념이 투영된 이상의 결정체이고 그의 이상을 구체화 해줄 대상이다. 이때 달빛으로 조성된 꿈꾸는 듯한 몽롱한 환경은 개츠비의 환상에 어울리는 배경이다. 달은 빛을 반사할 뿐 스스로 빛나지는 못한다는 점에서 달빛은 개츠비가 꾸는 꿈의 환상적이고 비현실적인 면을 나타낸다.

데이지를 향한 개츠비의 꿈에 관해 닉은 다음과 같이 추측한다.

> 나는 그가 되돌리고 싶은 것이 데이지를 사랑하는데 들어간, 그 자신에 대한 어떤 관념이 아닐까 하는 생각이 들었다. 그 뒤로 그의 삶은 혼란스럽고 무질서해졌지만, 만약 다시 한 번 출발점으로 돌아가 천천히 모든 것을 다시 음미할 수 있다면, 그는 그것이 무엇인지를 찾아낼 수 있었으리라. (134-35)

닉이 보기에 개츠비는 자신의 이상적인 관념을 데이지에게 투영해 왔기 때문에 그녀를 되찾으면 그것을 되살릴 수 있다고 생각한다. 자신에 대한 이상적인 모습과는 달리 실제 현실 속의 그는 꿈을 이루기 위해 타락하고 불법적인 방법을 동원해 오면서 현재 불안하고 무질서한 상태에 빠져 있다. 이는 안절부절 못한 채 잠시도 가만히 있지 못하며 항상 발을 두들겨 대거나 손을 쥐었다 폈다 하는 그의 모습에서 확인된다. 그런데 개츠비는 혼돈스럽지 않았던 과거의 지점으로 되돌아가 그 지점에서 새로 시작할 수 있다고 본다. 데이지를 사랑했던 그 옛날의 순수하고 충만했던 모습을 되찾고 싶어 한 것이다.

과거 개츠비와 데이지의 관계에 대한 이야기는 톰에 의해 '제이 개츠비'라는 신화가 산산조각난 후 개츠비 자신의 입을 통해 다시 한 번 전달된다. 이전에는 닉의 낭만적 상상력을 통해 재구성됨으로써 다소 추상적으로 전달되었던데 반해, 이번에는 현실적인 차원에서 보다 구체적으로 서술된다. 돌아오지 않은 개츠비를 기다리며 초조해진 데이지의 심적 갈등이나 그녀가 톰과 결혼해 버린 후 그녀와 함께 했던 장소를 찾아다니는 개츠비의 허전한 심리가 3인칭 전지적 시점으로 전달된다.

데이지를 되찾으려는 꿈이 깨어진 후에 개츠비가 닉에게 들려준 과거 얘기에는 그와 데이지의 관계에 계층의 문제가 깊이 게재되었다는 사실과 그의 꿈의 성격이 보다 분명하게 드러난다. 그가 데이지에게 품은 감정은 한 여성을 향한 이성간의 이끌림이라기보다는 높은 장벽을 느껴왔던 상류 계층에 대한 환상과 데이지와의 만남을 통해 그 계층에 진입할 수 있다는 허영심에서 출발했다. "엄청난 우연"(177)으로 데이지 집에 갈 수 있게 된 개츠비는 그럴 "권리"(177)가 없었기 때문에 부잣집 딸 데이지를 차지했다. 데이지를 갖게 된 다음에야 그는 자신이 데이지를 사랑하게 되었다는 것을 알고 놀랐다. 높은 계층의 벽을 넘고 싶은 열망이 사랑의 감정을 느끼기도 전에 이미 자리 잡고 있었던 것이다. 고의로 그녀에게 안정감을 주면서 그녀를 차지하고 난 그는 그 후에는 떠날 의도였으나 이내 데이지를 갖는 것이 "성배" 찾기가 되었음을 알게 되었다. 다른 한편 그는 데이지를 취한 후 그녀와 결혼한 것처럼 느꼈을 뿐, 상류계층으로 진입한 것도 그녀와 진짜 결혼할 수 있었던 것도 아님에 "배신감을 느꼈다"(178). 휴전 후 귀국하려 했으나 복잡한 일이 생겨 대신 옥스포드에 가게 된 그는 데이지의 편지에 "안절부절 못하는 절망감"(179)이 배어 있어 걱정을 하게 되었다. 그후 톰과 데이지가 신혼여행을 하는 동안 루이빌로 돌아오는데 이는 개츠비에게 있어서 종교적 순례와 같은 의미를 갖는다(Lehan 117). 데이지와 함께 했던 장소를 찾아다니면서 개츠비는 "가장 신선하고 최상"(182)인 상태를 잃어버렸음을 깨닫는다. 이 최상의 상태를 되돌리기 위해서 개츠비는 데이지를 되찾으려 하는 것이다. 데이지를 향한 개츠비의 꿈이란 자신의 최상의 모습을 회복하는 것, 즉 과거 자신의 질서 있고 순결하며 충만한 순간을 회복한다는 의미를 갖는다.

개츠비가 자신의 꿈을 반성적으로 바라보게 되는 것을 닉이 목격하는 장면 또한 순차적으로 반복된다. 이러한 장면들은 개츠비가 조금씩 그의 꿈의 실체에 접근해가는 과정을 보여준다. 데이지와 5년 만에 재회한 개츠비는 그녀가 그의 꿈에 못 미침에 당혹해 한다. 개츠비가 단지 무의식적으로 어렴풋이 감지했을 뿐 깨닫지는 못하는 가운데, 닉은 그가 당혹해하는 이유를 그의 환상이 너무나 컸기 때문이라고 설명해준다. 이후 개츠비는 그녀와의 과거 이야기를 해 주는데 닉은 그의 이야기에 깃든 "무섭도록 놀라운 감상주의"(136)를 통해 무언가를 기억해 냈지만 그것을 말로 표현할 수는 없었다고 서술한다. 아직 닉은 개츠비의 꿈의 실체를 잘 이해하지 못한 상태이다. 그 후 톰이 개츠비의 불법으로 얼룩진 과거를 무자비하게 폭로할 때 개츠비는 정당화해보려 하지만 그럴수록 데이지는 그에게서 멀어져간다. 그때 멀어져 가는 자신의 꿈을 붙잡아보려고 안간힘을 쓰는 개츠비를 닉은 지켜볼 따름이다. 개츠비에 대한 평가를 어떻게 해야 할지 닉은 아직 확신이 없다. 그렇지만 머틀의 자동차 사고 후 개츠비와 톰/데이지의 정체를 깨닫게 된 닉은 결국 이에 대한 판단을 할 수 있게 된다. 개츠비에게 닥쳐오는 위험을 예감하면서도 출근을 위해 어쩔 수 없이 개츠비를 떠나오면서 닉은 "그들은 썩어빠진 무리이다. 당신이 그 빌어먹을 인간들을 모두 합쳐 놓은 것만큼 더 낫다"(183)라고 판정을 내린다. 닉이 생각하기에 머틀의 자동차 사고 후 개츠비는 데이지의 전화를 기다리면서도 전화가 결코 오지 않을 것임을 알고 있었다. 개츠비는 꿈을 잃고 난 뒤 그 꿈을 되돌아보면서 다음과 같이 생각했을 것이라고 닉은 추측한다.

> 그는 그 옛날의 따뜻한 세계를 상실했다고, 단 하나의 꿈을 품고 너무 오랫동안 살아온 것에 대해 값비싼 대가를 치렀다고 느꼈던 것이 틀림없다. 그는 장미꽃이란 얼마나 기괴한 것인지, 또 거의 가꾸지 않은 잔디 위에 쏟아지는 햇살이 얼마나 생경한지 깨달으면서, 나뭇잎 사이로 낯선 하늘을 올려다보며 틀림없이 몸서리를 쳤을 것이다. 현실감은 없으면서 물질적인 새로운 세계, 가엾은 허깨비들이 공기처럼 꿈을 들이마시며 되는 대로 이리저리 방황하는 새로운 세계 . . . 형체도 없는 나무를 헤치고 그를 향해 서서히 미끄러지듯 다가오는 저 잿빛 환영처럼. (192)

개츠비의 생각을 추측하는 말투로 서술된 이 문장에서는 감정이 절제되는 가운데 그의 환멸이 암시된다. 개츠비가 마음속에서 그려왔던 하늘은 이상세계에 속한 것이었기에 현실에서 자신의 꿈이 언제든지 사라질지 모른다는 생각에 바라보는 하늘은 낯설고 두렵게 보였을 것이다. 여기에서 "잿빛 환영"은 완전히 "재의 계곡"과 하나가 되어 있는 윌슨(Wilson)을 가리키고(Kelly 9), 꿈을 들이마시며 이리저리 방황하는 가여운 허깨비는 부자들의 세계에 대해 환상적인 꿈을 좇고 있는 개츠비를 나타낸다고 할 수 있다. 자신의 꿈이 사라졌음을 마침내 받아들이게 되었을 때 개츠비가 느꼈을 심정을 담담한 어조를 통해 드러냄으로써 비극성이 더욱 효과적으로 전달되고 그에 대한 동정심이 유발된다.

닉은 개츠비가 그 꿈의 실체를 깨닫게 되는 것을 목격해가면서 그 스스로도 성장하는데, 이는 그가 데이지의 목소리에 감춰진 진실을 올바로 파악하게 되는 과정과도 밀접한 연관성을 갖는다.[2] 데이지의 목소리에 대한 언급 또한 반복되며 그 의미망을 확대해간다. 닉은 처음 비 속 잔물결처럼 오르락내리락 울리면서 듣는 사람을 흥분시키고 굉장한 일이 곧 일어날 것임을 약속해 주는 듯한 데이지의 속삭이는 목소리에 매혹된다. 5년 만에 재회한 개츠비가 현실 속 데이지를 만나 그의 꿈이 깨어지려는 순간 그녀의 목소리가 "아무리 꿈꿔도 부족하지 않을" "불멸의 노래"(118)가 되어 그의 꿈에 대한 환상을 일깨워줌을 목격하기도 한다. 이후 닉은 개츠비 파티에 참석해서 황혼 무렵 군중들 사이를 걸어 다니는 데이지의 "목소리가 온갖 기교를 부리는"(128) 것을 발견하고 차차 목소리가 신중하지 못함을 알아차리게 된다. 그후 개츠비의 지적으로 닉은 그 목소리가 "돈으로 가득 차"(145) 있고 하얀 성의 공주 같은 부와 지위, 즉 개츠비가 이루고자 한 꿈을 상징했음을 알게 된다. 사실 데이지의 목소리는 매력적이지만 내용은 없는 빈껍데기 같은 울림으로서 재가 인간의 형상을 만들었다가 신기루처럼 사라져 버리듯 공허한 것이다. 닉은 서서히 데이지가 개츠비에게 어떤 존재였는지를 깨닫게 된다.

현실적인 차원에서 개츠비가 어떻게 부를 쌓았는지는 울프심을 통해 두 차례에 걸쳐 반복해서 전달된다. 옥스포드 출신인 개츠비를 전후에 알게 된 배경과 제대군인으로 돌아온 개츠비가 어떻게 벼락부자가 되었는지 그 과정과 방법을 알려주는 것이다. 이런 식으로 개츠비의 과거는 그 뿐만 아니라 다른 인물들 즉 조던과 울프심이 닉에게 말해 주는 얘기를 통해 전달된다.

2. 병치와 대조

개츠비를 "위대한" 인물로 자리매김하기 위해서 작가는 단순히 닉을 1인칭 관찰자 시점의 화자로서 뿐 아니라 청자이자 관찰자이며 개츠비를 둘러싼 사건에 직접 연루되는 가운데 성장해가는 하나의 인물로서 형상화한다. 그리고 닉을 통해 톰/데이지를 개츠비와 병치, 대조하는 가운데 자연스럽게 개츠비를 동정해 주도록 유도해 나간다. 이와 함께 개츠비와 데이지의 관계라는 주 플롯에 닉과 조던의 관계라는 부 플롯을 병치시킨다. 이를 위해 성장 전의 닉을 개츠비 뿐 아니라 톰/데이지/조던의 세계에 이끌리기도 하며 거부감을 갖기도 하는 양면성을 지닌 인물로 형상화한다.

병치와 대조를 가능하게 한 것은 닉이라는 인물의 성격적 특징이다. 닉은 어릴 때부터 받은 부친의 충고에 따라 처음 "모든 판단을 유보"(3)하면서 일정한 거리를 둔 채 어느 한 쪽에 치우치지 않은 중간적 입장을 취한다. 닉이라는 화자가 있음으로 해서 독자는 톰과 데이지의 반대편에 있는 개츠비를 보다 균형 잡힌 시각에서 관찰할 수 있다.

또한 닉의 낭만적인 면이 개츠비와 톰/데이지 사이의 병치와 대조를 가능하게 한다. 개츠비와 유사하게 낭만적인 인물이기 때문에 그는 개츠비의 낭만적 이상주의나 새로운 정체성에 대한 꿈, 그리고 데이지를 되찾으려는 그의 꿈에 공감할 수 있다. 잿빛의 주유소 아래 호화롭고 낭만적인 방들이 감춰져 있다고 기대(31)한다거나 목가적 기분 속에서 한 무리의 흰 양떼가 골목길을 돌아오는 모습을 상상(35)한다든가 또한 오후의 하늘이 지중해의 푸른 바다처럼 창문에 화려하게 비친다고 느끼는 부분(43)은 그의 낭만적인 면을 시사한다. 개츠비와 유사하게 낭만적인 닉은 실재와 환상을 혼동하기도 하는 것이다.

닉이 낭만적이기 때문에 팔을 떨면서 앞으로 뻗은 개츠비의 모습에서 고독 속의 열렬한 희구를 감지해 낼 수 있다. 개츠비의 말을 듣고 자신의 낭만적 상상력을 가미하여 개츠비가 꿈을 꾸던 상황을 재현해낼 수도 있다. 가령 개츠비의 환상적인 꿈을 "현실이 비현실적인 것"이 될 수 있고 "이 세상의 주춧돌이 요정의 날개 위에도 안전하게 세워질 수 있다"(121)는 식으로 표현해 낼 수 있다. 개츠비의 비전이 현실과는 동떨어진 환상적인 것이고 그가 현실적인 차원에서는 쉽게 이해하기 어려운 신비스러운 인물이라는 사실 또한 전달할 수 있다.

닉은 낭만적인 면뿐만 아니라 도덕적인 면도 강한 양면적인 인물로 형상화된다. 이는 나중에 그가 도덕적인 판단을 내리는 인물로 성장하게 되는 소지를 제공한다. 처음 닉은 낭만적 상상력을 지니고 있기 때문에 도덕적인 면이 거부하는 것을 기꺼이 즐긴다. 변화무쌍한 동부의 퇴폐적 삶에 매혹당하기도 하고 활기와 모험으로 가득한 뉴욕의 생동감과 다양성, 그것이 "들떠 있는 눈동자"(70)에 안겨주는 흥분의 약속에 이끌리기도 한다. 머틀의 파티에 대한 닉의 태도 또한 양가적이다. 그는 파티의 인위성과 저속성에 도덕적으로는 거부감을 느끼면서도 다양한 삶의 외양에 낭만적으로 매혹된다. 머틀의 파티에서 술에 취한 닉은 표류하는 삶을 사는 사람들에게 동화되고 분위기에 휩쓸리는 우유부단한 면을 보인다. "나(닉)는 무한히 변화하는 삶에 매혹당하기도 하고 동시에 저항하기도 하면서 내부에 있기도 하고 외부에 있기도 했다”(76). 데이지를 되찾으려는 개츠비의 터무니없을 만큼 낭만적인 작업에 연루되는가 하면 다른 한편으로는 데이지의 거짓된 낭만주의 아래 놓인 불성실성을 꿰뚫어 볼 수도 있다.

닉의 성격적 특징 이외에도 병치와 대조를 가능하게 한 것은 모든 사건이 마무리된 훗날에 과거를 회상하면서 서술하는 방식이다. 닉은 연대기적 순서를 따르다가 독자가 개츠비를 판단하는데 중요한 대목에 이르면 의도적으로 순서를 바꿈으로써 병치를 통한 대조 방법을 취한다. 발생 시간과 무관하게 서술되기 때문에 닉을 통해 본 데이지는 1장에서부터 이미 나태한 삶을 살고 있는 불성실한 여자로 자리매김 되고 개츠비와 대조를 이루게 된다. 만일 시간 순으로 배열했다면 개츠비를 사귀던 시절의 데이지는 로맨스를 추구하는 순진한 여성으로 보일 수도 있었을 것이다. 개츠비 또한 연대기순으로 보여지는 것이 아니다. 그가 어떤 배경을 가졌고 어떤 꿈이나 인생의 목표를 지녔으며 어떤 동기로 파티를 자주 여는지는 밝혀지지 않은 채 호화로운 파티를 여는 장면으로 그는 소개된다. 9장에서야 아버지의 등장으로 비로소 시간과 공간 속에 존재하는 개츠비의 현실적인 정체성이 드러나게 된다. 만일 처음부터 아버지가 등장했더라면 개츠비를 신비스러운 인물로 등장시킬 수 없었을 것이다.

개츠비가 톰과 데이지의 반대 극에 위치하고 있는 인물임을 보여주기 위해서 처음부터 병치 방법이 구사된다. 먼저 톰과 데이지의 무료하고 거짓된 삶을 보여준 다음 개츠비를 열정적이고 진지한 인물로 등장시킨다. 톰의 집안 분위기는 불안하고 산만하다. 톰은 쉴 새 없이 눈알을 굴리며 방안을 서성거리면서 다른 사람들을 지배하려 한다. 톰의 정부에게서 걸려 온 전화 때문에 자제력을 잃은 데이지는 느닷없이 엉뚱한 얘기를 하는가 하면 괜히 촛불에 신경질을 내기도 한다. 그렇지만 데이지는 톰의 외도에도 불구하고 그가 보장해 주는 부와 사회적 지위 때문에 사랑 없는 결혼생활을 박차고 나오지 못한다. 정부에게서 걸려 온 전화로 인해 팽팽한 긴장감이 감도는 그곳에서 그 누구와도 시선을 마주치고 싶지 않았고 경찰에 전화를 걸고 싶은 심정이었다는 닉의 말은 그가 얼마나 혼란스럽고 당혹스러운 상황에 처해 있는지를 보여준다.

이들과 극명한 대조를 이루며 등장하는 인물이 개츠비이다. 혐오감을 느끼며 집에 돌아온 닉에게 저 멀리 보이는 개츠비는 무언가를 간절히 염원하는 듯 팔을 앞으로 뻗으며 떨고 있는 진지한 모습으로 다가온다. 톰과 데이지가 "불안"하게 "표류"하는 인물이라면 개츠비는 어떤 목표를 향해 "항해"하는 인물이다(Harvey 99). 파티에서 개츠비를 직접 대면한 닉은 그에게서 "영원한 확신을 주는 드문 미소"(60)를 발견하고 점차 이끌린다.

2장과 3장에서 세 개의 파티를 통해 겉은 화려하지만 실제로는 공허하고 목적이 없이 불안해하는 당대 사람들의 모습을 보여주고 이들과 대조되는 개츠비의 모습을 병치해 나간다. 톰의 집에서의 모임과 머틀의 파티의 분위기는 일견 달라 보이지만 실제로는 유사하다. 부를 세습 받아 무료하게 시간을 허비하는 톰과 데이지는 물질적 풍요로움을 누리고는 있지만 실제로는 여기 저기 불안하게 표류하면서 목적이 없는 삶을 살아가는 공허한 인물들이다. 톰의 집에서 식사 중 나누는 대화는 무미건조하며 그 분위기는 겉으로는 우아해 보이지만 긴장에 가득 차 있다. "재의 계곡"(Valley of Ashes)에서 살고 있는 머틀이 뉴욕에서 벌인 파티의 불모성과 술 취한 혼란스러움은, 인간의 행위가 재의 "꿰뚫어볼 수 없는 구름"(29)을 통해 어렴풋이 인지되는 "재의 계곡"의 분위기와 상응한다. 여기에서는 "술 취한 혼돈스러움"이 "정상적인 사회 규범"(Chambers 109)으로 보이고 정상과 비정상의 구분이 불명확하다. 교만하게 과시해대는 머틀, 점잖지 못한 직업을 가진 것으로 보이는 캐서린, 상류층의 비위를 맞춰서 그 그룹에 끼여 보고자 하는 맥키(McKee) 부부는 톰이나 데이지와 마찬가지로 불안하고 속이 공허한 인물들이다. 개츠비의 파티는 풍성하지만 공허한 환락으로 가득 차 있고, 나방처럼 모여들어 흥청거리는 손님들은 주최자에 대해서는 전혀 관심이 없이 단지 즐기기만 할 뿐이다. 사람들은 소개받고도 그 자리에서 금방 잊어버리는 등 서로 간에 감정적 교감이 없다. 개츠비의 파티 또한 머틀의 파티와 마찬가지로 술에 취해 무질서한 상태로 소란스럽게 끝난다. 아이러니하게도 서로 다른 계층에 속하는 세 파티는 공통적으로 혼돈의 분위기를 풍기고 모든 참석자들에게서는 공허감과 불안감이 감지된다.

서로 다른 계층에 속하는 세 파티의 병치, 대조는 그들 사이에 외적인 차이점은 있지만 근본적으로는 유사하다는 사실을 드러내는 가운데 그들 모두와 대조되는 인물로서의 개츠비를 선명하게 부각시킨다. 파티에서 다른 사람들은 완전히 충동에 자신을 내맡기는 탐닉적인 모습을 보이지만 개츠비만은 다른 사람들로부터 거리를 둔 채 파티를 지켜볼 따름이다. 광란적인 쾌락을 쫓는 파티가 끝났을 때 닉은 개츠비가 공허감과 고립감에 빠져 있음을 목격한다. 닉이 보기에 개츠비만이 이 난장판 속에서 "올바르게"(62) 태도를 유지한다. 다른 인물들과는 달리 확고하게 어느 하나에 집중한다는 인상을 주는 개츠비의 모습이 목적 없이 방황하는 다른 인물들과 확연하게 대조된다.

병치, 대조 방법은 극적 장면들의 병치에서도 찾아볼 수 있다. 닉의 관찰을 통해 재회 때의 개츠비와 데이지의 태도가 대조된다. 그토록 고대하던 데이지를 만나기 전 개츠비는 가여울 정도로 불안정함과 조바심을 보인다. 개츠비의 진정성은 데이지의 피상성과 대조된다. 데이지는 처음에는 "꾸민 듯한 어조"(107), 그 다음에는 "더할 수 없이 사무적인 목소리"(108)를 낼만큼 개츠비에 대한 감정이 피상적이다. 그러나 그녀는 그가 과시하는 부에 감동하여 그가 던지는 아름다운 셔츠 앞에서 흐느껴 운다. 이 장면은 그녀의 천박한 감상주의적인 속성을 잘 드러낸다. 관찰자로서의 닉은 데이지를 만난 개츠비가 실재와 환상의 괴리에서 겪는 당혹감 또한 감지해 내서 독자에게 전달한다. 닉이 보기에 개츠비가 창문을 통해 밖을 내다보며 녹색 불빛을 가리킬 때 데이지는 크게 감동하여 그의 팔짱을 끼지만 그는 그 자신만의 세계 속에 몰두해 있다. 그에게 있어 녹색 불빛은 과거 5년 동안 그가 도달하려고 온갖 노력을 경주했던 꿈이었고 그것은 그에게 너무도 많은 것을 의미했다. 닉은 개츠비가 단지 무의식적으로만 깨달은 사실 즉 데이지가 그의 꿈에 미치지 못한다는 것, 그리고 그것은 그녀의 잘못이 아니라 그의 환상이 너무 거대했기 때문이었다고 추측한다. 닉의 관찰자적 관점이 없었더라면 재회 때의 개츠비의 조바심과 당혹감은 우스꽝스러운 코미디로 보였을 것이다.

6장에서는 개츠비의 새로운 정체성에 대한 꿈과 데이지를 그 꿈의 구현체로 삼은 과거의 얘기가, 현재의 데이지의 실제 모습과 병치, 대조된다. 데이지가 개츠비의 파티에 참석하고 있는 현재의 모습이 두 번에 걸쳐 서술되는 개츠비의 꿈에 관한 과거 얘기 사이에 끼워져 있다. 개츠비와 5년 만에 재회한 후 그가 개최한 파티에 참석한 데이지는 현실 속의 개츠비를 보게 된다. 개츠비 파티에서 데이지는 그녀의 질서가 위협당하는 것을 "두려워하고"(131) 불편해 한다. 웨스트 에그(West Egg) 사람들과는 달리 절박한 갈증을 갖고 있지 않은 데이지는 그들의 "투박스러운 활기"(131)가 견디기 어려운 것이다. 영화배우에 관한 태도에서 드러나듯이 그녀는 제스처만 좋아할 뿐 "감정"(131)이 개재되는 것을 원하지 않는다. 그녀에게 "감정"은 단순히 "하나의 행위"에 불과하다(Chambers 106). 안전하게 뒤로 물러나서 영화 속 화면을 보듯이 지켜보고 즐기기만을 원했던 데이지는 현실과 맞대면하기를 두려워한다. 이처럼 계층적인 차이로 인해 문화적 충격을 받는 데이지의 모습은 개츠비의 현실 즉 그의 어두운 정체가 밝혀질 때 그녀가 어떤 반응을 보일 것인지를 예견케 한다. 개츠비의 꿈 속의 이상화된 데이지와 현실 속의 그녀의 실상이 대비됨으로써 환상과 실재의 괴리가 다시 한 번 선명하게 부각된다.

병치, 대조의 또 하나의 예로는 머틀의 자동차 사고 후 데이지의 안전만을 걱정하며 초조해하는 개츠비의 모습과 그 상황에 대응하는 톰과 데이지의 부도덕하고 이기적인 면이 대비되는 장면을 들 수 있다. 데이지를 보호하기 위해 머틀을 친 차를 자기가 운전했다고 할 것이라면서 만일에 있을 톰의 폭력에 대비하여 "그 신성한 불침번"(222)을 서고 있는 개츠비를 본 후, 곧이어 마치 공모라도 하듯이 친근한 분위기로 앉아 있는 톰과 데이지를 목격한 닉은 그들의 실체를 꿰뚫어볼 수 있게 된다. 이를 계기로 닉은 도덕적 판단을 내릴 수 있게 된다. 머틀의 죽음을 둘러싼 사건의 내막을 모두 알게 된 닉은 개츠비에게 다가오는 위험을 직감하고 그에게 뭔가 경고를 해주려 하지만 그는 마지막 희망을 부여잡고 있다. 이에 닉은 녹색 불빛을 향한 그의 추구가 "성배 찾기"(178)와 같은 지고의 헌신이었음을 깨닫게 된다.

병치, 대조 구조는 닉과 조던 관계의 부 플롯을 개츠비와 데이지의 관계를 축으로 전개되는 주 플롯에 병치시키는 데서도 나타난다. 처음 만났을 때 닉은 조던의 강인성과 독립성 그리고 자기 확신에 이끌린다. 조던의 도도하고 초연한 태도가 톰 집 안의 긴장되고 불편한 분위기에서 벗어나게 해줄 수 있지 않을까 생각할 정도로 닉은 그녀에게 우호적이다. 그런데 사실 조던은 골프 시합 때 치기 어려운 공을 손으로 옮겨 놓는 등 "치유할 수 없이 부정직"(71)한 인물이다. 그녀의 부도덕성은 운전에 대한 닉과의 대화에서도 잘 드러난다. 그녀는 사고가 나려면 양쪽 다 실수를 해야 하는데 "다른 사람들이 길을 비켜 줄 것이다"(72)라고 말한다. 그녀는 닉이 잠시 그녀를 사랑한다고 생각할 정도로 의도적으로 두 사람의 관계를 변화시키는데 그 이유는 닉이 부주의하지 않아서 자신이 책임질 일이 없으리라고 생각하기 때문이다. 그녀의 무책임한 태도는 개츠비와의 만남을 주선해주기 전 데이지도 재미를 봐야 한다고 말하는 데서도 나타난다. 자기가 불리한 국면에 놓이는 것을 못 참아하는 그녀는 다른 사람의 정직성을 이용하려 하고 본능적으로 영리한 사람을 피한다. 닉은 조던이 가식으로 부정직을 숨기고 있음을 알았을 때에도 "여자의 부정직이란 그렇게 심하게 나무랄 일이 못 된다"(72)며 그녀와의 관계를 유지한다.

냉소주의가 사회에 대한 신념의 결여로 인해 합리적 근거나 대안 없이 관습, 전통, 도덕, 법률, 제도 따위를 경멸하고 무시하는 것이라고 한다면 판단의 기준이나 신념이 없이 그때그때의 즐거움을 위해 행동한다는 점에서 조던은 냉소적이다. 그녀는 데이지와 개츠비의 이뤄지지 못한 사랑에 대해서 말할 때 친구에 대한 배려 없이 냉소적인 호기심을 보일 따름이다. 데이지와 톰의 허니문에 대해 말할 때에도 "그들이 함께 있는 모습은 감동적이었어요. 매혹된 채 조용히 숨죽이며 웃음 지을 정도였죠"(95)라고 냉소적으로 말한다. 개츠비와 데이지의 만남을 주선해 주는 것도 그의 진실한 애정에 감화되어서가 아니라 냉소적으로 단지 즐기기 위해서다. 그녀는 "따분해 하는 오만한 얼굴"(71)로 세상을 경멸하는 듯 초연한 태도를 취한다. 조던은 겉으로 보기에는 기존의 표준에 의거해서 사는 듯이 보이지만 사실 그녀는 이를 단지 속임수로 사용하고 있다(Cowley 71). 톰이 개츠비의 부정으로 얼룩진 과거를 폭로하자 데이지는 경악하며 공포에 휩싸이고 개츠비는 꿈이 산산조각 나는 상황에서 죽어버린 꿈을 향해 몸부림치는데 조던은 이 모습을 아무렇지도 않게 재미있는 구경거리인양 지켜본다. 무언가를 떨어지지 않게 하려는 듯 턱을 조금 올리고 "균형"(161)을 잡고 있는 모습은 불리한 국면에서 남의 일에 연루되지 않은 채 초연하게 거리를 유지하는 그녀의 속성을 잘 보여준다. 주변 세계로부터 따분함을 느낀 듯 하품을 하는 모습으로 자주 등장하는 것도 그녀가 무심한 인물임을 나타낸다.

닉은 처음 도시 생활의 공허함과 불안 그리고 도덕적 혼란 속에서 세상을 "냉소"로써 대하는 "깔끔하고 강인하며 편협한"(98) 조던에게 이끌린다. 이처럼 냉소적인 조던에게 닉이 이끌리고 있다는 것은 그 또한 다른 사람의 일에 연루되지 않은 채 거리를 두고자 하는 성향이 있기 때문으로 볼 수 있다. 개츠비가 데이지를 만나려 한다는 얘기를 들은 후 닉은 개츠비나 톰과는 달리 자신에게는 형체 없이 떠도는 얼굴이 없다는 생각에 조던을 끌어안는다. 닉은 조던을 포옹하면서 "이 세상에는 쫓기는 자와 쫓는 자, 바쁘게 뛰는 자와 지쳐버린 자가 있을 따름이다"(98-9)는 구절을 떠올린다. 사랑과 부를 추구한다는 것이 과연 얼마나 가치 있는 일일까 회의하는 것이다. 그는 잠시 조던처럼 냉소적이 된 것인데, 이는 도덕적으로 책임 있는 자세가 아니다. 닉은 톰이 개츠비의 과거를 폭로할 때 물러서서 개츠비의 꿈이 무너져 내리는 것을 방관한다. 산산이 부서지는 개츠비를 동정하기 보다는 "인간의 공감에는 한계가 있다"(163)면서, "어떤 재미난 물건을 턱 끝에 올려놓고 균형을 잡기 시작한"(161) 조던과 함께 있음을 다행으로 여긴다. 혼란스러운 현실에서부터 초연한 듯한 조던의 태도 속에서 안정을 찾는 닉에게는 냉소적인 성격의 그녀가 일종의 도피처가 된 것이다.

그렇지만 머틀의 자동차 사고를 목격한 후 닉은 조던의 실체를 도덕적으로 판단하게 된다. 개츠비가 연루되었을 가능성이 크다는 사실을 직감한 채 큰 혼란에 빠진 닉과는 달리 조던은 아무렇지도 않은 듯 톰의 집으로 들어간다. 닉은 조던이 자기에게 잘 대해주지 않았음을 탓하기 위해 전화를 걸었을 때 데이지가 개츠비를 버렸듯이 그녀 또한 어려움에 처한 데이지를 버렸음을 알게 된다. 조던이 톰이나 데이지와 마찬가지로 부도덕하고 부정직할 뿐 아니라 남의 고통이나 파국에 일말의 관심도 없는 이기적인 사람임을 알게 된 닉은 만나자는 조던의 요청을 거절한다. 개츠비의 장례식이 끝난 후의 만남에서 조던은 닉이 자신을 무책임하게 저버렸음을 책망하면서, 그가 정직하고 솔직하며 그 사실에 은근히 자긍심을 갖고 있는 줄 알았는데 잘못된 추측이었고 그 또한 서툰 운전자였다고 말한다. 개츠비가 죽은 이 시점에서도 조던의 머릿속을 가득 채운 것은 자기 자신일 뿐이다. 그녀에게는 '정직과 솔직'도 그녀에 대한 배려 여부에 불과한 것이다. 닉은 스스로를 속이면서 그것을 자랑으로 여길 나이는 지났다고 말하면서 그녀와 헤어진다.

성숙하기 전 과거 속의 닉은 낭만적인 성향을 보이지만 현재 성숙한 상태에서 과거를 돌아보는 닉은 도덕적인 면이 강한 인물이다. 닉은 처음 양면성을 지닌 인물로서 불안정하게 동요하지만 혼란을 겪으면서 점차 안정되고 분명한 태도를 견지한다. 그는 현실 도피적인 초연에서 개입으로, 수동적 무관심에서 공감적 이해의 자세로 변화한다.

3. 시간 및 시점의 혼재와 긴장 조성

개츠비에게 공감을 갖도록 유도하기 위한 또 다른 서술 방법은 긴장 조성이다. 인물로서의 닉에게 신빙성이 없는 면이 있게 만들어 서술 속에 긴장을 조성한 것이 그 첫 번째 예이다. 따라서 독자는 신빙성이 없는 닉 옆에서 이야기에 몰입한 가운데 그 해석에 적극 참여하게 된다. 독자의 참여를 유도해서 즉 독자가 재구성하게 해서 윤리적 반응을 보이도록 만드는 것이다(Phelan 108). 닉이 애매모호한 인물이므로 독자는 그에 대해 "복잡하고" "모순된" 감정을 갖게 되고 이러한 감정이 닉의 이야기에 긴장과 신비를 더해준다(Garrett 301).

처음에 독자는 닉에게 전적으로 신뢰를 보내기가 어렵다. 그 이유는 그가 무의식적으로 드러내는 어조와 시선이 그의 낭만적인 언행과 얽히면서 양면성을 드러내기 때문이다. 한편으로 그는 이 세상이 "도덕적 차렷 자세"(4)를 취해 주기를 바랄만큼 엄격한 도덕의식을 내세운다. 자신을 "몇 안 되는 정직한 사람"(73)이라고 소개하는 가운데 조던과 교제하기 전에 고향에서 사귀던 여자와의 관계를 깨끗하게 청산해야 한다고 생각한다. 스스로 "자신의 욕망에 대한 제어 장치로서 작용하는 내면적 규칙들"(72)을 지키고 있음을 강조하기도 한다. 그러나 얼마 후 본능에 몸을 맡겨 조던을 끌어안는데 이때 이전의 연애 사건을 확실히 정리했는지의 여부에 대한 설명이 없다. 여자의 부정직은 괜찮다는 식으로 도덕적인 면에서 불확실한 태도를 보이기도 한다.[3]

둘째, 무고한 인물인 윌슨과 개츠비의 죽음 즉 "대학살"이 "완결되는"(193) 과정을 긴박감을 갖는 극적 장면으로 만든다. 그래서 독자를 몰입시킴과 동시에 개츠비를 동정하도록 유도한다. 긴장 조성은 7장 머틀이 차에 치여 죽는 사고 장면에서도 찾아볼 수 있다. 머틀이 차 사고를 당하는 사건을 직접적으로 묘사하지 않고 신문 기사처럼 건조하고 객관적으로 3인칭 관찰자 시점으로 전달한다. 이로써 범인이 누구인지 호기심을 불러일으킴과 동시에 서스펜스를 조성한다. 개츠비가 운전자라는 톰의 추측은 불안감을 증폭시킨다. 때문에 독자는 닉이 나중에 운전자가 데이지였음을 알게 될 때 안도감을 느끼게 되고 닉과 같이 개츠비를 동정하는 입장에 서게 된다.

이와 함께 시간 및 시점의 혼재를 들 수 있다. 개츠비의 죽음이 다루어지는 8장에서는 크게 두 가지 서술방법으로 이야기가 전개된다. 전반부에서는 닉과 개츠비가 대화하는 현재의 장면과 개츠비가 회상하는 과거의 장면이 반복적으로 교차된다. 이제까지는 개츠비의 과거 이야기가 닉을 통해 서술되는 가운데, 데이지가 개츠비에게 무엇을 의미하는지가 추상적으로 전달되었다. 하지만 여기에서는 개츠비가 자신의 꿈인 데이지에게 빠지게 된 극적인 순간이 1인칭 현재형으로 직접 인용된다. 이로써 그 순간이 독자에게도 더욱 극적이고 현실감 있게 다가온다. 그 다음 과거로 이어져 개츠비의 해외 파병과 귀국이 지연되는 동안 데이지의 갈등과 결혼 사실이 요약된다. 이때 데이지의 초조감이 3인칭 전지적 시점으로 전달되어 그녀의 감정이 직접적으로 분명히 드러난다. 이어 현재로 옮겨와 개츠비는 닉에게 데이지가 신혼 당시 잠깐 톰을 사랑했을지도 모르지만 그것은 개인적인 문제일 뿐이라고 정리한다. 이후 다시 과거로 전환되고, 개츠비가 전쟁에서 돌아와 그 옛날 데이지와 함께 했던 장소를 돌아볼 때를 극적인 장면으로 생생하게 눈앞에 그려낸다. 이때 손을 뻗어 절박하게 붙잡아보려 하지만 영원히 최상의 것을 잃어버렸다고 느끼는 개츠비의 상실감이 3인칭 전지적 시점으로 전해진다.

후반부에서는 시점이 바뀌어 마이클리스(Michaelis)와 윌슨의 대화

형식을 빌어 3인칭 전지적 작가 시점으로 윌슨의 심리 상태와 사건의 내막이 자세히 설명된다. 이웃임에도 불구하고 윌슨에 대해 아는 바가 없는 마이클리스는 그를 달래주기 위해 이것저것 물어보는데 이 말 속에서 독자는 윌슨에 대한 정보를 얻고 그의 심리를 짐작할 수 있다. 이 대화 덕분에 톰에게 무시당하고 아내에게 잡혀 살던 미약한 심성의 윌슨이 어떤 심정에서 살인자가 되었는지에 관한 추측이 가능해진다. 닉의 관찰자 시점으로는 전달하기 어려운 윌슨의 감정 상태가 전지적 시점으로 서술됨으로써 독자는 현장감을 느낄 수 있게 된다. 전, 후반부에 걸쳐 혼란스럽게 뒤섞이는 시점의 혼재는 불안정감과 긴장감을 줌으로써 독자로 하여금 더욱 이야기에 몰입할 수 있게 해준다.

개츠비의 죽음을 전후하여 조성된 불안과 긴장 그리고 위기감 또한 독자를 몰입시켜 개츠비를 적극적으로 공감해 주도록 유도한다. 새벽이라는 동일한 시간대에 이루어지는 개츠비-닉의 대화와 윌슨-마이클리스의 대화는 중첩되는데, 이 두 장면에서는 중간 중간 구체적인 시간이 언급된다. 때문에 독자들은 장면과 장면을 서로 겹쳐가며 상황을 비교하면서 장면의 전개 순서를 쉽게 파악할 수 있다. 과거 데이지와의 관계를 회고하는 개츠비의 이야기에서는 그가 데이지를 그토록 되찾고자 한 이유가 분명해지고, 마이클리스 앞에서 머틀이 죽기 전 벌인 그녀와의 싸움을 회상하는 윌슨의 이야기에서는 그가 개츠비를 죽일 생각을 한 배경이 드러난다. 개츠비에게는 데이지를 되찾는 것이 성배를 찾는 것과 같은 의미였고, 윌슨에게는 아내 머틀을 차에 치어 죽게 한 정부를 찾는 것이 신의 섭리이다. 윌슨은 광고판인 에클버그(Eckelberg) 박사의 눈을 신의 눈으로 간주한 채 신은 모든 것을 다 보고 있다고 말한다. 상황 상 윌슨이 개츠비를 머틀의 정부로 오인할 개연성이 크기 때문에 독자는 개츠비에게 다가오는 위험을 감지하게 되고 그 결과 긴장이 팽배하게 된다.

또한 8장에서는 현재에서 과거로 그 다음 다시 현재로 시제가 반복적으로 바뀌는 가운데 서술이 앞뒤로 오락가락하면서 혼돈감과 긴장이 유발된다. 시간의 빈번한 전환은 과거에서부터 축적되어 온 것이 오늘 폭발할 것이라는 긴박감을 자아낸다. 개츠비가 기다리는 것은 데이지가 아니었고 그는 심지어 무슨 일이 일어나든 상관하지 않은 채 과거를 끝내줄 무엇인가가 일어나기를 기다리고 있다. 어떤 일이 곧 발생할지 모른다는 팽팽한 긴장 속에 독자 또한 닥쳐올 그 무엇을 기다리게 된다. 개츠비에게 다가오는 위험을 직감하면서 불안감을 안고 직장에 간 닉이 줄곧 시간의 흐름에 예민하게 반응하는데서 드러나듯이 시간이 시시각각 흐르고 있다는 느낌은 서스펜스를 조성한다. 과거와 현재를 혼란스럽게 오가는 장면 전환은 상관관계가 없는 듯해 혼동과 무질서함을 주지만 사실은 모두 관련이 있고 시간의 흐름 순으로 서술되어 있다. 다양한 장면들로 인해 템포가 빨라지는 느낌을 주는데 이는 모든 사건과 이야기가 종지부를 향해 빠르게 흘러가고 있다는 긴박감과 긴장감을 더해준다. 매시간 마다의 윌슨과 개츠비의 움직임이 명시되고 있는 것은 닥쳐올 재앙을 긴박하게 예기한다. 제 3자의 증언을 통해 윌슨의 행동을 담담한 어조로 묘사함으로써 객관적인 느낌을 주는데 윌슨의 행동 묘사만으로도 그의 심리를 충분히 독자에게 전달한다. 마이클리스의 말을 근거로 경찰이 근처 정비소를 하나하나 찾아다니는 동안 윌슨이 톰을 찾아갔음이 간접적으로 암시된다. 이를 직접적으로 제시하지 않음으로써 독자들로 하여금 긴장한 채 적극적으로 이야기에 몰입할 수 있게 해준다. 윌슨이 개츠비를 찾으러 갔다는 사실을 알려주고 다음 문단에서 바로 개츠비의 집으로 배경을 옮김으로써 긴장감을 배가시키기도 한다.

III

피츠제럴드는 여러 독특한 서술방법을 구사하여 독자로 하여금 개츠비를 "위대한" 인물로서 공감하고 이해하도록 유도한다. 개츠비가 죽음에 내몰리는 과정을 직접 곁에서 목격하면서 서서히 성장한 닉이 과거를 회상하면서 개츠비에 관한 이야기를 풀어가게 한 것도 이를 위해서다. 처음 닉은 전쟁의 여파와 재즈 시대의 영향으로 다른 인물들과 마찬가지로 불안정하다. 낭만적인 성향을 지닌 그는 초연하고 냉소적으로 현실을 회피하기도 한다. 그렇지만 개츠비와 톰/데이지/조던의 실상을 알아차리게 되면서 확고한 도덕적 입장을 정립하게 된 닉은 적극 개입한다. 그리고 닉은 "마침내 개츠비가 결국 옳았다는 것이 판명되었다"(31)고 정리할 수 있게 되는 것이다. 닉의 이러한 평가가 소설의 서두에 배치됨으로써 개츠비에 대해 독자가 취할 태도가 미리 설정된다.

화자 닉은 독자로 하여금 환상과 현실 사이에서 균형을 잡을 수 있게 해 주는 역할도 한다. 데이지를 향한 개츠비의 꿈은 환상적인데 이를 만일 개츠비의 관점에서 서술하였다면 이 소설은 전반적으로 환상적인 분위기를 띠었을 것이다. 하지만 닉이 직접 그와 관계를 맺고 옆에서 지켜보므로 사실감이 떨어지는 인물인 개츠비는 현실성을 띠게 된다. '닉'이 목격한 체험을 바탕으로 하기 때문에 독자가 의아해 할 수도 있는 부분이 보다 현실적으로 다가오는 것이다.

『위대한 개츠비』는 20세기 가장 '위대한' 미국 소설 중의 하나로 평가받고 있다. 이는 터무니없을 만큼 허황되게 보일 수도 있었을 개츠비를 독자의 공감을 유발하는 비극적 주인공에 버금가는 인물로 설득력 있게 자리매김한 독특한 서술기법 때문이라고 해도 과언이 아닐 것이다.

---

1) Fitzgerald, F. Scott. *The Great Gatsby*. (1925; rpt. 서울 : 경문사, 2010), 79. 이하 본문 인용은 이 책에 의거하며 면수만 표기한다.

2) 파(Farr) 또한 이 점을 지적하고 있다. 데이지에 대한 닉의 평가는 변하는데 이 변화는 그녀의 목소리를 묘사할 때 아주 분명히 나타난다는 것이다. (179)

3) 닉이 믿을 만한 인물인지의 여부에 대해서 논란이 있어온 것은 이 때문이다. 1966년 "Against *The Great Gatsby*"라는 논문에서 닉의 신빙성 없음을 가장 먼저 문제 삼기 시작한 스크림저(Gary J. Scrimgeour) 이후 도날드슨(Scott Donaldson)도 닉을 시종일관 신빙성이 없다고 본다. 부스(Wayne Booth)는 깨달음을 얻기 전의 젊은 닉(younger Nick)은 신빙성 없는 목격자였지만 성숙한 닉(older Nick)은 믿음직한 길잡이(reliable guidance)가 된다고 지적한다(Booth 176). 펠란(James Phelan)은 닉이 전지적 3인칭 화자의 역할을 할 때는 믿을 만하지만, 사건과 대화를 보고하거나 자기 자신을 평가할 때는 믿을 만하지 못하다고 본다. 화자로서의 닉이 그가 연루되어 있지 않은 사건을 보고할 때는 신빙성이 있지만 인물로서 자신에 대한 개인적 의견을 표명할 때나 그가 연루된 대화나 행위를 보고할 때는 그렇지 못하다는 것이 펠란의 견해이다. (107) 필자는 인물로서의 닉이 신빙성이 없어 보이는 것은 그가 미성숙한 상태에서 차차 성장하는 과정을 거치기 때문이라고 본다.

인용문헌

Booth, Wayne C. The Rhetoric of Fiction. Chicago: Chicago UP, 1961.

Chambers, John B. The Novels of F. Scott Fitzgerald. London: Macmillan, 1989.

Cowley, Malcolm. "Fitzgerald: The Romance of Money." Modern Critical View: F. Scott Fitzgerald. Ed. Harold Bloom. NY: Chelsea Publishers, 1985. 49-72.

Donaldson, Scott. "The Trouble with Nick." Critical Essays on F. Scott Fitzgerald's The Great Gatsby. Boston: Hall, 1984. 131-39.

Farr, Cecilia Konchar. "Doubting Nick: Reading Nick Reading Gatsby Reading Daisy." Jackson R. Bryer, and Nancy P. VanArsdale. Approaches to Teaching Fitzgerald's The Great Gatsby. NY: The Modern Language Association of America, 2009. 175-80.

Fitzgerald, F. Scott. The Great Gatsby. 1925; rpt. 서울: 경문사, 2010.

Garrett, George. "Fire and Freshness: A Matter of Style in The Great Gatsby." F. Scott Fitzgerald's The Great Gatsby: A Documentary Volume. (DLB 219). Ed. Matthew J. Bruccoli. Detroit: A Bruccoli Clark Layman Book, 2000. 297-308.

Harvey, W. J. "Theme and Texture in The Great Gatsby." Twentieth Century Interpretation of The Great Gatsby. Ed. Ernest Lockridge. Englewood Cliffs, NJ: Prentice-Hall, 1968. 90-100.

Kelly, David. "The Lyricism of Nick Carraway." Sydney Studies in English 25 (1999): 1-15.

Lehan, Richard. "Seeing and Misseeing: Narrative Unfolding." The Great Gatsby: The Limits of Wonder. Boston: Twayne Publishers, 1990. 111-24.

Mizener, Arthur. "F. Scott Fitzgerald: The Poet of Borrowed Time." Critiques and Essays on Modern Fiction, 1920-1951. Ed. John W. Aldridge. NY: Ronald, 1952. 286-302.

Phelan, James. "Rhetoric and Ethics in The Great Gatsby; or, Fabula, Progression, and the Functions of Nick Carraway." Jackson R. Bryer and Nancy P. VanArsdale. Approaches to Teaching Fitzgerald's The Great Gatsby. NY: The Modern Language Association of America, 2009. 99-110.

Scrimgeour, Gary J. "Against The Great Gatsby." Twentieth Century Interpretation of The Great Gatsby. Ed. Ernest Lockridge. Englewood Cliffs, NJ:

Prentice-Hall, 1968. 70-81.

출처 : 이 글은 저자의 「'위대한' 개츠비를 위한 서술기법」(『근대영미소설』 19권 1호 (2012): 5-32)을 참고하되, 작가 소개 및 전반적 서술기법에 대한 내용을 첨가하여 수정, 보완한 글임.

반복으로서의 내러티브

송 은 주 이화여자대학교

I

1. 작가 소개

윌리엄 포크너는 '미국 작가가 아니라 남부 작가'라고 불러야 한다는 평이 나올 만큼 작품세계의 뿌리를 남부의 역사와 전통 깊숙이 내리고 있는 작가이다. 그는 1897년 9월 25일 미시시피 주 뉴올버니에서 모드와 머리 포크너 사이의 장남으로 태어났다. 그가 태어난 미시시피 주는 미국 남부에서도 '심남부(Deep South)'로 불리는 지역으로, 포크너의 작품세계는 이 지역의 지리와 역사와 뗄 수 없이 깊이 연관되어 있으며, 인종갈등으로 얼룩진 남부의 비극적 역사를 직시하려는 고통스러운 노력이 그의 작품 전반에 깔려 있다. 포크너의 소설들의 배경이 되는 요크나파토파는 허구의 공간이면서 남부의 특성을 집약적으로 보여주는 곳이다. 그렇기에 포크너는 자신의 표현을 빌면 이 "우표딱지만한 땅"을 무대로 평생에 걸쳐 남부에 대한 집요한 문학적 탐색을 전개할 수 있었던 것이다.

남부에 대한 포크너의 감정은 애증이 뒤엉킨 모순적이고 양가적인 것이다. 이는 포크너의 증조부 윌리엄 포크너(William Falkner)에 대한 그의 인식을 보아도 드러난다. 증조부는 마을에 철도를 놓은 존경받는 사회지도층이고 남북전쟁에서 미시시피 주 제 2보병대를 이끌었던 인물이며『멤피스의 백장미』라는 소설을 쓴 작가이기도 했다. 포크너는 증조부를 노예들을 거느리고 대농장을 경영하는 남부 가부장의 모델로 삼아『압살롬, 압살롬!』의 토마스 서트펜이나 사토리스 대령과 같은 가부장적 인물의 묘사에 일부 반영하기도 했다. 포크너는 소설가로서 자신을 증조부의 후예로 여겼다. 그가 자신의 경제적 능력으로는 무리가 되었는데도 로완 오크를 사들여 유지한 것도 남부 대농장주들의 생활을 모방하려던 의도에서였다. 그러면서도 한편으로 포크너는 원래 가문의 성인 Falkner에 u를 넣어 Faulkner로 바꿈으로써 가문의 전통과 역사와의 의도적인 단절과 탈피를 꾀하기도 했다. 남부와 선조의 역사는 그에게 영광이면서 동시에 짐이었던 셈이다.

남부 연합의 지휘관이었던 증조부의 영광스러운 과거를 숭배하면서도 그는 작은 체구를 타고난 데 강한 콤플렉스에 시달렸다. 남성성에 대한 갈망에서 그는 세계 1차 대전이 발발하자 조종사가 되기로 결심하고 신병 모집에 지원했으나 작은 키 때문에 입대를 거부당했다. 그는 영국 학생으로 위장하고 영국 공군 입대에 성공하여 토론토의 군사 항공 학교에 배치되어 훈련을 받았으나 결국 전투에 참가해 보지 못하고 종전을 맞았다. 고향에 돌아온 그는 참전 경험과 부상에 관한 거짓 이야기들을 꾸며내어 들려주었고, 퇴역 군인에 대한 혜택을 이용하여 미시시피 대학에서 잠시 공부했다. 1924년 첫 시집『대리석 목신』을 출판했으나 시인으로서는 그다지 주목을 받지 못했다.

1925년 잠시 근무했던 미시시피 대학 우체국장 직을 사임한 포크너는 뉴올리언스로 가서 셔우드 앤더슨과 교분을 쌓았다. 앤더슨으로부터 인정을 받으면서 포크너는 시에서 소설 쪽으로 관심을 돌리게 되었다. 그가 1926년 출간한 첫 소설『군인의 보수』와 1927년의『모기들』과 마찬가지로 세 번째 소설『먼지 속의 깃발』도 별다른 주목을 끌지는 못했으나, 그 작품은 포크너의 요크나파토파 소설을 구성하는 사회적 요소들을 대부분 포함하고 있다는 점에서 의미가 있었다. 그러나 이 작품은 처음에 혹평과 함께 출판을 거부당했고, 포크너는 꽤 오랜 시간을 기다리고 출판사의 요구에 따라 일부를 삭제한 끝에야 책을 낼 수 있었다. 이 경험은 포크너에게 큰 좌절감을 안겨 주었으나 오히려 그는 이를 계기로 "자신과 출판업자 사이의 문을 닫아버리고" 자신만의 글쓰기에 몰두하게 되었다. 그 결과로 나온 것이 그의 첫 번째 걸작인『소리와 분노』이다. 이 작품은 비평적으로는 주목을 받았으나 판매 실적은 저조했다. 엎친 데 덮친 격으로 포크너는 어린 시절부터 연인이었던 에스텔이 다른 남자와 결혼했다가 이혼하고 돌아와서 그녀와 결혼할 예정이었으나 여러 잡지에 투고한 단편소설들은 잇달아 거부당했다. 좌절과 분노에 찬 포크너는 돈을 벌 목적으로『성역』을 썼다. 그러나 소설은 지나친 선정성 때문에 출간을 거부당했고, 에스텔과 결혼한 포크너는 가족을 부양하기 위해 미시시피 대학 발전소에 일자리를 구했다. 그는 발전소에서 야간 근무를 하면서 소설 쓰기를 병행할 수 있었다.『내 죽어 누워있을 때』를 비롯하여 여러 단편을 발표하면서 조금씩 소설가로 인정을 받고 수입도 늘어가자 포크너는 1930년 남북전쟁 이전에 지은 대저택인 로완 오크를 샀다. 그는 이 낡아빠진 저택을 수리하고 복원하는 데 엄청난 비용과 열정을 바쳤다. 그에게 그 집은 장소 이상의 것이었고, 과거의 복원을 의미했다. 포크너의 주가가 조금씩 올라갔다 해도 그와 에스텔의 낭비벽을 지탱하기는 여전히 무리였으므로, 결국 포크너는 당시의 다른 많은 작가들처럼 불황에도 불구하고 흥청거렸던 할리우드로 향했다. 할리우드에서 시나리오 작가로서의 경력은 그리 성공적이지 못했다. 그는 적은 급료로 계약에 매여 할리우드의 요구에 따라 글을 쓰느라 자신이 쓰고 싶은 작품은 쓰지 못하는 처지를 한탄하며 몇 년 간의 힘든 시간을 보냈으나, 1946년 맬컴 카울 리가 편집한『포터블 포크너』가 발간되고 1948년『먼지 속의 침입자』가 호평을 받으면서 작가로서 명성을 날리기 시작했다. 미국에서보다 프랑스에서 받은 높은 평가에 힘입어 그는 1950년 노벨상 수상자로 선정되었다. 노벨상 수상 이후 그는 국무성의 요청을 받아들여 여러 나라를 방문하고 인종차별 폐지 논쟁에 개입하며 작가로서 공적 역할을 수행했다. 그러나 그는 잦은 음주와 승마로 인한 등 부상 후유증에 시달렸으며 결국 1962년 요양소에서 사망했다.

2. 포크너와 서술기법

포크너의 실험적인 서술기법은 그간 많은 독자들의 접근을 어렵게 만드는 한편으로 비평가들의 지대한 관심을 끌어 온 주제이다. 포크너 본인은 자신이 스타일에 크게 신경쓰지 않으며 작품의 내용이 먼저이고 스타일은 그에 따라오는 것이라고 말한 바 있지만[1], 그의 발언의 진의가 무엇이건 문학작품에서 때로는 형식이 곧 주제가 된다는 것은 주지의 사실이다(Gwynn 14). 특히 포크너처럼 독특하고 난해한 내러티브와 스타일로 자신만의 문학세계를 구축한 작가라면, 그 역할과 의미는 더더욱 중요해진다. 포크너의 경우야말로 내러티브를 주제와의 관련 하에 연구할 필요성이 있다. 휴즈 루퍼스버그(Huge Ruppersburg)는 포크너의 소설이 언어와 구조, 주제, 플롯, 인물까지 모든 요소가 긴밀한 관계를 맺고 유기적인 형태를 이루고 있으며, 각각의 요소는 다른 나머지 요소들과 동등한 중요성을 갖는다고 말한다. 어떤 소설의 내러티브 구조는 직접적으로 주제를 상징하기도 하는데, 특히 『소리와 분노』(The Sound and the Fury)의 네 부분으로 이루어진 구조는 파편화되어가는 시간이라는 주제를 반영하고 있다는 것이다(4).

포크너의 서술방식은 서술자의 권위를 인정하지 않고 다양한 해석의 가능성을 열어놓는다. 이러한 특징 때문에 포크너는 제임스 조이스(James Joyce)나 조셉 콘래드(Joseph Conrad)와 같이 모더니즘 계열에 속하는 작가로 분류되면서 동시에 포스트모더니즘으로 해석될 여지도 남겨둔다. 존 매튜(John T. Mattew)는 모더니스트로서의 포크너가 1925년 파리 체류 기간 동안 보았던 후기인상파나 큐비즘 화가들의 작품처럼 관습적인 순차적 내러티브를 분해하며, 같은 주제를 다양한 각도에서 다루고 같은 이야기를 다양한 내러티브 관점에서 말한다고 본다(77).

> 그는 선적 연대표를 엄격하게 따르지 않고 시간을 우리가 보아온 바와 같이 사건이 일어난 순서에 따라서가 아니라 심리적 혹은 감정적 중요성에 따라 배열한 단위들로 쪼갠다. (77)

반면 포크너는 포스트모더니스트가 아닐지라도 그의 소설이나 글쓰기에 관한 발언은 그를 포스트모더니스트로 만든다고 보는 테렐 티베츠(Terrell L. Tebbetts)와 같은 견해도 있다(125). 그는 퀜틴(Quentin)이 모든 사회적·지적·도덕적 질서와 이를 뒷받침하는 진실의 임의성을 주장하는 아버지의 허무주의를 받아들여 언어와 보편적 진실을 부정하면서 앎의 어려움을 주장하는 모더니즘으로부터 앎의 불가능성을 주장하는 포스트모더니즘으로 옮겨간다고 본다(134). 어떤 관점을 적용하느냐에 따라 포크너의 독특한 서술기법이 작품 속에서 주제와의 관련 하에 의도하는 효과에 대한 해석도 달라질 수밖에 없다.

포크너의 대표작 중 『소리와 분노』 역시 『압살롬, 압살롬!』(Absalom, Absalom!)이나 『내 죽어 누워 있을 때』(As I Lay Dying) 등 여러 작품에서 공통적으로 나타나는 복수화자의 이용이라든가 의식의 흐름 기법 등 모더니즘적인 형식상의 실험을 다양하게 보여준다. 여기에서는 그 중에서도 이 작품에서 빈번히 등장하는 반복적 서술에 초점을 맞추고자 한다. 『소리와 분노』에 등장하는 화자들 중 컴슨(Compson) 집안의 세 형제는 사라진 여동생 캐디(Caddie)의 상실에 대한 자신들의 감정과 반응을 중점적으로 서술하는데, 이 외상적 사건을 둘러싼 그들의 경험에 관한 서술은 한 자리에 고착된 채 벗어나지 못하고 제자리를 맴도는 반복적인 양상을 보인다. 따라서 먼저 반복의 양상이 소설 속에서 어떻게 내러티브를 통하여 드러나는가를 살펴보고, 반복되는 내러티브가 어떻게 소설의 주제를 표현하는 데 기여하는가를 분석할 것이다.

II

1. 벤지-퀜틴-제이슨 섹션: 분열된 내러티브의 반복

반복은 포크너의 작품세계를 이해하는 주요 키워드 중 하나이다. 그는 말콤 카울리(Malcom Cowley)에게 이렇게 말했다.

> 나는 나 자신이며 세계인 같은 이야기를 거듭해서 되풀이해 말합니다. 작가가 하는 일은 그것이 전부입니다. 자신의 전기를 다른 식으로 천 번을 이야기하는 것입니다. (14)

도널드 카티가너(Donald Kartiganer)는 아예 포크너의 소설 기교는 이야기를 하고 그 이야기를 다시 하는 것이라고 요약했다(1987, 21). 포크너는 소설의 집필 동기를 밝힌 인터뷰에서, 처음부터『소리와 분노』가 갖기도 전에 상실한 대상, 혹은 한때 가졌으나 잃어버린 대상을 묘사하고자 하는 문학적 시도의 반복되는 실패로 이루어진 작품임을 밝힌 바 있다.

> 그것은 진흙투성이 속바지를 입고 나무를 오르는 어린 소녀의 모습에서 시작되었다. . . 먼저 형제들 중 한 명으로 그 이야기를 하려고 해 보았으나 충분치 않았다. 그것이 첫 번째 섹션이었다. 다른 형제로 시도해 보았으나 그것도 충분치 않았다. 그것이 두 번째 섹션이었다. 세 번째 형제로 해 보았다. . . 그것도 실패하자 내가 직접 무슨 일이 있었는지를 말하려 해 보았으나 - 그것이 네 번째 섹션이다 - 여전히 실패했다. (Gwynn and Blotner 1)

한 번의 서술로 하고 싶었던 이야기를 충분히 하지 못했다는 생각에 다시 한 번 다른 식으로 시도했으나 재차 실패하고 또 거듭 같은 시도가 이어진 것이 한 편의 소설이 되었다는 포크너의 발언은『소리와 분노』가 목표한 대상의 완벽하고 자기충족적인 재현을 통해 만족스러운 결말에 도달하는 데 실패했으며, 나아가 그 실패가 필연적이었음을 보여주는 과정의 서술임을 드러내준다. 이것이 그가 이 작품을 가리켜 "가장 찬란한 실패(the most splendid failure)"라고 말한 이유가 될 것이다.

그러나 카티가너는 포크너의 작품들의 핵심이 반복이라고 하면서도 『소리와 분노』에서 나타나는 반복은 『압살롬, 압살롬!』이나 『8월의 빛』(Light in August)을 비롯한 다른 작품들에서 나타나는 반복과 성격이 다른 것으로 구분한다. 카티가너는 키에르케고르와 니체의 반복 개념을 빌려 와 포크너의 작품에서 나타나는 반복을 같은 이야기를 복사하듯 기계적으로 되풀이하는 것이 아니라 "과거를 다시 씀으로써 새로운 내러티브를 만들어 미래로 확장해 나가는" "앞으로 나아가는 반복"이라고 본다(30). 그러나 카티가너가 보기에 『소리와 분노』의 내러티브는 아이러니와 부조리로 점철되어 있을 뿐, 이러한 수정으로서의 반복에 해당되지 않는다.

> 『소리와 분노』는 그 자체를 끊임없이 부수면서, 네 개의 내러티브의 의식들의 실패하는 일관성을 묘사할 때조차 허구적 일관성을 거부하면서, 비상한 창조적 활력을 절망에 관해 언급하는 향수, 혹은 상실의 느낌과 결합한다. (32)

『소리와 분노』에 대한 카티가너의 이와 같은 견해는 이 작품의 반복되는 내러티브가 어떤 통일성이나 일관성, 혹은 방향성도 가지고 있지 않다는 점에서 기인할 것이다[2]. 이는 내러티브의 파편화되고 분열적인 성격을 강조하는 견해와 일치된다. 그러나 『소리와 분노』에서 나타나는 반복이 어떠한 일관성과 방향성을 갖고 발전하는 형태를 취하지 않는다 하더라도 나름대로의 의미가 있다. 첫째로 이 작품에서 같은 이야기가 반복된다 해도 기계적인 반복은 아니다. 도린 파울러(Doreen Fowler)는 포크너가 같은 이야기를 반복하되 다른 형식과 기법을 사용한다는 점을 지적하는데, 『소리와 분노』에서도 컴슨 가의 삼형제는 캐디에 관한 기억이라는 같은 이야기를 각자의 주관과 관점에서 서술 방식을 바꾸어 가며 서술한다(99). 데이비드 민터(David Minter) 역시 『소리와 분노』에서 같은 이야기를 반복한다 하더라도 그것이 똑같지는 않고 매번 다른 버전의 새로운 이야기를 낳으며, 독자의 창조적 오독을 가능케 한다고 말한다.

> . . . 다시 이야기하기가 하나의 이야기를 여러 개의 이야기로 바꾸듯이, 다시 보기는 하나의 사건을 여러 개의 사건으로 바꾸어 놓는다. 나아가 이러한 수준들 중 어디에서도 우리는 이것이 다른 것들이 단순한 변형이거나 오독인 이야기라고, 혹은 이것이 다른 것들은 더 못한 판본인 장면이라고 말할 수가 없다. 우리가 가질 수 있는 것은 일시적이고 잠정적인 이야기들과 부분적이고 걸러진 장면들뿐이며, 포크너의 놀랄 만한 확산과 독자들의 창조적 읽기의 이유가 되어 주고 이를 정당화하고 영감을 불어넣는 것은 결국 그것들의 주목할 만한 부적절성이다. (64)

각각의 섹션을 살펴보면, 한 섹션 안에서 같은 이미지나 단어, 혹은 사건이 반복된다. 벤지 섹션의 경우, 첫 시작부터 같은 동작이 같은 단어를 사용하여 반복적으로 묘사된다.

> 울타리 너머 구불구불한 꽃의 공간 사이로 그들이 치는 것을 볼 수 있었다. 그들은 깃발이 있는 곳을 향하여 가고 있었고 나는 울타리를 따라서 갔다. 러스터가 꽃나무들 옆 잔디 속에서 찾고 있었다. 그들은 깃발을 뽑았고 그들은 쳤다. 그러고는 깃발을 다시 꽂고 테이블로 가서 그가 쳤고 상대방이 쳤다.

> Through the fence, between the curling flower spaces, I could see them **hitting**. They were coming toward where the flag was and I went along the fence. Luster was hunting in the grass by the flower tree. They **took the flag out**, and they were **hitting**. Then they **put the flag back** and they went to the table, and he **hit** and the other **hit**(3).

독자가 보기에 벤지가 관찰 중인 사람들은 깃발을 뽑았다가 다시 꽂고 뭔가를 치는 행동을 의미없이 반복하고 있다. 뒤에 가서야 독자는 그들이 골프를 치는 중이었다는 사실을 알게 되지만, 백치인 벤지는 앞뒤의 사건을 연결하여 일관성있는 의미망을 구성하지 못하고 사건의 인과관계를 파악하지 못하기 때문에, 그의 눈에 비친 사람들의 행동을 골프라는 범주에 속하는 것으로 연관지어 해석하지 못하고 각각의 행동 하나하나의 반복으로만 본다. 그에게는 그 행동 하나하나가 무의미하게 누적될 뿐, 추상적인 개념으로 구성되지 못한다. 누군가가 자신에게 밥을 먹여주는 것조차 그에게는 숟가락이 눈앞에 왔다가 사라지는 움직임의 반복일 뿐 '밥을 먹여주는 행위'나 '식사'로서의 의미를 갖지 못한다. 그야말로 카티가너가 말한 '앞으로 나아가는 반복'의 정 반대되는 극단에 있는 기계적 반복이다. 그들이 부르는 골프장의 캐디(caddie)가 벤지에게는 사라진 누이 캐디와 구별되지 않는 같은 단어로 들리는 것도, 그가 개별적인 대상과 사건을 전체적인 의미망 안에서 파악할 수 있는 능력이 없기 때문이다. 그렇기에 감각을 통한 모든 체험을 낱낱의 개별적인 반응으로 기억하는 벤지 섹션에서는 삶이 의미없는 반복적 행동으로 구성되는 극단적인 형태로 재현된다. 벤지 섹션은 벤지의 상실만이 아니라 골프장에서 잃어버린 은화를 찾는 러스터(Luster)의 탐색으로 시작함으로써 상실과 회복불가능성이 이 섹션의 반복되는 주제임을 암시한다.

경험을 해석하고 연결하는 능력을 결여한 백치라는 벤지의 특성상 단순 반복 양상이 내러티브에서 더 두드러져 보이기는 하지만, 이는 다른 두 형제 퀜틴과 제이슨의 경우도 비슷하게 나타난다. 퀜틴 섹션은 현학적이고 풍부한 상징을 구사하고 있으나 강박적으로 그의 의식세계를 지배하는 몇 가지의 상징과 이미지들이 반복하여 등장한다. 올가 비커리(Olgar Vickery)는 그의 의식 속에 반복적으로 등장하는 숨이 막힐 듯 짙은 인동덩굴 향기를 그의 질서와 그것을 파괴하려고 끊임없이 위협하는 자연의 맹목적인 힘 사이의 갈등을 극화한 상징으로 해석한다(285). 또한 그림자와 거울의 이미지가 계속 등장하는데, 이는 퀜틴과 현실 사이의 장벽을 강조한다고 본다(285). 구어체로 비속어를 섞어서 서술하는 제이슨 섹션은 '컴슨 가에서 유일하게 제정신인 인물'이라는 포크너의 말처럼 앞의 두 장에 비하면 훨씬 정상적이고 이해하기 쉬운 문체로 서술되어 있으나 제이슨 역시 신경질적으로 특정 패턴의 행동과 말을 반복한다(420). 그 한 예가 그가 섹션 첫 부분에서부터 시작하여 몇 번이나 되풀이하는 "한 번 잡년이면 언제나 잡년이다(Once a bitch, always a bitch)"라는 말이다(180). 그는 이 표현을 캐디와 그녀의 딸 미스 퀜틴 두 모녀에게 똑같이 적용한다. 그 사실이 보여주듯이 그들의 관계는 비슷한 양상으로 반복되는데, 제이슨에게는 그들에게 자신의 것을 빼앗기거나 혹은 자신이 그들로부터 빼앗을 수 있는, 물질로서만 정의되는 관계이다.

이처럼 하나의 섹션 안에서도 반복이 이루어지지만, 그뿐 아니라 각 섹션의 내러티브가 유기적으로 연계되지 않고 파편화되어 있다고 할 때 여기에 소설로서의 구조와 최소한의 질서를 부여하는 것 또한 반복이라고 볼 수 있다. 각 섹션 안에서 같은 이미지와 기억이 반복적으로 제시될 뿐 아니라, 각 섹션 사이에서도 이와 같은 상호관계가 형성된다. 존 T. 매튜는 포크너가 작품을 통합하려는 의도가 있었으나 작가의 묘사나 설명과 같은 내러티브상의 고정 장치를 제거하는 과격한 실험을 통해 이를 성취하려 했다고 본다. 통합하는 원칙은 이미지와 구절, 감정의 반복을 통해서 드러난다는 것이다(24). 한 예로 캐디가 순결을 잃고 돌아온 날의 장면은 벤지 섹션과 퀜틴 섹션에서 반복하여 묘사된다.

> 캐디가 들어와서 벽에 등을 대고 서서 나를 보았다. 나는 울면서 캐디 쪽으로 갔고 캐디가 벽에 기대어 움츠러들었다. 나는 캐디의 눈을 보고 더 크게 울면서 그녀의 드레스를 잡아당겼다. 그녀는 손을 내밀었지만 나는 그녀의 드레스를 잡아당겼다. 그녀의 눈이 달렸다.
>
> Caddy came in and stood with her back to the wall, looking at me. I went toward her, crying, and she shrank against the wall and I saw her eyes and I cried louder and pulled at her dress. She put her hands out but I pulled at her dress. Her eyes ran. (69)
>
> 그녀가 문가에 서자 그가 그녀의 드레스를 잡아당겼고 울부짖는 목소리가 벽 사이를 파도치며 앞뒤로 망치질을 하듯 때렸고 그녀는 하얗게 질린 얼굴에 엄지손가락으로 푹 파 놓은 듯한 눈을 하고 벽에 기대어 움츠러들며 점점 더 작아지다가 마침내 그 자체로 가속도가 붙는 것처럼 울부짖는 침묵에 있을 자리가 없는 것처럼 그녀를 방에서 밀어내고 그의 목소리가 앞뒤로 망치질을 하듯 때리고
>
> . . . she was standin in the door the next minute he was pulling at her dress and bellowing his voice hammered back and forth between the walls in waves and she shrinking against the wall getting smaller and smaller with her white face her eyes like thumbs dug into it until he pushed her out of the room his voice hammering back and forth as though its own momentum would not let it stop as though there were no place for it in silence bellowing. (124)

벤지는 캐디의 변화를 본능적으로 감지하지만 그것이 무엇인지 인지할 수 있는 능력은 없기 때문에 그가 말로 소통하는 대신 타인에게 반응할 수 있는 유일한 방식인 울음으로 본능적인 공포와 충격을 표현한다. 그는 단순한 동사와 구문을 사용하여 문가에 선 캐디

의 모습과 자신의 울음을 건조하게 묘사한다. 반면 퀜틴은 같은 장면을 서술하면서도 복문과 비유적 표현의 사용으로 캐디의 변화가 가져온 절망감을 시적으로 묘사한다. 그리하여 그 장면이 형제들의 의식 속에서 갖는 의미와 중요성이 독자들에게 작가가 개입해서 설명하지 않아도 효과적으로 전달된다. 또한 한 섹션에서 지나치게 주관적이고 제한적인 관점에서 서술되어 이해하기 어려웠던 사건들이 다른 섹션에서의 서술을 통해 의미를 조금씩 드러낸다. 스테이시 버튼(Stacy Burton)은 바흐친의 대화주의 개념을 인용하여 각 섹션이 파편화되고 고립된 내러티브로 존재한다는 일반적 시각과 달리 각 섹션 간은 서로간의 상호작용을 통해 구성된다는 견해를 제시한다.

> 벤지, 퀜틴, 제이슨 섹션은 각 인물이 자신의 담화를 형성하는 투쟁과 시험의 상세한 입안으로 읽힐 수 있다. 포크너의 인물들이 말하는 것은 도스토예프스키의 인물들처럼 삶의 모든 영역과 창조적인 이데올로기적 활동에서 다른 이들의 말과 함께 끝나지 않을 투쟁의 무대를 구성한다. 살고, 상상되고, 반영되는 컴슨가 형제들의 내러티브는 고립된 인물들조차 어떻게 다른 사람들의 목소리들과의 끊임없는 상호작용 속에서 자기들의 언어, 크로노토프, 역사를 만드는가를 드러낸다. (1995, 208)

버튼의 주장처럼, 『소리와 분노』의 반복이 일정한 방향으로 발전해 나가지는 않지만 그렇다고 전적으로 고립된 채 흩어져 있는 것도 아니다. 반복되는 이미지와 사건들은 연상작용을 통해 서로 연관되고 의미를 확장해나간다. 벤지 섹션에서 러스터가 골프장에서 주워서 팔려고 했으나 팔지 못해 결국 아무 소용이 없어진 골프공(balls)은 벤지가 거세당해 잃어버린 그의 물건(balls)와 연관된다.[3] 벤지 섹션에서 화자인 벤지는 옷을 갈아입다 자신의 몸을 보고 울지만 자신이 잃은 것이 무엇인지도 알지 못하므로 설명 없이 그의 반응으로만 처리되며,

이에 대한 설명은 뒤에 제이슨 섹션에 가서야 그가 버지스(Burgesse)가의 딸들을 캐디로 착각하여 다가갔다가 거세당했음이 밝혀진다. 버지스 가 딸들과의 사건도 벤지 섹션에서 언급되기는 했지만 벤지의 서술로는 독자가 무슨 일이 있었던 것인지 이해하기가 어렵다. 이 사건 역시 독자는 벤지 섹션에서는 그의 상실감과 캐디에 대한 그리움 때문에 일어난 일이라는 것만을 벤지의 시각으로 서술된 사건을 통해 느낄 수 있지만, 세상 사람들의 눈에 그의 행동이 어떻게 해석되는가는 제이슨 섹션의 설명을 통해서야 이해할 수 있다. 이 두 가지의 상반된 서술이 합쳐지면서 비로소 그 사건은 독자의 의식 속에서 다층적 의미를 지닌 사건으로 의미화된다. 또한 벤지 섹션에서 과거에 캐디가 남자친구 찰리와 함께 그네에 있는 모습을 보았던 기억 속 장면은 현재 미스 퀜틴이 그녀의 남자친구와 똑같은 그네에 함께 있는 모습과 연결된다. 비슷한 장면이지만 벤지를 보자 남자친구를 뿌리치고 벤지를 데리고 집으로 돌아와 비누로 입을 씻으며 벤지를 달래주는 캐디의 모습과, 자기 뒤를 따라 다닌다고 거친 욕설을 퍼붓는 미스 퀜틴의 모습은 과거와 현재의 날카로운 대조를 이루면서 벤지가 잃은 것이 무엇인지를 다시 한 번 독자에게 실감케 한다. 노엘 포크(Noel Polk)는 이러한 장면의 대비를 통해 영화 몽타쥬와 같은 효과를 얻는다고 보았는데, 파편처럼 보이지만 서로 다른 관점과 시간대의 것들이 충돌하면서 새로운 의미를 만들어낸다는 점에서 볼 때 적절한 표현이라고 할 것이다(148).

반복의 양상은 조금씩 다를지라도, 세 형제의 서술에서 나타나는 주요한 공통점은 그들이 실패의 경험을 반복하고 있다는 사실이다. 벤지는 끊임없이 끙끙대며 자신이 무엇을 원하는지 말하려 애쓰지만 그의 시도는 언제나 실패로 돌아갈 수밖에 없다. 퀜틴 역시 그가 시도하는 모든 것에서 실패한다. 그는 아버지에게 근친상간을 저질렀다는 주장을 납득시키는 데 실패하고 캐디를 죽이는 데 실패하며 그녀의 연인 덜튼 에임스(Dalton Ames)에게 덤벼들었다가 실패한다. 빵집에서 만난 이탈리아 이민자 소녀에게 집을 찾아주는 데 실패하고 제럴드(Gerald)에게 덤벼들었다가 흠씬 두들겨 맞는다. 그의 시도는 모두 오빠로서, 그리고 남부 신화의 기사로서 여동생의 처녀로서의 미덕을 옹호하고 수호하려는 몸부림이지만 어떤 식으로든 계속 실패하고 좌절된다. 제이슨은 자신이 세상을 잘 알며 영리하다고 자랑하지만 그의 주식투자는 실패로 끝나고 애써 빼돌려 모아 온 돈을 훔쳐 달아난 조카 퀜틴을 찾으려는 시도도 모두 실패로 돌아간다. 그런 점에서 제이슨의 실패 또한 퀜틴의 경우처럼 무의미한 반복의 패턴을 답습하고 있다. 존 매튜는 제이슨 섹션이 다른 형제들과 마찬가지로 상실의 논리를 따르며, 그의 삶 또한 회복하려는 시도로서 반복을 할 때 불거지는 모순들을 구체화한다고 말한다(71). 제이슨은 그의 가문이 과거에 영광을 누리게 해 주었던 조건들이 그 권위를 잃기 시작했다는 사실을 알지 못하기 때문에, 그러한 체제에 기반한 패턴을 반복하거나 혹은 반복하려 함으로써 거듭 희생자로 전락하는 것이다(72). 제이슨이 인정이 없고 이기적이라는 점에서는 다른 형제들과 공통점이 없지만, 그는 조카 퀜틴을 학대하면서도 집안의 유일한 백인 남자로서 그녀의 행실을 통제하고 감독해야 한다는 강박적인 의무감에 시달린다. 몰락한 집안의 과거의 영광을 비웃으면서도 학교를 빼먹고 남자와 놀아나는 퀜틴을 필사적으로 찾으러 다니는 모습에서는 이미 구시대의 유산이 된 가문의 명예에 집착하는 형 퀜틴의 실패를 반복하고 있다.

그들이 이런저런 시도를 해 보아도 단 한 번도 성공하지 못하고 실패만을 반복한다는 점은 그들이 시간 속에서도 미래로 나아가지 못하고 쳇바퀴를 돌 듯 과거의 복제로서의 현재속에서 살아가고 있음을 보여준다. 백치인 벤지를 제외한 퀜틴과 제이슨은 필사적으로 새로운 시도를 하면서도 마음 속 깊은 곳에서는 이미 예정된 실패를 예감하고 있다는 점에서 카티가너가 말한 '앞으로 나아가는 반복'의 미래로 확장됨으로써 새로운 가능성을 창조하는 특성을 공유하고 있지 않다고 해야 할 것이다. 그들은 무엇을 시도하더라도 한 발짝도 앞으로 나아가지 못할 뿐 아니라, 자신들의 시도가 끝없는 반복일 뿐 미래는 달라지지 않으리라는 것을 알고 있다. 제이슨은 퀜틴의 돈을 교묘하게 착복함으로써 캐디가 자신에게 안긴 손해를 만회하려 하지만, 그 돈을 고스란히 잃으면서 과거의 상실을 반복하게 되며, 정작 자신의 패배를 깨달았을 때 마치 예견했던 일인 양 받아들인다. 달아난 퀜틴을 추적하는 데 도움을 청하러 보안관을 찾아갔을 때 제이슨은 자신의 무력함을 실감하고 분노에 사로잡히면서 오히려 한편으로는 그럴 줄 알았다는 식의 자학적인 쾌감을 느낀다.

> 그는 자신의 분노와 무기력에서 실제로 쾌감을 얻는 듯, 반항하는 듯한 태도로 이야기를 되풀이했다. 보안관은 아예 듣는 것 같지도 않았다. (303)

그가 할 수 있는 일이라고는 아무도 들어주지 않는 이야기를 헛되이 되풀이하는 것뿐이라는 점에서 아무도 이해할 수 없는 울부짖음만을 반복하는 벤지와 다르지 않다. 제이슨의 삶 역시 벤지처럼 그가 애초에 가져 본 적이 없는 것, 존재하지 않는데 상실한 것을 보충하려는 불가능한 시도의 무의미한 반복이기 때문에 그는 저거노트의 수레바퀴에 깔린 사람처럼 영원히 과거에 사로잡혀 살아간다. 그에게는 어떤 일이 닥치더라도 실은 이미 과거에 일어났던 일이고 그의 미래는 과거의 재연일 뿐이므로 놀랄 것이 없다. 퀜틴 역시 과거의 반복을 벗어날 수 없는 자신의 운명을 알고 있기에 세상에서 가장 슬픈 말은 '다시'라고 말한다. "다시. 과거보다 더 슬픈. 모든 것 중에서 가장 슬픈. 다시(Again. Sadder than was. Again. Saddest of all. Again.)"(95).

세 형제의 실패는 그들의 시도가 작품의 '부재하는 중심'인 캐디를 둘러싸고 이루어지기 때문이다. 그들은 캐디의 부재를 각자의 방식대로 메우려 하지만 애초부터 그들이 원하는 모습으로서의 캐디는 존재한 적이 없으므로 불가능한 욕망이며, 그들의 시도는 원점으로 돌아가 계속 다시 되풀이될 수밖에 없다. 캐디는 세 형제의 내러티브의 중심을 차지하며 그들이 내러티브를 생성하게 만드는 원동력으로 작용하지만, 그들의 서술을 통해 간접적으로만 제시될 뿐이다.[1] 상실한 대상에 대한 형제들의 반복되는 서술은 같은 대상을 반복하여 서술한 것일지라도 서술자의 관점과 주관에 따라 달라지고, 서술자가 동일한 경우에조차 시간의 흐름에 따라 변화한다. 그러므로 각각의 섹션에서 재현되는 캐디의 모습은 불일치와 모순을 드러낼 수밖에 없다. 던 트루어드(Dawn Trouard)는 이에 대하여 캐디는 단 한 명의 통일된 존재가 아니며, 자신을 남성 주체의 시선으로 이루어진 재현의 틀에 가두려는 남성 화자들의 가부장적 권위에 저항함으로써 종결성, 결말, 일관성을 거부한다고 본다(27).

그녀를 자신들이 이해하고 파악하고 서술함으로써 장악할 수 있는 대상으로 축소하고 통제하려는 컴슨 형제들의 시도는 필사적이지만 무용하다. 그들은 각자 캐디가 지닌 다면적인 정체성이 시간의 흐름에 따라 발현되는 양상을 이해하지 못한다. 벤지에게 캐디는 언제까지나 순결하고 다정하며 헌신적인 누이여야만 하고, 퀜틴에게는 때로는 당돌하고 예상을 벗어난 행동을 하더라도 자신이 고수하는 남부의 도덕 체계를 결정적으로 위반하는 일은 없는 순진하고 순종적인 누이여야 하며, 제이슨에게는 자기 인생의 모든 좌절과 상실의 책임을 씌우고 마음껏 비난하며 착취할 수 있는 '잡년(bitch)'이어야 한다. 그러므로 캐디의 상실을 극복하지 못하는 세 형제의 실패와 좌절은 캐디가 원인이라기보다는 그들 자신의 제한되고 고정된 관점이 문제의 근원이다. 그들의 주관적으로 고정된 관점으로부터의 캐디에 대한 서술은 불일치와 균열로 얼룩지고 그녀를 남성 주체의 권위로 포착하려는 시도는 계속 빗나간다. 민로즈 그윈(Minrose Gwin)은 남성의 의식을 통해 여성 주체를 쓰려는 시도는 언제나 실패할 수밖에 없는데, 인물로서의 캐디는 우리가 말할 수 있는 이상의 어떤 것으로 그녀를 읽는 우리의 능력 밖으로 흘러넘치기 때문이라고 말한다. 캐디는 세 형제가 유일하게 집착하는 대상이지만, 각자 자신의 관점에서 일방적으로 캐디를 서술하고 묘사하므로 서술은 고립된 독백에 그치게 된다. 그들은 외부나 타인과 어떤 소통도 불가능하다.

캐디를 일관되고 단일한 대상으로 서술하려는 화자들의 시도의 실패는 『소리와 분노』를 통합적이고 단일한 작품으로 읽어내려는 시도의 실패와 맥을 같이한다. 혼돈과 분열로 점철된 내러티브들을 통합하고 의미를 제시해 주는 작가의 권위적인 목소리는 존재하지 않는다. 존재하지 않는 기원이자 중심인 캐디에 관해 서술함으로써 그녀의 존재를 회복시키려는 과정이 그들의 내러티브를 이루는 것인데, 이러한 노력은 재현과 실재의 불일치, 그리고 대상의 부재라는 사실을 더욱 증폭시킨다. 그들의 내러티브는 서술되는 대상의 진실을 발견함으로써가 아니라 그 발견이 필연적인 실패로 귀결되는 반복적인 과정을 통해서 구성된다.

2. 딜지 섹션: 분열된 내러티브의 확산

마지막 장인 딜지(Dilsey) 섹션은 세 형제의 내적 독백과 의식의 흐름 기법으로 서술된 앞의 장들과는 여러 모로 차별화된 모습을 보인다. 딜지 섹션에 와서야 비로소 컴슨 가 사람들의 인상과 외모, 그들이 처한 상황이 3인칭 화자의 시점을 통해 객관적으로 제시된다. 화자의 의식으로 틀지워져 그 제한된 관점 안에서만 세상을 내다보던 시각이 갑자기 주변 세계로 확 넓어지는 느낌을 준다. 그러나 마거릿 블랜차드(Margaret Blanchard)는 딜지 섹션의 화자에 대해 분석하면서 3인칭 화자이지만 객관적이지도 않고 모든 인물들의 의식 안까지 들어가지는 못하므로 전지적인 화자도 아니라고 말한다(558). 화자는 인물들에 대해 제한된 지식만을 가지고 제한된 관점에서 서술한다. 이러한 차이점 때문에 딜지 섹션이 혼란스러운 앞의 장들에 이어 작품 전체에 통합된 관점을 제시하며 컴슨 가의 이야기를 마무리지어주는 결말로서의 역할을 하고 있는가에 대해 여러 비평가들의 논의가 있어 왔다. 초기 비평에서는 딜지 섹션이 컴슨 가의 삶에 최종적인 관점을 제공한다는 올가 비커리의 주장과 같은 평가가 주를 이루었다(281). 카티가너 역시 딜지가 세계에 대한 신화적 관점과 인간 존재를 주관하는 지속적인 질서에 대한 확신을 제공하며, 혼돈을 기독교적 질서로 바꾼다고 보았다(341). 존 매튜는 포크너가 모더니스트인 만큼 작품을 고의적으로 일련의 파편들로 구성했어도 결론을 끌어내고, 의미를 확정짓고, 결말의 느낌을 부여하려는 노력을 하고 있다고 본다(80).

그러나 딜지 섹션은 앞의 세 형제들의 섹션을 결말로 통합한다기보다는 병렬적인 구조로 전개되는 쪽에 가깝다. 딜지 섹션의 시간적 배경은 벤지 섹션과는 하루, 제이슨 섹션과는 이틀 차이이다. 그러므로 앞의 두 섹션과 거의 같은 시간대에서 전개되는 사건들을 다른 시점에서 서술한다는 점에서 앞의 세 섹션들 간에 이루어지는 반복에 의한 상호작용과 비슷한 효과를 낳는다. 또한 딜지는 컴슨 가와 함께 생활하지만 그들의 혼란과 절망에 영향 받지 않고 자신만의 시간을 따라 자신의 세계 속에서 살아간다. 이러한 딜지의 모습은 그녀의 세계가 지닌 안정성을 보여주는 한편으로 그 세계가 컴슨 가의 세계와는 별개로 존재하는 분리된 세계이며, 그러므로 컴슨 가의 삶에 그녀가 영향을 미치지는 못한다는 한계를 보여주기도 한다. 딜지는 셔곡(Shegog)의 설교를 듣고 교회를 나서면서 "나는 시작을 보았고 끝도 보았어"라고 되풀이해 말하지만 프로니(Frony)에게 그것이 무슨 의미인지 설명해 주지는 않는다(297). 그것은 딜지의 개인적 비전일 뿐, 타인에게 설명하거나 전달할 수 있는 성질의 것이 아니며, 타인의 세계를 변화시킬 수 있는 것은 더더욱 아니다. 그러므로 묵묵히 자신의 도덕에 따라 자기 할 일을 해 나가는 딜지의 헌신은 무너져가는 컴슨 가를 그나마 버티어 주는 힘이 되기는 하지만 그 집안의 어느 것도 바꾸지는 못한다. 미스 퀜틴은 유일하게 자신을 이해하고 감싸 주려 하는 딜지를 거칠게 밀치며 "망할 늙은 검둥이"라는 욕설을 서슴지 않는다(185). 딜지의 헌신적 자세에는 더 이상 자신의 힘으로 개선하거나 변화시킬 수 없는 세계에서 묵묵히 자신의 몫을 감당하는 체념이 배어 있다.

민터는 『소리와 분노』에서 포크너의 가장 큰 성취는 탈중심화이며, 어떤 시작도, 끝도 잠정적이고 일시적일 뿐이라고 본다. 마지막 섹션조차 다양하고 혼돈스러운 경험들 가운데 보여준 상실을 극복할 만큼 충분히 특권을 가진 관점을 제공하지는 못한다는 것이다(67). 따라서 딜지의 시간의식과 현실인식이 병들고 왜곡된 컴슨 형제들의 것에 비하면 훨씬 우월하기는 하지만, 그조차 세계를 보고 받아들이는 여러 다양한 관점들 중 하나일 뿐 모든 내러티브가 최종적으로 수렴되는 절대적 시점이 되지는 못한다. 작가 자신부터 네 번째 섹션의 화자를 또 하나의 화자에 불과한 것처럼 "포크너"라고 칭하며 그의 서술조차 잘못되었다고 말한다(University, 32).[5] 세 컴슨 형제의 내적 독백으로 전달되는 일인칭 화자들의 이야기가 너무나 주관적이고 자기 세계에만 갇혀 있어서 한계가 있지만 네 번째 화자 역시 이를 해결하지는 못하며, 앞의 화자들과 더불어 전지적 시점의 불가능성을 보여준다는 스테이시 버튼의 주장에 타당성이 있다(610).

마지막 장인 딜지 섹션조차 컴슨 가의 삶에 구원의 단초를 제공해 주지 못하며 소설 전체의 구성 면에서도 독자들이 기대할 법한 완결성을 부여해 주지 못한다는 점에서, 『소리와 분노』의 분열적이고 파편적인 구조가 더욱 두드러져 보인다. 그러나 이처럼 통합을 거부하는 구조는 단일한 해석과 권위적 서술에 대한 거부로도 볼 수 있다. 포크너를 기본적으로 모더니스트로 보는 관점을 견지하는 존 매튜와 달리, 포스트모더니즘의 관점에서 보는 테렐 티베츠와 같은 비평가는 포크너의 텍스트가 다양한 목소리를 단일한 판본으로 통합하려 하는 권위적인 거대서사를 버리고 텍스트의 다양성을 수용함으로써 이종성을 지닌 텍스트를 만들어낸다고 본다(139).

> 포크너의 텍스트는 종종 어떤 "진짜 진실"로 독자들을 이끌어 주는 권위를 가지고 있다는 것을 부인한다. 텍스트는 그 안에 다양한 개인의 목소리들과 텍스트의 다양한 독자들에 의하여 만들어진 국지적 서사들을 통제하는 거대서사가 되기를 거부한다. 서술은 이설(異說)이 된다(140).

독자가 전적으로 신뢰하고 의지할 수 있는 절대적 권위를 지닌 화자가 존재하지 않기 때문에, 결국 독자는 자기 힘으로 파편화된 내러티브를 재구성할 수밖에 없다. 작가의 존재가 드러나지 않는다는 것은 독자에게 해석을 인증해 줄 절대적이고 최종적인 권위가 없다는 불안감을 준다. 그러나 한편으로 바로 그 때문에 독자의 독서경험이 중요한 의미를 갖게 되며 독자의 적극적인 참여가 필수적이 된다. 루퍼스버그는 서술 과정에서 독자의 적극적이고 자발적인 참여가 포크너의 기법의 핵심이라고 말한다(5).

딜지 섹션은 전통적인 소설 작법상 기대되는 결말다운 역할을 하지 못한다. 형제들의 섹션이 어느 날 하루의 시작과 더불어 시작되고 그 하루가 저물어가면서 끝날 뿐 이야기의 시작과 끝이 없는 것과 마찬가지로, 딜지 섹션 역시 순서상 소설의 마지막에 위치해 있지만 지금까지 진행되어 온 이야기들에 일관된 질서를 부여하고 독자를 작가가 제시하는 이야기의 결말로 이끌며 이야기를 완결짓지는 않는다. 존 매튜는 딜지 섹션을 결말이라기보다는 전통적인 소설 작법에서의 결말에 대한 패러디로 본다(148). 그러나 앞의 세 개의 섹션들이 상실과 실패를 바라보는 각기 다른 관점들을 보여주었다면, 딜지 섹션은 시간 속에 갇혀 있는 그들과 다른 또 하나의 관점이 존재할 수 있는 가능성을 제시한다. 세 형제의 섹션이 각각 고립된 듯 보이지만 상호연관되어 작용하듯이, 딜지 섹션 또한 그들의 섹션 곁에 나란히 병치되어 상호작용한다. 자신의 변치 않는 이름과 시간 속에서 자신의 위치를 알고, 자신을 둘러싼 세계와 안정적이고 확고한 관계를 맺고 살아가는 딜지는 그 자체로 혼란과 불만으로 뒤틀리고 망가진 컴슨 가의 세계 말고도 다른 세계가 존재할 수 있다는 가능성이다.

결말에서 벤지는 묘지로 가는 길에 마차가 평소 늘 돌던 방향과 반대 방향으로 돌자 미친 듯이 울부짖으며 통제불능의 상태로 빠진다. 혼란스러운 상황을 정리하고 본래의 질서를 되찾게 하는 사람은 제이슨이다. 벤지의 울부짖음이 가라앉으면서 소설은 일시적이나마 평화를 되찾고 마치 갈등이 해소된 결말을 흉내낸 듯한 분위기로 마무리된다. 그러나 질서를 되찾아주는 인물이 제이슨이라는 것도 아이러니이며, 그가 되찾은 질서가 의미있거나 지속적인 것일 리가 없다. 소설의 내러티브 구조는 끝까지 컴슨 가의 불행에 그 어떤 절대적인 결말도, 구원도 있을 수 없으며 단지 독자는 여러 개의 병치된 다른 세계들을 보고 그 속에서 스스로 의미를 찾아내야 한다고 말하고 있다.

III

앞서 인용한 포크너의 집필 동기에 관한 인터뷰에서, 그는 『소리와 분노』가 아름답고 비극적인 어린 소녀 캐디에 관한 이야기를 쓰려다 실패한 시도들의 축적이라고 밝힌 바 있다. 그는 실패한 이야기를 폐기하고 다시 새로 쓰기 시작한 것이 아니라, 그것들을 켜켜이 쌓아 하나의 작품이 되게 한 것이다. 그 사실은 애초에 대상을 완벽하게 재현한 틈새 없이 매끈한 단 하나의 내러티브가 존재하는 것이 불가능하다는 인식을 반영한다. 세 형제의 캐디에 대한 묘사는 진실일 수도 있고 진실이 아닐 수도 있다. 그것을 판단할 수 있는 객관적이고 절대적인 근거는 어디에도 없지만, 포크너에게는 실패의 기록 자체로서 의미있다. 퀜틴의 아버지는 그에게 인간은 무의미한 것들의 총합에 불과하다는 인간에 대한 허무주의적 견해를 여러 차례 피력함으로써 무의미한 사건들의 축적과 제자리만을 맴도는 반복으로서의 역사에 대한 회의를 드러낸다. 그러나 포크너는 불완전하고 부적절한 재현과 서술의 한계를 받아들이면서 그 밑에 내재된 가능성을 탐색한다. 마이클 밀게이트(Michael Millgate)는 포크너가 선적 시간관을 따른 진화론적 관점은 받아들이지 않으며, 지층이 하나씩 쌓이는 것과 같은 순수하게 누적적인 의미에서 말고는 '진보'란 존재하지 않는다고 본다고 말한다. 그러나 인간은 특정 순간의 요구에 맞추어 영원히 스스로를 조정해 나갈 것이며, 생존을 위한 기본 능력을 보여준다. 이로 인해 포크너는 인간이 생존할 뿐 아니라 극복하리라는 희망을 품는다는 것이다(33). 그런 의미에서 『소리와 분노』의 반복되는 서사는 혼란스러우며 결말은 잠정적인 것에 불과하지만, 그 어떤 가능성도 배제하지 않고 긍정과 부정을 모두 포괄하는 열린 구조로 보아야 할 것이다.

1) "I'm just a writer. Not a literary man. . . I write about people."; "A writer is trying to create believable people in credible moving situations in the most moving way he can"; "If the theme, the story, invents its own style"; "style if incidental."

2) J.E. 번즐마이어는 네 개의 섹션이 동격이라고 본다. "The four-part structure of The Sound and the Fury is an extended apposition that equates each character's evaluation of the significance of events. The relationship between the four points of view is parallel; they pile on top of each other, creating layers of consciousness. . . Both structures embody a repetitive vision of life's events which is consistent with Quentin's contemplative evaluation, inherited from his father and his father's father(436-7)."

3) 러스터가 골프치던 사람과 나누는 대화에서 공이 다른 성적 의미를 띨 수도 있다는 것이 암시된다. "You all found any balls yet."Luster said. "Aint you talking biggity. I bet you better not let your grandmommy hear you talkin like that." (15)

4) 민터는 캐디를 묘사할 때의 이러한 불완전성, 간접성이야말로 금지된 장면에 접근하고, 금지된 단어를 말하고, 위험한 행동을 저지르는 데 유용한 전략이라고 말한다. 포크너는 캐디를 간접적으로 서술함으로써 노출시키는 동시에 이를 은폐하고 지연시키고 회피한다(50-1). 카티가너는 포크너가 나무에 올라간 캐디의 이미지로 이 소설이 시작되었다고 주장하며 소설의 중심에 놓지만, 파편화된 소설을 묶어주는 수단이라기보다는 파편화에 의하여 그 이미지 자체가 복잡해질 뿐이라고 본다. (1979, 328)

5) "It was, I thought, a short story, something that could be done in about two pages, a thousand words, I found out it couldn't. I finished it the first time, and it wasn't right, so I wrote it again, and that was Quentin, that wasn't right. I wrote it again, that was Jason, that wasn't right, then I tried to let Faulkner do it, that still was wrong."

인용문헌

Blanchard, Margaret. "The Rhetoric of Communion: Voice in *The Sound and the Fury*" *American Literature* 41.4 (1970): 555-65.

Bunselmey, J. E. "Faulkner's Narrative Styles." *American Literature* 53.3 (1981): 424-442.

Burton, Stacy. "Benjy, Narrativity, and the Coherence of Compson History," *Cardozo Studies in Law and Literature*, 7.2 (1995): 207-28.`

______ "Rereading Faulkner: Authority, Criticism, and *The Sound and the Fury*." *Modern Philology* 98.4 (2001): 604-28.

Cowley, Malcom. *The Faulkner-Cowley File: Letters and Memories, 1944-1962*, New York: Viking Press, 1966.

Faulkner, William. *The Sound and the Fury*. New York: Vintage Books, 1984.

Fowler, Doreen. "Revising *The Sound and the Fury*: *Absalom, Absalom*! and Faulkner's Postmodern Turn." *Faulkner and Postmodernism*. Eds. John N. Duvall and Ann J. Abadie, Jackson: University Press of Mississippi, 1999, 95-108.

Gwin, Minrose. *The Feminine and Faulkner*. Knoxville: The University of Tennessee Press, 1990.

Gwynn Frederick L. and Blotner Joseph L. *Faulkner in the University: Class Conferences at the University of Virginia*, 1957-1958. Charlottesville: University of Virginia Press, 1959.

Kartiganer, Donald M. "The Meaning of Form in *The Sound and the Fury*." *The Sound and the Fury*. Ed. David Minter, New York: Norton & Company, 1987, 324-43.

______ "Faulkner's Art of Repetition", *Faulkner and the Craft of Fiction*. Eds. Doreen Fowler and Ann J. Abadie, Jackson: University Press of Mississippi, 1987, 21-45.

______ ""Now I Can Write": Faulkner's Novel of Invention." *New Essays on The Sound and the Fury*. ed. Noel Polk. New York: Cambridge University Press, 1993, 71-98.

Mattews, John T. "Faulkner's Narrative Frames." *Faulkner and the Craft of Fiction*. Eds. Doreen Fowler and Ann J. Abadie, Jackson: University Press of Mississippi, 1987, 71-91.

______, *The Sound and the Fury: Faulkner and the Lost Cause*. Boston: Twayne Publishers, 1991.

Millgate, Michael. *Faulkner's Place*. Athens: University Press of Georgia, 1997.

Minter, David. *Faulkner's Questioning Narratives*. Urbana and Chicago: University of Illinois Press. 2001.

Polk, Noel. "Trying Not to Say: A Primer on the Language of *The Sound and the Fury*." *New Essays on The Sound and the Fury*. ed. Noel Polk. New York: Cambridge University Press, 1993, 139-176.

Ruppersburg, Huge. *Voice and Eye in Faulkner's Fiction*. Athens: University of Georgia Press, 2008.

Tebbetts, Terrell L. "Postmodern Criticism." *A Companion to Faulkner Studies*. Eds. Charles A. Peek and Robert W. Hamblin. Westport: Greenwood Press, 2004.

Trouard, Dawn. "Faulkner's Text Which is Not One" *New Essays on The Sound and the Fury*. ed. Noel Polk. New York: Cambridge University Press, 1993, 23-70.

Vickery, Olgar. "*The Sound and the Fury*: A Study in Perspective." *The Sound and the Fury*. Ed. David Minter, New York: Norton & Company, 1987, 278-89.

출처 : 이 글은 저자의 「『소리와 분노』: 반복으로서의 내러티브」. (『영미문화』 13권 2호(2013.8) : 51-74)의 내용을 일부 활용하되, 작가에 대한 소개를 첨가하고 수정 확대한 글임.

언어의 상징화와 서술기법

황 치 복 전주대학교

I

1. 작가소개

존 스타인벡(John Steinbeck)은 1902년 2월 27일 캘리포니아 주 몬트레이(Monterey) 인근에 살리나스(Salinas)에서 태어났다. 본가 쪽의 성은 원래 그로스타인벡(Grossteinbeck)이었으나 독일 북쪽 라인지방에 살던 그의 할아버지가 1850년대에 뉴 저지(New Jersey) 주로 이민한 후, 플로리다(Florida) 등지를 전전하다 남북전쟁 이후 메사츄세스(Masachusetts) 주에 정착했을 때 스타인벡(Steinbeck)으로 고친 것이다. 1874년 그들은 다시 서부로 이주하여 살리나스에서 약간 떨어진 홀리스터(Holister)에서 제분소를 세워 생계를 이어갔다. 조부가 죽은 후에 그의 아버지 즉 그의 아들과 같은 이름인 존 어니스트 스타인벡(John Ernest Steinbeck)은 그 제분소를 인계받아 얼마동안 경영하다 나중에 그것을 그만두고 군청 재무관리로 일하게 된다.

외가 쪽의 선조는 북아일랜드 출신이고 역시 조부가 일가족을 이끌고 미국으로 이민, 1851년에 캘리포니아에 정착했다. 그의 어머니 올리브(Olive)는 그의 작품『에덴의 동쪽』(*East of Eden*)에 실명으로 나오는 사무엘 해밀턴(Samuel Hamilton)의 딸로서 결혼 전 여러 곳에서 초등학교 교사를 한 경력이 있었기 때문에 스타인벡의 어린 시절에 많은 영향을 주었다. 스타인벡 일가는 외가가 있는 몬트레이의 킹 시티(King City)에 얼마동안 산 적도 있지만, 곧 살리나스로 이사했기 때문에 스타인벡은 이곳에서 그의 소년기를 보냈다. 그의 고향산천은 그에게 깊은 인상을 주었고, 이 비옥한 산과 들의 아름다운 풍경 속에서, 이후 그의 작품에 나타나는 특수한 문학정신이 배양되었다고 볼 수 있다. 그는 또한 감리교 교인이었기 때문에 성경 읽기를 좋아하여 성경에서 그의 문학 형식과 스타일에 깊은 영향을 받았다. 1920년부터 스탠포드 대학에 다녔지만 결국 졸업장은 얻지 못하고 그만 두었다. 또한 그가 끝까지 학업을 마치지 못한 원인은 그의 가난에도 있었다. 그는 학비를 벌기 위하여 목장, 도로 공사장, 농장들을 두루 찾아다녔는데, 이때에 그는 가난한 농민들과 노동자들의 생활상을 알게 되었다. 스타인벡은 대학재학시절 주로 소설작법의 강의를 들었고 한편 H.T. 무어(H.T. Moore)라는 필명으로 여러 잡지에 투고도 해보았으나 돌아온 것은 거절의 편지뿐이었다. 그동안 장래가 기대되는「구름의 손가락」(*Fingers of Cloud*)이라는 단편과 잡문 몇 편이 대학에서 내는 잡지인「스탠포드 스펙테이터」(*Stanford Spectator*)에 게재된 일이 있었고, 시 몇 편이 역시 대학에서 발간하는「스탠포드 문학」(*Stanford Literature*)에 몇 번 실린 적도 있었다. 1925년 가을, 스타인벡은 작가를 지망하여 뉴욕으로 가서「뉴욕 아메리칸」(*New York American*) 신문기자 일을 하지만 권고사직을 당하고 말았다. 그 후 얼마동안 여기저기에 투고를 해보다가 완전한 실망만을 안고 다시 캘리포니아로 돌아오고 만다. 이후 3년 동안 날품팔이로 헤매다가 여가를 이용하여 글을 쓸 심산으로 네바다 산 속에 있는 레이크 타호(Lake Tahoe)의 산장지기를 맡았다. 두 겨울을 나는 동안 큰 나무가 쓰러져 지붕을 부수는 바람에 여기서도 역시 쫓겨나지만 그래도 그동안 미완성 작품인 『붉은 옷의 여인』(*A Lady in Infra-Red*)을 여섯 번이나 다시 써서 『황금배』(*Cup of Gold*)라는 이름으로 탈고하여 1929년 8월 맥브라이드(McBride) 출판사를 통하여 그의 처녀작이 세상의 빛을 보게 되었다. 이 작품으로 약간의 돈을 벌자 그는 1930년 산호세(San Jose) 출신인 캐롤 헤닝(Carol Henning)과 결혼하여 몬트레이 반도 끝머리인 퍼시픽 그로브(Pacific Grove)에 살림을 차렸지만 생활은 형편없었다. 왜냐하면 1932년에 『천국의 목장』(*The Pastures of Heaven*), 1933년에 『미지의 신에게』(*To a God Unknown*) 등이 출판되기는 하였지만 거의 팔리지 않았고, 그 후 1933년에서 34년 사이에 대 여섯 개의 단편을 「북미 비평」(*North American Review*)에다 팔기는 하였지만 이 평론지 역시 작품에 많은 고료를 지불할 수 없는 순수 문학잡지였기 때문이었다. 어려운 생활 속에서도 1934년 단편 「살인」("The Murder")으로 오 헨리 문학상(The O. Henry Award))을 타게 되었으며, 1935년 『토티야 마을』(*Tortilla Flat*)이 출판되자 인기를 얻게 되어서 미국 문단에 확고한 지위를 차지하기에 이르렀다. 이후부터는 출판하는 책마다 베스트셀러가 되었고 또한 각종 문학상을 획득했고 출판협회의 추천을 받았으며 또한 영화화 되고 보급판으로도 재출판 되기에 이르러 가난과는 영원히 이별을 하게 된다. 이후 스타인벡에게는 첫 외국여행인 멕시코 여행에 맛을 들여 스타인벡은 계속해서 프랑스, 이탈리아, 그리스, 러시아, 스칸디나비아 반도, 영국 그리고 자기 외가의 고향인 북아일랜드 등 을 다녔는데 이 때문에 가정에 소홀하게 되어 1942년 10여 년간 고락을 같이 한 아내로부터 이혼을 당하게 된다. 1년 후인 1943년 3월에 둘째 부인 긴도른 콩거(Gwyndolen Conger)와 재혼, 두 아들 탐(Tom)과 존(John)을 두게 되었는데 이 두 번째 결혼이 스타인벡의 생애에 커다란 이정표가 된다. 그는 재혼 직후 「뉴욕 헤럴드 트리뷴」(*New York Herald Tribune*)지의 특파종군기자로 유럽전선에 참가하였다가 귀국한 후 뉴욕에 거처를 정하고 고향인 캘리포니아로 돌아가지 않는다. 그의 여행 벽은 그 후에도 가시지 않아 오랜 시간 동안 파리에 있었고 집을 비운 것이 또 빌미가 되어 두 번째 결혼도 1948년 실패하고 말았다. 1950년 12월 그는 일레인 스코트(Elaine Scott)와 세 번째 결혼을 했는데 그의 1962년 『찰리와 함께 한 여행』(*Travels with Charley*)을 보면 이번 결혼은 매우 행복한 것이었다는 것을 엿볼 수 있다. 캘리포니아에서 뉴욕으로 주거를 옮긴 것은 그의 작품에 커다란 영향을 미치게 된다. 즉 1943년 이후에 출판된 그의 작품들은 물론 예외가 없지는 않지만 이전의 작품들과는 완전히 다른 성격을 띠게 된다. 결국 이 이주가 낳은 결과는 실패였다고 말할 수밖에 없을 것 같다. 왜냐하면 스타인벡이 미국문단에 확고한 지위를 차지했고 노벨상을 타게 된 것은 1943년 이전의 작품에 힘입은 바가 크기 때문이다. 따라서 1962년 10월 25일 스웨덴 한림원이 1962년 노벨문학상을 스타인벡에게 수여한다고 발표하고 그 대상 작품으로 『불만의 겨울』(*The Winter of Our Discontent*)을 선정한 것은 누구에게나 의외였다. 스타인벡 자신도 놀랐던지 그 해 11월 2일호의 타임지의 기사에 의하면 '당신은 상을 탈만한 자격이 있는가?'라는 기자의 물음에 '솔직히 말해서 아니다'라고 대답하고 있다. 그는 미국문학가 중에서 여섯 번째 수상작가가 되었고 그 작품은 당시 33개 언어로 번역되었다. 포크너(Faulkner), 헤밍웨이(Hemingway)

등을 능가하는 훌륭한 존재를 찾기 힘든 그 당시의 미국문단을 살펴 볼 때, 또한 그의 업적으로 보아 그리 갑작스러운 수상이라고는 말할 수 없을 것 같다. 그 이후에 스타인벡은 이렇다 할 작품 활동을 하지 못하다가 그는 월남전에 직접 종군기자로 참가하여 노익장을 과시하듯 각 전선을 뛰어다니며 기사를 썼고, 이 경험을 살려 새 작품을 쓰겠다던 그의 친구에 대한 약속을 이루지 못한 채 1968년 12월20일 뉴욕의 한 병원에서 운명하고 말았다.

2. 존 스타인벡과 서술기법

정치적 현실주의자의 관점에서부터 볼 때, 예술의 근본적인 기능은 사회적· 도덕적 그리고 정치적인 상태에 대한 관심의 초점을 사회에 제공하는 것이다. 이러한 관점에서 볼 때, 문학은 작가들과 독자들이 감정과 경험을 공유하는 사상과 견해, 그리고 가치의 전달을 위한 차량으로 간주될 뿐만 아니라 독자가 이러한 상황의 본질과 원인을 되돌아보고 조사하고 분석하는 일종의 거울로 간주된다. 이 관점에서 최소한의 문학의 심미적 가치뿐만 아니라 사회적 가치는 본질적으로 문학이 이러한 사회, 정치적 기능을 수행하는 정도에 따라 결정된다. 20세기 초 정치적 사실주의 작가일 뿐만 아니라 역사 사상가인 존 스타인벡은 자신의 문학 작품들이 이러한 사회적이며 심미적 범주 안에서 분명히 속하는 작가이다.

그러나 스타인벡의『분노의 포도』에서 주목할 만한 서술기법을 다루는 논지를 소개하기 이전에 어떻게 그리고 왜 스타인벡이 정치적 사실주의 작가로 정의되는지를 우리가 이해할 수 있도록 작가의 사회 정치적인 인식에 관한 간단한 배경을 제공하고자 한다. 아마도 가장 중요한 것은 스타인벡은 사회의식을 불러일으키기 위하여 창의력을 이용한 깊은 도덕의식과 정치, 사회적 책임을 느꼈다. 스타인벡은 정치적 관행과 자본주의의 독단 그리고 공산주의 체제, 물질만능주의에 아주 적대적이었으며 소외된 자들과 가난하고 굶주린 자들, 그리고 패배한 사람들과 재산을 몰수당한 사람들에게는 동정적이었다.

스타인벡은 백인계 앵글로 색슨 아메리칸 신교도들이 세상의 어떤 다른 사람들보다 다소 우월하고 좀 더 도덕적이라는 전통적인 인식에 진지하게 도전했다. 그는 재산권(property rights), 이윤동기(profit motive) 그리고 개인소유(private ownership)를 정의하는 자본주의적인 원리인 세 가지 'P'자에 대하여 매우 비판적이었으며 공산주의 운동에 몹시 환멸을 느꼈다. 서구문명에 무언가가 잘못되었으며 특히 미국은 심각한 도덕적 수면상태에 빠졌으며 미국의 아주 유명한 명백한 사명(Manifest Destiny)은 바람직하지는 않지만 약간 의심스러운 사회 정치적 특성을 드러내었고 아메리칸 드림은 기껏해야 꿈에 불과하게 되었다. 스타인벡은 현대적이고 문명화된 미국은 심각하게 중요한 가치체계가 결여되었고 우리는 지속적으로 사회적· 도덕적 그리고 경제적인 혼란의 도로위에 있으며 궁극적인 우리의 자살에 이르렀다는 것을 우리가 인정하게 만들었다. 이것이 1920년대부터 40년대 동안 미국의 사회적· 경제적· 정치적 그리고 도덕적인 현실에 대한 스타인벡의 인식이었다.

예술적이고 기술적인 의미에 있어서 스타인벡은 그의 예리한 감성과 열정적인 확신 그리고 각색에 대한 장인다운 능력으로 특징 지워지며 20세기의 사회적· 정치적, 그리고 경제적 딜레마의 비평적 본질에 대한 의식을 증가시키려는 시도로 예술과 전통을 합치는 성공적인 전통을 공유한다. 스타인벡이 이러한 상황에 대한 자신의 비판을 표현하기 위하여 그의 예술적 잠재력을 창조적이며 효과적으로 표현한 것은 바로『분노의 포도』에서이다. 이러한 문학적 기법은 작가가 그의 각성의 에너지를 독자가 조사 중인 상황에 대한 더 광범위하고 심오한 수준의 사색을 하게 만드는 소규모의 강력한 단위의 정보로 압축하는 것을 허용한다. 그때 소설에서 개개인의 등장인물들의 삶과 경험을 통하여 작가가 발전하는 것처럼 작품은 우리에게 이러한 똑같은 상황에 대하여 개인이 원하는대로 할 수 있는 친밀한 관점을 준다.

II

1.『분노의 포도』의 중간장

스타인벡의 소위 중간장(interchapter)들은 근본적으로 똑같은 효과를 갖는다. 중간장들은 등장인물들 사이에 대화나 상호작용이 없는 둘이나 셋 정도의 긴 단락으로 구성된 1에서 3페이지 정도로 짧은 장이며 죠드(Joad) 가문의 삶을 표현함으로써 사회적·정치적 그리고 경제적 상황의 어려운 현실에 독자의 초점을 강화시키며 현대의 문제점들을 설명하고 분명하게 말하는 일종의 의식의 흐름 속에서 오로지 서술자만이 있다. 독자는 소설이 진행함에 따라 이 가족 특히, 탐 죠드가 서서히 알게 되는 사회정치적인 의식의 철학적인 토대에서 심도있는 단면을 얻게 된다. 스타인벡이 강인하고 조용하며 동정심이 있고 용기 있으며 변화를 두려워하지 않는 "나"에서 "우리"로 이행하며 새로운 사회의 시작을 제시하는 것을 통해 우리에게 진정한 미국적인 남성의 현실적인 실체를 상기시키는 인물은 바로 탐 죠드를 통해서이다.

가장 유명한 중간장은 전통적으로 참된 미국적인 정신의 친숙한 부분이 협동정신에서 구체화되고 나타난다는 것과 각자는 서로를 도울 것이고 함께 일할 것이라는 것을 독자에게 상기시키기 위하여 구성된 14장이다. 이 장에서 스타인벡은 미국의 헌법정신을 일으키게 한 협동의 속성과 독창적인 추진력을 우리에게 상기시킨다. 즉, '너의 것'은 '우리의 것'을 위해 희생되며 나의 땅이 아니라 우리의 땅이 되며 우리를 위하여 나의 희생은 북아메리카 대륙에 있는 유럽 이주민들의 생존에 중요하다. 그는 또한 그것은 현대 구성된 노동계층과 부당한 작업환경과 과도한 세금제도에 대항해서 싸우는 노동단위체 배경에는 유사한 협동정신이 있음을 우리에게 상기시킨다. 마침내 작업장에서 정당성의 정도의 설정하기 시작한 것은 바로 "내가 좀 가졌다"에서 "우리가 좀 가졌다"라는 이러한 변화에서이다. 스타인벡에 따르면 독립을 위해 싸웠던 정신은 존속해야 하고 현대의 투기꾼, 은행가, 땅을 뒤엎음으로 함께 한 트랙터 운전수와 같은 정치적 사회적 압박에 대항하기 위하여 사용되어야 한다. 하지만 이 중간장에 대한 스타인벡의 주요한 관심은 변화의 중요성과 인간의 발달에 대한 본질적인 관계와 함께한다. 여기에서 그의 기법이 가장 예리하게 나타난다.

> 인간에 대해 이렇게 말할 수 있을 지도 모른다. 이론이 변화할 때나 붕괴할 때, 국민적·종교적·경제적 사고의 좁은 뒷골목과 학파와 사상이 성장할 때와 허물어질 때, 인간은 손을 뻗어 비틀거리며 앞으로 나아간다. 고통스럽게. 때로는 실수를 저지르기도 하면서. 일단 앞으로 발을 내디딘 후 뒤로 미끄러질 수도 있지만, 그래 봤자 반 발짝 물러설 뿐이다. 결코 한 발짝을 온전히 물러서는 법은 없다. 이것이 바로 인간이라고 말할 수

있다. 우리는 인간이 이렇다는 것을 이미 아는지도 모른다. 검은 비행기에서 나온 폭탄이 시장에 떨어질 때, 포로들이 돼지처럼 찔려 죽을 때, 짓뭉개진 시체들이 흙먼지 속에서 추악하게 말라 갈 때, 그것을 알 수 있을지도 모른다. (164)

그러나 이것이 성공되려면 투쟁은 우리가 기꺼이 변화해야할 것이고 우리의 오랜 소중한 충성심과 진부한 정치 경제적인 원리를 희생해야할 것을 요구한다. 우리는 16세기의 법과 질서의 개념으로 유도된 20세기에서 살 수 없다. 그렇게 하려고 시도하면서 우리는 사회적·정치적인 실패를 불가피하게 초대한다. 그리고 이러한 실패와 더불어 아이러니컬하게 중요한 변화인 우리 모두에게 내재된 피할 수 없는 혼란과 폭력이 오게 된다. 여기서 스타인벡에게 그것은 변화의 두려움이고 무지와 전통 그리고 두려움에 대하여 현대의 인간에게 족쇄를 채우는 명예로운 신조와 기관에 타이밍을 맞추기 위한 우리의 애착을 희생하고자 하는 우리의 무능력이 있다. 스타인벡은 "여러분은 이것을 알 수 있을 것이다. 인간이 고통받지도 않고 자신의 생각 때문에 죽으려 하지도 않는다면 그때를 두려워해야 한다는 것. 바로 이것이 인간의 근간이므로, 이것이 이 우주에서 독특한 존재인 인간자신" (167)이라 말하며 두려워할 유일한 두려움은 변화가 아니라 변화를 지키는 것과 그의 성장과 자신의 지속된 사회정치적인 진보를 지키기 위하여 인간이 더 이상 필요한 희생을 하지 못할 때라고 본다.

변화의 개념에 대한 스타인벡의 이러한 강한 초점 뒤에 있는 주요한 동기는 실질적으로 전체론적이며 물리적·감정적 그리고 정서적인 것과 실용적인 것이 혼합된 것에 있다. "원인은 깊숙이 숨어 있다. 원인은 간단한다. 수백만 배로 늘어난 굶주림. 한 사람의 굶주림, 기쁨과 안정된 삶에 대한 굶주림. 이것이 수백만 배로 늘어났다. 몸과 마음은 성장하고 일하고 창조하고 싶어 안달하고, 그 열망이 수백만 배로 늘어났다"(165). 스타인벡은 인간이 그의 고유한 인간다움을 지니고 표현해야할 기회를 가져야하고 이러한 표현과 열망을 위하여 인간이 일어서고 단순히 생존할 필요성을 초월하게 허용하기 위하여 사회질서가 재편성되어야 한다는 점에서 계속해서 사회 변화의 중요성을 재확인하고 있다. 인간은 그가 진정한 인간이 되기 위하여 투쟁한 것처럼 부여받은 물리적·정신적 창의력을 사용하고 표현할 필요가 있다. 즉, 스타인벡은 사람이 갖고 있는 최후의 분명한 기능, 일하고 싶어 안달하는 몸과 단 한사람의 욕구충족 이상의 목적을 위해 창조하고 싶어 하는 마음, 이것이 바로 인간이라 정의하며 벽을 쌓고, 집을 짓고, 댐을 만들고, 그 벽과 집과 댐 속에 인간 자신의 일부를 넣는다고 말한다. 그리고 인간 자신이 그 대가로 벽과 집과 댐에게서 뭔가를 빼앗아 오며 무거운 물건을 들어 올리며 단단한 근육을 얻고, 머릿속의 생각에서 분명한 선과 형태를 얻으며 우주의 모든 유기체나 무기물들과 달리 인간은 자신이 창조한 것보다 훨씬 더 많이 성장하고, 자신의 생각이라는 계단을 걸어 오르며, 자신이 이룩한 일보다 더 앞에서 모습을 드러낸다고 말한다.

스타인벡이 드러낸 미국적 딜레마의 단면과 계속적인 도발적인 반응과 그의 예술적·서술적 장치의 형식과 내용은 현대 독자에게 환기시켜야하며 아마도 현 시기의 독자들로부터 예술과 정치의 더 창조적이고 효과적인 혼합을 나타내야 한다. 그는 그의 서술기법을 현대의 예술가와 정치적 현실주의자의 가장 중요한 기능에 도움이 되게 하였다. 그리고 이 기능은 이 똑같은 중간장의 결론에 대하여 스타인벡으로부터 경고의 형태로 적당하고 강렬하게 표현되었다.

사람들에게 반드시 필요한 물건들을 소유한 당신이 이점을 이해한다면 목숨을 부지할 수 있을지도 모른다. 원인과 결과를 분리할 구 있다면, 페인, 마르크스, 제퍼슨, 레닌이 원인이 아니라 결과라는 것을 이해할 수 있다면, 당신은 살아남을 수 있을지도 모른다. 하지만 당신은 그것을 이해할 수 없다. 소유라는 것이 원래 사람을 '나' 속에 고착시켜 '우리'로부터 영원히 단절시키기 때문이다. (168)

우리의 사회 정치적인 경험에 대하여 적절한 시각을 주기 위하여 이러한 예술적인 장치와 그의 포스트모던식의 결론을 통해서 스타인벡은 우리에게 매우 비판적인 시각으로 우리의 현 사회 상태를 생각하게하고 모든 사람들이 그들의 내적 재능과 잠재력을 발견하고 개발하는 것이 가능하게 하기 위하여 우리의 사회적 정치적 질서를 다시 생각하고 재구성할 긴급한 필요성을 생각하게 하는 것이 분명하다. 스타인벡이 그렇게 단호하게 표현한 것처럼 우리의 정치 사회적 경험을 형성하는 행정기구를 다시 생각하는데 있어서 우리의 실패는 변화에 대한 본능적인 두려움과 사회적·정치적 그리고 경제적 경험을 인식하는 우리의 성향에서 기인한다. 토마스 제퍼슨(Thomas Jefferson)은 한 국가의 기반의 건강과 강건함의 보존은 가끔 극적인 변화를 요구한다고 믿었다. 20세기 중동의 철학자인 쇼기 에펜디(Shoghi Effendi)는 만약 오랫동안 바라던 이상적이고 전통적인 제도와 어떤 사회적인 추정과 종교적인 공식들이 대다수 인류의 복지를 증진시키기를 멈춘다면, 또한 그것들이 지속적으로 발전하는 인류의 요구를 더 이상 보살피지 않는다면, 그것들을 완전히 없애버려 잊혀지는 교리의 불확실한 상태로 격하시키라고 말한다. 변화와 쇠퇴의 불변의 법칙에 지배를 받는 세상에서 왜 이것들이 모든 인간의 제도를 앞지를 필요가 있어야 하는지를 물으며 어떤 특별한 법칙이나 교리의 완전한 상태의 보존을 위하여 인류가 십자가에 못 박히는 것이 아니라 법적인 기준을 위하여 정치적이고 경제적인 이론들은 일률적으로 인류의 이익을 보호하기 위하여 오로지 설계되어야 한다(Effendi 5)고 말하며 변화의 문제에 관해서 우리에게 설득력있게 표현한다.

2. 언어의 상징성

문학은 사회에서 인간의 상태를 더 잘 이해하게끔 하는데 도움을 준다. 글로 표현된 자료가 되기 위하여 주어진 언어의 사용을 통한 문학은 사회의 틀 안에서 정치적이고 사회적인 긴장과 같이 인간이 직면하고 있는 어려움을 강조한다. 작가는 사회에서 중요한 역할을 한다. 조셉 쉬플리 (Joseph Shipley)가 말했던 것처럼 작가는 교정의 목적을 위하여 정확하게 세부적인 문화적·정치적 그리고 경제적인 역기능을 관찰하는 것이 작가의 임무인 것이다.

> 물론 그 세력들이 지속적으로 그의 지위와 기능에 영향을 미친다할지라도, 작가는 사회적·경제적인 세력의 수중에 있는 단순히 어떤 사람은 아니다. 또한 작가 자체가 사회에 영향을 미치는 사람이다. (Shipley 185)

이 점에 대해서 스타인벡은 특히 1930년대 동안 미국에서 노동계급에 대하여 자행되는 악행을 비판하는 역할을 한다. 30년대의 스타인벡의 글의 스타일뿐만 아니라 사회의식은 그의 삶과 부인 캐롤(Carol)을 통해 설득력 있는 인물에 의해서 형성된다. 스타인벡이『분노의 포도』를 썼던 시기는 미국의 산업혁명 시기였다. 이 시기에 가난한 농부들은 사회적으로 무시를 당했으며 그들의 땅이 몰수당했다. 이러한 사실이 부유한 지주로부터 가난한 농부들에게 행해진 악행을 맹렬히 비난하기 위하여 스타인벡에게 직접적이고 진실된 언어를 사용하게 한 동기가 되었다. 그래서 수년 동안의 개인적인 연구와 탐구를 한 후에, 스타인벡은 재산에 대한 집착이 그의 공동체뿐만 아니라 부와 굶주림을 경험한 사람의 정체성에 문제가 된다는 것을 보여준다.

사실 스타인벡이 1939년에 『분노의 포도』를 출판했을 때, 미국은 여전히 경제대공황에서 회복 중이었다. 『분노의 포도』의 첫 장에서부터 스타인벡은 작품의 사실적인 측면을 강조하기 위하여 역사적인 이야기를 사용한다. 그래서 스타인벡은 위선과 반대 그리고 잔인성과 같은 비슷한 뜻을 갖는 죠드 일가의 이주를 통하여 증가하고 있는 물질 지향적인 행위를 비난한다. 스타인벡은 사회적 성공을 위한 갈망하는 미국인들의 기만성을 보여주기 위해 사실을 기반으로 한 글의 방식을 사용한다. '연결봉'(con-rod), '무개 자동차'(roadster), '66번 고속도로'(highway 66) 그리고 '자동차 바퀴 펑크'(puncture)와 '자동차 기어박스'(gearbox) 등과 같은 장치의 구성요소의 사용은 이주 노동자들의 힘든 이동을 나타낼 뿐만 아니라 그들이 그들의 땅에서 잔인하게 쫓겨난 방식을 강조하는 방법을 나타낸다. 스타인벡의 언어는 사실에 근거한 것이며 그의 상징적인 언어는 이주 노동자들의 쫓기는 어려운 과정을 밝힌다. 서술구조는 죠드라는 한 가문의 서술이든 역사적인 분석이든 간에 교차하는 서술구조를 사용하기에 문장의 설득력은 대단히 효율적이다. 또한 스타인벡의 언어는 너무 확실하고 단순해서 우리는 또한 66번 고속도로를 이용하여 캘리포니아로 향하는 이주 노동자들에게 무슨 일이 일어나는지를 볼 수 있게 한다. 이 점에서 스타인벡은 가난한 농부의 억압받는 노동 환경뿐만 아니라 사회적인 성공에 대한 열망을 보여주기 위하여 단순한 스타일로 결부된 지방의 방언을 사용한다. 그래서 『분노의 포도』의 시작부분에서 스타인벡은 극단적인 물질만능주의적인 행위가 죠드 일가에게 불운을 예측하는 정보를 주는 언어를 채택한다. 3장에서 스타인벡은 가난한 농부의 어려움을 보이기 위하여 비유적인 언어로 동물에 의지한다.

> 거북은 서둘러 나아가기 시작했다. 고속도로가 타는 듯이 뜨거웠기 때문이다. 이번에는 소형 트럭이 다가왔다. 운전사는 거북을 보고 운전대를 꺾었지만 거북을 치고 말았다. 앞바퀴가 등딱지 가장자리와 부딪히는 바람에 거북은 순식간에 뒤집어져 동전처럼 빙글빙글 돌면서 고속도로 밖으로 굴러갔다. (16)

이 단락에서 거북이는 힘들게 움직이며 자주 트럭의 위험에 부딪치게 된다. 스타인벡은 농부에게 제기된 같은 위협을 보여주기 위하여 은유적인 의사소통뿐만 아니라 그의 메시지를 더 잘 전달할 방법을 사용한다. 또한 자동차와 고속도로 건설은 땅의 잔인하고 고통스러운 기계화 과정을 보여준다. 마찬가지로 거북이를 친 트럭은 또한 미국 사회의 새롭고 잔혹한 변화의 표시를 상징한다. 또한 후반부는 땅과 관련성이 없기 때문에『분노의 포도』11장에 나오는 트랙터의 급습은 트랙터의 비인간적인 행위를 보여주는 한 방법이다. 또한 우화적인 요소의 사용은 그의 생각의 공식화를 시각적으로 나타낸 스타인벡의 방법이다. 이러한 우화적인 방법은 또한 부유한 땅주인들의 이기심과 불쾌한 정책에 대한 그의 반감을 표현하기 위한 기법으로 볼 수 있다. 스타인벡은 가난한 농부들의 고통을 보다 잘 설명하기 위하여 그들의 언어 즉, 하층민의 방언인 오키즈(okies)와 표준적인 영어를 혼합한다. 사실 작문의 기법으로써 일상적인 언어의 사용은 스타인벡이 영어를 왜곡하는 것 없이 언어의 특성을 유지하게끔 허용한다. 아이러니한 방식으로 사용되는 우화적이고 문학적인 형태는 물질적인 편의를 위하여 개인주의와 경쟁만이 특권을 주는 물질만능적인 문화를 고집하는 또 다른 방식이다.

마찬가지로 『분노의 포도』의 1장에서 30장까지에서 스타인벡은 미국의 물질만능주의뿐만 아니라 가난한 사람들을 억압하는 시스템에 충성하는 압력들에 대한 자신의 만족스럽지 못함을 보여주기 위하여 일관된 언어를 사용한다. 스타인벡이 참된 무언가에 대하여 글 쓰는데 초점을 둔 것은 바로 이점에서이다. 그의 언어를 통하여 스타인벡은 미국사회의 가장 나쁜 면들 중 하나 즉, 30년대 동안 물질만능주의의 잔혹함을 드러낸다. 그래서 스타인벡은 아메리칸 드림은 허탈감을 초래하는 환상에 지나지 않기 때문에 좀 더 이성적이게끔 이 꿈을 염원하는 사람들을 계몽하기 위한 자유로운 언어에 의존한다. 스타인벡은 아래의 인용에서 볼 수 있듯이 그의 공동체의 자기중심적인 정책을 더 잘 드러내기 위하여 『분노의 포도』의 서술과 함께 지속적인 대화를 사용한다.

> 발판에 앉아 있던 사람이 일어나 창문 너머로 운전사를 바라보며 말했다. "저를 좀 태워 줄 수 있으신가요, 선생님?" 운전수는 재빨리 식당 쪽을 뒤돌아보며 말했다. "창문에 아무도 태우지 않는다고 붙여 놓은 거 못 봤수?" (7)

운전수와 차를 타고자 하는 사람과의 대화는 캘리포니아 당국이 개인적인 행위를 취하게끔 운전자들에게 시행시키기로 결정한 것을 스타인벡이 의식하지 못한 규정을 나타내는 방법이다. 『분노의 포도』의 전체 서술과 함께하는 대화는 또한 소유욕이 많은 지주와 재산을 몰수당한 농부들 사이의 긴장관계를 보여주기 위한 기법이다. 몇 마디의 구어체를 사용함으로써 스타인벡은 혼돈과 무질서의 분위기를 만든다. 마찬가지로 5장에서 트랙터 운전수와 소작농부 사이에서 사용되는 논의는 『분노의 포도』에서 농부들의 땅을 강탈하는 모습을 보여주며 미국인들의 탐욕뿐만 아니라 새로운 농업시스템의 잔인한 영향을 보여주기 위하여 쉬운 언어를 사용한다. 이것을 통하여 우리는 스타인벡이 지주의 지독한 행동을 나타내는 다양한 은유적인 언어를 볼 수 있다.

생태작가로서 스타인벡은 그의 서술을 밝히기 위하여 몇 가지 자연의 요소를 선택한다. "스타인벡은 미국의 의식과 양심 모두에 진입한다"(Demott 15)고 말한 비평가 로버트 드모트(Robert Demott)의 말을 통하여 알 수 있듯이, 그는 미국의 역사의 격변의 순간을 드러내기 위하여 상징적인 서술방법을 사용한다.

인간은 물질적인 성공과 도덕적 원칙사이의 갈등에 처해 있다는 것은 스타인벡의 『분노의 포도』를 통해서 분명해진다. 단순한 언어를 통하여 스타인벡은 독자들이 등장인물들의 딜레마 즉 물질만능시대에 대한 저항과 적응 사이의 딜레마를 볼 수 있게 하기위하여 확실한 세부적인 사항들을 제공하며 동시에 역사적인 요소와 픽션을 혼합하여 죠드 일가의 고통과 이주 노동자들의 보편적인 고통을 혼합하는 기법을 채택한다. 또한 하류 계층의 방언을 사용한다는 사실은 스타인벡의 소설들을 좀 더 사실적이게 만들며 소설 속에 독자를 관련시키며 그의 언어는 믿음과 결속을 통하여 이러한 물질만능주의 사회에 적응하기위한 인간 감정에 대한 호소로 볼 수 있다.

3. 소설 결말 이해하기

많은 다른 작가들처럼 존 스타인벡은 소설들의 결말을 이르게 하는데 어려움을 갖았다. 스타인벡은『분노의 포도』에서는 많은 독자들이 바로 받아들일 수 없는 결말의 방법을 시도하며 독자들을 당황스럽게 하는 마지막 장면을 구성한다. 처음부터 스타인벡이 남겨준 설명되지 않은 부분에 반대하는 비평가들의 말이 있었지만, 또한 이러한 얽히고설킨 결말들이 실제로 아름다운 매듭을 구성하는지를 보여주기 위한 열망도 있었다. 하지만 부족한 결말들의 완벽함을 입증하기 위하여 스타인벡의 작품에 나타난 결말의 복잡한 여러 문제들을 검토하고자 한다. 서술 이론의 원칙을 이용하여 우리는 효과적으로 스타인벡의 문학 세계의 창작상의 결단력에 관한 몇 가지 제약을 살펴볼 수 있다. 그래서 특정한 소설 작품의 결말의 해석을 확신시키는 것을 강조하기보다 먼저 스타인벡의 소설 작품의 결말에 영향을 주는 서사학적인 범주에 대한 광범위한 조사와 문제의 해결을 결정하게 될 작가와 그의 작품 그리고 독자와의 중요한 관련사항을 살펴보고자 한다.

스타인벡은 스탠포드 대학 재학시절동안 에디드 R. 미릴리즈(Edith R. Mirrielees) 교수로부터 집중적으로 단편소설의 형식을 공부하였다. 이러한 단편소설에 대한 초기의 견습 기간은 심지어 그가 다양한 다른 소설 형식을 실험할 때 조차도 스타인벡의 생애에 걸쳐서 서술기법의 선택을 형성하는 것 같다. 일반적으로 미국 잡지들에 출판된 20세기 초반의 단편소설들은 이야기를 끝내기 위하여 역설적인 플롯의 반전 즉, 기대하지 않은 사건에 의존하며 그러한 예상의 밖의 전환이나 놀라움은 스타인벡의 많은 작품에서 볼 수 있다. 예를 들어, 스타인벡의 단편선인『긴 골짜기』(*The Long Valley*)에 수록된「살인자」("The Murder")는 살인과 잔혹한 폭행으로 끝나고,『천국의 목장』(*The Pastures of Heaven*)에서 등장인물인 샤크 윅스(Shark Wicks)의 이야기들은 독자들로 하여금 갑작스러운 마지막 전개부분의 중요성을 생각하게끔 초대하면서 갑작스럽고 예기치 않은 사건으로 해결된다.

셔우드 앤더슨(Sherwood Anderson)의 『와인즈버그 오하이오』(*Winesburg, Ohio*)나 새러 오언 쥬엇(Sarah Orne Jewett)의 『뾰족한 전나무의 나라』(*The Country of the Pointed Firs*)와 같은 초기 작품들로 예시하듯이, 많은 초기 소설들은 지방주의 전통의 영향 하에 있음이 분명하다. 또한 이러한 지방주의 소설의 관례는 이후에도 스타인벡의 서술구조화를 지속적으로 이끈다. 분명하게 소설들은 자주 시골을 배경으로 한 세부적인 묘사에 의존하며 그 소설들은 외부인이거나 어떤 면에서 기형이거나 결함이 있는 별난 등장인물들에 주된 초점을 갖는 경향이 있다. 이러한 소설의 결말은 아주 대부분 갑작스러운 폭력이나 죽음 또는 공동체에서 추방으로 이루어진다. 하지만 가끔 지방색을 띠는 소설들은 아이러니나 감상의 분명한 분위기에 잠기는 지속적인 현재의 상태를 선호한다. 예를 들어 단편집에 수록된 「국화」("The Chrysanthemums")와 같은 이야기에서 나타나는 마지막 방법은 그것이 플롯의 발전이나 해결을 초래하는 극적인 사건들을 사용하기 위하여 감소한다는 점에서 지방색 스케치와 유사하다. 요컨대 결말에 대한 두드러진 서술형식은 이후 스타인벡의 많은 작품에서 쉽게 발견된다.

하지만 스타인벡의 비평가 대부분이 아마도 이러한 폭넓은 평가에 동의할지라도, 초기부터 스타인벡은 지속적으로 장르관습을 다양화하고 결합한 헌신적인 실험가였기 때문에 지방주의 색채의 글이나 잡지의 단편소설 또는 자연주의나 다른 범주의 결말의 관례의 중요성을 지나치게 강조하는 것은 너무 지나치게 단순화한 것일 것이다. 예를 들어, 로페즈(Lopez) 자매[1]의 이야기에서의 서술구조는 시작부분에서 소위 '야한 농담'(dirty joke)의 구조이었다가, 고객들을 부추기는 것에 대한 결정적인 구절을 나타낸 후에, 이야기는 아이러니하고 코믹하며 다소 두 명의 매춘부의 묘사를 순수한 마음으로 거들먹거리는 것으로 변한다. 이야기 끝에 어리석지만 독실한 자매는 죄의 댓가를 벌기 위하여 대도시로 떠나간다. 그래서 약간의 미심적은 코미디가 있은 후에, 독자들은 어떠한 덜 유머러스한 현실들이 이 여인들을 기다리고 있는지를 생각하도록 남겨진다. 또 다른 장르 실험에 대한 예는『긴 골짜기』에 수록된 단편인「성처녀 캐시」("Saint Katy the Virgin")일 것이다. 이 작품은 성인의 삶으로 시작하지만, 일종의 초서풍의 이야기(Chaucerian tale)로 빠르게 패러디된다. 암퇘지 캐시의 죽음과 신성화 이후에, 돼지 뼈가 부인병과 버짐을 치료할 수 있는 성골이 된다는 영원한 현상을 가리킨다고 마지막의 냉소적인 해설은 말한다.

일반적으로 말해서, 어떠한 장르가 작품에 영향을 주던 간에, 등장인물 연구는 스타인벡의 주요한 서술 강조법이며 그는 자주 인간의 삶에 있어서 우리가 직면할지도 모르는 난관들을 다루는 독특한 장면이나 평범한 남자와 여자들로부터 별난 등장인물들을 묘사하기를 선택했다. 영국 해적으로 캐리비안 해역을 해적의 소굴로 유명하게 한 인물인 헨리 모건(Henry Morgan)과 멕시코 농민혁명을 이끈 자파타(Zapata) 그리고 몇몇의 다른 인물들은 이러한 일반화에 예외가 될 수도 있지만, 그들은 스타인벡으로부터 성공적으로 묘사되지 않았다고 볼 수도 있다. 어떤 면에서 이러한 영웅적인 인물조차도 보잘 것 없는 환경을 극복하기 위하여 분투하는 것이 일반적으로 보인다. 스타인벡은 사실상 그러한 등장인물 연구를 더 큰 구조로 결합했고 이렇게 대단히 중요한 체계들 중 단편소설 모음집과 가문 대하소설 그리고 추구 서사(quest narrative)와 같은 이 세 가지는 특히 중요하다. 게다가 스타인벡은 또한 주제와 관련된 관심을 돋우는 데 사용되는 상세한 설명과 비슷한 에세이로 된 이러한 서술구조 안에서 등장인물에 대한 연구를 대조시켜 강조하였다. 이러한 기법에 대한 잘 알려진 예는 앞에서 기술한『분노의 포도』의 중간장이지만, 어딘가 다른 곳에서 주제적인 발전은『에덴의 동쪽』,『분노의 포도』그리고『통조림 공장가』와 다른 많은 작품에서 자유분방한 철학적인 대화에서 자주 포함된다.

결말을 위한 중요한 암시는 이러한 세 가지 주요한 서술전략 각각의 채택에 있어서 분명하다. 우선, 단편소설 모음집과 단편소설집의 사이클 사이의 차이는 여기서 극히 유용하다. 전자는 각각의 포함된 이야기를 위하여 대체로 독립적인 상태를 의미해서 결말의 어떠한 강하고 종합적인 느낌도 절대적으로 필요한 것은 아니다. 하지만, 소설의 배치와 이후의 소설의 주제적 강조는 어떤 경우에서 전체로써 취해진 작품을 위한 분석의 함축된 의미를 나타낼 수 있다. 반면에 단편소설집의 사이클은 소설 사이에 공유된 등장인물들과 배경 그리고 주제와 같은 다양하고 명확한 연관성을 갖는다. 그래서 전체 작품의 결말은 더 절실한 필요가 된다. 그렇게는 하지만, 특별한 배경을 공유한 소설들로 전반적인 결말은 배경을 검토하게끔 남겨두고 그것을 뒤돌아보게 함으로써 즉, 독자의 시각을 아주 기본적인 방법으로 멀리하게 함으로써 상당히 단순하게 그저 이루어질 수 있다. 우리는『천국의 목장』의 마지막 장면에서 버스 여행을 하는 승객들이 골짜기를 내려다보며 독자들과 함께 그들의 투시된 환상을 공유할 때 이러한 방법을 볼 수 있다. 좀 더 긴 책에서 합쳐질 수 있는 단편소설의 구조적인 연관성을 처리하면서, 스타인벡은 자연스럽게 그의 후기 작품에서 그를 괴롭히는 문제들인 구조적 통일성과 서술의 결말과 같은 중요한 문제를 다루도록 강요받는다.

『분노의 포도』와 『에덴의 동쪽』이 죠드 일가와 트래스크(Trask), 해밀턴(Hamilton) 일가의 세대의 역사를 각각 나타낸다는 것은 대단히 중요한 것이다. 그러나 우리는 『천국의 목장』과 다른 작품들에서 이러한 서술 모형은 이미 작용하고 있다고 말할 때 주의해야 한다. 흥미롭게도 가문 대하소설은 우리가 세대의 변화의 짧은 묘사를 찾는 일종의 짧은 대하소설로 때때로 단편소설 안에서 나타난다. 『천국의 목장』의 예들은 배틀 일가(Battle family)와 밴 디벤터(the Van Deventers) 일가 그리고 몰트비(the Maltbys) 일가, 그리고 아마도 가장 중요한 화이트사이드(the Whitesides) 일가를 포함시킬 것이다. 특히 마지막 사건에서 우리는 왕가의 자리를 만들기를 희망하는 남자들의 오만함을 본다. 그리고 이러한 모티프는 그의 생애 끝까지 스타인벡의 주제적이며 구조적인 단골 목록의 한 부분으로 남는다.

많은 비평가들이 제시한 것처럼, 스타인벡에게 또 다른 중요한 서술구조 장치는 탐구 또는 여행이다. 이러한 탐구들은 혼동하게하거나 불가능한 목표인 것으로 아이러니컬하게 나타나는 강박적인 이상을 향해 자주 기울인다. 아더왕의 전설, 돈키호테 식의 무모한 장난, 에덴에서의 축출, 오키인들(Okies)의 이주 그리고 미국인의 서부개척과 많은 다른 여행들은 서술을 위하여 전반적인 구조를 제공하기 위한 적절한 수단으로써 스타인벡의 소설 속으로 들어간다.

주요한 서술론적인 요점은 단편소설 사이클, 가문대하소설 그리고 여행 모티프 모두는 제약을 두지 않는다. 즉, 그것들은 마지막 부분에 적절한 무언가를 추가함으로써 무한정으로 지속될 수 있다. 이러한 확장 가능한 구조는 비록 그 문제가 틀림없이 복잡할 지라도 아마도 비목적론적 사고(non-teleological thinking)에 대한 스타인벡의 관심과 상당히 관련되어있다고 볼 수 있다. 최소한 포스트모던의 소설시대 이전에 소설의 결말은 플롯의 전개와 주제화의 면에서 만족스럽게 해결되는 소설의 의미로 확인되었다. 확장 가능한 형식은 억제되지만 미리 예정된 끝이 없다는 면에서 비목적론적이라고 부를 수 있는 좀 더 임의적인 서술 장면을 허용한다고 말할 수 있을 것이다. 반면에 탐구는 아주 분명하게 목표 지향적이며 어떤 사물이나 어떤 장소에 대한 추구와 영원한 왕조를 세우는 것은 많은 가문 대하소설의 목적으로 보일 수 있다. 하지만 스타인벡의 작품에서 왕조를 만드는 사람들은 일반적으로 주춤거리며 등장인물이 묘사하는 잘 세운 계획임에도 불구하고 탐구는 지속적으로 확장된다.

일반적으로 스타인벡의 서술구조와 특히 결말부분에 대한 또 다른 주요한 영향은 신화에 대한 그의 관심에 있다. 아마도 20세기에 어떠한 작가도 세상에 대한 우리의 이해에 있어서 신화의 역할을 강조했던 제임스 프레이저(James Frazer), 조셉 캠벨(Joseph Campbell), 융(Jung), 조이스(Joyce), 엘리옷(Eliot), 파운드(Pound)와 무수한 사람들의 영향을 느꼈을 것이다. 적어도 스타인벡의 초기 소설인『미지의 신에게』(*To a God Unknown*)은 틀림없이 평범한 현대인들의 삶속에서 있는 신화적인 힘들을 다룬다. 은연중에 이 소설과 다른 소설들은 자주 반복되는 소설형식의 서술모형에 따라 인간 존재가 그들의 세계관을 어떻게 구성하는지를 보여준다. 이 신화들은 고대 전통에서부터 나온 그저 죽은 문학이 아니라 요즘 "거대 서사"(master narrative) 즉, "중심구상"(masterplot)으로 불리는 것과 같은 오히려 의식을 역동적으로 형성하는 것으로 보인다(Abbott 192).

그때 소설의 결정은 수락된 신화나 중심구상에 의해 촉진되는 현실의 생각에 부합하는 자연스러움과 밀접하게 연결된다. 비평가들로부터 언급된 스타인벡의 작품에서 가장 중요한 몇몇의 중심구상은 약속의 땅으로의 여정, 성배추구 그리고 에덴으로부터 추방이다. 그러나 스타인벡의 작품 속에 중심구상은 독자들이 의심하지 않은 인정을 제공할 수 있기 하기위하여 독자들에게 단순히 나타나지 않은 것은 분명하다. 스타인벡식의 작품들은 종종 이러한 중심 구상들을 흥미롭고 도발적인 방식으로 바꾼다. 한 가지 분명한 예는 성녀 캐시의 이야기나 또는『천국의 목장』,『분노의 포도』그리고『에덴의 동쪽』에서 다양하게 잘 알려진 부분에서 그리스도교의 중심 구상들의 아이러니컬한 반전일 것이다. 게다가 상충적이고 대안의 중심 구상들은 독자들이 그것들을 선택하거나 지배적인 주제와 결말의 패턴을 이루기 위하여 사용되는 신화의 모형을 조화시키거나 재조정하게끔 하면서 작품 속에 나란히 놓인다.

예를 들어,『분노의 포도』에서 결말의 의미를 구성할 때, 성모 마리아와 죽은 예수를 안고 비통해 하는 성모상인 피에타(Pieta), 홍수, 에덴의 동산에서의 추방, 그리스도의 희생, 사람들을 가나안 땅으로 이끄는 모세(Moses)처럼 신화적인 원형을 고려하는 것과 아마도 조화를 이루게 하는 것이 필요할 것이다. 더구나 소설에서 이러한 많은 유사한 이야기들은 아이러니컬하게 성경 신화의 전후 사정과 관련된 개작된 것들이다. 그리고 또한 일반적으로 아이러니한 맥락화와 유대교와 그리스도교 전통에 있어서 서양 독자들에게 너무 익숙한 이러한 서술의 수정들이 있다. 요약하자면, 결말은 다른 것들 중에 복잡한 망즉, 재조정되어야하는 대체 가능한 신화의 변형의 격자에 의존한다(Abbott 142-44).

비평적인 합의가 있는 결말에 관한 영향들에 대한 본 연구는 작가의 원문 구성과 눈에 띄게 연관될 수 있는 서술전략과 제약을 강조해왔다. 이러한 잠정적인 관찰들은 스타인벡의 작품들을 해석하는데 새로운 영역을 개척했다는 의미는 아니다. 오히려 이 연구는 몇 가지 분명히 중요한 서술전략을 선택했고 결말을 분석하기 위한 결과로 초래된 몇몇의 서사학적 영향을 조사했다. 물론 이러한 일반화에 대한 예외는 아주 많다. 왜냐하면 스타인벡 작품에 관하여 글을 썼던 거의 모든 사람들은 결말의 문제를 논의했었기 때문이다. 더구나, 본인은 스타인벡 작품의 극적 전략의 중요하고 흥미롭고 어려운 문제들과 이러한 것들이 어떻게 서술과 연결되는지를 단순히 무시했다. 하지만 그러한 불완전한 관찰조차도 아마도 스타인벡 소설에 있어서 결말의 효과를 분석하기 위한 첫 번째 근사치로써 충분히 증명할 것이다.

그러나 이러한 구조장치가 어떻게 스타인벡의 소설이 해결점을 찾는가에 영향을 미치는가를 인정하는 것은 중요하다. 가장 영향력 있는 결말의 몇 가지 결정요인은 좀 더 특별하게 독자들에게 작용한다. 그리고 아마도 모든 것들 중에서 가장 중요한 것은 문학 작품을 해석하는 것에 대한 기관의 장려와 통제이다. 아이디어를 차용하는 것은 스탠리 피쉬(Stanley Fish)로부터 유명해졌다. 우리는 "해석공동체"(interpretive communities)가 독서나 종종 인생에 대하여 공유된 생각과 목적으로 이루어진 독자들의 그룹이라고 말할 수 있다. 그러한 상황은 대체로 의심할 수 없고 아마도 눈에 띄지 않은 경향과 해석 가능성에 대한 좀 더 제한적인 범위로 자주 이끌 것이다. 공유된 종교적인 또는 국수주의적인 제휴, 전문화된 학문단체의 회원, 특히 단일 저자 연구단체, 지배적인 학자 사회에 의한 제정된 적합함을 위한 연구 기준과 지침, 학력 편중주의와 고용전망과의 관계, 출판업자들과의 관계, 후원금 또는 보조금의 필요성, 국가적 또는 지역적인 기반에 의한 축제와 여행과 같은 홍보활동 등과 같은 것들과 다른 사회학적 요인들이 책에 대하여 비평가들이 말하는 방식에 그들의 영향 속에 인식되지 않을지도 모른다. 제럴드 그라프(Gerald Graff), 피에르 부르디외 (Pierre Bourdieu), 미셸 푸코 (Paul Michel Foucault), 조나단 컬러(Jonathan Culler)와 많은 다른 사람들에 의한 연구는 전문적인 독자들에게 영향을 미치는 주요 제약과 동기를 기록하였고 비평해왔다. 분명히 오늘날 세계의 어떠한 비평가도 존 스타인벡의 작품에서 백지상태로 시작하고 문제해결에 대한 완전한 개인적인 독자의 설명을 제공하는 사람은 없다.

어떻게 특정한 텍스트에 대한 독자의 경험이 형성되는지를 우리가 이해하려고 할 때 텍스트간의 관련성의 개념은 또한 유념해야 한다. 간단히 말해서, 텍스트간의 관련성은 어떤 작품의 내용과 형식모두에 대하여 독자로 하여금 어떤 기대를 갖게끔 하는 관계의 망으로써 정의될 수 있다(Childers and Hentzi 159). 그러나 흥미롭게도 텍스트간의 관련성은 해석공동체에 의해 실제로 부자연스럽게 된다. 요즘 출판된 스타인벡 비평가들의 대다수 글들에서 『분노의 포도』의 결말을 고려해 볼 때, 저자의 편지와 저널들 그리고 소설들에 대한 일련의 선별된 학문적인 해설과 텍스트 상호간의 관련에 만족해한다. 틀림없이 수많은 상대적이고 기능주의적인 연구는 또한 착수되었을지라도 현재 지배적인 해석공동체는 비평가들에게 "비목적론"(non-telelogical), "집단인"(group man), "조수 웅덩이"(tide pool) 그리고 "팀셸"(*timshel*)과 같은 소수의 짧은 인용구절에게 특권을 주는 의도주의와 종종 도덕적으로 설명하는 해석을 제안하게끔 만든다.

일반적으로 소설 속에서 작가가 주장하는 희망적인 도덕적인 메시지를 찾기 위하여 우리는 오늘날의 세상에 독자들과 전문가와 아마추어를 유도하는 강력한 동기와 제약이 있다고 말할 수 있다. 이러한 종류의 의도주의적 읽기는 스탠리 피쉬가 독자들에 의해 이미 취해진 의견들을 강화는 작품들인 수사적인 텍스트라고 불렀던 것을 강조할 것 이다(Abbott 175).

서술 전략과 결말 제약에 대한 이렇게 폭넓은 관찰을 배경으로 해서 우리는 『분노의 포도』의 마지막 장면을 새롭게 봐야 한다. 비평적 반응은 그것은 "지나친 감상적인 생각"(Fadiman)이라는 주장에서부터 그것은 "상징적인 희망, 일치 그리고 마음의 양식"(Timmerman)을 표현한다는 고백에 이르기 까지 이 결말에 대하여 다양하게 의견이 나뉜다(Ariki 19-24). 흥미롭게도 결말 장면의 불만족은 동시대의 서평에 자주 표현되었다. 반면에 아마도 우리에게 기관의 영향 안에 대조를 보이면서 충실한 방어는 후기 단일 저자 연구에 좀 더 자주 보였다. E. 헤밍웨이는 로즈 샤론의 너그러움이 헛간에 있는 한 사람이나 심지어 몇몇의 사람들을 도울지라도, 그것은 경제 대공황 시기에 국가의 사회문제로서 굶주림을 위한 해결에는 불충분할 것임을 지적했다. 스타인벡은 농담은 재미있지만 그것은 요점을 놓친다고 자신을 항변하며 말했다. 어떤 면에서 서술이론은 헤밍웨이 편이라고 말할 수 있는 부분일 것이다.

롤랑 바르트(Roland Barthes)가 해석의 규약이라고 부르는 주제와 관련된 해결이 시도되는 수준인 질문의 수준에서, 로즈 샤론에 의한 이 재능은 공유된 인간애를 격찬하는 만족할 수 있는 설명에 많은 독자에게 충분한 만족을 만들어낸다. 그러나 플롯 전개에 대한 독자 기대가 다루어지는 수준이며 롤랑 바르트가 행위의 규약(proairetic code)이라고 부르는 기대 수준에서, 몇 가지 중요한 문제가 『분노의 포도』의 마지막 장면에서 발생한다. 예를 들어 로즈 샤론의 제스처는 아마도 다른 사람들의 굶주림을 다루기에는 부적당하다. 게다가 이 하나의 경우에서 조차 로즈 샤론의 행위와 그 효과의 받아들이기 어려움은 이 시점까지 지속적으로 그럴듯했던 현실성 있는 서술의 흐름을 방해한다. 더구나 사회적 금기를 어기게 하고 어린아이 같고 공공연하게 굴욕적인 자세를 취하게끔 강요하면서 죽어가는 사람의 소망을 존중하기 위한 로즈 샤론의 거부는 순수한 모성애나 인간의 연민의 주장에 직면하게 된다. 그리고 마지막 장면은 이 사람을 돕기 위한 좀 더 이치에 맞는 대체 가능한 방법이 부족하다. 그 대신에 독자들은 무조건적으로 강력하게 경외심을 갖고 서있도록 권고 받는다. 그러나 어떤 독자들은 많은 불신감으로 그냥 있는 것에 어려움을 겪는다. 요컨대, 서술이론은 독자들이 이 소설의 마지막 장면의 결말을 다루는 동안에 무엇이 일어나는지를 보게 하는 우리에게 도구를 주며 서술이론은 일반적으로 외곬수의 이해에 대한 추진력에 대하여 심지어 우리에게 두 번 생각하게끔 할지도 모른다. 따라서 대체로 소박하고 어떠한 기교도 부리지 않은 것 같은 묵직하고 동적인 필치로 주관을 억제하며 객관적 표현을 위주로 한 스타인벡의 서술기법은 오히려 작품의 극적 분위기를 돋우어 주고 있다고 볼 수 있다. 또한 시와 같은 리듬을 타거나 화려하게 또는 유창하게 흘러나가기도 하고 때때로 메모처럼 단어만을 나열해 나가는 부분도 나와 문체의 변화가 많다고 볼 수 있다. 이 모두가 내용에 어울리는 음조를 조성하면서 동시에 독자의 기분과 시각에 지루함을 주지 않게 해 놓은 것으로 볼 수 있다.

이렇듯이 서로 다른 장을 서로 교차시키며 개별적인 것과 보편적인 것을 연결시켜 이야기의 폭을 넓혀 놓는 한편, 이야기와 배경을 따로 취급함으로써 이야기의 부담을 덜고 그의 서술에 생기를 불어 넣었다고 볼 수 있다. 이야기장에서도 스타인벡은 마지막 장면의 로즈 샤론의 이렇다 할 심리를 묘사하지 않고 인물을 모두 행동을 통해 그려낸다. 작가가 인물의 내부 세계를 표현하고자 할 때는 마치 영화기법처럼 회상의 형식으로 외면화하여 제시한다. 이러한 기법이 가능했던 이유는 먼저『분노의 포도』의 작중 인물들이 생각을 그대로 행동으로 나타내는 단순하며 소박하고 무식한 농민이라는 이유도 될 수 있고, 또 다른 이유는 배경 설명은 이미 중간장들을 통해서 설명해 놓았기 때문에 별도의 설명이 필요 없기 때문이라고 볼 수 있다.

III

허먼 멘빌(Herman Melville)이 그의 작품『모비딕』(*Moby Dick*)에서 사용했던 똑같은 기법처럼 스타인벡이 짧은 서정적인 해설의 장과 긴 서술 장을 번갈아 나오게 만든『분노의 포도』에서 몇몇의 비평가들은 대위법적인 구조를 빠르게 감지하며 이 작품의 소리와 반향 그리고 대위법으로 갖추어진 진정한 미국 소설로 만들기 위하여 성경적인 내용과 시적이며 영화적인 스타일과 대화의 지방색으로 강화된 분명한 접근을 파악한다. 하지만 이 작품의 가장 중요한 점은 이 작품의 극도로 압축된 서술 스타일에 있다고 볼 수 있다. 묘사와 해설에 있어서 스타인벡은 단순성이나 명확성 만큼이나 효율적인 언어의 통제로 대단한 기교를 보여준다. 이러한 탄탄한 서술 스타일은『분노의 포도』를 모범적인 글쓰기의 비길 데 없는 예가 됨이 틀림없다.

중간장과 같은 다양한 문학적인 스타일과 기법을 채택하면서 스타인벡은 세부적인 것들을 상호 참조할 수 있었고, 다양한 상징들의 조화를 이루게 했으며 소설의 사회적이고 인본주의적인 주제를 통합하고 강화시키면서 두 개의 장들을 함께 묶는 서사사건에 대한 해설을 제공할 수 있었다. 스타인벡 비평가인 피터 리스카(Peter Lisca)에 따르면 스타인벡은 혼란을 최소화하고 소설의 두 가지 구성요소를 합치기 위하여 병렬, 극화 그리고 다양한 산문 스타일의 특정한 문학적인 장치를 사용한다고 말한다.

이렇게 볼 때 스타인벡의 서술기법은 그 해석들이 아무리 설득적이라 하더라도 가치있는 목표가 아니라 어떤 인습화된 읽기 종류의 최종 산출물로써 단 하나의 해석의 시행을 본다. 소설의 서술은 무한한 혼돈의 가능성과 유일한 환원주의적인 전체주의화가 아닌 다수의 의미들을 만들어낸다. 서술 절충의 과정, 즉 소설 작품의 진행 중이며 변형가능한 해석의 복잡한 상호과정은 연구하기에 복잡하지만 흥미로운 주제가 될 수 있다.

1) 스타인벡의『천국의 목장』(*The Pastures of Heaven*)의 7장에 나오는 이야기로 로사(Rosa)와 마리아(Maria) 자매는 양친이 죽은 후, 살아가기 위하여 스페인 요리집을 열지만 별로 신통치가 못했다. 순진한 그들은 궁리 끝에 요리 세 접시 이상을 사먹는 손님에게는 육체 서비스로 감사의 뜻을 표하기로 한다. 두 자매는 더럽혀진 죄를 매일 밤 신에게 빌음으로써 속죄를 받을 수 있다고 생각하고 그대로 실천에 옮겼다. 그러던 중 마을 사람들에게 '화냥년'이란 소리를 듣게 되었고 하루는 어느 마을 남자와 차를 같이 타고 가는 마리아를 본 먼로(Munroe)가 장난으로 그 남자의 아내에게 일러주므로 큰 야단이 벌어지는데, 결국 보안관이 개입하여 그 식당에 폐쇄령을 내리게 된다. 굶주림과 법률의 양 틈에 끼여 괴로워하던 자매는 샌 프란치스코로 나가 정말로 매춘부가 되기로 결심한다.

인용문헌

Abbott, H. Porter. *The Cambridge Introduction to Narrative*. Cambridge: Cambridge UP, 2002.

Ariki, Kyoko. "The Last Scenes in John Steinbeck's *The Grapes of Wrath* and *East of Eden*." *Steinbeck Studies* 27 (2004): 17-31.

Childers, Joseph and Gary Hentzi, eds. *The Columbia Dictionary of Modern Literary and Cultural Criticism*. New York: Columbia UP, 1995.

Demott, Robert. *John Steinbeck's Reading*, New York, Garland, 1984.

Effendi, Shoghi. *The Promise of World Peace*, Canada: World Peace Council, 1986.

Shipley, Joseph T. *Dictionary of World Literary Terms*, London, George Allen and Unwin, 1970.

Steinbeck, John. *The Grapes of Wrath*, New York: Penguin Books, 1976.

KURT VONNEGUT •

Slaughterhouse-Five: The Children's Crusade

커트 보네것의 포스트모더니즘적 서술기법

박 인 찬 숙명여자대학교

I

1. 작가 소개

제2차 세계대전 이후의 미국 소설가들 가운데 가장 독창적인 작가 중 한 명으로 꼽히는 커트 보네것(Kurt Vonnegut Jr.)은 1922년 인디애나 주의 독일계 미국가정에서 태어났다. 그의 아버지는 건축가였으며, 어머니는 뛰어난 미인이었다. 그의 부모는 독일어를 유창하게 구사하였으나 제1차 세계대전 직후의 반독일 정서를 의식해 아들에게는 독일어 가르치기를 꺼렸다. 비교적 유복한 가정에서 자란 보네것은 사립학교에 다니다 1930년대 경제공황으로 가세가 기울면서 공립학교로 옮기게 되고, 고교시절에는 학교신문의 편집을 맡았다. 아버지와 형의 권유로 화학을 전공하기 위해 코넬대학에 다니게 되지만 별 두각을 보이지 못하다, 『코넬 데일리 썬』(*Cornell Daily Sun*)에 글을 기고하기 시작하면서 작가로서의 경험을 쌓아갔다. 그러던 중 1943년

입대해 세계대전에 참전하게 되고, 최대격전지 중 하나인 벨기에 아르덴(Ardennes) 지역의 벌지(Bulge) 전투에서 전쟁포로로 붙잡혀 드레스덴(Dresden)에서 포로생활을 하였다. 그가 참전 중이던 1944년에 그의 어머니는 자살로서 생을 마감했다.

전쟁 후 보네것은 결혼을 하게 되고 시카고대학의 인류학과 석사과정에 진학했다. 같은 기간에 시카고 뉴스 사무국에서 리포터로 활동하기도 했던 보네것은『이야기에 나타난 선과 악의 변이』라는 제목의 석사논문을 제출했으나 거절당했다. 그러자 뉴욕의 스키넥터디로 옮겨 제너럴 일렉트릭 회사(GE)의 홍보과에서 일자리를 얻었다.

보네것은 1951년 회사를 그만두고 창작에만 몰두해 그 다음 해에 첫 소설『자동피아노』(*Player Piano*)를 발표하였다. 그리고『타이탄의 마녀』(*Sirens of Titan*, 1959),『태초의 밤』(*Mother Night*, 1962),『고양이 요람』(*Cat's Cradle*, 1963),『로즈워터 씨, 신의 축복이 있기를』(*God Bless You, Mr. Rosewater*, 1965), 그리고 그의 작품들 중에 가장 유명한『제5도살장』(*Slaughterhouse-Five*, 1969) 등을 써서 커다란 인기를 끌었다.

낙상사고로 뇌를 다쳐 여든넷의 나이로 2007년에 사망하기까지 총 열네 편의 소설을 발표한 보네것의 작품세계는 크게 세 시기로 구분할 수 있다.『제5도살장』을 기점으로 그 전에 발표된 초기작들이 보네것의 작가로서의 명성과 개성을 알리는 데 크게 기여했다면, 중기에 속하는『챔피언의 아침식사』(*Breakfast of Champions*, 1973),『슬랩스틱』(*Slapstick*, 1976),『제일버드』(*Jailbird*, 1979),『명사수 딕』(*Deadeye Dick*, 1982) 등의 작품은 소설기법의 포스트모더니즘적인 실험이 두드러진다. 그리고『갈라파고스』(*Galapagos*, 1985),『푸른 수염』(*Bluebeard*, 1987),『호커스 포커스』(*Hocus Pocus*, 1990),『타임퀘이크』(*Timequake*, 1997)와 같은 후기소설에서는 보네것이 시종일관 다루어온 현대문명에 대한 비판적 풍자 뿐 아니라 치유와 개선의 전망이 함께 제시된다는 점에서 주제상의 발전을 엿볼 수 있다.

보네것은 현대 미국작가 중에서도 대중적 사랑과 비평적 관심을 두루 받았던 작가이다. 또한 그는 '20세기의 마크 트웨인(Mark Twain)'으로 불릴 만큼 유머와 풍자를 겸비한 뛰어난 사회비평가이기도 하다. 이성과 과학에 대한 맹신에서부터 개인주의, 물신주의, 인간중심주의, 전체주의 등에 이르기까지 서구 근대의 폐해와 그 안에서 드러나는 인간의 잔악성과 편협함을, 보네것의 소설은 특유의 기지와 유머를 섞어가며 신랄하게 비판한다. 제2차 세계대전의 참상을 소재로 하여 이러한 점을 가장 잘 나타낸 『제5도살장』이 대학생들 사이에서 폭발적인 인기를 끌었던 1960년대 말과 1970년대에 보네것은 베트남 전쟁에 반대하는 반전운동과 대항문화의 기수로서 명성을 떨쳤으며, 부시 정권의 이라크 전쟁에 반대하는 2000년대 초의 시위에서도 그 열기는 계속 이어졌다. 보네것은 또한 과학소설과 본격문학의 경계를 좁힌 작가로서도 의의가 크다. 과학소설적인 상상력과 소재를 즐겨 사용하는 그의 소설은 문학적 진지함과 대중성, 형식 실험과 대중소설의 통속성, 풍자와 유희를 접목한 포스트모더니즘적인 글쓰기의 선례로서 크게 주목을 끌었다.

2. 보네것과 서술기법

보네것은 20세기 후반에 급부상한 포스트모더니즘 문학을 대표하는 미국작가이다. 그의 작품들 중에서도 『제5도살장』은 보네것이 일관되게 실험해온 포스트모더니즘 서사의 진면목을 가장 잘 나타내는 소설이다. 『제5도살장』이 대변하는 보네것 소설의 포스트모더니즘적 서사기법의 특징은 크게 다음과 같이 요약할 수 있다. 첫 번째 특징은 장르적 혼용이다. 주지하듯이, 보네것의 소설이 크게 호응을 얻은 것은 사회비판이나 반전소설로서의 주제 못지않게 그의 소설이 지니는 탈위계적인 장르적 신선함 때문이다. 비평가 레슬리 피들러(Leslie Fiedler)가 「경계를 가로지르고, 간극을 메우며」("Cross the Border-Close the Gap")와 같은 글에서 자주 강조하였듯이, 보네것은 1960년대 미국 신세대 문학의 새로운 정서라고 할 수 있는 저급과 고급, 대중문학과 순수문학의 절충을, 과학소설과 본격소설의 접목을 통하여 이룩한 선도적인 작가이다. 토머스 핀천(Thomas Pynchon)이나 필립 딕(Philip K. Dick)의 소설에서 보듯이, 1960년대로 접어들면서 장르문학에 속하는 과학소설과 본격문학의 간극은 점차 사라졌을 뿐 아니라, 과학소설이 본격문학의 새로운 형식으로 전유되었음은 주지의 사실이다. 특히 보네것은 『제5도살장』 뿐 아니라 그의 대부분의 소설에서 과학소설의 통속적이며 유희적인 특성을, 인간사회의 부조리함을 파헤치는 본격소설의 진지함 속으로 가져와서 이 방면의 획을 긋는 작가가 되었다.

둘째, 보네것의 소설은 장르적 절충 외에도 서사형식 전반에 걸쳐 포스트모더니즘적인 바, 그 중에서도 가장 눈에 띄는 것은 공공연하게 해체적인 플롯이다. 대표적인 예로, 제 2차 세계대전 당시의 드레스덴 사건을 재구성하고 있는 『제5도살장』에서 보네것은 시작-중간-끝으로 이어지는 전통적인 플롯을 거부한다. 이 점은 필립 로스(Philip Roth)나 레이몬드 페더만(Raymond Federman)과 같은 여러 동시대 작가들의 주장을 통해 잘 알려져 있듯이, 소설가의 상상력을 초월하는 사건들이 현실세계의 도처에서 일어나고 있는 데 반해 소설은 종전의 구태의연함에서 벗어나고 있지 못하다는 당대 젊은 작가들의 불안과 불만에서 비롯된다. 더 이상 전통적인 소설로는 '비현실'에 가까운 현

실과 인간 경험과 실제의 복잡성을 적절히 담아낼 수 없다고 깨닫게 된 것이다.[1]

세 번째 특징은 다른 작가들의 포스트모더니즘 소설에서도 자주 발견할 수 있는 메타픽션(metafiction)적인 자의식(self-consciousness)이 곳곳에 드러난다는 것이다. 보네것의 소설은 동일한 인물들을 여러 작품에 걸쳐 다시 등장시킬 뿐 아니라, 독자가 읽고 있는 이 작품이 허구임을 의식적으로 드러낸다. 『제5도살장』에서도 이 점은 작가가 창작배경을 언급하면서 소설의 이야기를 어떻게 펼쳐나갈지 미리 밝히는 작품의 첫 장에서부터 분명하게 나타난다. 이를테면 '소설에 관한 소설'을 보네것은 가장 바깥의 틀 이야기(frame-tale)에 해당하는 작품의 첫 장에서부터 시도하고 있는 것이다. 그리고 실제로 소설의 사건이 주인공 빌리 필그림(Billy Pilgrim)을 중심으로 진행될 때에도 중간 중간에 불쑥 개입하여 화자의 존재를 알린다. 그럼으로써 보네것은 이야기의 사실성과 친밀도를 올리면서, 다른 한편으로는 아이러니하게도 이야기의 허구성을 드러낸다. 즉 전기와 허구, 실제와 상상의 경계를 흐리게 하고 임의적으로 넘나듦으로써 이야기의 진실성을 담보하는 동시에 전쟁 이야기의 미화에 현혹되지 않도록 이야기에 대한 지나친 감정이입과 환상을 차단하는 것이다.

II

1. 『제5도살장』의 서사 구조

보네것의 『제5도살장』은 더 이상 "시간에 매이지 않게 되었다

(unstuck in time)"[2]는 주인공 빌리 필그림의 말처럼 그가 인생의 여러 시기를 종횡무진 넘나드는 시간여행 형식으로 구성되어 있다. 따라서 각 사건들은 선형적이거나 연대기적이기보다는 파편적이며, 시간과 장소의 점프도 심하다. 이처럼 인생의 다양한 순간들을 임의적으로 서술하고 있는 소설의 '줄거리'를 사건이 일어난 순서대로 정리한다는 것은 거의 무의미할뿐더러, 직선적인 시간관을 거부하는 소설의 철학에도 위배된다. 그럼에도, 소설의 내용과 실험적인 서사구조의 효과를 좀 더 쉽게 이해하기 위한 방편으로 그 줄거리를 간추리자면 아래와 같다.

빌리 필그림은 뉴욕 주의 일리엄(Ilium) 시에서 1922년에 태어난다. 큰 키에 깡마른 데다 우스꽝스러운 외모를 지닌 빌리는 고등학교 졸업 후 야간 검안학교에 다니던 중 제2차 세계대전에 징집 당한다. 미국 싸우스 캐럴라이나 주에서 원래는 군목병으로 훈련을 받았으나 룩셈부르크의 보병부대로 파견되어 벨기에 벌지 전투에 투입된다. 그러나 투입되자마자 동료 롤런 위어리(Roland Weary)와 함께 전쟁포로로 붙잡힌다. 독일군에 의해 붙잡히기 직전 빌리는 처음으로 시간에서 풀려나는 경험을 하게 되고, 이 사건을 계기로 자신의 인생을 처음부터 끝까지 한눈에 들여다볼 수 있게 된다.

화물차에 실려 포로수용소에 도착한 빌리는 포로로 먼저 붙잡혀 온 영국 병사들의 환영을 받는다. 환영파티에서 신데렐라를 소재로 한 촌극을 보던 중 빌리는 너무 웃어서 의무실로 실려가 모핀 주사를 맞고는 다시 시간여행을 하게 된다.

얼마 후 그와 에드가 더비(Edgar Derby)를 비롯한 연합군 포로들은 전쟁의 피해를 상대적으로 덜 받은 아름다운 도시 드레스덴으로 이내 이송되어, 원래는 도살장으로 쓰이던 곳에 배정된다. 낙원을 연상시키는 드레스덴에서 이들은 영양 시럽을 만들거나 목욕하는 처녀들을 훔쳐보면서 잠시나마 목가적인 생활을 한다. 그러던 어느 날 밤, 정확하게는 1945년 2월 13일 밤, 연합군 비행기의 융단폭격이 도시 전체를 초토화시켜 약 십삼만 명의 목숨을 앗아가는 전대미문의 사건이 발생한다. 지하의 고기저장소에 숨어 목숨을 건진 빌리와 동료 병사들은 도시가 달 표면 같은 폐허로 바뀐 것을 발견하고는, 죽은 시신들을 발굴하려고 애를 쓰지만 그 수가 너무 많아 결국 화장할 수밖에 없게 된다. 며칠 후 러시아 군대가 드레스덴을 점령하고, 세계대전은 끝이 난다.

빌리는 일리엄으로 돌아와 검안학교를 졸업하고, 학교 창립자의 딸인 발렌시아 머블(Valencia Merble)과 약혼한다. 전쟁의 충격으로 재향병원에 입원해 치료를 받던 중 킬고어 트라웃(Kilgore Trout)이라는 과학소설가의 작품을 접한다. 퇴원 후 발렌시아와 결혼을 한 빌리는 부자 장인의 검안사업을 물려받아 많은 돈을 번다. 부인과의 사이에 아들딸 둘을 낳은 빌리는, 캐딜락 자동차에 부유한 교외주택, 번창하는 사업, 그리고 라이언스 클럽 회장직에 이르기까지 아메리칸 드림의 성공을 이룬다. 그러다가 열여덟 번째 결혼기념일에 하객으로 온 동료 검안사의 남성 사중창단을 보는 순간 정신적 충격에 빠진다. 드레스덴에서 함께 살아남은 독일호송병과 너무 닮은 사중창단의 모습을 보고 이차대전 당시의 기억에 사로잡힌다.

1967년 딸의 결혼식이 있던 날 밤에 빌리는 트랄파마도르(Tralfamadore)에서 온 외계인들에 의해 납치된다. 그들은 빌리를 비행접시에 태워 트랄파마도르 행성으로 데리고 가서 이미 납치해온 유명 여배우 몬태나 와일드핵(Montana Wildhack)과 함께 살게 한다. 두 사람은 트랄파마도르인들이 관람할 수 있도록 투명유리집 안에서 기거하게 된다. 트랄파마도르인들은 빌리에게 시간이 어떻게 사차원적으로 존재하는지, 그들의 시간관에 대해 설명해준다. 그들의 설명에 따르면, 누군가 죽더라도 그것은 단지 어느 특정 시간에만 죽어있는 것일 뿐, 실제로는 죽은 게 아니다. 다른 시간, 다른 장소에서는 계속 살아있는 것이다. 사물의 이치란 다 "그런 것이다(so it goes)." 그러므로 한 순간에만 얽매이지 말고, 인생 전체의 모든 좋은 순간들을 보라고 그들은 권고한다.

지구로 돌아온 빌리는 트랄파마도르에 관해서 처음엔 아무에게도 말하지 않는다. 그러다가 1968년 빌리는 몬트리올에서 열리는 검안학술대회에 참석하기 위해 비행기를 타고 가다 비행기가 추락하는 사고를 당한다. 동료 검안사들 가운데 유일하게 생존한 빌리는 버몬트의 병원에서 뇌수술을 받게 되나, 그 소식을 듣고 그를 보기 위해 차를 운전하던 발렌시아는 교통사고로 목숨을 잃는다. 빌리의 딸은 그를 일리엄의 집으로 데려와 간호원의 시중을 받게 한다. 빌리는 트랄파마도르에서 배운 것을 드디어 세상에 알릴 때가 되었다고 느낀다. 시간여행을 하면서 자신이 비행기사고 당하는 것을 이미 보았기에 그 사실을 사람들에게 전하면 자신의 메시지를 믿어 주리라고 생각한다. 그리고 이러한 생각에서 뉴욕시의 모 방송국 토크쇼에 몰래 들어가거나, 지역신문에 편지를 보낸다.

딸은 이러한 아버지의 모습에 어찌할 바를 몰라 하지만, 빌리는 이에 아랑곳하지 않고 중국이 시카고에 수소폭탄을 투하한 후인 1976년에 자기는 죽게 될 것을 예견하며 자신의 죽음에 관해 녹음을 한다. 자신이 정확하게 어떻게 죽을지 그는 너무 잘 안다. 전쟁에서 알게 된 롤런 위어리가 그 대신 복수해달라고 부탁한 폴 라자로(Paul Lazzaro)가 쏜 총에 죽음을 당한다. 그리고 죽게 되더라도 인생의 다른 순간을 통해 돌아올 것이라고 말한다. 트랄파마도르인의 충고대로 죽어도 지금 그렇게 보일뿐 죽은 것이 아니며, 다 "그런 것이기에."

앞서 말했듯이 『제5도살장』은 비연대기적인 서술 형식을 취하고 있어서 사건이 일어난 순서대로 줄거리를 정리한다는 것은 큰 의미가 없다. 따라서 연대기적 배열보다는 소설을 구성하는 주요 사건들의 모둠에 따라 생각하는 것이 좀 더 효과적일 수 있다. 총 10장으로 이루어진 『제5도살장』의 주요 사건들은 빌리를 중심으로 총 네 개의 큰 모둠, 즉 유년기부터 전쟁에 참전하기까지의 빌리의 청년기, 이차대전의 독일 전쟁터와 드레스덴을 중심으로 한 빌리의 전쟁 참전기, 미국으로 돌아와 검안사로 활동하며 죽음을 예언하기까지의 일대기, 그리고 트랄파마도르에 수시로 납치되어 겪는 체류기의 네 모둠으로 이루어져 있다. 그런데 이 모둠들은 서로 연대기적인 관계에 있는 것처럼 보이지만, 소설의 플롯 상으로는 과거, 현재, 미래의 삼차원적 질서를 거부하는 트랄파마도르의 시공간 개념과 어느 정도 유사하게 동시적, 혹은 공시적(共時的)으로 존재한다. 그리고 각각의 모둠 속으로 들어가면 그 자체가 또한 파편적이어서 또 다른 세부 모둠으로 나뉠 수 있다. 즉 『제5도살장』에서 보네것은 이 모둠들로부터 사건을 자유자재로 끌어와서 위에 재배치한 것과 같은 줄거리를 들려주고 있는 것이다.

전쟁을 소재로 하고 있는 『제5도살장』의 서사 구조에서 주인공 중심의 사건 배열 못지않게 중요한 것은 작품 속에 공존하는 두 전쟁의 병렬 구조이다. 이차대전의 참사를 소재로 한 보네것의 소설이 그렇게까지 큰 관심을 끈 데에는 출판시기의 절묘한 타이밍이 한 몫을 했다. 그런데 출판시기보다 더 중요한 몫을 한 것은 전쟁을 바라보는 작가의 관점이다. 작품소재와 출판시기 사이에 20여년의 시차가 있지만 작가는 두 시기를 동일선상에서 바라본다. 이 점은 소설의 화자가, 베트남 전쟁이 진행되는 현 시점에서("매일매일 우리 정부는 베트남에서 군사과학에 의해 초래된 사상자 수를 알려준다.") 이차대전의 참상을 이야기하고 있다는 것에서 확인할 수 있다. 즉 『제5도살장』에서 두 전쟁, 즉 줄거리 차원(story level)에서의 이차대전과 서술 차원(narrative level)에서의 베트남 전쟁은 서로 기묘하게 병렬해 있다. 이러한 병렬을 통해 보네것은 드레스덴 비극을 폭로하는 동시에 그러한 전쟁의 모순과 부조리함이 계속해서 되풀이되고 있는 베트남 전쟁의 현실을 반전(反戰)과 대항문화 정신이 최고조에 달했던 동시대 독자들에게 고발하는 것이다. 그리고 이 열기가 미국이 이라크 전쟁에 한창 열을 올리던 1990년대와 21세기 초에 다시 커다란 반향을 불러일으켰음은 주지의 사실이다.

2. 비선형적 서술기법

대표적인 포스트모더니즘 소설 중의 하나인 『제5도살장』의 가장 두드러진 기법상의 특징은 연대기식의 직선적인 구성에서 공공연하게 벗어난 비선형(非線形, non-linear)적인 플롯에 있다. 참사의 생존자 중 한 사람이었던 보네것은 그 사건을 소설로 옮기는 방법을 놓고 오랜 기간 동안 고민해오다가 20여 년이 지나서야 근접한 답을 찾게 된다. 다음은 작가가 처음에 계획했던 전통적인 기승전결 형식의 구성을 벽지 위에 그린 것으로, 아리스토텔레스적인 플롯의 기본 구조와 세부를 일목요연하게 보여준다.[3]

클라이맥스, 스릴, 인물묘사, 기막힌 대화, 긴장감, 대결을 중개하는 사람으로서 나는 드레스덴 이야기의 개요를 여러 차례 그려보았다. 그 중에서 가장 근사한 것은 내가 벽지의 뒷면에 그린 것이었다.

나는 내 딸의 크레용을 갖고서 각각의 주요 인물들을 색깔이 서로 다른 직선들로 표시했다. 벽지의 한쪽 끝은 이야기의 시작이었고, 다른 한쪽 끝은 이야기의 끝이었으며, 가운데 부분은 모두 이야기의 중간이었다. 그리고 푸른 선은 빨간 선과 이어졌으며 그런 다음 다시 노란 선과 이어졌다. 그런데 노란 선은 그 선이 나타내는 인물이 죽었기 때문에 거기서 끊겼다. 기타 등등. 드레스덴 폭격은 오렌지색의 수직 그물 모양으로 나타냈다. 아직 살아 있는 모든 선들은 그것을 통과하여 다른 한쪽 편으로 나왔다.

모든 선들이 정지한 끝은 할레(Halle) 시 바깥의 엘베(Elbe) 강가에 있는 어느 무밭이었다. 비가 내리고 있었다. 유럽에서의 전쟁은 이주 전에 끝이 났다. 우리는 계급에 따라 정렬해 있었다. 러시아 병사들은 우리들, 그러니까 영국, 미국, 네덜란드, 벨기에, 프랑스, 캐나다, 남아프리카, 뉴질랜드, 오스트레일리아 출신의 병사들을 감시하고 있었다. 수천 명에 달했던 우리는 조금 있으면 전쟁포로의 신세를 면하도록 되어 있었다. (4-5)

그러나 보네것으로서는 위와 같이 시작-중간-끝으로 이어지는 순차적이고 통합적인 플롯대로 소설을 쓸 수가 없다. 논리적으로 해명하거나 도저히 믿을 수 없는 드레스덴 참사의 악몽과 부조리를 차분하게 합리적으로 재현한다는 것은 실로 어울리는 재현이 아닐뿐더러, 관습적인 플롯형식의 수많은 전쟁소설과 영화들은 전쟁을 오히려 호도하거나 이상화 해왔기 때문이다. 게다가 기존의 재현 방식대로, 즉 단선적인 진행의 방향과 인과론적 질서에 치우쳐 현실을 재현하다 보면 삶의 다양한 경험과 의미를 위계적으로 재단하고 억압하는 결과를 초래한다. 반면에 인간 경험과 실재는 인과관계에 따라 순차적으로 설명될 수 없다. 종전의 믿음과는 달리 변화, 유동성, 상대성, 임의성, 우연성, 동시성 등이 실재의 새로운 측면으로 인식되고, 시간 또한

"질서정연하게 일렬로 나아가는 사건들의 체계적인 진행이 아니라 서로 바뀔 수 있는 유동적이며 굴절되기 쉬운 순간들[로]" 파악되면서 그에 따른 새로운 유형의 글쓰기가 필요하게 된 것이다(Klinkowitz 56).

보네것이 이토록 전통적인 서사에 반기를 든 것은 진보와 완성을 신봉하는 서구 근대(modern)의 낙관적 신념에 대한 비판과 관련이 깊다. 보네것이 문제시하는 서구 근대의 신념은 인간이 세계의 중심이 되어 무한한 발전을 이룩할 수 있다고 믿는 진보주의적 세계관이다. 과거보다는 현재가, 현재보다는 미래가 더 나을 것이라고 믿는 직선적 시간관과 사물을 인간의 위치에서 바라보는 원근법, 그리고 그 모든 것을 가능케 하는, 개인으로서의 인간이 지닌 이성과 자유의지에 대한 무한한 신뢰 등은 그러한 인간 중심적 낙관주의를 떠받치는 근대의 기제들이다. 보네것은 이러한 근대의 믿음에 대해 단지 소설의 주제나 내용적 측면에서 뿐 아니라 형식면에서, 즉 해체적인 서술기법을 통해 비판하고 있는 것이다.

그렇다면 전통적인 서사에 맞서면서 새로 인식된 실재의 4차원 혹은 그 이상의 다차원적 복잡성에 부합하는 글쓰기란 어떤 것일까? 보네것이 이를 위해 동원하는 것은 과학소설의 기법이다. 과학소설에서 자주 등장하는 지구 바깥에 사는 외계인을 통해 인간이 당연하다고 여겨온 가치관과 신념을 다르게 보게 함으로써 인간 스스로에 대한 비판적 성찰과 대안을 제공하는 것이다. 『제5도살장』에서 외계인으로 등장하는 트랄파마도르인은 인간이 진리처럼 믿어온 신념과 관습들을 여지없이 무너뜨린다. 가장 대표적인 것 중 하나가 근대의 직선적 시간관이다. 보네것은 트랄파마도르인을 통해 과거, 현재, 미래가 따로 혹은 단선적으로 있는 게 아니라 그 각각의 순간들이 동시에 존재한다는 사차원적 혹은 다차원적 시간관을 제시한다. 이러한 트랄파마도르의 시간관은 세상의 이치란 '그런 것이므로' 현재의 불행이나 죽음을 인내하고 받아들이게 하는 역할을 하는 한편 아인슈타인의 상대성 이론을 연상시키는 새로운 통찰을 제공한다. 또한 이러한 시간관은 소설 형식에 대한 고정관념을 깨뜨려서, 기승전결로 구성된 선형(線形, linear)적인 서사 대신에 트랄파마도르인의 책처럼 다양한 사건들이 콜라주의 동시다발적 형식으로 펼쳐지는 새로운 서사를 제시한다. 시간여행을 통해 트랄파마도르에 당도한 빌리가 읽을거리를 부탁하자 그들은 트랄파마도르 소설을 건네며 다음과 같이 설명한다.

> 빌리는 트랄파마도르인들의 글을 당연히 읽을 수 없었다. 하지만 적어도 그들의 소설책이 어떻게 되어 있는지는 눈으로 볼 수 있었다. 그것은 별표시로 각각 분리된 간결한 기호 혹은 상징 덩어리들로 이루어져 있었다. 빌리는 그 덩어리들이 전보인지 물어보았다.
> "정확히 그렇소," 송신기에서 흘러나온 목소리가 말했다.
> "전보라고요?"
> "정확히 말하면 트랄파마도르에는 전보 같은 것은 없소. 하지만 당신 말이 맞소. 각각의 상징 덩어리는 간결하고 긴급한 메시지로서, 어떤 상황이나 장면을 설명해주고 있소. 우리 트랄파마도르인들은 그것들을 하나하나 순서대로 읽는 것이 아니라 모두 한꺼번에 읽소. 각각의 메시지들 사이에는, 그것들을 모두 동시에 보았을 때 아름답고 놀라우며 심오한 인생의 이미지가 드러나도록 작가가 그것들을 세심하게 선별했다는 것 외에는 어떠한 특별한 관계도 없소. 따라서 시작, 중간, 결말, 긴장감, 교훈, 원인, 결과 같은 것은 없소. 우리가 우리의 책에서 좋아하는 것은 모두 동시에 관찰되는 수많은 경이로운 순간들의 깊이라오." (76)

트랄파마도르인들의 책은 작가가 세심하게 선별한 무수한 상징 혹은 기호들의 덩어리들이 정해진 인과관계나 선형적 순서를 초월하여 한데 제각각 모여 있는 형태를 취하며, 이들은 동시에 읽혀질 때에 비로소 매순간 놀랍고도 아름다운 인생의 아름다움이라는 나름의 의미를 창출한다. 위에 소개되었듯이 트랄파마도르인들의 책에는 "시작, 중간, 결말, 긴장감, 교훈, 원인, 결과 같은 게 [없어서]," 어떤 상황이나 장면을 "하나하나 순서대로 읽는 것이 아니라 모두 한꺼번에 [읽음]"으로써 인생의 다채롭고 심오한 순간들을 관찰할 수 있도록 되어 있다.

이것이 바로 보네것이 전통적인 서사의 한계에서 벗어나 실험하고자 하는 새로운 글쓰기의 이상적인 모형이라 할 수 있다. 그런데 이러한 글쓰기는 컴퓨터와 같은 매체를 이용하면 모를까 인쇄된 책에서는 현실적으로 실현되기 어렵다. 이러한 모형이 완성되기 위해서는 상상컨대 운동장만한 크기의 종이 위에 이야기의 조각들을 모두 적어 놓고서 그것을 높은 곳에서 한눈에 내려다보며 감상하는 식으로 되어야 할 것이기 때문이다. 이러한 상황 하에서 보네것의 문학적 실험은 활자매체가 허용하는 한 전통적인 책의 단선성을 내파하여 비선형적이면서 동시적인 내러티브에 최대한 가깝게 만들고자 하는 데 있다. 그 결과 보네것이 그의 작품에서 도달하려 한 것은, 앞서 인용한 벽지의 예를 이용하여 설명하자면, 벽지를 망원경 튜브 모양으로 둘둘 말아 독자로 하여금 그 구멍을 통해 모든 인물과 사건의 다층적인 구성을 한눈에 들여다보게 하는 형식과 흡사하다 하겠다.[4] 완전히 일치할 수야 없겠지만 보네것의 『제5도살장』은 종이책을 통해 트라파마도르인들의 내러티브에 최대한 근접하려고 하는 시도인 셈이다.

3. 파편성, 다중성, 다면성

『제5도살장』을 펼쳤을 때 가장 먼저 눈에 띄는 것은 텍스트가 조각이나 파편과 같은 이야기 마디(node)들로 구성되어 있다는 것이다. 겉표지, 속표지(부제), 헌사, 제사에 이어 일반적인 책의 방식대로 총 10개의 장으로 이루어져 있지만, 각 장들은 길이가 전혀 일정치 않은 수많은 마디들로 구성되어 있다. 각 마디들의 관계는 매우 느슨해서 한 마디에서 그 다음 마디로 넘어갈 때 구조나 내용상의 일관성이 적기가 다반사이며 비약적인 경우도 자주 눈에 띈다. 따라서 장의 구분과 크게 상관없이 각 마디들은 어느 정도까지는 독립적으로 읽힐 수 있으며, 소설의 중간 어느 곳에서 읽기 시작하더라도 좇아가는 데 별 어려움이 없다. 물리적으로도 모든 마디와 마디 사이에는 일정한 여백이 있어서 마디들의 파편성이 금방 눈에 들어온다.

게다가 전체 분량이 200쪽이 채 안 되는 소설치고는 각 마디를 구성하는 텍스트의 종류, 장르, 그리고 매체가 매우 다양하게 혼재해 있어서 상호 텍스트적이며 다중매체 혹은 다중 감각적인 성격이 강하다. 이 가운데 몇 가지만 열거하자면, 1) 시, 소설, 동화와 같은 문학 텍스트, 2) 평전, 전기, 종교사, 전쟁사, 성서와 같은 비문학 텍스트, 3) 속요, 크리스마스 캐럴, 동화, 경구, 과학소설과 같은 대중문화 텍스트, 4) 문어보다는 구어와 속어 중심의 텍스트, 5) 보네것의 이전 소설에 등장했던 인물들이 다시 등장하는(예, 하워드 캠벨, 킬고르 트라웃) 일종의 메타픽션적 텍스트, 6) 이러한 문자 텍스트 외에 그림, 삽화, 캐리커처와 같은 시각적 텍스트, 7) 청각적 울림이 강한 텍스트 등등이 이야기 마디마디에 상호적이며 복합적으로 산포되어 있다. 이러한 텍스트와 매체의 다중적인 배합은 독자를 문자와 논리적 일관성에 가

두어 버리는 활자매체 책의 한계를 극복하기 위한 노력의 일환이라고 할 수 있다.[5]

그리고 이야기의 파편성과 다중성에 걸맞게 주인공의 성격과 형상 또한 단일하거나 연속적이기보다는 상황에 따라 그때그때 다양하게 바뀐다. 예컨대, 이야기가 바뀔 때마다 군인, 검안사, 광대, 플라밍고, 코카콜라 병, 시인, 로마 시대의 원로, 예수, 아이, 광인, 연설가 등의 여러 모습을 동시에 취하는 빌리의 다면적인 면모는 트랄파마도르 소설의 기본 요소인 상징과 이미지의 덩어리들을 방불케 한다. 그리고 주인공의 이러한 다중 자아는 이야기의 마디가 새롭게 이어져나갈 때마다 유동적으로 바뀌어나가는 인물 성격의 마디들로 이해될 수 있다.

이러한 점 외에도 얼핏 보기에 서로 무관한 이야기들을 무작위로 제시하는 것 같은 『제5도살장』의 파편적인 서술기법은 1960년대 당시의 급부상하던 뉴미디어를 연상시킨다. 시간 점프를 통해 이야기의 흐름이 갑자기 바뀌거나, 각각의 단락이 중간에 여백을 둔 채 토막들의 배열로 되어 있는 형상은 마치 채널을 임의적으로 바꿀 때의 텔레비전 화면 위의 내용이나 텔레비전 뉴스 사건을 그대로 배열한 것 같은 느낌을 준다. 이처럼 보네것은 '소설의 죽음'이 여기저기서 거론되던 당대의 뉴미디어 매체를 의식적으로 염두에 둔 실험을 통해 소설의 새로운 가능성을 탐구한다 하겠다.

4. 메타픽션, 하이퍼텍스트, 독자 참여

『제5도살장』이 이야기의 파편성과 다원성을 전면에 내세우는 소설이라면 그럴수록 보네것은 메타픽션적인 작가-화자를 이용해 안내자 겸 보조자로서의 역할을 하게 한다. 특히 작가 자신이 직접 등장하는 소설 1장의 자의식적(self-conscious) 서사에서 이러한 역할이 두드러진다. 여기서 작가는 작품을 쓰기까지의 과정과 구상을 알리는 것 이외에 지금까지의 자신의 삶을 술회한다. 말하자면 드레스덴에 관한 이야기 안에 소설 쓰기에 관한 이야기와 작가 자신의 인생 이야기들을 함께 묶어 "그것들을 동시에 서술하고 있는 셈이다"(Lundquist 46). 이러한 1장의 구성에서 특히 흥미로운 점은 작가가 창작과정에 관한 설명을 통해서 뿐 아니라, 또한 자신의 인생 이야기를 파편적으로 술회하는 방식과 과정 그 자체를 통해, 독자들에게 자신의 책을 어떻게 읽어나가야 할지를 '전경화(前景化, foregrounding)', 즉 앞에 내세워 극적으로 보여주고 있다는 것이다. 자신이 살아온 인생의 여러 단면들을 연대기적 순서와 상관없이 임의적으로 넘나드는 불규칙적인 전개방식은 2장부터 펼쳐질 전체 이야기의 기본 구도를 미리 드러내고 그것에 맞게 독자를 적응시키는 역할을 한다.

보네것은 1장의 끝에서 이야기 전체의 운행 법칙을 좀 더 직접적으로 밝힌다. 즉 곧이어 등장할 빌리라는 이름의 주인공이 "시간에 묶여 있지 않다(unstuck in time)"고 언급함으로써 주인공의 시간여행이 과거, 현재, 미래에 걸쳐 종횡무진 전개되리라는 사실을 암시한다. 아울러 이차대전 당시 미군포로였던 독일인 택시기사가 보내온 카드의 "우연이라는 것이 허락한다면(if the accident will) 훗날 다시 만나세"(2) 같은 구절은 일견 별다른 의도 없이 인용된 것 같으면서도 전체적인 작품 구조의 임의성을 함축적으로 잘 드러내준다. 이와 같이 우연성과 시간여행에 대한 암시는 과학소설에서 따온 상투적인 모티브처럼 보이는 면도 없지 않지만, 트랄파마도르의 동시적 내러티브를 성사시키기 위한 중요한 수단이라고 하지 않을 수 없다.

하지만 보네것이 트랄파마도르의 동시적 내러티브를 이상적인 모델로 삼았다고 해서 그의 실험 소설이 아무런 관련이 없는 파편들의 단순한 나열이거나 완전히 비선형적인 것은 아니다. 다른 소설에서처럼 『제5도살장』에는 이야기 마디들이 이어져서 생긴 독서로(reading path) 혹은 이야기선(story line)과 특정한 독서로를 따라간 결과 누적된 크고 작은 이야기 모둠(덩어리 혹은 뭉치)이 있으며, 각각의 모둠은 서로 별개의 것으로 떨어져 있는 것이 아니라 다각적으로 연결된다. 그러나 보네것의 소설에는 이러한 이야기들의 전체 얼개를 일목요연하게 안내하는 목차 같은 것이 없으므로 독서로와 이야기 모둠, 그리고 그에 따른 이야기 지도(story map) 같은 것을 만들어 나가는 것은 전적으로 독자의 몫이다. 물론 책으로 읽는 보네것의 소설 지면에는 작가가 정해 놓은 이야기의 구도가 이미 제시되어 있다. 그러나 그것은 단지 하나의 임시적인 지침일 뿐 독자는 읽어가면서 여러 개의 독서로를 나름대로 직조해나갈 수 있다. 다시 말해서, 근본적으로 활자매체로 된 서사물인 한 전적으로 비선형적일 수는 없되, 그 대신에 고정되지 않은 수많은 선형적 독서로들을 가진다. 그리고 그러한 독서로는 독자의 선택에 따라 달라진다. 따라서 『제5도살장』과 같은 포스트모더니즘 소설에서 자주 나타나는 해체적 서사의 주된 특징인 비선형성은 다선형성과 독자의 선택이란 표현으로 보완될 필요가 있다.

따라서 보네것의 소설에서 독자는 자신이 직접 이야기들의 이음을 하나씩 만들어가야 한다. 이 때 이음의 패턴 혹은 원칙이 될 만한 것은 매우 다양할 뿐 아니라 또한 유동적이며 잠정적이다. 다시 말해서 중심적인 내적 구속력 같은 것은 거의 없다. 그것은 실로 무궁무진하여, 주인공이 임의로 넘나드는 시간여행상의 각 연도(예컨대 1944년, 1958년, 1961년, 1965년, 1967년, 1971년, 1976년 등등)에 따른 이음일 수도 있고, 또는 반복적인 이미지나 모티브(예컨대 올빼미, 물, 비행접시, 색깔, 후

렴 등등), 주인공이 취하는 각각의 다면적 자아들, 각각의 사건, 각각의 인물, 작가 자신의 이야기, 인용된 각각의 역사문헌과 서지 자료, 소설 속 동화 이야기들 중에 그 어떤 것일 수도 있다. 게다가 이러한 단위들은 서로 중첩적으로 연결될 수 있다. 이 가운데 손쉬운 예로 연도에 따른 독서로 만들기를 실행해보자. 다음은 빌리가 시간과 시간 사이를 옮겨 다니는 대목을 발췌한 것으로, 그의 시간여행이 얼마나 불규칙적인가를 잘 보여준다.

> 빌리는 1965년에 눈을 깜빡거려서, 1958년으로 시간여행을 떠났다. 그가 도착한 곳은 그의 아들 로버트가 속해 있는 리틀 리그 기념파티 장소였다...
>
> 빌리는 1958년에 눈을 깜빡거려서, 1961년으로 시간여행을 떠났다. 그가 도착한 때는 그해의 마지막 날이었다... (39)

위의 인용문을 토대로 각 연도와 관련된 이야기들을 찾아 이어가면서 각각의 독서로를 만들 수 있다. 예컨대 1965년도에 일어난 이야기들만을 묶으면 하나의 독서로와 이야기 모둠이 생성된다. 이렇게 해서 모인 이야기 덩어리는 소설을 컴퓨터의 하이퍼텍스트 기능을 이용해 실제 제작한다고 했을 때에 이야기 지도 내의 하나의 가지(branch)로 도식화되거나 또는 이야기 전체의 초기화면에 하나의 아이콘으로 표시될 수 있다. 편의상 후자의 경우를 상상해보면, 독자는 1965년을 나타내는 아이콘을 클릭하여 최초의 윈도우(창)를 만나게 되고 이어서 그 윈도우 내의 정해진 링크를 클릭하면 보조 윈도우(sub-window)를 계속해서 보게 될 것이다. 그리고 클릭하는 링크에 따라서는 다른 아이콘 내의 윈도우로 옮겨갈 수도 있을 것이다. 이런 식으로 아이콘들을 만들어 컴퓨터 화면에 가득 채우면 그것은 어떤 모양이 될까? 컴퓨터 문자표의 온갖 부호와 상징들, 전보문의 약호, 우주의 은하계? 보네것이 꿈꾸었던 트랄파마도르인들의 내러티브, 수많은 상징 덩어리가 동시에 존재하면서 선택에 따라서는 각각 연결될 수 있는 동시다발적 내러티브가 실현되는 것이다.

물론 기본적으로 보네것이 종이책 위에 펼쳐 보이는 이야기의 구도는 디지털 가상공간 속에서 구현할 수 있는 수 있는 수많은 이야기의 조합 혹은 독서로들 중 하나라고 할 수 있다. 실제로 보네것이 1장의 마지막에서 자신은 "들어보시오: 빌리 필그림은 시간에 묶이지 않게 되었다오"라는 문장에서 시작하여 "푸티윗?(Poo-tee-weet?)"(19) 하고 우는 새의 지저귐으로 끝나는 소설을 쓰게 되었노라고 밝히는 것을 보면, 그의 소설은 이야기의 특정한 효과를 위해 작가가 확정한대로 이미 틀이 짜인 것이라고 말할 수도 있다. 그러나 이상적 모형으로서의 트랄파마도르인들의 내러티브와 그것에 최대한 부합하려는 작가의 해체적인 서술기법이 보여주듯이 보네것의 『제5도살장』은 독서행위의 적극성을 직접적으로 유도할 뿐 아니라 독자의 창조적 참여를 통해 텍스트가 생성되는 잠재력을 십분 지닌 작품임에 틀림없다.

III

『제5도살장』은 보네것의 소설 가운데에서 가장 널리 알려진 작품일 뿐 아니라, 그것이 처음 발표된 1960년대 미국의 사회변화, 시대정신, 그리고 당대 미국소설의 새로운 흐름과 활력을 가장 잘 반영하는 작품이다. 미국문학사에서 이 소설이 차지하는 의의는 전쟁에 항거하는 반전(反戰)소설, 인간 중심의 서구 문명에 대한 통렬한 비판과 풍자, 그리고 새로운 유형의 포스트모더니즘 실험소설이라는 점에 있다고 할 수 있다. 여기서 주목할 점은 보네것이 비판과 저항의 시도를 단지 작품의 직접적인 메시지나 내용을 통해서만 하는 것이 아니라, 작품의 형식, 즉 서사 구조나 서술기법의 미학적인 측면에서 총체적으로 펼치고 있다는 사실이다. 가령, 반전소설로서 기여하는 바만 보더라도, 보네것의 소설은 겉으로는 전쟁의 폐해를 고발하면서도 여전히 영웅주의에 호소하거나 전쟁을 낭만화하는 경향이 강한 기존의 반전소설이나 할리우드 영화와 그 성격과 형식면에서 많이 다르다. 근본적으로, 보네것에게 전쟁은 고색창연한 대의와 명분을 위해 자행되는 부조리하고 잔혹한 행위일 따름이다. 그러한 전쟁을 자칫 진지하고 의미심장하게, 혹은 지나치게 논리적으로 그리다보면 오히려 그것을 정당화하는 우를 범하기 쉽다. 그래서 보네것이 택하는 방법은 전쟁을 그 부조리함 그대로 조리 없어 보이게, 즉 부조리하게 서술하여 폭로하는 것이다. 따라서 보네것의 소설에서 형식은 그 자체가 곧 메시지임을, 소설의 내용 못지않게 효과적인 비판과 저항의 행위임을, 간과해서는 안 된다.

보네것이 『제5도살장』에서 일관되게 시도하는 반(反)전통적인 서술방식도 이러한 측면에서 이해될 필요가 있다. 합리론적 인식과 재현의 관습을 반복하는 전통적인 서사와 문학간 위계질서의 해체를 통해 보네것은 그것들의 기저에 깔린 서구 근대의 신념과 질서에 도전하고 위기에 처한 문학의 한계를 극복하고자 한다. 인과론적 기승전결을 보란 듯이 거부하는 비선형적이며 파편적인 서술방식이라든가 과학소설의 적극적인 차용, 자기희화적인 평면적 인물의 설정, 그리고 탈권위적인 작가-화자의 등장 등은 전통 서사의 해체를 위해 고안된 기법들이다. 또한 보네것은 과학소설에서 자주 볼법한 가상의 외계인을 등장시켜 서구문명의 비판적 거울로 사용할 뿐 아니라, 그 외계인들의 책을 대안적 서사 모형에 관해서 예시하는 메타적인 장치로 활용하여 전통적인 서사의 한계를 극복할 수 있는 새로운 돌파구로서 제시한다. 요컨대, 『제5도살장』은 비선형성, 동시성, 그리고 하이퍼텍스트적인 구성성에 입각한 트랄파마도르인의 대안적 서사에 부합하기 위한 시도로서, 그러한 실험을 통해 보네것은 인간 경험의 다층적이며 복합적인 실재에 최대한 상응하고, 20세기 후반으로 접어들면서 급격하게 확산되고 있는 뉴미디어 환경과 대등하게 견줄 수 있는 소설의 새로운 미래를 다각적으로 모색하고 있는 것이다.

---

1) 이 점과 관련해서는 Raymond Federman, "Fiction in America Today or the Unreality of Reality,"*Indian Journal of American Studies* 4 (1984): 5-17와 Philip Roth, "Writing American Fiction,"*The Novel Today: Contemporary Writers on Modern Fiction* (Glasgow: Fontana, 1977) ed. Malcolm Bradbury, 32-47면 참조.

2) Kurt Vonnegut, Jr., *Slaughterhouse-Five, or The Children's Crusade* (New York: Delta, 1969) 19면. 앞으로 괄호 안에 인용 면수만을 밝히기로 한다.

3) 이하의 2~4절은 졸서 『소설의 죽음 이후: 최근미국소설론』 (숙명여대출판부, 2008) 4장의 4부를 이 글의 성격에 맞게 개고, 보완한 것이다.

4) 비평가 런퀴스트는 보네것이 시도한 트랄파마도르 형식의 서사를 다음과 같이 간결하게 설명한다: "그것은 마치 작가가 벽지를 튜브 모양으로 둘둘 말은 모양과도 같아서, 그 안에서 모든 인물과 사건은 겹겹이 층을 이루게 되고 결과적으로 하나의 단위를 형성하게 되며, 독자는 튜브의 구멍을 통해서만 그것들을 들여다 볼 수 있다. 이렇게 해서 생긴 튜브는 독자가 소설의 4차원 혹은 또 다른 차원을 들여다보는 망원경이 된다. 이야기는 계속해서 돌고 돌지만, 어디론가 향해 나가며, 그러면서도 이야기의 끝은 시작과 매우 가깝다"(Lundquist 77).

5) 맥루한의 주장에 따르면, 활자 인쇄술의 사용은 인간의 모든 감각기관들이 공감각적으로 상호작용할 수 있었던 문화를 파괴하여 시각중심의 문화로 변모시켰을 뿐 아니라, 통일된 동질성과 획일성을 중시하게 함으로써 일상 언어가 본래 지니고 있었던 독특성, 다양성, 이질성 등을 경시하게 만들었다(McLuhan *The Gutenberg Galaxy* 136).

인용문헌

Federman, Raymond. "Fiction in America Today or the Unreality of Reality." *Indian Journal of American Studies* 4 (1984): 5-17.

Fiedler, Leslie. "Cross the Border—Close the Gap." *The Collected Essays of Leslie Fiedler*. Vol II. New York: Stein and Day, 1971. 461-85.

Klinkowitz, Jerome. *Slaughterhouse-Five*. Boston: Twayne, 1990.

Lundquist, James. *Kurt Vonnegut*. New York: Ungar, 1973.

McLuhan, Marshall. *The Gutenberg Galaxy*. Toronto: U of Toronto P, 1962.

Roth, Philip. "Writing American Fiction." *The Novel Today: Contemporary Writers on Modern Fiction*. Ed. Malcolm Bradbury. Glasgow: Fontana, 1977. 32-47.

시간의 서사

이 강 숙 아주대학교

I

1. 작가 소개

20세기 미국 원주민 문학의 르네상스를 주도한 작가 중의 한 명인 레슬리 M. 실코(Leslie M. Silko, 1948-)는 소설가, 서사시풍의 자연 시인, 에세이스트 등 원주민 여성작가로서 최초로 국제적인 호평을 받았다. 그녀는 1948년 앨버커키(Albuquerque)에서 리 하워드 마몬(Lee Howard Marmon)과 메리 버지니아 레슬리(Mary Virginia Leslie) 사이에서 태어나 라구나 푸에블로 보호구역의 끝자락에서 성장한다. 그녀는 혼혈 가계－라구나 푸에블로, 멕시코인, 앵글로 아메리카인－에서 태어났기 때문에 자연스레 다문화의 영향을 받으며, 스스로 "인디언과 백인 사이에, 옛 전통의 믿음과 기독교사이에서 발생하는 내적인 갈등을 예민하게 인식하게 되었다"(*YWBS* 17)고 회고한다. 이러한 영향력은 실코로 하여금 훗날 탈식민적 저항과 생존의 보편적인 전략들을 인식하고, 지난 과거와 아메리카 인디언들이 당면한 문제 사이를 중재하게 하는 토양이 된다.

무엇보다 실코는 유년 시절부터 아무 할머니(Grandma A'mooh)와 릴리 할머니(Grandma Lillie), 앤트 수지(Aunt Susie)[1]가 케레스 언어[2]로 들려주는 라구나(Laguna)와 케레스(Keres) 부족의 가족서사와 이야기에 영향을 받는다. 라구나 이야기꾼답게 실코는 이 이야기 중 일부를 '이야기, 산문, 시, 사진'으로 구성된『이야기꾼』(*Storyteller* 1981)에서 풀어내고 있다. 사진에 관심이 많던 아버지는 실코와 그녀의 자매들에게 사진을 가르치면서도, 남성에게 부당한 대우를 받거나 뒤처지지 않도록 총을 다루는 법도 가르쳤다. 그녀는 또한 그에게서 과거 당시 부족이 겪어야 했던 부당함(injustice)과 이에 맞서는 대항[3] 방식에 대해서도 배우게 된다.

초등학교 5학년 시절 글쓰기에 관한 특별한 각성 이후 지속적으로 글을 써온 실코였지만, 대학 창작 과정에서야 비로소 자신이 글쓰기에 천부적인 재능이 있다는 사실을 깨닫는다. 부족을 위하여 변호사가 되려고 했지만, 앵글로 아메리카 법률의 실상에 회의를 느끼면서 새로운 저항의 길을 선택한다. 즉 그녀는 글쓰기로 백인세계와 맞서기로 한 것이다. 하지만 이는 당시 미국 법률이 갖는 모순 이외에도, 1950-60년대 전성기를 구가하던 아메리카 인디언 운동이 그 한계[4]를 드러냈기 때문이기도 하다. 그래서 실코는 고함을 치거나 열변을 토하기보다 이야기를 쓰는 것이 훨씬 효율적이라고 주장하는데(Per Seyersted 7-8), 이는 소설이나 스토리가 정서적인 차원에서 보다 심오하게 사람들에게 다가갈 수 있고, 시간이란 장치를 통해 이들이 태어나기 이전 과거와도 연결시켜 줄 수 있기 때문이다(7).

1965년 리차드 C. 채프먼(Richard C. Chapman)과 결혼, 로버트를 출산하지만 결혼생활은 오래가지 못했다. 하지만 같은 해 라구나를 배경으로 한 "Bravura," "Tony's Story," "The Man to Send Rain Clouds" 등을 탄생시키는 쾌거를 이룬다. 1969년 뉴멕시코 대학 영문과[5]를 졸업하고, 1970년에 법대에 등록, 유전자 감정 변호사인 존 실코(John R. Silko)와 재혼한다. 1971년 단편소설 부문에 주어지는 미국 국립 예술 기금을 받으면서 법대를 포기하고, 본격적인 작가의 길을 걷기 시작한다. 1970-80년대에 실코는 많은 주요 상을 수상하는데, 그 중 1977년 시 부문의 푸쉬카트상과 1981년 맥아더 재단이 주는 기금 수혜 등이 대표적이다. 1974년에 7개의 단편이 수록된『비구름을 보낸 사람』과 시집『라구나 여인』(*Laguna Woman*)이 출판된다. 1973년 남편을 따라 알래스카로 이주하여『의식』을 집필하기 시작, 1975년 남서부로 돌아온 뒤, 그 원고를 완성한다. 같은 해 "Lullaby"가 그 해의 20개의 최우수 단편 중 하나로 선정된다. 1976년 존 실코와 이혼한 뒤 다시 라구나로 돌아오고, "Lullaby"가 프랭크 친(Frank Chin) 감독에 의해 단막극으로 각색되어 처음으로 공연된다. 그녀는 또한 1971-73년에 나바호 주립 전문대학에서 영어와 창작을, 알래스카에서 돌아온 뒤 뉴멕시코 대학에서, 그리고 1978년 아리조나 대학에서 창작을 가르치기도 했다.

실코에게 글쓰기는 인디언 전통을 기억하고 보존하며, 백인 세계에 저항하는 역할을 할 뿐만 아니라 치유의 역할을 하는 중요한 매체이다. 예컨대 실코가 1973년 알래스카의 새로운 기후와 풍토에 적응하지 못하고 무기력해져 있을 때,『의식』(*Ceremony*)의 집필은 자신의 정신적·육체적인 치유책이 되었다고 전한다. 또 1978년 투산(Tucson)으로 이주하며 시작된 시인 제임스 라이트(James Wright)와의 아름다운 서신 교환은 1980년 1월 그가 암으로 죽기까지 계속되는데, 실코는 이 교류가 두 번째 이혼으로 인한 심리적인 고통과, 의도치 않게 길어졌던 『죽은 자의 책력』의 집필기간을 견디어 내는데 도움이 되었다고 술회한다. 훗날 이 서신들은 제임스의 아내 앤 라이트(Anne Wright)에 의해 책으로 출간된다.

1977년 실코를 위대한 원주민 이야기꾼의 반열에 올려놓은 『의식』의 출판은 상찬과 더불어 폭넓고 실제적인 비평계의 관심을 불러일으켰다. "가장 위대한 미국 원주민 소설"(Alexie 32), "가장 투명하게 환경을 다루고 있는 그녀의 작품 중의 하나"(Cevasco & Harmond 474) 등 다양한 평판을 받는 『의식』은 여전히 많이 읽히고 학계에서 연구가 진행되며, 영미문학의 고전으로 자리매김하고 있다. 그 외에도 1986년 서한집 『섬세함과 레이스의 힘』(*The Delicacy and Strength of Lace*), 1991년 서사적 장편소설 『죽은 자의 책력』(*Almanac of the Dead*), 1993년 『신성한 물』(*Sacred Water*)[6]이 출판되었다. 그 외 1996년 에세이집 『인디언 대모와 영혼의 아름다움』(*Yellow Woman and a Beauty of the Spirit*), 1999년 소설 『모래위의 정원』(*Gardens in the Dunes*), 그리고 2010년 자서전 격인 비망록 『선반 모양의 터키석 바위』(*The Turquoise Ledge*) 등이 출간되었다.

2. 『죽은 자의 책력』에 나타난 서사의 실험

1992년은 콜럼버스가 아메리카 땅을 밟은 지 오백주년이 되는 해로 서구인들에게는 더할 나위없는 중요한 기념비적인 해이다. 그러나 아이러니하게 그 오백 년 동안 서구인들에게 억압받았던 자들의 감추어진 역사와 이야기를 기록한 『죽은 자의 책력』[7]이 원주민 작가 실코에 의해 1991년에 발간되었다는 사실은, 우연이든 필연이든, 아메리카 대륙의 수백만 원주민들에게 상징적 의미를 주는 사건이기도 하다.

그녀는 오랜 집필기간 동안 자신의 저서에 새로운 서사의 실험을 통해서, 억압받고 삭제되고 뒤틀린 자신들의 오백 년의 역사를 763페이지라는 방대한 분량으로 다시 쓰기를 시도한 것이다. 진정한 치유는 자기민족의 역사를 자신들의 방식으로 다시 바라보고 복원하여 제국의 역사가 갖는 역사의 의미를 바꾸는 일이 될 것이기 때문이다. 기본적으로 서구인과 인디언은 역사에 대한 개념이 상이하다. 서구의 역사 개념이 과거에서 현재, 미래로 나가는 시간선상에서 발생한 사건 중심의 기록의 양상을 띤다면, 인디언의 역사는 각자의 기억 속에 그리고 그들이 머물던 시간과 장소에 고스란히 기억된다는 점이다. 이런 연유로 실코는 미 대륙의 모든 원주민들에게 자신들의 역사를 문학이라는 장르를 통해서 다시 재현해 보고, 다른 한편으로는 독자들에게 지금까지의 고정관념과는 달리 시간이 갖는 새로운 시각을 전해주려 한다.

먼저 마야인의 문화에 관심이 많았던 실코는 "서사로 이루어진 책력"을 만들고 싶었다고 말한다. 그래서 책력의 특징인 파편화된 본질을 유지하기 위하여 "노예혁명이나 반란 등에 관련된 [날짜]언급 이외에는 날짜들을 제외하려고 애썼다"고 전한다(Gonzalez 103). 따라서 작품의 근본적인 서사 전개가 서구의 전형적인 소설처럼 순차적인 흐름을 취하고 있지도 않지만, 중간 중간 플래시백 기법을 넣어 과거의 사건이라든지 그 뒤의 사건임을 알 수 있는 언급 외에는, 전체 글의 흐름을 이해할 수 있는 정해진 날짜나 시간에 대한 일반적인 언급이 전혀 없다는 점이다. 이러한 전개는 독자들이 글을 읽으면서 전체 스토리를 이해하거나, 다음 이야기를 예상하는 데 상당히 어려움을 자아내게 하는 부분이기도 하다.

또한 실코는 "사물이 어떻게 코드나 상형문자로 재현되는지 그리고 어떻게 시각적인 것(the visual)과 서사(narrative)가 서로 섞일 수 있는지에 대해서" 기존과는 "다른 관념을 가지고 책을 저술했다"고 한다 (Niemann 109).[8] 그래서 70여 명이나 되는 많은 인물들과 그들과 관련된 수많은 다양한 서사들이 등장하지만, 주된 인물들을 몇 명 꼽을 수는 있으나, 특정한 주인공이 있다거나, 그들이 어떻게 성장·발전해 가는지 즉 등장인물의 성장 모티브에 주안점을 두지 않는 것이 특징이다.

따라서 이 소설은 기존의 소설읽기처럼 서술자나 시점 그리고 주인공의 성장이나 변화를 기대하면서 읽으면 혼란만 가중될 수 있는 서사구조를 취하고 있다. 왜냐하면 실코는 의도적으로 "서구 유럽이 소설의 형식에 관해 정한 규칙을 적용하지 않았고(Gonzalez 103)," 이 소설의 주인공을 굳이 밝히자면 시간 자체가 주인공이 될 수 있기 때문이다. 특히 시간의 순환성을 설명하기 위해 과거 특정한 날의 이야기가 세부사항만 달라져서 초창기에 발생했던 기원 또는 공간으로 돌아오게 되는 서사를 구사하는 방식은 흥미롭다 하겠다. 그러므로 독자는 이 소설을 읽을 때 인디언의 스토리텔링의 방식 즉 하나의 스토리가 그 스토리 안에서 또 다른 스토리를 갖으면서, 끝없이 반복, 재생산, 확대되어가는 나선형 구조에 관점을 두고 해석해 나가야 한다. 북미 원주민 작가 실코는 자신들의 삶인 스토리가 바로 자신들의 역사이기 때문에 그 스토리가 구전되는 방식을 문자화로 연결시켰기 때문이다.

II

1. 시간의 순환과 나선형 구조

서구식 소설의 전형적인 관행을 벗어나 파편적인 글쓰기와 구성으로 난해한『죽은 자의 책력』을 일별해 보면, 전체 구조는 이야기의 중간에서 시작하여 일련의 플래시백 기법을 사용하여 앞·뒤를 오가다가, 마지막에 일정부분 순환의 구조를 취하고 있다. 실코는 이 소설이 총 6부에 걸쳐서 중·남미를 포함한 아메리카 대륙 전체를 무대로 오가는 방대한 작품이지만, 전체 개요나 윤곽을 설정하지 않은 채 이야기의 영에 이끌려 부문별 집필을 했다고 밝힌다. 또 등장인물들 역시 다분히 실코 자신의 의도대로 움직인 것이 아니라 인물들이 살아서 자신의 몫을 창출해 내기도 했다. 그럼에도 불구하고『죽은 자의 책력』은 스스로 모든 사건과 인물들이 거미줄처럼 연결되어 있는 나선형 구조를 취하고 있는 것이다. 물론 실코는 하나의 서사가 그 안에 또 하나의 서사를 갖는 방식으로 극중극 장치를 설치하지만, 단순히 하나의 서구식 기법으로 설명할 수 없는 이유는 거미줄처럼 이야기가 계속해서 연관을 이루며 살아 움직여 확대 재생산되고 있기 때문이다. 이러한 전통적인 인디언 스토리텔링의 방식이 소설 속에 형상화된 이유는 바로 "[인디언들은] 자신들의 내러티브가 자신들의 이야기가 계속해서 살아남아야 한다고 믿는다. 그렇게 자신들의 이야기가 생존하게 되면 자신들도 생존할 것이라고 믿는" 데 있다(Niemann 107).

실코는『인디언 대모와 영혼의 아름다움』(*Yellow Woman and a Beauty of the Spirit* 1996)[9]이라는 에세이집에서 10년이란 긴 세월을 보내며 집필한『죽은 자의 책력』의 의도를 다음과 같이 밝히고 있다.

> 나는『죽은 자의 책력』안에 시간을 형성하고 싶었다. 독자가 갖고 있는 시간에 대한 경험과 역사의 의미를 [흐르는]시간 내에서 어떤 특정한 지점을 표시하는 이야기로서 전환시킬 수 있는 서사를 사용하기를 원했다. (140)

그녀는 자신의 책력을 고대 마야 책력의 구성 방식과 유사한 방식으로 만들려고 했다고 한다. 이유는 서구식 서사 전개방식인 '한 지점에서 다음 지점'으로의 순차적인 방식의 글로는 자신의 책력을 전개할 수 없었기 때문에, 고대 마야인의 책력의 형태처럼, 파편적인 글의 형태로 부문(section)별 글쓰기를 했다는 것이다. 그러나 앞서 언급했듯이 실코는 자신의 의도와 상관없이『죽은 자의 책력』은 스스로 모든 사건과 인물들이 거미줄처럼 연결되어 있는 나선형 구조를 취하고 있다는 사실을 알게 된다.

실코는 근본적으로 서구인과 인디언 부족의 인식의 차이는 시간에 대한 서로 다른 개념에서 비롯된다고 보고 있다. 지나가버린 과거는 결코 다시 돌아올 수 없다는 단선적인 서구인의 개념과 상반되게 인디언 부족은 시간의 순환성을 믿기 때문이다. 그녀는 특히 일찍이 천문학에서 뛰어난 면모를 보였던 마야인들의 시간개념에 매료되었다고 밝힌다.

> 고대 마야인들은 시간은 살아 있는 존재, 인성 즉 일종의 정체성을 지닌 존재라고 믿었다. 또 시간은 살아 있어서, 지나갈지는 모르지만, 죽어 사라지지 않는다. 더구나, 매일의 날들과 주들은 분명히 돌아올 것이기 때문이다. (*YWBS* 136)

따라서 마야인들은 각 날들이 지닌 정체성을 이해할 수만 있다면 미래를 예측하는 일이 가능하다고 믿게 되었다. 그래서 그들은 좀 더 확장된 책력들을 통해서 날, 주, 달, 그리고 해의 자취를 계속해서 추적하고 연구하게 된다(136). 이 관념은 『죽은 자의 책력』에서 고대 책력의 번역임무를 맡은 레차(Lecha)를 통해 재현된다. 그녀는 일단 고대책력을 번역하고 나면, 향후 어떻게 그 책력을 사용할지를 알아내겠다고 언급한다. 그리하면, "앞으로 다가올 달이나 연도에 대해서, 구체적으로 말하자면, 미래의 일을 알 수 있게 될 것이다"(*Almanac* 137). 마야인들에게 시간은 소멸의 원리가 아니기 때문에, 좀 더 큰 우주적인 관점에서 보았을 때, 차이의 위계질서를 통한 배제의 논리가 작동하는 서구 관념론과는 달리, 오히려 어떤 것도 배제하지 않는 포용의 논리가 작동하게 되는 것이다.

실코는 자신이 마야인의 시간관념에 이끌리게 된 원인을 어린 시절의 옛 어른들이 전승해준 문화와의 동질성에서 찾는다. 고대 푸에블로인들[10]에게 시간은 "타원형의 빵처럼 둥글었다. 게다가 시간은 특정한 순간들과 특정한 위치를 차지하는"(*YWBS* 136) 시·공간의 개념이었다. 이 관념은 죽음에 대한 인식마저도 이 세상과의 단절이 아닌, 장소의 이동으로 여기게 한다. 따라서 죽은 조상들은 산 사람들이 갈 수 없는 특정한 공간으로 이주하며, 벼랑위의 집(Cliff House)이란 특수한 공간에서 그들만의 삶의 시간이 계속되는 것이다.

> 모든 시간들은 영원을 향해 계속해서 나란히 존재하다. 어떤 순간들도 손실되거나 파괴되지 않는다. 소멸되는 순간이 없기 때문에 이들의 관점에는 미래나 과거의 시간대가 존재하지 않는다. 단지 둥근 타원형의 빵 위의 표면이 약간씩 다른 것처럼, 미세하게 다른 시간대가 *거의 항상* 존재한다. 과거나 미래는 우리의 상상력의 현재 속에서만 존재하는 동일한 시간에 불과하다. (*YWBS* 137 실코 강조)

실코는 과거 마야인들이 의인화했던 시간 즉 "날들이 가지고 있는 영성과 개별적인 정체성"을 그들이 어떻게 경험했는지 실제로 이해하기는 불가능하다고 토로한다. 그러나 서사가 하나의 서사 안에 또 다른 서사를 갖는 방식으로, 현재, 과거, 미래가 경험될 수 있다고 본다. 그 방법이 과거와 현재 그리고 미래를 동시에 보고 측정할 수 있는 방식이라고 설명한다. 자신의 성장 경험담을 통해 "내가 자란 곳에서는 모든 것이 현재에 있었다. 과거도 미래도 현재에 있었고, 옛 어른들은 그런 방식으로 삶을 영위했다"고 밝히고 있다(Gonzalez 102). 이러한 이치에서 한걸음 더 나아가, 그녀는 만약 인류에게 서구의 시간과 달력이 없었다면, "노화의 과정도 변화의 과정으로 인식되었을 것"이라고 말한다. 단지 어린아이들도 변화하고 꽃들도 변화하게 된다. 그렇게 지속되는 변화 안에서는 어떤 것도 허비되거나 뒤처지거나 파괴될 수 없다. 그저 모든 것은 변화할 뿐이라는 것이다(*YWBS* 137). 그래서 이런 시간의 공존과 변화란 속성을 지닌 인디언의 문화에서 "신성한 시간은 늘 현재에 존재하게 되는 것"이다(*Almanac* 136).

알렌(Paula Gunn Allen)에 의하면 전통적으로 인디언 부족은 의식의 세계(ceremonial world)에 거주하기 때문에 시간이나 공간에 대한 관념도 신화적이다. 공간을 다차원적으로 인식하는 것처럼 시간도 "timelessness"(또는 achronology)[11]적인 것으로 생각한다. 그녀는 『신성한 고리』(*Sacred Hoop* 1992)에서 서구의 연대기적인 시간과 인디언 부족의 의식적인 시간의 차이에 대해서 다음과 같이 설명한다. 인디언 부족은 자아를 움직이는 우주 안에서 움직이는 하나의 사건으로 인식한다. 인디언의 우주관에서는 모든 것은 역동적인 평형상태에서 움직이기 때문에 무수히 많은 시간이 존재하는 것이다. 이 우주관에서 파생된 인디언의 시간 개념이 '의식의 시간(ceremonial time)'이다. 서구의 '연대기적 시간'이 분열된 개인주의를 조장한다면, '의식의 시간'은 인간과 그 주변을 하나로 엮어내는 조화의 시간인 것이다. 이 "timelessness"가 아메리카 원주민 작가들이 작품에서 선호하는 구조적인 장치라고 알렌은 설명한다. 스콧 모마데이(Scott Momaday)의 『새벽으로 지은 집』(*House Made of Dawn* 1968)을 기점으로 실코의 초기 소설 『의식』(*Ceremony* 1977) 그리고 알렌 자신의 『그림자를 소유한 여인』(*The Woman Who Owned the Shadows* 1983) 등도 의식적인 시간을 도입한 방식이다. 다시 말하면 사람과 사건의 상호작용을 통해 나오는 움직임에 초점을 맞춘 작품들이다(*Sacred Hoop* 147-48).

『의식』에 쓰인 시간의 구조가 별의 위치에 따라 시간을 측정하는 은하수적(galactic)인 측면과 마법(witchery)이 풀리는 의식적(ritual)인 측면이 어우러져 공존한다면, 『죽은 자의 책력』은 과거와 미래가 현재 속에서 어우러져 공존하는 시간 자체가 주인공이자 서사의 주된 역할을 하게 된다. "현재와 미래의 씨앗이 과거 안에 내재되어 있기 때문에"(*Almanac* 311) 과거를 기억해야 하고, 현재 안에 과거 기억의 이미지와 미래의 씨앗이 내재되어 있다는 순환논리이다. 이 순환 서사를 형상화하기 위해 실코는 『죽은 자의 책력』안에 극중극 장치를 설치한다. 고대 마야인의 책력 중에서 현존하는 드레스덴(Dresden), 마드리드(Madrid), 그리고 파리(Paris)에 소장된 세 개의 책력들을 모방하여 허구적인 또 하나의 고대 책력을 상정한 것이다. 이 책력은 유럽 식민통치자들의 눈을 피해, 수 세대를 걸쳐 비밀리에 전해져서 과거와 현재의 등장인물들을 이어주는 중요한 연결고리가 된다. 이 고대 책력이 작품내부에서 살아 유동하면서 과거의 인물도 현존하고, 과거의 날들은 현재의 인물들을 통해 돌아오고 또 현재의 인물들의 삶이 그 책력의 한 부분으로 편입되는 장치를 구사함으로써 이 작품은 변화를 형성하는 새로운 책력이 되는 것이다. 따라서 이 작품의 모든 인물과 사건은 그 발생 시점과 상관없이 현재 속에 살아서 숨쉬며 서로 연관을 맺어 움직이고 있다. 또한 이 작품은 이본느 라이네크(Yvonne Reineke)의 주장처럼 아메리카 대륙에 식민화이전의 시간개념을 재활성화시킴으로써 원주민들과 억압받은 자들의 재기와 해방에 초점을 맞추고 있다고 하겠다(72).

2. 시간의 정체성: 인디언 문화의 르네상스

실코는 고대 책력에서 몇 가지 단순한 사실들만을 파편적으로 나열하고 있어 외관상 독자는 물론이고, 심지어 자신에게 맡겨진 부분을 해독한 제타(Zeta)마저도 실망한다. 요미 할머니(Old Yoeme)는 레차에게 남겨준 고대 책력 대부분을 이해할 실마리부분을 자신에게 남겼다고 언급했지만, 해독한 결과 그 내용은 어떤 것도 해결할 수 없을 것 같았기 때문이다. 요미 할머니가 쌍둥이 자매에게 고대 책력을 나누어준 이유는 누구 한 사람이 역사를 독식하는 것을 금지한다는 의미와 역사를 공유한다는 것은 서로의 삶을 공유한다는 의미가 내재되어 있기 때문이다. 미시적으로는 인디언 역사(history)가 그들 부족에게 전해지는 방식을 설명하지만 거시적으로는 서구의 대문자 역사(History)에 대한 비난이 함축되어 있는 의도이다. 제타는 아름답게 채색된 뱀이 그려져 있는 페이지들을 해독한 뒤 그 내용들은 나이든 여인의 광기에 불과하다고 생각한다. 그러나 요미 할머니가 위대한 유산이라고 말한 고대책력의 파편화된 항목들이 레차가 언급한 것처럼 "진짜(the real thing)", 바로 실코 저서의 중추적인 역할을 하고 있음을 알 수 있다. 실코는 고대 책력의 한 파편에서 자신의 서사의 정당성

확보를 위해 다음과 같이 작가 의식이 개입된 언급을 한다. "더 이상 존재하지 않는 실제경험을 유추해 내는 서사구조는 기억과 상상력의 조합이다"(574). 그리고 "그 기억의 이미지는 현재의 순간 속에 존재한다"(575). 카렌 얼(Caren Irr)은 이 부분을 시간이 갖는 역설적인 의미로 그 한계성을 지적한다. 기억은 과거를 소환하는 역할을 하지만 그 이미지는 현재에서 이해할 수 있는 이미지로 제한되기 때문이다(226).

그러나 실코는 현재에서 기억의 이미지로 존재하는 과거는 "세부사항들은 다양하게 달라질지도 모르지만 그 본질은 변하지 않는다. 그날은 동일한 감정, 동일한 특성을 갖게 될 것"이라고 언급한다(574). 이러한 관점에서 각 날들(days)은 하나의 이야기를 갖는다. 조이 하르조(Joy Harjo)는 날들의 계보에 대해 통찰력 있게 설명한다. 모든 생명체가 조상이 있는 것처럼, 날들도 조상이 있다. "우리 사람처럼 날들은 그들 자신의 조상이 되는 것처럼 보인다"(209). 따라서 "각 이야기는 초창기에 발생했던 기원 또는 공간으로 돌아오게 되는 것"이다(Reineke 72). 그러나 단지 세부사항들만 달라져서 영원한 시간의 고리 속에서 순환하게 된다. 『죽은 자의 책력』에서 시간의 귀환은 다음과 같이 나타난다. 과거 악의 통치시대를 "불의 눈을 지닌 마코 앵무새"(Fire-Eye Macaw)의 시대라고 불렀다면, 현대에 와서는 "죽음의 눈을 가진 개"(Death-Eye Dog)의 시대로 바꾸어 부른다(257). 마찬가지로 수백년 전 멕시코에서, 탈주노예인 아이들 4명이 고대 책력을 가지고 북부로 탈출해 가던 도중, 폐허에서 정체불명의 위험한 여인을 만나게 된다. 그 중 여자아이 한 명이 여인에 의해서 목숨을 잃었고, 그 여인은 마을이 폐허가 된 것과 연관이 있는 것으로 추정된다. 그런데 그 여인은 오랜 세월이 지나 아리조나 사막의 푸른 골프장위에 사는 맥스(Max Blue)로 나타난다. 그는 죽음과 살인에 강박증적으로 사로잡혀

전문적으로 암살을 지시하며 돈을 버는 마피아 두목이다.

또 고대책력 중 실마리에 해당되는 페이지에는 제5세계[12)]의 귀환을 상징하는 "Maah'shra-True'-Ee"에 관한 이야기 시와 예언의 메시지가 등장한다.

> Maah'shra-True'-Ee는 거대한 뱀이다.
> 저 아래 4번째 세계에서 온 신성한 전달자 영이다.
> 그는 옛날 라구나 마을 근처에 있던
> Kawaik[13)]이라는 아름다운 호수에서 살려고 왔다.
> 그러자 이웃사람들은 질투가 났다.
> 어느 날 밤 그들이 와서 호수를 부수자
> 호수의 모든 물이 빠져나가 버렸다. 그 후 그 거대한 뱀은
> 사라져 버렸다. 그 후로 그는 결코 돌아오지 않았다.
> 그 일은 옛 라구나에 살던 Kwai'meh인 우리들에게 커다란 불행이었다.
>
> Maah'shra-True'-Ee is the giant serpent
> the sacred messenger spirit
> from the Fourth World below.
> He came to live at the Beautiful Lake, Kawaik,
> that was once near Laguna village.
> But neighbors got jealous.
> They came one night and broke open the lake
> so all the water was lost. The giant snake
> went away after that. He has never been seen since.
> That was the great misfortune for us, the kwaik'meh,
> at Old Laguna. (*Almanac* 135)

Maah'shra-True'-Ee는 라구나 푸에블로의 오랜 신화에 등장하는 전령의 신이다. 그런데 1980년 이른 봄 라구나 푸에블로지역의 잭파일(Jackfile) 광산에는 뱀 모양의 암석(stone snake)이 갑자기 나타나고 인디

언들 사이에는 그 원인에 대한 온갖 억측이 난무한다. 이 소설의 주인공 중의 한 명인 스털링(Sterling)은 이 뱀 모양의 암석과 연관되어 억울하게 고향에서 추방되고, 스털링의 귀환은 이 뱀이 전달하는 메시지의 이해와 더불어 이루어진다.

실코는 본질적으로 인디언의 시간관과 더불어 인디언의 문화적인 정체성을 드러냄으로써 오랜 유럽의 식민화 기간 동안 서구의 시간관과 그들이 아메리카 대륙에 자행한 파괴의 문화자리에 인디언 문화를 재배치시키고자 한다. 실코는 소설의 첫 번째 부분 서두부터 서구인과 다른 시간관념을 나이를 인식하는 방식의 차이로 설명하기 시작한다. 이 고대 책력을 보존하고 번역할 책임을 맡은 쌍둥이 자매인 제타와 레차는 60세 생일을 맡게 된다. 실코는 언제나 균형감각을 잃지 않으려는 듯, 어느 한 인물 또는 모든 인물에게 하나의 문화를 계승하는 역할을 부여하지 않는다. 이 두 인물의 색다른 성향을 대비시키면서 동시에 서로가 보완하는 것처럼 실코는 전통적인 인디언 문화를 드러낸다.[14] 인디언 문화에서 가장 중요한 것은 균형감각이기 때문이다. 나이가 들면 더 이상 다양한 색상의 옷을 입지 않고 어두운 색 옷을 입는다는 전통처럼 제타는 모든 옷을 짙은 갈색으로 염색해 입는 반면, 레차는 머리만 검은 색으로 염색한다. 다가오는 생일에 대해 무척 들뜬 모습을 보이는 제타에 대해 레차는 마음이 불편해진다. "전통적으로 푸에블로인들은 나이를 먹는다거나 나이가 들어보인다는 사실에 별로 신경을 쓰지 않는다. 왜냐하면 세월의 흐름에 따라 정한 사회적 경계선이 없기 때문이다"(*YWBS* 66). 따라서 그들은 여건이 되는 한 나이와 성별에 구애받지 않고 자신이 할 수 있는 일을 하면서 삶을 살아가는 것이다.

이러한 인디언 전통에 따른 실코의 시간관념은 사람이 나이를 먹는 방식에 대해서 자연의 흐름에 같이 어우러진 공간적인 해석을 내린다. "옛 사람들은 계절별로 나이를 먹지 않았다. 갑자기 여든 다섯 살이 된 그들은 겨울 느즈막히 감기에 걸려 봄이 될 무렵이면 머리가 하얗게 세어버리곤 했다. 옛 사람들은 세월의 흐름이 노년을 초래한다고 여기지 않았다. 그들은 시간의 경과라는 말은 전혀 믿지도 않았다. 사람의 나이는 세월이 아닌, 이 세상에서 살면서 여행해 온 거리에 비례한다"(*Almanac* 19-20). 사람이 먹는 나이를 단순히 숫자의 증가에 두지 않고 인생을 살아온 경험과 거리에 두는 것은, 과거 유목민적인 생활방식에서 기인하기도 하겠지만, 고대 책력의 한 파편에 수록된 창조설화에도 근거가 있다. 흥미로운 점은 기독교 창조설화가 "태초에 말씀이 있었다"라면 인디언 문화에서 창조설화는 "세상이 있기 전에 달(Month)이 처음으로 창조되었다"(570)라는 방식으로 시간개념이 우위를 차지한다. 게다가 이 시간개념은 의인화된다. 그는 날마다 세상을 걸어 다니면서 전 세계를 측정해야 했다. 이 설화로 인하여 시간은 공간적인 속성을 지니게 된다.

또 실코의 나이와 관련된 시간개념은 전통적인 라구나 부족의 정체성에 대한 의식과도 맞물려 흘러가고 있음을 알 수 있다.

> 옛날 푸에블로인들의 세계에서 정체성은 항상 유동적인 것으로 인식되었다. 구전된 옛 이야기에 의하면, 거미여인은 유카 난초 아래서 한 순간 작은 거미가 되었다가도, 다음 순간 거리를 따라 걸어가는 활기 넘치는 대모의 모습이기도 하기 때문이다. (*YWBS* 66)

과거 거미여인의 유동적인 변모는 다시 레차에게서 재현된다. 레차는 거울이 반영하는 세월의 고정된 모습을 인정하지 않는다. 어느 날 아침 눈을 뜬 자신의 모습이 "한국인의 눈을 가진 초췌한 주름진 노파의 얼굴"(167)로 보이는가 하면 어떤 순간은 자신과 역동적인 에너지를 공유하는 존재가 누구냐에 따라 자신의 얼굴이 "19세의 모습"(167)으로 보이기도 하기 때문이다. 이는 나이와 상관없이 매순간 우리의 모습이 그 순간 삶의 역동성에 따라 변하기 때문이다. 바로 실코가 주장하는 순간적인 현재를 중요시하는 측면과 동시에 직선적인 서구의 시간관념에 대비되는 시간을 잘 보여주는 장면이다. 이렇게 실코에게 있어서, 예술은 어떤 사물이나 사람의 모습을 구체적으로 그대로 재현해 낸다는 서구의 모방개념은 전치된다. 거울상에 드러나는 레차의 모습은 우리의 상상력을 넘어선다. 우리의 인식에 거울은 현재의 우리의 겉모습을 그대로 반영할 것으로 추정하지만, 거울에 비치는 순간 자신의 이미지는 자신이 그 당시 느끼고 있는 감정의 열기로 어린 나이로도 또 다른 인종의 유사한 모습으로도 수없이 변하는 느낌을 반영하고 있기 때문이다.

이제 좀처럼 거울을 볼 필요성을 못 느끼게 된 레차는 "여러해 전부터 어떤 사람이나 동물, 장소 또는 사물들도 동일한 모습을 지니고 있는 것을 본 적이 없음을 깨닫게 되었다(167). 이러한 그녀의 인식은 다시 이 작품의 또 한 명의 이야기꾼인 칼라바자스(Calabazas)에 의해서 반복되고 있음을 알 수 있다. 그는 기본적으로 '동일한(identical)'이란 용어나 그렇게 사고하는 방식에 적극적으로 반대한다. 더욱이 표면적으로 유사하다는 보편적인 논리를 그는 맹목적인 눈먼 사고와 관찰방식이라고 비난한다. 그에 따르면 "어떤 장소나 어느 시간대에도 '동일하다'는 것은 존재하지 않는다. 해야 할 일이 있다면 일단 멈춰서 생각해 보고, 멈춰서 한 번 바라보는 것이다"(201). 그가 동일성을 추구하는 이데올로기에 그토록 반대하는 이유는 다음 두 가지로 요약될 수 있겠다. 일차적으로 다양성과 차이를 인정하는 사고는 인디언의 전통적인 방식과 접목될 뿐만 아니라, 서구가 자신들의 삶의 방식을 기준으로 모든 것을 평가하고, 그곳에 동화시키려는 작업에서 벗어날 수 있는 소수인종의 생존방식과 직결되기 때문이다.

실코는 모든 것은 '거의 항상' 현재 속에서 발생한다는 관념을 강조하기 위해서 전지구촌의 모든 시간의 흐름을 하나로 규정짓는 시계와 달력에 대한 일종의 장치를 설치한다. 소설 속에서 대부분의 인디언 부족문화를 따르는 인물들은 서구문화와 관련된 일을 할 때를 제외하고 인디언 시간에 따라 산다. 알렌에 따르면, "인디언 시간이란 질서와 조화에 대한 의식적인 이해를 바탕으로 적절성에 토대를 둔 개념"이다(154). 따라서 서구문화의 기준대로 정각이란 시간을 맞추는 일이 "자아와 의식"(self and ritual)의 조화를 벗어나게 된다면, 차라리 그는 그 시간을 지키지 않을 것이다(Allen 154). 서구식 해석으로 보면 그는 시간을 정확히 지키지 않는 사람으로 폄하될 것이다. 그래서 작품 속의 레차는 죽은 자의 위치를 찾아내는 심령술사로서 텔레비전 토크쇼 등 외부 서구세계와의 일을 할 때를 제외하고는 시계와 달력을 멀리하는 것을 생활의 규칙으로 삼는다. 진정한 시간은 연인과 육체적 관계를 맺는 순간과 같은 역동성을 느끼는 매순간에 존재한다고 믿기 때문이다.

실제로 실코는 1978년 투산(Tucson)으로 이주한 뒤, 투산 서부에 위치한 야키 마을에서 살아 있는 공동체의 행렬을 체험한 바 있다. 어느 날 오후 그 마을은 인적이 끊긴 것처럼 황량했다. 당시 거의 모든 집에 전화가 없었음에도 불구하고, "거의 동시에 마치 영화감독의 큐사인을 받은 것처럼 거의 모든 집의 문이 열리고 모든 연령대의 사람들이 쏟아져 나왔다." 그리고 그들은 누군가의 죽음을 애도하러 어느 한 집으로 향했다. 비록 멕시코군의 야키 족 대량학살을 피해서 소노라 주에 있는 자신들의 산속 요새에서 투산으로 이주해 왔지만, 자신들이 야키 부족의 일원이라는 살아 있는 공동체 의식을 수 세대를 거쳐서도 지켜오고 있음을 보여준다. 단순히 투산에 위치한 이웃 마을이 아니라 자신들 고향의 일부로 그리고 한 민족의 구성원이라는 보이지 않는 정체성을 가시화해 준 것이다. 이런 점이야 말로 아메리카 대륙의 유럽인들은 이해할 수 없는 원주민들만이 갖는 문화의 저력이다(*YWBS* 89-90).

실코는 옛 조상들의 움직임의 동선을 쫓아 더 북쪽으로 향한다. 레차의 기억 속의 한 사건인 알래스카 인디언 로즈(Rose)의 씻을 수 없는 상처는 사건 당시의 시간과 현재까지의 흐름의 시간이 지속적으로 기억될 수 있는 장치로 계속 현존한다. 실코는 로즈의 아픈 과거를 서구의 과거 교육정책과 연관시킨다. 서구는 인디언의 역사 말살정책을 위한 한 수단으로 의무적으로 인디언 아이들을 다른 지역의 학교기숙사로 보내는 정책을 썼다. 이는 지난 모든 세대를 거쳐 구전된 문화와 한 민족의 정체성을 말해 주는 이야기꾼에게서 아이들을 빼앗아가는 것을 의미하기 때문이다. 21세기 오늘날도 여전히 개최되고 있는 알래스카 빙원 위의 개썰매 대회는 과거에도 그 지역민들에게, 흥미 있는 기삿거리 중의 하나였다. 그 중 레이서 한 명과의 만남은 그 지역의 로즈와의 인연 즉 그 지역이 기억하고 있는 이야기와의 만남으로 이끈다.

유픽 에스키모 언어와 영어를 구사하면서 마을의 통역사 역할을 하는 로즈는 구년 전 어린 여섯 명의 동생이 모두 불에 타 숨지는 고통을 간직하고 있다. 그런 상실의 고통을 기억하는 그녀의 집은 로즈의 설명대로 "집안의 것들이 마땅히 있어야 할 방식으로 있지 못한 상태"(150)이다. 태엽을 감아야 하는 구식 큰 시계들의 똑딱거리는 소리들이 그녀의 작은 집을 가득 채우고 있다. 이것이 로즈가 동생들을 기억하는 방식이다. 그녀의 집 시계들은 동일하게 현재에서 미래로 가는 것이 아니라 "서로 다른 시간대로 맞추어져 있다"(150). 즉 과거에서 현재로 현재에서 과거로 시간들이 동시에 작동하고 있는 것이다. "자신의 동생들이 살아 있다면 그들이 갖게 될 시간"(150)을 자신만의 방식으로 기억하고 산정하고 있는 것이다. 로즈는 자신이 살아 있는 동안 내내 그들을 기억함으로써 그들을 현존하게 만든다. 로즈의 이야기는 한 개인의 이야기로 끝나는 것이 아니라, 과거 자신이 백인들에 의해 강제로 인디언 학교로 끌려가지만 않았다면 가난과 추위 탓에 기름을 잘못 다루어 그 어린 동생들이 불에 타 죽는 끔찍한 사건을 겪지 않았을 거라는 그 마을 모두의 삶의 기억이자 살아 있는 역사로 공유되는 것이다.

여기서 주목하고 넘어갈 점은 실코의 서사 전개 방식이다. 그녀의 서사는 주로 자연을 배경으로 펼쳐지는데, 어떤 형상을 표현할 때 눈에 부각되도록 이미지처럼 표현한다. 그녀의 서사 기법은 설령 그것이 죽음의 경계선을 묘사하든, 불꽃에 타 들어가는 고통스런 아이들의 모습이든, 또 일반인의 시각에는 비정상적이고 흉악한 납치범의 내면의 모습이라 할지라도 잔인성의 모습을 그대로 반영하는 것이 아니라 하나의 이미지로 형상화되어 나타난다.

『의식』에서 타요(Tayo)를 중심으로 전개되었던 은하수적인 시간과 '의식적인 시간'이 그 방식은 다를지라도, 『죽은 자의 책력』에서 에피소드 중의 하나로 루트(Root)[15]를 중심으로 다시 전개된다. 타요는 혼혈 1세대이고, 제2차 세계대전 태평양 전선의 전투에서 얻은 정신적인 상처의 치유 과정에 베토니(Betonie) 노인이라는 전통적인 치유주술사가 개입한 경우이다. 이 노인 역시 혼혈인인데, 전통적인 방식에 덧붙여 약간의 현대적인 방식을 이용한다. 반면 루트는 2세대와 3세대 멕시코 사촌과 야키족 사촌이 있는 비교적 피부가 흰 청년으로 오토바이 사고로 언어표현과 다리에 심각한 장애를 입게 되는데, 그의 정신적인 치유과정에는 마약밀매업자이긴 하지만 전통적인 인디언방식을 전달하는 칼라바자스가 개입한다. 그 두 인물의 공통점은 비교적 피부가 희고 서구식 교육을 받았지만 전통적인 인디언 문화를 자신의 문화로 수용하려 한다는 점이다.

실코는 살아 있는 자가 경험할 수 있는 시간과 공간의 최대한까지 루트를 여행하게 한다. 인디언 문화에서 사람이 거의 죽음의 경계에 다다랐다 세상에 다시 돌아온다는 것은 새롭게 변화되어 나타난다는 것을 의미한다. 그것이 신체적인 불구와 두뇌의 작용에 뭔가 물리적인 결여를 수반할지라도, 정신적인 면에서 새로운 변화와 세상을 바라보는 시각의 완전한 변화를 상징하고 있는 것이다.

> 대기의 온도와 자신의 체온이 너무나 완벽할 정도로 같아서 그는 더 이상 자신의 몸이 어디서 끝나고 세상의 나머지가 어디서 시작되는지 확신할 수 없었다. . . . 루트는 스스로에게서 나와 보다 큰 무엇인가 속으로 쏟아져 들어가고 있는 것 같았다. 오토바이가 그를 그곳 속으로 깊이 자신을 운반하고 있었다. 노랑색 꽃들로 이루어진 구름들이 끝없이 그 주변에서 피어오르고 있었다. 자신이 어떻게 오토바이의 균형을 유지하려고 했는지 더 이상 알 수 없을 때까지. 그러나 그는 오토바이의 균형을 유지하고 있었고, 자신이 이처럼 무한한 세계 속에 항상 존재할 수 있고, 존재할 것이라고 믿었다. (198)

루트가 기억해 낸 사고 당시의 이 느낌은 지금껏 서구의 기계적인 시간의 흐름을 벗어나서 자신과 우주가 하나로 합일되는 조화의 시간이었다.

루트의 사고 후유증을 통해 백인의 위계질서가 나타내는 위선적이고 비인간적인 면이 폭로된다. 루트는 현실에서는 비록 스페인혈통을 지닌 멕시코계 미국인이지만, 사고 후유증인 자신의 심리상태를 이해하지도 못하고, 더욱이 장애자라는 사실을 세상에 드러내기 싫어하는 가족과는 오히려 결별하게 되고, 차이를 인정하는 그룹의 일원으로, 즉 자신의 이름처럼, 자신의 뿌리의 역사를 찾아간다.

> 만약 당신이 백인으로 태어나지 않았다면, 당신은 어쩔 수 없이 차이를 보게 될 것이다. 또는 당신이 그들이 정상이라고 부르는 상태로 태어나지 못했거나, 당신이 부상을 입게 된다면, 그때 당신은 차이로 이루어진 세상을 탐색하도록 남겨진다. (202-03)

루트의 가족들이 그의 사고를 불행한 사건으로 루트의 장애를 부끄러운 현실로 수용하는 반면, 오히려 인디언과 멕시코인들은 그렇게 심각한 사고는 나름 중요한 의미를 지닌다고 본다. 그들은 루트가 사고를 통해 다녀온 곳은 "죽은 자의 땅의 경계선으로의 여행"(199)이라고 생각하기 때문에 비전을 얻게 되거나 영혼의 여행을 한 것으로 간주한다. 실코는 사고를 당한 사람을 치유하는 방식에서 기억해야 할 중요한 내용으로써 서로 다른 문화적인 차이를 언급한다. 완전히 망가진 할리 데이빗슨 오토바이를 폐기처분하지 않고 보관하려는 루트를 이해할 수 없는 가족들은 그를 심리상담 의사에게 보낸다. 그 심리상담 여의사 역시 루트에게 기억할 것을 강권하는데 그 기억의 대상은 '사고자체와 관련이 없는 사고 이전의 삶의 내용, 가족 등'에 대한 것들이다. 이미 사고로 루트의 삶은 완전히 변해 버렸고, 그의 가족들 역시 그에게 고통을 주는 낯선 존재들로 변해 버린 상황에서 더 이상 그러한 처방은 루트에게 치유를 시사하는 방식이 될 수 없는 것이다.

인디언의 기억방식은 이와는 좀 더 다르다는 것을 발견할 수 있다. 서구 백인들이 기억을 요하는 내용은 고통을 당하기 이전 평범했던 일상에 대한 기억인데 이는 이미 삶의 양태가 뒤바뀐 사람에게는 치유책이 될 수 없다. 반면 모스카(Mosca)가 끊임없이 반복하는 기억에 대한 강권, 심지어 사고현장까지 반복적으로 데려가서 기억을 유도하는 내용은 사고자체 그 당시에 맞춰져 있다. 그리고 고통을 피하는 것이 아니라 직면하게 만든다. 비록 모스카가 그에게 기억을 유도하는 더 큰 목적은 그 사고를 통해서 얻게 되었을지도 모르는 비전을 알아내고 싶어 하는 면도 있지만, 전반적으로 치유의 양상을 띠게 된다. 모스카가 상황을 자주 반복해 묘사할 때마다 그 설명의 양상은 바뀌게 되고, 시간이 지나면서 루트는 치명적인 사건이었음에도 불구하고 객관적으로 바라보게 된다. 마치 칼라바자스 노인이 즐겨하는 '짐마차 뒤에 올라탄 유령이야기'처럼 옛날이야기의 하나처럼 들리게 되는 효과를 갖게 된다. 소격효과 즉 어떤 사건을 낯설게 보게 될 때 사람들은 객관적으로 해석하게 되고 그 안에서 뭔가 긍정적인 요소를 찾게 되며, 고통의 기억에서 자유롭게 될 수 있는 것이다. 반복되는 기억의 효과는 두 가지로 요약될 수 있다. 하나는 객관적인 바라보기와 또 하나는 관련된 이야기가 갖는 치유효과이다. 루트는 칼라바자스가 좋아하는 '짐마차 뒤에 올라탄 유령이야기'와 자신의 오토바이 사고와의 연관성을 통해 죽은 조상들의 영혼과 현세의 후손을 연결해 주는 끈처럼, 마음의 위로 즉 치유를 얻게 된다.

루트는 야키 사촌들과 일하면서 인디언 문화를 체득하게 된다. 그들은 백인들이 정한 "기준" 또는 "정상적"이라는 잣대를 기대하지 않는다. 아니 그들에게 "정상적"이라는 것과 같은 것은 결코 없다. 루트가 자신의 불행한 현실을 수용하고, 또 다른 세상을 인식하면서 살 수 있게 된 것은 칼라바자스 덕분이다. 그는 루트의 증조부가 아파치 전쟁을 통해 부를 획득한 사람이지만, 루트에게서 격세유전의 흔적, 즉 "옛사람들의 성향"(221)을 발견하면서 그를 수용하고 다른 친척들보다 신뢰한다. 그는 수 시간씩 야간운전을 하는 루트에게 사물을 '보편적'으로 보지 않도록 가르친다. 그들[유럽계 백인들]에게 '바위'는 발견할 때마다 '바위'에 불과하다. 아무리 모양과 농도, 색상, 바위가 그 주변에 있는 모든 사물들과 연관해서 자리하고 있는 위치가 분명히 다름에도 불구하고, 그들은 각각의 차이를 구별하지 못하는데 기본적인 사고의 맹점이 있다는 것이다(224). 루트는 칼라바자스의 경고 중 "세상의 차이를 인정하는 법을 배울 수 없는 사람은 성공할 수 없다. 그들은 결국 그것 때문에 죽게 될 것이다"(203)란 말을 늘 기억에 담고 산다. 바로 생존은 차이에 달려있기 때문이다.

칼라바자스는 루트에게 이야기꾼이다. 루트는 이제 칼라바자스의 태도에서 이야기를 시작하려 한다는 것을 알아챘다. 칼라바자스는 '인디언 스타일'이란 자신이 전하려는 이야기를 상대방이 이해할 때 비로소 멈추는 것이라고 설명한다(215). 처음에 루트는 인디언 방식을 이해하지 못했지만, 여러 해가 지나면서 칼라바자스가 이야기를 전달하는 방식에 어떤 특정한 메시지가 있다는 것을 터득하게 된다. 실코의 의도적인 시간배치가 눈에 띄는 장면이다. 루트는 인디언 방식을 이해하면서 이야기꾼과의 교감도 자연스럽게 형성된다. 동시에 시간의 측정도 하늘의 별자리의 움직임을 읽어가며 이야기꾼의 흐름을 중단시켜야 할 때를 산정하기도 한다. 실코는 두 사람의 대화 시기의 계절을 밝히지 않지만, 밤하늘 전갈자리의 움직임을 설명함으로써 어느 여름날 밤임을 알게 해준다. 전갈의 꼬리를 지켜보면서 시작된 이야기는 전갈의 꼬리만이 지평선위에 유일하게 남아 있을 때까지 지속된다.

칼라바자스의 이야기의 구성은 자신의 출생 그리고 태어나기 전 오랜 역사, 유럽인과의 관계 그리고 멕시코 소노라 지역에서 야키인들의 도피적인 이주, 자신의 결혼사, 그리고 마지막에 현재의 상황까지 하나의 순환 형식을 이룬다. 그는 이야기꾼으로서 그리고 그 규모가 어찌되었든지 자신이 살고 있는 투산에서 과거와 현재 그리고 미래를 연결하는 다리로 존재하는 모습을 보여주는 것이다. 그리고 백인들이 설정해 놓은 '가상(假想)의 규정'에 대한 강렬한 반증을 토로한다. 그 반증은 바로 자신들의 삶의 중요한 방식이며 철학이기도 하기 때문이다.

> 우리는 경계선의 존재를 믿지 않는다. 예컨대 국경선 같은 것. 그런데 그와 같은 것은 존재하지 않아. 우리는 최초 백인들이 이 땅에 발을 디디기 수천 년 전부터 이곳에 존재하고 있지. 우리는 지도나 권리포기 이런 말들이 생기기 전부터 이곳에 존재하고 있어. 우리는 우리가 이 땅위 어디에 소속되어 있는지를 알지. 우리는 항상 자유롭게 옮겨 다녔어. 북쪽에서 남쪽으로 동쪽에서 서쪽으로 말이야. 우리는 실재가 아닌 것에 관심을 두지 않아. 예컨대 상상의 선긋기. 상상의 (시간의) 분이나 시. 그리고 법률 같은 것들 말이지. 우리는 그런 것들 중 그 어느 것도 인정하지 않아. 그래서 우리는 정말 많은 것들을 경계를 넘나들며 운반하고 다녔지. 그럴 때 우리는 어떤 국경선도 본적이 없어. 우리는 과거부터 주욱 이곳에 있었고, 우리의 존재는 수천 년 동안이나 지속되어 오고 있지. 그래서 우리는 멈출 수가 없어. 또 그 누구도 우리를 멈추게 할 수 없지. (216)

일반적인 소설의 서사기법과 달리 칼라바자스가 전해 주는 이야기를 듣는 루트의 감정이입 상태를 꼼꼼히 설명하지 않는 서사방식 때문에 옛 조상들의 이야기가 루트에게 얼마나 드라마틱하게 전달되는지는 알 수가 없다. 그러나 다음 피터 나보코브(Peter Nabokov)가 자신의 경험담을 통해 전하는 인디언들의 이야기꾼과 청자 사이의 반응을 통해 유추해 볼 수 있을 것 같다. 크로우(Crow)족 전사에 대한 책을 집필하던 그는 몬태나에서 개최된 크로우족 댄스를 관람하게 된다. 그는 실상 전사들이 가지고 있던 기풍같은 것을 경험해 본 적이 없어서 그저 당연한 현상으로 간주했다고 서술한다. 그러나 그는 그날 오후 통역사를 통해 연사의 말을 듣고 있었음에도 불구하고, 그곳에 있던 모두가 연사가 경험했던 사건 현장에 같이 있다는 감정이입 상태를 경험한다.

> 먼지입자와 그림자가 어른거리는 불빛 아래서 그가 숲속을 통해 적에게서 소떼를 다시 몰래 되찾아 올[되훔쳐 올] 때 우리 모두는 같이 독일에 가 있었다. (145)

이와 같은 감정이입 상태는 단순히 우리가 정서적으로 느끼는 것과 사뭇 다를 수 있다. 왜냐하면 나보코브는 무훈담이 끝나고 피날레를 알리는 북소리가 들릴 때 자신도 제어할 수 없는 어떤 감정 상태에 빠지게 되는데, "마치 시간과 공간이 균열되어 활짝 열리는 듯하더니" (146) 자신도 바로 그 곳에 같이 가 있는, 즉 현재 속에 작동하는 과거의 동시성을 경험했기 때문이다. 이는 실코가 전하고자 하는 시간이 특정 지점을 갖는다는 이야기의 단면이기도 하다.

실코는 백인의 문제점은 "미리 모든 것에 대한 답을 알고 있는 척한다"는 것이라고 지적한다. 물론 그들은 해결책도 없으면서, 아메리카 대륙의 누군가 무슨 일을 시작도 하기 전에 저지시키곤 하였다. 그들은 그렇게 지난 오백 년 동안 아메리카 대륙에서 엄청난 실수를 자행해 왔던 것이다(413). 특히 백인과 인디언 문화의 큰 차이 중 하나는 백인들은 죽음을 두려워한다는 점이다. 아메리카 대륙의 모든 갇혀있는 자들이 협력하는 날을 꿈꾸는 맨발의 호피(Barefoot Hopi)는 "죽은 자의 영혼에 관해 말하기를 거절하는 사람들은 기독교인이거나 전통적인 나바호족과 아파치족뿐"(625)이라고 주장한다. 그는 서구인들처럼 계획하여, 과학적이고 파괴적인 무기를 사용하는 전투 대신, 영혼의 작용에 의한 모든 힘의 동시적 작용을 통한 평화로운 혁명을 기대한다. 그래서 오래전 이야기의 원형인 들소 인간(Buffalo Man)의 귀환을 기다리는 것이다(627). 미국 정부가 부족들의 종교를 탄압한 배경에는 백인의 두려움이 잠재적으로 깔려 있었다. 그러던 중 1890년 12월 29일 중부 인디언 보호구역 내 운디드 니(Wounded Knee)에서 평화의 춤인 유령 춤(Ghost Dance)을 부족 사회를 선동하는 혁명의 춤으로 오해하고(여치헌 213-15), 큰 발(Big Foot)을 비롯하여 여성과 어린아이를 포함해서 144명을 몰살하는 사건이 발생한다(*Almanac* 724). 이 사건은 백인이 인디언 문화에 대한 몰이해에서 빚은 최악의 행위 중 하나이다. 진정한 유령 춤의 목적은 살아 있는 후손들과 오백 년간 계속된 전쟁에서 목숨을 잃은 사랑하는 조상들의 혼령들과의 재결합을 하려는 것이었다.

국제치유전당대회에서 시인으로 전향한 법조인 위즐 테일(Weasel Tail)은 인디언 문화에 대한 백인들의 잘못된 해석을 수정하는 역할을 한다. 무디(Moody)나 다른 인류학자들은 유령 춤이 사라졌다고 추정했다. 왜냐하면 유령 셔츠가 총알을 막아주지도 못했고, 인디언 조상들의 예언처럼 유럽인들이 하룻밤 사이에 사라지지도 않았기 때문에, 부족민들이 회의를 느껴서라는 것이다. 그러나 하룻밤 사이에 결과를 기대하는 것은 유럽인이지 인디언들이 아니라는 점이다. 인디언들이 보기에, 자신들의 목숨을 연장하기 위해 신비한 물체를 열렬히 찾고 있는 인류학자들이 유령셔츠를 잘못 이해하고 있다(722). 인디언들에게 납으로 된 총탄은 현실 세계에 속하는 것이고, 유령셔츠는 영혼과 죽음의 영역에 속한다. 유령 셔츠가 하는 역할은 유령 춤을 추는 자들의 영혼을 보호하는 일이다. 위즐 테일은 칠레에서 캐나다에 이르기까지 아메리카 대륙 전역에서 죽은 조상들의 정의를 요구하는 부족민들의 춤은 멈추지 않을 것이라고 주장한다(724).

파편적인 서사와 구성이 이 작품의 중요한 특징이지만, 스털링이 푸에블로 마을로 귀환하는 것을 통해서 일정 부분 순환구조를 형성하기도 한다. 미국 인디언 보호구역 내 푸에블로인들의 거주지 세볼레타(Cebolleta) 지역의 광산은 1943년에 원자폭탄의 연료인 우라늄 채광을 위해 파헤쳐졌다. 채광은 계속 주변지역으로 확대되어 갔고,[16] 채광된 우라늄은 1945년 일본에 투하된 원자폭탄의 형태로서 위력을 발휘한다. 그중 폐광으로 방치되어 남아 있던 한 광산이 『의식』에서 제2차 세계대전 필리핀전투 참전 후 타요(Tayo)가 겪게 된 자신의 정신적 혼돈의 발원지이며 동시에 마지막 의식을 완성한 공간이 된다. 그 후 『죽은 자의 책력』에서 우라늄 채광 작업이 진행되던 잭파일(Jackfile) 광산에 뱀모양의 암석이 갑자기 등장하면서 스털링은 추방당한다. 표면적 원인은 스털링이 헐리우드 영화관계자들이 뱀모양의 암석을 촬영하지 못하도록 막지 못한 탓이지만, 이미 옛 어른들은 광산이 파헤쳐지면서 곤란한 일이 발생할 것을 예언했었다. 그러나 그 시간은 언제가 될지 알 수 없다는 것이다. "무슨 일이 발생하든지 지금 당장 필요한 것은 아니다. 그 일은 20년이 지나서 또는 100년 지나서야 올 수도 있기 때문이다"(35). 인디언들의 시간은 백인의 시간과 관련이 없기 때문이다. 광산채광이 바로 그 채광과 아무런 관련도 없는 스털링의 삶을 추방으로 이끌어버린 것이다. 세일러(Gregory Salyer)의 설명대로 스털링은 인디언들의 시간과 공간에 대한 감각을 보여주는 독자의 이해를 돕기 위한 모델이다(103).

세일러는 스털링을 『죽은 자의 책력』에서 악한 세력을 피하기 위한 피뢰침(103)이라고 정의한다. 실코는 폭력과 악이 난무하는 작품 속에서 독자를 위로하기 위해 스털링을 생각해냈다고 한다. 그는 엄밀히 따지면 개인의 잘못이 아닌 과거 공동체가 겪었던 고통의 희생양으로서 그 추방의 벌을 받게 되었다.[17] 근본적으로 서구와는 다른 인디언의 시간관념의 중심은 시간의 길이가 아니라 기억이 갖는 중요성이기 때문이다. 탄광의 이야기는 그 이전의 기억 즉 역사의 한 장으로 거슬러 올라간다. 80년 전 라구나 마을은 귀중한 석상을 도난당했다. 옥수수의 귀 모양의 그 석상은 제 5세계가 시작할 무렵 비의 신 카치나(kachina)에 의해서 옛사람들에게 주어진 것으로, 땅의 세월만큼 오래된 신성한 상이다. 그런데 그 도난사건을 지금 막 당한 일처럼 기억한다는 점이다(31). 라구나 푸에블로인에게 일반적으로 70년 정도는 그저 심장박동 한 번 치는 것에 불과하기 때문이다(34). 또한 이 사건은 인디언들이 과거 미국 정부의 법으로부터 어떤 취급을 받았는지 잘 보여주는 장이다. 제1차 세계대전 이후 그 상이 산타페의 박물관에 소장되었다는 사실을 알고 찾아오려 했지만, 기증된 물건이라는 박물관 큐레이터의 완강한 거부에 실패했다. 당시는 인디언에게 선거권도 없었을 뿐 아니라, 경제적인 어려움 탓에 법적 대응조차 할 수 없었던 억울한 사건이었다. 할리우드 영화관계자들이 인디언들에게 뱀모양 암석이 갖는 종교적인 의미를 모르고 촬영했을지라도, 그들에게는 과거 석상 사건이나 현재의 뱀 모양의 암석 촬영 사건은 동일한 신성모독의 약탈행위에 불과하다. 과거 약탈 사건이 현재에 다시 반복되는 것이다.

> 할리우드 영화관계자들과 관련된 재난이 발생하자마자 이 일은 과거 석상이 어제 도난 당했던 것과 같게 느껴졌다. 70년이나 지나서 석상 이야기를 다시 설명하는 사람들은 당시 석상을 찾으러 갔던 노인추장 본인보

> 다 더 서럽게 울기까지 했다. 그 노인은 산타페에서 돌아와서 (슬픔과 분노로) 한 달도 더 견디지 못했다. (34)

이는 구전 이야기의 강인한 생명력을 부각시키는 장면이면서, 동시에 "과거가 바로 여기에"라는 시간개념을 보여준다. 이러한 시간개념은 미래 예언이 도래할 가능성을 더해 주는 토대로 작용한다.

III

소설의 마지막 부분에서 고향으로 돌아온 스털링은 두 가지로 크게 실코의 의도를 대변한다. 첫째, 예부터 전해 내려온 파괴자의 역할에 대한 기억이다. 『죽은 자의 책력』이 과거 오백 년의 역사를 다루면서 유럽적인 것들의 점진적인 소멸에 대한 예언, 그리고 그 예언의 도래에 대한 믿음을 다루기 때문에 아메리카 대륙의 원주민이 아닌 사람들은 불편함을 느낄 수도 있다. 그러나 『의식』에서와 마찬가지로 실코는 그 모든 파괴의 책임을 단순히 유럽인들에게만 전가하지 않는다. 푸에블로 인디언들은 유럽 백인들의 침입은 다름 아닌 인디언 부족 중 잔인한 몬테수마(Montezuma)의 후손들인 구나디야들(Gunadeeyahs)의 끝없는 피의 탐닉이 초래한 일로 간주한다. 푸에블로 인디언들은 멕시코시에서 구나디야와 유럽의 코르테즈(Cortés)가 최초로 손을 잡은 시기보다 수천 년 전에 이미 구나디야들의 유혈폭력을 피해 북쪽으로 즉 아리조나와 뉴멕시코의 고원지대로 피신해 왔던 것이다. 기본적으로 실코는 인종주의를 넘어서서 인간의 내면은 절대선도 절대악도 없다고 생각한다. 그 균형이 깨졌을 때가 바로 악이라고 생각한다. 『의식』에서부터 실코는 그 토대부터 자신들이 주체가 되어 그들의 방식으로 역사 쓰기를 시도한다. 비록 고통스런 일이지만 모든 침입이 외부인들의 탐욕으로만 치부하기 보다는 자신들 안에도 있는 그런 부분이 침입을 초래했다는 공동의 책임감 그리고 그런 원인 분석이야말로 이후의 더 이상의 고통을 겪지 않기 위한 전초작업이 될 수 있다. 그리고 콜럼버스가 발을 내딛기 이미 수천 년 전에 아메리카 대륙에 누가 살고 있었는지 즉 그 땅의 주인이 실제로 누구인지를 각성시키는 방식이기도 하다.

푸에블로인들이 이주한 메마른 고원지역에서 생존은 수분과 관련된 모든 것들을 귀히 여기는 것과 직결되었다. 이 생존의 방식에는 사람을 포함해서 모든 짐승의 주검을 조심스럽게 다루는 일도 포함되어 있다. 그래서 그들은 정착 당시 드물게 이루어진 예식에서도, 독수리나 마코 앵무새를 죽일 때 단 한 방울의 피도 흘리지 않고 아주 부드럽게 죽이는 방식을 규칙으로 삼았을 정도이다(760). 물과 땅과 생명체에 대한 소중함이 내포되어 있는 발상이다. 아주 단순한 고전적인 방식 같지만 핵폭탄을 비롯한 새로운 파괴현상이 급증하는 현 세상에 모두가 살아갈 수 있는 대안일 수 있다는 점이다. 그리고 현재도 인디언 보호구역은 쌓여있는 우라늄 폐기물들이 바람에 날려 하늘과 땅과 물에 흘러 용해되어가는 암울한 현실이다. 그럼에도 그들은 훗날 이 땅에 더 이상 사람이 살 수 없는 시대가 왔을 때에도 누가 최후까지 생존할 수 있는지에 대한 대답을 가지고 있는 셈이다. 그들이 지니고 있는 시간에 대한 개념은 그들에게 무한한 인내심을 준다. "유목민은 기다리는 방법을 알고 있다. 그는 무한한 인내력을 갖고 있다"(들뢰즈와 가타리 732). 그래서 그들에게서 향후 오백 년이란 세월이 더 걸릴지라도 아니 몇 세대의 희생이 더 필요하더라도 미래에 자신들이 찾게 될 삶의 토양에 대한 주인의식을 바꿔놓을 수 없는 것이다.

그래서 21세기 오늘날도 여전히 방사능 물질이 흩날리고 있는 바로 그 공간에서 그들은 다시 조상들의 예언을 상기한다. 뱀의 형상은 여전히 수많은 형태의 이야기를 생산하고 있겠지만, 실코는 자신들의 역사의 시작에 존재했던 "신성한 전령(Maah' shra-True'-Ee)"의 귀환으로 해석한다(*YWBS* 134). 뱀의 형상이 바라보는 메사(mesa)[18]는 다음번 탄광이 발굴될 방향이었는데, 묘하게도 다음해 우라늄 가격은 폭락을 하면서 그곳 메사의 탄광은 폐쇄된다. 전지구적인 자본주의 시각에서 바라볼 때 이러한 현상은 단순히 우연에 지나지 않겠지만, 보호구역 내 원주민의 입장에서는 땅이 갖는 신성한 자정작용의 일환으로 보인다. 다시 하나의 거대한 원으로 돌아오는 것이다.

둘째, 19세기 미국정부가 인디언의 땅을 빼앗고 그들을 보호구역으로 내몰기 위해 의도적으로 몰살시킨 대평원 들소들의 복귀이다. 레차의 예언대로 대평원에는 들소들이 돌아오고 있고, 그 세월이 얼마가 걸릴지 모르지만 분명한 것은 이미 시작되었다는 사실이다. 그리고 전사였던 라코타 부족과 모호크 부족들의 죽은 영혼으로 이루어진 군대가 살아 있는 전사들의 군대를 이끌고 있다는 믿음이다. 시·공간을 넘어서 산자와 죽은 자가 아메리카 대륙 위에서 동시에 공존한다는 우주적인 인식이다. 다시 뱀 모양의 암석이 바라보는 곳은 암갈색 메사를 지나 더 먼 남쪽이다. 그 남쪽으로부터 쌍둥이 형제와 수많은 사람들이 걸어서 북상을 한다는 것을 의미한다. 실코는 『죽은 자의 책력』을 마무리하기 전 자신이 살던 건물에 벽화를 그렸는데, 자신의 무의식이 작품을 어떤 식으로 마무리할지를 그림으로 체화한 것으로 그 그림 옆에 다음과 같이 스페인어로 썼다.

> 사람들은 허기지고 추위에 떤다. 가진 자들이 그들에게서 땅을 빼앗고 자유를 앗아갔다. 사람들은 정의를, 그것이 불가능하다면 혁명을 요구한다. (*YWBS* 144)

실코가 이 정의에 대한 요구를 스페인어로 쓴 이유는 투산에서 부를 소유하거나 권력을 지닌 자들은 스페인어를 전혀 읽을 줄 모르기 때문이라고 한다. 그러나 투산 근처 이웃의 하층계급을 형성하는 사람들은 주로 멕시코 출신 난민이나 히스패닉인들 그리고 인디언들이 주류를 이루고 있기 때문에 그 용어는 바로 그들을 대변하고 싶은 그녀 자신의 욕망의 발로인 것이다.

1) 실코가 좋아했던 Aunt Susie는 할아버지 Henry C. Hank Marmon의 남동생인 Walter Kenneth Marmon의 아내이다. 이 글에서는 정서적인 전달의 편의상 '앤트 수지'로 칭한다.

2) 그러나 미국 정부가 학교에서 케레스 언어를 금지하자, 아무 할머니는 케레스 언어 대신 영어로 이야기를 들려주게 된다. 게다가 행크 할아버지(Grandpa Hank)의 죽음으로 그녀는 부족의 언어인 케레스 어휘를 더 배울 수 있는 기회마저 잃게 된다.

3) 실제로 1955년에서 1956년경에 부족의 재산관리를 맡았던 아버지 마몬은 뉴멕시코 주를 상대로 부족의 약탈된 토지 6천만 에이커를 반환해 줄 것을 요구하는 소송을 제기한다.

4) 그녀는 1976년 펄 세이어스테드(Per Seyersted)와 인터뷰에서, 아메리카 인디언 운동(AIM)의 성격이 미국의 다른 정치단체들과 너무 유사하다는 점을 들어 비난한다. 그 운동이 몇 가지 긍정적인 변화를 이끌었다 할지라도, 미국 사회의 부정의를 개선하는 데는 실패한 운동이라고 규정짓는다. 왜냐하면 그 운동은 "일반 대중을 위한 정체성 정치의 지나친 단순화와 분류방식(oversimplifications and divisions of secular identity politics)"을 모방하였기 때문이다.

5) 실코가 뉴멕시코 대학에서 졸업한 학과는, 단순히 "the English Department"나 "in English"로만 여러 출처에 표기가 되어 있다. 따라서 이 글에서는 실코의 작가로서의 성향을 고려하여 영문과로 표기함을 밝힌다.

6) 실코는 자신이 운영한 출판사(Flood Plain Press)에서 직접 출판한 『신성한 물』에 실린 뭉게구름, 뱀, 수련, 돌로 된 형상, 작은 협곡 등의 사진을 이야기가 그림으로 형상화된 것으로 설명한다.

7) 앞으로 *Almanac*으로 줄여 표현한다.

8) 이 부분에 대한 보다 자세한 논의는 필자의 또 다른 글 「『죽은 자의 책력』에 나타난 대항서사-시각적 수사를 통한 공간의 서사를 중심으로」를 참조.

9) 앞으로는 *YWBS*로 표시한다.

10) 푸에블로 마을은 미합중국 남서부지역에 위치한 과거를 비롯하여 현대에도 쓰이는 원주민들의 공동체이름이다. 이 명칭은 남서부지역에 왔던 최초의 스페인탐험가들이 돌과 어도비 진흙 그리고 그 지역의 다른 재료들로 지은 아파트형태의 구조물에 거주하던 공동체들을 설명하기 위해 사용한 것이다. 오늘날 미연방이 공식적으로 인정한 푸에블로 마을은 21개에 달한다. <http://en.wikipedia.org/wiki/Pueblo>

11) 사전적인 의미로, timelessness [achronology]이란 서구가 말하는 연대기적으로 시간이 진행되지 않는다는 의미이기도 하다.

12) 마야인의 신화에 따르면, 아즈텍인들은 제 5세계가 지금의 멕시코시에서 북동쪽으로 약 40km 떨어진 곳에 위치한 테오티우아칸이라는 고대도시에서 발원한 것으로 믿는다. 또한 아즈텍인들은 이곳을 시간이 시작된 곳으로 생각한다(칼 토베 93). 마찬가지로 이 세계는 인디언들에게도 중요한 고대의 상징적인 세계로서 "거대한 뱀 Ma ah'shra-True'-Ee가 귀환하는 시기"(*YWBS* 150)이다.

13) 라구나는 스페인어로 호수란 뜻이다. 라구나 푸에블로인은 원래 케레스어(Keres)를 썼던 사람들로, 케레스어로는 원 명칭이 Kawaik인이다.

14) 이 논문에서 인디언 문화는 필자가 특정문화를 언급하는 것을 제외하고는 기본적으로 라구나 푸에블로인들의 시각임을 밝힌다. 아메리카 대륙의 각기 다른 부족민들의 문화는 어느 정도 서로 다른 양상을 보이며, 특히 멕시코 인디언이나 야키인들도 차이가 있다. 그러나 실코는 몇몇 의도적으로 설명하는 경우를 제외하고는 자신의 라구나 푸에블로 전통에 맞춰서 야키 부족 출신 등장인물들도 설명하는 것으로 보인다.

15) 그는 멕시코 정복자인 De Gouzman의 후손과 멕시코 인디언의 혼혈, 2세대와 3세대에 속하는 인물로 집안이 완전히 백인 가문으로 가장(passing)한 경우이다.

16) 대부분의 우라늄이 매장된 광산은 나바호족과 라구나 푸에블로인들이 사는 인디언보호 구역 내에 있기 때문이다.

17) 기실 백인에 대한 분노임에도 그들에게 직접적으로 응전할 수 없었던 탓에, 자신의 약한 동족에게 대신 분풀이를 한 경우라고 볼 수 있다. 실코는 이런 에피소드를 인디언들도 인간적인 약점을 지닌 존재이기 때문이라고 설명한다.

18) 메사는 꼭대기는 평평하고 등성이는 벼랑으로 이루어진 언덕으로 미국 남서부 지역에 흔하다.

인용문헌

들뢰즈, G. & 가타리, F.『천개의 고원』. 김재인 역. 서울: 새물결, 2001.

여치헌.『인디언 마을 공화국: 북아메리카 인디언은 왜 국가를 만들지 않았을까』. 서울: 휴머니스트, 2012.

토베, 칼.『아즈텍과 마야신화』. 이응균. 천경효 공역. 서울: 범우사, 1998.

Alexie, Sherman. "Root Juice." *American Poet* 31(2006 Fall): 32-33.

Allen, Paula Gunn. *The Sacred Hoop: Recovering the Feminine in American Indian Traditions.* Boston: Beacon, 1992.

Cevasco, George A., and Richard P. Harmond. *Modern American Environmentalists: A Biographical Encyclopedia.* Baltimore: Johns Hopkins UP, 2009.

Gonzalez, Ray. "The Past Is Right Here and Now: An Interview with Leslie Marmon Silko." *Conversations with Leslie Marmon Silko*. Ed. Ellen L. Arnold. Jackson: UP of Mississippi, 2000. 97-106.

Harjo, Joy. "The World Is Round: Some Notes on Leslie Silko's *Almanac of the Dead.*" *Blue Mesa Review* 4. (1992): 207-10.

Irr, Caren. "The Timeliness of *Almanac of the Dead*, or a Postmodern Rewriting of Radical Fiction." *Leslie Marmon Silko: A Collection of Critical Essays.* Ed. Louise K. Barnett and James L. Thorson. Alburquerque: U of New Mexico P, 1999. 223-44.

Nabokov, Peter. "Present Memories, Past History." *The American Indian and the Problem of History.* Ed. Calvin Martin. New York: Oxford UP, 1987. 144-55.

Niemann, Linda. "Narratives of Survival." *Conversations with Leslie Marmon Silko*. Ed. Ellen L. Arnold. Jackson: UP of Mississippi, 2000. 107-12.

Perry, Donna Marie. *Backtalk: Women Writers Speak Out: Interviews.* New Brunswick: Rutgers UP, 1993.

Reineke, Yvonne. "Overturning the (New World) Order: Of Space, Time, Writing, and Prophecy in Leslie Marmon Silko's *Almanac of the Dead.*" *SAIL* 10.3 (1998): 65-83.

Salyer, Gregory. *Leslie Marmon Silko*. New York: Twayne, 1997.

Seyersted, Per. "Interview with Leslie Marmon Silko." *Conversations with Leslie Marmon Silko*. Ed. Ellen L. Arnold. Jackson: UP of Mississippi, 2000. 1-9.

Silko, Leslie Marmon. *Almanac of the Dead*. New York: Penguin, 1991.

______. *Ceremony.* New York: Penguin, 1977.

______. *Sacred Water*. Tucson: Flood Plain, 1996.

______. *Storyteller.* New York: Arcade, 1981.

______. *Yellow Woman and a Beauty of the Spirit: Essays on Native American Life Today.* New York: Simon & Schuster, 1996.

<http://en.wikipedia.org/wiki/Pueblo>

출처 : 이 글은 저자의 「『죽은 자의 책력』에 나타난 시간의 서사」(『미국소설』 21권 3호(2014)에 실린 내용을 활용하되, 작가에 대한 소개를 첨가하고, 작품에 대한 논의를 일정부분 시간의 서사와 관련된 서술기법에 집중해서 고친 글이다.

저자소개 : 가나다 순

고영란

서울대학교 영어과를 졸업하고 서울대학교 대학원에서 영문학 석사학위, 충남대학교 대학원에서 영문학 박사학위를 취득하였으며 현재 수원대학교 영어영문학과 교수로 재직 중이다. 한국로렌스학회 회장과 근대영미소설학회 부회장 겸 편집위원장, 한국영어영문학회에서 이사 등을 역임했다. 저서로『하디와 로렌스 다시읽기』,『영미소설의 서술방법과 구조』,『에밀리 브론테의 <폭풍의 언덕>』,『토마스 하디의 <무명의 주드>』,『영국소설 명장면 모음집』(공저),『영화로 읽는 영미소설 1: 사랑이야기』(공저) 등이 있고, 역서로『영국소설사』(공역),『미국소설사』(공역)가 있다. 영미소설에 관한 다수의 논문을 발표했다.

김옥례

이화여자대학교 영어영문학과를 졸업하고 이화여자대학교 대학원에서 영어영문학 석사학위와 박사학위를 취득하였으며 현재 한국교통대학교 철도경영물류학과 교수로 재직 중이다. 한국근대영미소설학회에서 부회장과 연구이사, 한국영어영문학회에서 이사, 영상영어교육학회에서 연구이사 등을 역임했다. 현재 영상영어교육학회 부회장을 맡고 있다. 저서로『익시온의 고뇌: 멜빌작품에 나타난 예술가의 초상』,『영미해설총서 4:『모비딕』』, 역서로『파워』,『근대미국 단편선』(공역) 등이 있다. 멜빌과 아메리칸 인디언 작가들에 관한 다수의 논문을 발표했다.

민경택

충남대학교 영어영문학과를 졸업하고 충남대학교에서 영어영문학 석사와 박사학위를 취득하였으며 현재 충남대학교 영어영문학과에서 교수로 재직 중이다. 19세기 영어권 문학회 연구이사, 미국소설학회 감사, 대한영어영문학회 부회장, 한국현대영어영문학회 부회장 겸 편집위원장을 맡고 있다. 저서로『비극적 세계에서 희망찾기 - 멜빌과 그린의 작품세계 -』,『미국소설 명장면 모음집』(공저),『모비딕 다시 읽기』(공저),『영화로 읽는 영미소설1 - 사랑이야기』(공저), 역서로『알파 미국문학사』(공역) 등이 있다. 영미소설에 관한 다수의 논문을 발표했다.

박인찬

성균관대학교 영문학과를 졸업하고 성균관대학교 대학원에서 영문학 석사학위, 미국 노스텍사스대학교 대학원에서 영문학 박사학위를 취득하였으며 숙명여자대학교 영문학부 교수로 재직 중이다. 현재 한국현대영미소설학회 회장을 맡고 있다. 저서로 『소설의 죽음 이후: 최근미국소설론』, 『토머스 핀천』, 『영미문학의 길잡이』(공저), 역서로 『느리게 배우는 사람』, 『공간의 역사』, 『미국 민주주의의 문화사』 등이 있으며, 영미소설에 관한 다수의 논문을 발표했다.

성경준

서울대학교 영어영문학과를 졸업하고 서울대학교 대학원에서 영문학 석사학위, State University of New York(Buffalo)에서 박사학위를 취득하였으며 현재 한국외국어대학교 영문학과 교수로 재직 중이다. 한국영어영문학회 총무이사, 한국아메리카학회 총무이사, 미국소설학회 회장, 마크 트웨인학회 회장을 역임하였다. 저서로 『마크 트웨인의 작품에 나타난 유머, 인생, 그리고 사회』, 『영화속 문학이야기』(공저), 『종교로 본 서양 문화』(공저), 『미국소설 명장면 모음집』(공저) 등이 있고, 역서로는 『 미국소설사』(공역) 등이 있다. 영미소설에 관한 다수의 논문을 발표했다.

손정희

서울대학교 영어영문학과를 졸업하고 서울대학교 대학원에서 영문학 석사학위, 미국 State University of New York (Buffalo) 대학원에서 영문학 박사학위를 취득하였으며 현재 중앙대학교 영어영문학과 교수로 재직 중이다. 영미문학페미니즘학회 총무, 19세기영어권문학회 회장을 역임했으며, 현재 미국소설학회 회장을 맡고 있다. 저서로 *Rereading Hawthorne's Romance: The Problematics of Happy Endings*와 『19세기 미국소설 강의』(공저), 『미국소설 명장면 모음집』(공저), 역서로 『미국소설사』(공역) 등이 있다. 그 외 영미소설에 관한 다수의 논문을 발표했다.

송은주

이화여자대학교 영문과를 졸업하고 이화여자대학교 대학원에서 영문학 석사학위, 박사학위를 취득하였으며 현재 이화여자대학교 인문과학원 연구교수로 재직 중이다. 저서로 『미국 이민소설의 초국가적 역동성』(공저), 『윌리엄 포크너』(공저), 역서로 『자비』, 『광대 샬리마르』, 『순수의 시대』가 있다. 영미소설에 관한 다수의 논문을 발표했다.

이강숙

건국대학교 영어영문학과를 졸업하고 건국대학교 대학원에서 영문학 석사학위, 연세대학교 대학원에서 영문학 박사학위를 취득하였으며 현재 아주대학교 기초교육대학 강사로 재직 중이다.

조철원

서울대학교 영어영문학과를 졸업하고 서울대학교 대학원에서 영문학 석사학위, 뉴욕대학교 대학원에서 미국문학 박사학위를 취득하였으며 현재 서울대학교 영어영문학과 교수로 재직 중이다. 한국영어영문학회와 아메리카학회에서 총무를 역임했다. 저서로 *The Literary Tensions in Stephen Crane's Novels and Short Stories*와 『지구화시대의 영문학』(공저), 『미국소설 명장면 모음집』(공저), 『권장도서 해제집』(공저) 등이 있다. 영미소설에 관한 다수의 논문을 발표했다.

함연진

서울대학교 영어교육과를 졸업하고 서울대학교 대학원에서 문학 석사학위, 고려대학교 대학원에서 비교문학 박사학위를 취득하였으며 현재 호서대학교 영어영문학과 교수로 재직 중이다. 한국헨리제임스학회 회장을 역임했다. 저서로 『호손과 헨리제임스』, 『미국소설사』(공저), 『이미지와 상상력』, 역서로 『한의 얼을 찾아서』, 『헨리제임스 단편집』(공역) 등이 있다. 그 외 영미소설에 관한 다수의 논문을 발표했다.

황치복

가톨릭대학교 철학(신학)과를 졸업하고 서강대학교 대학원에서 종교학 석사학위, 건국대학교 대학원에서 영어영문학 석·박사학위를 취득하였으며 현재 전주대학교 교양학부 영어과 교수로 재직 중이다. 한국영어교육연구학회에서 부회장과 미국소설학회 편집위원을 역임했으며, 현재 한국 존스타인벡학회의 총무, 동서비교문학학회 및 현대영어영문학회의 연구이사, 대한영어영문학회 학술이사로 활동 중이다. 저서로는 『존 스타인벡 소설과 영화』, 『존 스타인벡의 문학과 삶』, 『존 스타인벡의 단편선 연구』 등이 있으며 영미소설에 관한 다수의 논문을 발표했다.

미국소설과 서술기법

초판 1쇄 발행 _ 2014년 11월 30일

저 자 · 한국근대영미소설학회
발행인 · 정 현 걸
발 행 · 신 아 사
인 쇄 · 예지인쇄
주 소 · 서울특별시 은평구 통일로 59길 4(2층)
전 화 · (02) 382-6411 팩스 · (02) 382-6401
홈페이지 · www.shinasa.co.kr
E-mail · shinasa@daum.net
출판등록 · 1956년 1월 5일(제9-52호)

ISBN : 978-89-8396-876-0 (93840)

정가 15,000원